U0451049

同济·法哲学文库

法哲学与政治哲学评论
第8辑
EUNOMIA

吴 彦 主编

康德法哲学

商务印书馆
创于1897
The Commercial Press

《法哲学与政治哲学评论》编委会

主　编

吴　彦　黄　涛

编委会成员
（以姓氏笔画为序）

马华灵　王　涛　王江涛　冯　威　朱　振
朱明哲　刘振宇　汤沛丰　李明坤　杨天江
汪　雄　周国兴　郑　琪　郑玉双　姚　远
钱一栋　徐震宇　韩　毅　童海浩　雷　磊

主办方

同济大学法学院法哲学研究中心

目 录

主题论文：康德法哲学

3　　康德政治思想导论　　／汉斯·莱斯

47　　康德的社会和政治哲学　　／弗雷德里克·劳舍尔

75　　康德实践哲学的最终形式　　／艾伦·伍德

101　　康德关于法权诸原则的演绎　　／保罗·盖耶

149　　康德的不可演证的法权公设：回应保罗·盖耶
　　　　／卡特琳·福里克舒

189　　康德论战争与和平：一篇历史哲学随笔　　／保罗·那托普

224　　出自义务而行动（《道德形而上学奠基》397—401 疏解）
　　　　／马西娅·巴伦

访谈

251　　专访亚瑟·李普斯坦：康德的法哲学与政治哲学
　　　　／亚瑟·李普斯坦

经典文献

267　　政治伦理学讲义　　／杜威

书评

337 评哈贝马斯的《在事实与规范之间》　／奥特弗里德·赫费

345 论强制的交互性、排他性、服从性的法权基础——评《良好的自由秩序：康德的法哲学与国家哲学》　／庞超

357 别开生面的经典之作——评《良好的自由秩序：康德的法哲学与国家哲学》　／邢长江

362 良好的自由秩序何以可能？——评《良好的自由秩序：康德的法哲学与国家哲学》　／柳康

370 **稿约和体例**

主题论文:康德法哲学

康德政治思想导论

汉斯·莱斯[*] 著

吴 彦[**] 译

一

伊曼努尔·康德1724年4月22日生于东普鲁士的哥尼斯堡(现在的加里宁格勒[Kaliningrad])。康德在他将近80年的整个人生中,除了几次偶尔的短途旅行之外,几乎没有离开过哥尼斯堡。18世纪的哥尼斯堡有着繁荣的贸易活动,因而是一个充满活力的城市,绝没有脱离整个世界。康德绝不是一个过着隐居生活且不与他人进行思想交流的人。他与许多生活在哥尼斯堡的商人保持着良好的关系,其中也有英国人,有两位英国商人——格林(Green)与莫特比(Motherby)——还是康德非常要好的朋友。尽管康德的生活习惯相当刻板,准时得有点过分,但他也是一个文雅和风趣的人。

康德的父母并不富裕。他的父亲是哥尼斯堡的一个马具师。他的整个家庭笃信虔敬教(Pietism),这一教派是新教运动的一个分支,强调情感上的虔诚和内在生活的提升。康德家庭中的这一虔敬教氛围对童年的康德产生

---

[*] 汉斯·莱斯(Hans Reiss),海德堡大学教授。本文译自莱斯为其编辑的《康德政治著作选》所撰写的导言(*Kant: Political Writings*, Edited with Introduction and Notes by Hans Reiss, Cambridge University Press, pp. 1-40)。感谢莱斯教授对本文翻译及发表的授权。

[**] 吴彦,同济大学法学院法哲学研究中心主任、副教授。

了深远的影响,并且他母亲的虔诚给他打下了深刻的印记。在他父母过早地去世之后(他的母亲死于1738年,父亲死于1746年),康德与整个家庭的关系开始疏远。

康德在智识上的杰出天赋在学校中就已得到承认。进入哥尼斯堡大学使他有可能发挥其天赋,在那里,他是一个非常优秀的学生。1755年,他被授予私人讲师资格,也就是一名无薪的教员,他的收入完全依赖上他课的学生所交的学费。因为他讲的课程是普及性的,并且他承担了大量的课程(一星期至少二十节课),由此他才能勉强维持贫寒的生活。他教授很多的课程——逻辑学、形而上学、伦理学、法律理论、地理学、人类学等等。康德首先是作为学者和科学家通过其著作而出名的。在《自然通史与天体论》(1755)中,他提出了一种极富原创性的有关宇宙起源的解释,这种解释类似于之后法国科学家拉普莱斯(Laplace)详细阐发的那种学说。现在,这种学说通常被称为"康德-拉普莱斯理论"。康德的学术生涯就是从探讨这样一个科学问题开始的,即他试图从哲学上证明牛顿式科学的正确性,这种努力后来促生了他的批判哲学。直至1770年,康德被任命为逻辑学和形而上学教授,才有了经济上的足够保障。随着名望的提升,他的薪金也获得了相当大的提升。他断断续续地担任了好几任哥尼斯堡大学的校长。

康德是一名极富感染力的教师,往往能够激发学生的思考。他的学生往往会为他那夹杂着枯燥讽刺意味的生动观察和原创性的洞见所折服。

康德也是一位多产的作家。作为哲学家的康德真正具有突破性的进展要到1781年出版的《纯粹理性批判》。对他而言,这部著作开启了人类思想中的一场革命,他将它比之于天文学中的哥白尼革命。另一些重要的著作以一种相当快的速度相继推出。

1793年《纯然理性界限内的宗教》(第二版出版于1794年)的出版触犯了当时的普鲁士国王腓特烈二世(Frederick William II)。这位国王与他的前任国王腓特烈大帝不同,他没有在宗教事务上实施宗教宽容。腓特烈二世命令他那位实行蒙昧主义政策的大臣沃尔纳(Woellner)写信给康德,要他承诺不再写作有关宗教的文章。① 康德不情愿地答应了他们这一等同于是国王命令的请求。康德含蓄地作出承诺,作为陛下最忠实的臣民,他将不再写作有关宗教事务的东西。在国王死后,康德认为他已经解除了他原先作出的承诺,并且解释说他的誓言仅仅适用于腓特烈二世在世的那段时间,正如"我的陛下的最忠实的臣民"②这一语句所表明的。康德在《系科之争》③的前言中充分解释了他的态度,并在书中含蓄地提出了对刚刚过世一年的腓特烈二世的批评。

康德心中显然没有轻易作出放弃评论宗教事务的决定。在一个未曾发表的评注中,康德解释了他的行为:"抛弃和否定自己内心的确信是罪恶的,但是在当前这种情形下保持沉默是臣民的一项责任;尽管一个人所说的都必须是真的,但这并不意味着人们有义务在公众场合说出整个事实。"④

康德逐渐从哥尼斯堡大学退休。他的精力逐渐下降,记忆力也开始衰退,并且他在此之前就已经远离讲堂了。1800年,他的学生瓦西安斯基(Wasianski)开始去照顾他。其他学生开始发表他们在康德讲堂上记录下来的课堂笔记。1803年,他第一次身患重疾。最后,康德于1804年2月12日去世,距他八十岁生日还有不到两个月。

二

一般而言,康德并不被视为一位重要的政治哲学家,至少在英语国家如此。事实上,各种政治思想史都没有给予他头等重要的地位,并且如果一定要提及他的话,通常也只是偶尔地提及。然而,忽视康德却会给政治思想史家们带来

---

① 普鲁士国王腓特烈二世于1794年10月1日发布的内阁命令;KGS 7:6;KGS 11:506f.。
② 1794年10月12日写给国王腓特烈二世的信件;KGS 7:7-10,特别是第10页;KGS 11:508-511,特别是第511页;同时参见 KGS 12:406f.。
③ KGS 7:7-10.
④ KGS 12:406.

巨大风险。康德通常只被视为黑格尔的先驱。忽视和误解他的原因并不难发现。哲学史家们,甚至研究康德的学者们,一直以来都忽视了他的政治著作,因为他们的注意力完全被康德的三大批判吸引走了,并且政治思想史家们因为康德没有在政治思想领域写有杰作而很少关注他。《法权学说的形而上学基础》更多引起的是法律史家的兴趣,而不是政治理论史家的兴趣。此外,康德伟大的批判哲学著作的艰深性这一事实也使他那些相对而言不是很严谨的政治著作显得非常单薄。而这也强化了这样一种信念:这些著作在康德思想中并不占据核心位置。但是,这一假设完全是错误的。认为在这些著作中可以发现康德思想的最终目的或许有点夸张,但是这些著作的确不是偶然的副产品。事实上,这些著作是从康德的批判哲学中有机衍生出来的。实际上,康德一直被称为法国革命的哲学家。① 事实上,在康德哲学的精神与法国、美国革命的理念之间存在着类似性:康德断言个人在权威面前的独立性,人类自由问题是康德思想的核心。同样地,1776 年与 1789 年的革命者们也相信他们正是在为实现人权而努力。此外,美国和法国革命极大地鼓舞和吸引了康德,并且他也赞同这些革命的目的。尽管康德是一个性情保守的人,拒绝支持政治中的革命,否认将其视为一项正当的行动原则,自然也不会在他的祖国普鲁士提倡革命。但是他的政治学探究路向在 1789 年之前就已经成形了,正如他在 1784 年发表的一批论文中所表明的。法国革命有可能激发了康德继续写作有关政治的话题。但是卢梭所树立的榜样以及他的影响不应当被低估。卢梭曾教导康德尊重普通人②;在康德看来,卢梭就是道德领域中的牛顿③。卢梭的画像是唯一一件被允许挂在他家中的装饰品,而在阅读《爱弥儿》时,康德甚至忘记了他一直以来养成的午后散步的习惯,据称这是他唯一一次没有遵守他所养成的那钟点般准时的日常习惯。在诸多层面上,康德的观点也非常接近法国革命者的抱负,但在他所

---

① 参见海涅(Heine):《海涅著作全集》(*Sämtliche Werke*, ed. Ernst Elster, Leipzig and Vienna),第 4 卷,第 245 页;同时参见马克思、恩格斯:《马克思恩格斯全集(历史批判版)》(*Historisch-Kritische Gesamtausgabe*, Frankfurt/Main, 1927),第 1 卷,第 254 页。
② KGS 20:44.
③ KGS 20:58.

期望的永久和平问题上,他比法国革命者们走得更远。在此,他开始探讨由莱布尼茨和圣皮埃尔神父(Abbe de St. Pierre)首先提出的永久和平观念,并以一种全新的、原创性的和严格哲学的方式进一步发展了这一观念。

如果能够正确地推断康德的哲学与18世纪两起重要革命的观念之间的联系,那么康德政治思想的重要性就变得相当清楚了。因为美国革命和法国革命构成了与过往政治的公开决裂,为了催生更大范围的政治行动,革命者们诉诸世俗的自然秩序与个人的政治权利。当然,革命产生于美国和法国所特有的政治、社会与经济环境,但是革命者的这些信念绝不是为了误导公众而放的烟幕弹。他们的信念建立在一种据以确保个人权利之信念的政治哲学的基础之上。这种态度是全新的。在早期的革命中,甚至在英国内战和1688年的光荣革命中,在西方,基督教神学在形塑革命思想的过程中仍扮演着一个非常重要的角色。当然,革命的具体处境往往是极为复杂的。它经常表现为一种即便有可能也很难予以摆脱的政治实践和意识形态模式。康德并不试图为革命或革命理论提供一个蓝图。相反,康德试图获得一些哲学的原则,从而为一种正当且恒久的国内秩序和世界秩序奠定基础。他试图为代议制的立宪政府提供一种哲学证明,亦即一种能够确保人们尊重所有个人之政治权利的证明。

为了理解康德的政治思想,我们必须将其置于18世纪的思想语境中,并且根据他自己的整个哲学背景来看待其政治思想。启蒙运动是一种在极大程度上支配着18世纪人们之思想的思想运动,它的观念已经在某种程度上为美国和法国革命做好了准备①。不可否认,这些革命大量运用了启蒙

---

① 对于启蒙运动的一般性探讨,参见恩斯特·卡西尔(Ernst Cassirer):《启蒙哲学》(*Die Philoshie der Aufklärung*, Tübingen, 1932)(英文译本《启蒙哲学》[*The Philosophy of the Enlightenment*, trs. Fritz A. Koelln and James Pettegrove, Princeton, N. J., 1951]);保罗·哈茨德(Paul Hazard):《十八世纪欧洲思想》(3卷本)(*La pensée européenne au XVIIIième siècle. De Montesquieu à Lessing*, Paris, 1946)(英译本《十八世纪欧洲思想》[*European Thought in the Eighteenth Century*, trs. J. Lewis May, London, 1953]);雅克·F.里夫里(Jack F. Lively)编:《启蒙运动》(*The Enlightenment*, London, 1966);弗里茨·瓦尔雅维(Fritz Valjavec):《西方启蒙运动史》(*Geschichte der abendländischen Aufklärung*, Vienna, 1961)。

运动的术语，这些术语已经在诸多方式上创造了有利于革命的舆论氛围。在康德看来，诸多启蒙运动的思想路线汇总于某一点。他体现了这一思想运动的顶点，但他同时也是这一运动最彻底的批评者之一。康德本人将启蒙运动描述为一个动态过程。它不是一种稳定的状态，而是一个不断走向自我解放的过程。这个时代尚未得到启蒙，而是仍处于启蒙的过程中。启蒙意味着从偏见和迷信中解放出来，同时也意味着不断增长的思考其自身的能力。此种论述呼应了莱辛（Lessing）的著名格言：重要的不在于拥有真理，而在于追寻真理。① 在康德看来，人将成为他自己的主人。在其作为政府官员、牧师和公职人员而承担某项具体职责时，他不应进行理性活动，而只能遵守现实存在的权力，但是当他作为一个人、一个公民和一名学者时，他则应当鼓起"勇气使用他自己的理性"②。这正是康德赋予"启蒙"这一标语的含义，即为了他自己的目的而扩充了该词的含义。事实上，这一贺拉斯式的标签是如此流行，以至于被作为座右铭雕刻在一枚打造于1736年的硬币上——为了纪念阿勒索菲勒斯联盟（Alethophiles），或曰热爱真理者联盟，即一群献身于启蒙运动的人。③

康德在他的《回答这个问题：什么是启蒙？》一文中勾勒了他有关他那个时代之主要趋势的观点。启蒙运动通常被称为理性的时代（the Age of Reason）。事实上，它最显著的特征之一就是理性之提升，但是"启蒙"（Aufklärung 或 les lumières）这一术语包含诸多无法恰当地予以概括的观念和思想趋势。对这一运动的粗略概括就如所有其他那些概括一样必定是不完整的。因为这一运动，与所有其他思想运动一样，是由诸多不同的且经常相互冲突的思想构成的。然而，将这些启蒙思想家联系在一起的是一种思想态度，即一种情绪，而非一种普遍的观念系统。自我意识的增长，即逐渐

---

① 戈特霍尔德·埃夫莱姆·莱辛（Gotthold Ephraim Lessing）:《莱辛著作集》（Werke, ed. Julius Petersen and Waldemar von Olshausen, Berlin, Leipzig, Vienna, Stuttgart），第23卷，第58—59页。
② KGS 8: 35.
③ 参见弗里德里希·席勒（Friedrich Schiller）:《审美教育书简》（On the Aesthetic Education of Man, in a Series of Letters, trs. Elizabeth M. Wilkinson and L. A. Willoughby, Oxford, 1967），第LXXIV页及以下。

地意识到人类心灵具有将他自身与世界置于理性分析之下的能力,可能就是它的主导特征。当然,依赖于理性之使用绝不是全新的,但是这样一种信念,即相信理性不仅拥有成功探讨自然的能力,而且拥有成功探讨人类与社会的能力,却将启蒙运动与之前的那个时代区分开来。因为在启蒙运动的思想中存在一种独有的乐观主义特征。这种特征源自且促进了这样一种信念,即认为存在一种所谓的思想进步的东西。这种特征还体现在将科学方法不断且系统地运用于人类生活的各个领域。但是在此,他们从未就何种科学方法达成一致意见。牛顿那不朽的科学成就支配着18世纪人们有关科学的思考。其中一个学派将牛顿的工作解释为一种在笛卡尔之后试图将科学知识系统化的伟大尝试,而另一学派则迷恋于牛顿对观察与实验的强调。

伏尔泰在他的《关于英国的书信》(*Letters Philosophiques or Lettres sur les Anglais*, 1734)一书中将牛顿的科学和一般意义上的英国科学大众化了。他同时也盛赞英国的政治生活,这不仅包括英国的宪制安排,而且包括以洛克为代表的政治理论。洛克的政治观念——通过同意(consent)建立政府以及对不同宗教和政治观点保持宽容——在伏尔泰以及启蒙思想家看来是一种典范。

上述这些观念在法国政治氛围中听起来完全是革命性的。在法国,教会与国家都反对变革。另外,法国仅仅只是断断续续地迫害和镇压异端政治和宗教思想。许多启蒙运动思想家不仅认为可以通过理性来审查政治,还认为政治安排和政治制度也能够根据理性的规划予以重构。这种怀疑论式的对于传统政治权威的拒斥与那种质疑一般意义上的权威的怀疑论遥相呼应。这种针对权威的批判态度致使人们不断质疑他们所继受的所有价值,特别是那些宗教价值。启示宗教受到理性的审查;事实上,它被送上了审判席。

人们所普遍接受的信念和学说的世俗化是启蒙运动发展过程中一个非常重要的过程,无论这一过程发生在宗教领域、科学领域、道德领域、政治领域、历史领域还是艺术领域。不同于中世纪的习俗,人类经验的个人领域从宗教中独立出来。因此,基本的思想立场是人类中心主义的。为了探讨康德的政治学,在此需要特别指出,道德与法律、政治与历史领域都是在一个世俗的语境中被加以看待的。尽管这些领域独立于宗教,但是流行于启蒙运动的观点是:我们可以为每一个领域建立一种普遍法则。

德国启蒙运动的特征略微不同于流行于英国和法国的启蒙运动。从总体上看,相比于英国,德国的启蒙运动更少强调经验主义。相比于英国和法国思想家,德国思想家更为博学,同时也更为抽象且更带学究气,并且他们通常也更受压制。一种大都市文化的缺失妨碍了他们形成自己固有的风格,而由诸多零散的公国以及一些相对较小的自由帝国城市组成的地方性政治并不容易产生出有生机的政治讨论。与英国不同,德国事实上没有留给知识分子参与政治的任何机会。当然,腓特烈大帝是一位知识分子,也是一名绝对君主,但这无论如何也只是一个特例。

正是德国政治这一停滞不前的特征才使得发生在法国的政治事件极大地影响了18世纪的德国。法国革命将德国政治思想从睡梦中惊醒。[①] 然而,现代德国政治思想事实上却开始于1789年革命对其的冲击。在德国以及别的地方,诸多思想家首先是欢迎这一革命,认为它标志着一个新时代的黎明的到来。但是恐怖事件的爆发却使得这一幻想破灭了。现实的革命仅扩展至那些由法国革命军队占领的区域。德国的革命情绪只是一棵柔弱的小树,只有在强力的刺激之下才会开花结果。

康德和歌德,德国当时两位领军式的人物,正确地评价了当时的政治情势。两人一致认为,在法国,革命已经回应了一种强烈的政治需求,而德国的政治情势则尚未为革命活动做好准备。与英国和法国一样,在德国,中产阶级的兴起是很明显的,但是德国的中产阶级尚未摆脱君主和贵族阶级的

---

① 有关康德对待法国大革命的态度的一个更为全面的探讨,参见雅克·多茨(Jacques Droz):《德国和法国大革命》(*L'Allemagne et la Révolution Francaise*, Paris, 1949),第154—171页;G. P. 古奇(G. P. Gooch):《德国和法国革命》(*Germany and the French Revolution*, London, 1920),第160—182页;卡尔·沃兰德(Karl Vorländer):《康德对待法国革命的立场》("Kants Stellung zur französischen Revilution"),载《献给赫尔曼·柯恩的哲学论文》(*Philosophische Abhandlungen Hermann Cohen gewidmet*, Berlin, 1912)。

控制。他们不像英国和法国的中产阶级那样拥有自信。相比于英国和法国,德国还是一个贫穷的国家,并且一个拥有自信的、没有被给予表达其政治抱负的自由的正在兴起的阶级,比一个软弱的、没有自信的阶级更容易采取革命行动。在德国,只有相对较小的政治自由空间。即便是在腓特烈大帝时期,在莱辛看来,表达自由所指的也只是一种批判宗教的自由,而不是批判政府的自由。① 另外,相比于较大的国家,大多数小面积的德国公国允许治理者对其臣民进行一种更为严厉的审查。官僚控制的加强同时也阻碍了经济的发展,并且也是消耗德国中产阶级之自信的另一个有效因素。

在这些政治的、社会的和经济的条件之下,德国启蒙运动不同于其他西欧国家的启蒙运动就不足为怪了。与英国哲学不同,德国哲学仍以诸种方式拒斥科学的经验方面的影响。理性主义在德国和法国大学中占据着支配性地位,但从总体上看,德国哲学家的写作风格则没有其法国同行那么文雅。

将康德置于这样一个背景下,绝不应忘记启蒙运动仅仅是 18 世纪思想活动中的一个支脉,尽管是一个占据支配性地位的支脉。还存在其他一些思潮。对于启蒙运动的批判不只是在启蒙运动开始衰落的时候才出现的,而是一直伴随着启蒙运动的兴起和兴盛。在德国且不仅仅在德国,18 世纪不仅是一个通过启蒙运动思想家来传播科学观念的世纪,同时也是一个强调情感和内在经验的宗教生活方式的世纪。在德国,虔信派强调内心世界的教化和培养一种探究宗教的情感式路向。(在其他地方也不少见与此相类似的形式,例如循道主义[Methodism]与寂静主义[Quietism]。)康德认为人拥有对于道德的内在感知这一强烈信念可能正是根植于这一特定的土壤。此外,对于启蒙运动的持续批评不仅源自现存宗教的正统教义以及享有特权的或传统的政治利益集团,而且随着时间的推移,这种批评也源自各式各样的新的非理性主义者。这种批评源自那些更偏爱直觉而非理性、更偏爱天才的知觉而非常识、更偏爱自发性而非算计式反思的人。他们倾向

---

① 参见莱辛 1769 年 8 月 25 日写给弗里德里希·尼古拉(Friedrich Nicolai)的书信。

于把他们的理解建立在个别事例和个别情形而非普遍规则的基础之上,并且甚至倾向于建立在诗学而非科学的基础之上。他们对待科学的态度在根本意义上是矛盾的。具有历史讽刺意味的是哥尼斯堡大学同时容纳了启蒙运动最有力的倡导者,以及其最早的反对者哈曼(Johann Georg Hamann)。赫尔德(Johann Gottfried Herder),这位影响深远的启蒙运动的批评者(德国"狂飙运动"的导师),在某个时刻同样也在哥尼斯堡大学,并成为哈曼的朋友和康德的学生。哈曼与赫尔德批评启蒙运动试图去发现普遍有效的原则,以及根据统一规律来看待历史与社会。在他们看来,个别事例更能揭示真相,且不可轻易将其归属于一般法则之下。在一篇相当尖锐且坦诚地评论赫尔德的主要图书《人类历史哲学的理念》(*Ideen zur Philosophie der Geschichte der Menschheit*, 1785)的文章中,康德与赫尔德发生了争论。① 他显然感觉到这不仅是将他对于知识的探究方式与赫尔德对于知识的探究方式区分开来的根本争论点,而且这也是将那些希望主要根据科学和逻辑来理解世界的人与那些不根据科学和逻辑来理解世界的人区分开来的分水岭。最后,康德不留任何情面地揭示出赫尔德论证中的逻辑错误。赫尔德转而也不依不饶地予以了回击。② 在康德的方法和那种将其认知主要建立在诗性真理的直觉上且强调个别事例的探究方式之间,并不存在一条可以沟通的桥梁。③

与在生活的其他领域中一样,在政治思想领域,法英与德国之间也存在一样的差异。在康德之前的德国,不存在一个占支配地位的政治思想流派。

---

① KGS 8:43-66,《评赫尔德的〈人类历史哲学的理念〉》(Rezensionen von J. G. Herders *Ideen zur Philosophie der Geschichte der Menschheit*),首次刊发于《一般文学杂志》(*Allgemeine Literaturzeitung*, IV, No. 271, Jena, 1785)。
② 《纯粹理性批判之元批判》(Metakritik zur Kritik der reinen Vernunft, 1799),载《赫尔德著作全集》(*Johann Gottfried Herder, Sämtliche Werke*, ed. B. Suphan, Berlin, 1877-1913),第21卷。
③ 对于这个问题的一般性论述,参见亚历山大·吉勒斯(Alexander Gillies):《赫尔德》(*Herder*, Oxford, 1944);有关赫尔德对于科学的研究路径的详尽探讨,参见 H. B. 尼斯博特(H. B. Nisbet):《赫尔德和科学的哲学与历史》(*Herder and the Philosophy and History of Science*, Modern Humanities Research Association Dissertation Series, 3, Cambridge, 1970)。

有很多撰写政治著作的人,而且其中某些著作还颇负盛名。自然法学派是其中的一支,而官房学派(cameralists)是另一支。此外,还有一些公法学家,诸如施洛茨(Schloezer)和默色斯父子(Mosers)。可能最为重要的且显然是最知名的政治思想家是莱布尼茨与腓特烈大帝。但是政治理论并不是这两位政治思想家的主业:莱布尼茨的兴趣主要在于一般哲学,而这位普鲁士国王的兴趣则在于政府、战争以及对其国家的管理。事实上,自然法学派的思想家①提出了一些重要的政治理论,并且甚至为革命提供了理论基础,但是他们的思维风格本身却不是革命性的,同时也不是德国式的。它延续了一个伟大的传统,修正并且甚至对其进行了某些改变。该学派的现代代表——诸如阿尔图修斯(Althusius)、格劳秀斯(Grotius)与普芬道夫(Pufendorf)——仍旧支持一种不变的法律标准,该标准旨在规定国家制定的实在法以及规范公民的行动,但是即便如此,他们也还是使得对于法律与政治的哲学探讨从原先的神学依附中独立出来。它的那些德国实践者们在德国大学的法学院以及德国的法理学中占据着支配性地位。他们的著作,与诸多启蒙运动的哲学著作一样,既抽象又枯燥。这是一个已经被接受的原则;因此对于像沃尔夫(Wolff)这样一位极为重要的启蒙运动哲学家也撰写该类主题的文章,我们完全不必感到惊讶。与此同时,莱布尼茨与腓特烈大帝也没有给德国政治思想带来一场革命。然而可能只是到了法国大革命以及由康德哲学所带来的思想革命之后,才真正开始产生一种新的政治思维模式。

康德吸收并批评了诸多伟大思想家的政治观念,例如马基雅维里,自然法学派的理论家霍布斯、洛克、休谟以及卢梭。在这些人之中,霍布斯是唯一一位被康德挑选出来予以公开批评的人(在《理论与实践》一文中),这可能是一件需加评论的事。当然,这两位哲学家的政治理论存在极大差异。康德对霍布斯的以下主张予以了批驳:权威主义的主权观、霍布斯的理性主

---

① 参见 A. P. 登特列夫(A. P. D'Entrèves):《自然法》(*Natural Law*, London and New York, 1951);同时参见奥托·冯·基尔克(Otto von Gierke):《自然法与社会理论》(2 卷本)(*Natural Law and The Theory of Society*, trs. Ernest Barker, Cambridge, 1934)。

义、试图将几何学方法运用到人类和社会事务中、在心理学假设(即即刻死亡的恐惧)的基础上解释社会。但他们两人所面对的基本政治问题是一致的,即从战争状态走出来,进入一种有序的和平状态。法律是一种命令,并且必须予以强制实施。主权是不可分的;个人作为独立的理性存在者的地位只有在国家状态中才能得到保障。最后,尽管他们两人在方法和结论上存在极大分歧,但他们在提出一种严格、一致和融贯的论证上都起到了示范作用,也就是说,他们试图把论证建立在理性诉求的基础之上,从而不受传统或其他监护模式的妨碍。但与霍布斯不同,康德受惠于自然法学派并相信存在一种不变的法权标准。但是,康德比该学派的那些传统支持者更为激进;他勾画出了一种独立于经验的政治学理论。另一位对康德产生明显影响的是卢梭①,但康德在对自然以及对一般意志(general will)的解释上与卢梭是不同的。总而言之,卢梭往往是含糊不清的,而康德则清晰明了。

作为一名思想家,康德是大胆的开拓者,他以一种隐秘的方式而不是显明的方式勇敢地表达了一些有别于他的国王的观点。他与腓特烈大帝的区别在于,腓特烈大帝认为国王是国家的第一仆人,国家应当以父权式的仁慈专制主义为核心。康德不仅反对腓特烈大帝的开明专制学说(普鲁士国王在实践中显然没有都遵循该学说),而且反对官房学说(cameralism)②,该学说认为政治就是运用治理国家的技艺来统治。康德还反对马基雅维里认为政治行动完全是出自自利主义的观点。像康德那样强调遵守法律的必要性,可能隐含着一种支持权威主义的偏见。③ 在德国,康德的理论实际上一直被人们援引来强化执法过程中的特权,亦即一种专制国家(Obrigkeitsstaat),在这种国家中,人们必须服从政治权威。但实际上,康德

---

① 参见恩斯特·卡西尔(Ernst Cassirer):《卢梭、康德、歌德》(*Rousseau, Kant, Goethe*, History of Ideas Series, No. I, Princeton, N.J., 1945)。这是一部极具启发性的研究卢梭对康德的影响的著作。
② 德语为"Kameralwissenschaft",指的是行政科学,大致包括公共财政学、经济学以及公共政策学。类似于法国的重商主义(mercantilism)。——译者
③ G. Vlachos, *La Pensée politique de Kant. Métaphysique de l'ordre et dialectique du progrès* (Paris, 1962), passim,该书认为康德的政治理论更倾向国家而不是个人。他把它称为étatiste。对于此种解读我并不赞同。

的视角是自由主义的。康德的故乡哥尼斯堡的那些人都清楚这一点;他去世的时候,这些人一直护送着他的灵柩,因为他们在这个慈父式专制主义仍旧是最盛行的政府形式的时代,在康德身上看到的是一位人类自由最坚定的捍卫者。但是康德的影响最主要的还是在于塑造法治国(Rechtsstate)这种学说,亦即一个根据法律来进行治理的国家。在19与20世纪的德国,在大部分时段内人们至少在口头上把法治作为他们的理想;当然,在实践中他们与这个理想一直有很大的差距并且甚至有灾难式的偏离。

康德实际上是现代德国政治思想的源泉。那些追随着他的政治思想家在某些根本方面与他存有差异,但是对很多人来讲,他的政治思想或者是他们研究的出发点,或者是他们试图与之相较量的对手。康德的政治著作是在他获得崇高声誉的时候发表的。所以他的观点迅速受到人们的关注。这些观点受到了诸如尤斯图斯·莫瑟(Justus Möser)①这样一些人的挑战;莫瑟从保守主义立场出发通盘否定了康德的研究进路。莫瑟相信,从一些崇高的假设出发进行理论性思考是错误的,政治实践和政治经验比抽象的自由主义理念更为重要。另外,很多德国思想家不认同康德的保守主义;在他们看来,尊重法律和反对反抗权是错误的。在这些人里面,里伯格(Rehberg)和格恩茨(Gentz)试图为那种遭遇专制的个人权利进行辩护。②

从一种更深的层面上看,有两位思想家试图追随并进一步推进康德有关政治的自由主义研究路向:一位是席勒(Friedrich Schiller)③,另一位是洪堡(Wilhelmvon Humboldt)④。在席勒看来,对于政治的康德式研究路向是

---

① 参见 Hans Reiss, "Justus Möser und Wilhelm von Humboldt. Konservative und liberale politische Ideen im Deutschlan des 18. Jahrhunderts", *Politische Vierteljahresschrift*, VIII (1967)。
② 参见迪特·亨利希(Dieter Henrich)为他的《康德、格恩茨、里伯格:论理论和实践》(*Kant. Gentz. Rehberg. Über Theorie und Praxis*, Frankfurt/Main, 1967)一书撰写的导论。
③ 参见威尔金森-威洛比(Wilkinson-Willoughby)版的席勒的《审美教育书简》(*Aesthetic Letters*);同时参见 H. S. Reiss, "The Concept of the Aesthetic State in the Work of Shiller and Novalis", *Publications of the English Goethe Society*, XXVI (1957)。
④ 有关洪堡政治思想的阐释以及进一步的二手参考文献,参见 Reiss, "Justus Möser und Wilhelmvon Humboldt", *Politische Vierteljahresschrift*, VIII (1967)。

不恰当的,因为康德对于政治决策的心理学基础没有给予任何关注。席勒试图表明,遵守义务命令是不够的;人只有根据自然而行动才能过上一种和谐的道德生活。为填补本能和理性、意志和知识之间的鸿沟,就必然需要第三类经验模式,亦即美学的经验模式。在他论述美学和政治学之间的关系的那部主要著作《审美教育书简》(Über die aesthetische Erziehung des Menschen in einer Reihe von Briefen,1795)中,席勒详细阐述了一种研究路向,尽管他仍遵从康德政治思想的要旨,但这种路向却能够阐述人类卷入政治的整个复杂过程。也就是说,它需要勾勒出政治实践和生活的美学式回应之间的相互关系。席勒的政治著作,尽管非常深刻也非常有意思,但却并没有引起人们很大的关注。首次真正让人振奋的试图论述他的思想要旨并阐明它在我们这个时代的意义以及它所拥有的说服力的努力,实际上是晚近的事情。① 席勒作为一名政治思想家是通过他的戏剧而间接产生影响的,这些戏剧的政治意义一直以来都备受人们的误解。

席勒的朋友洪堡也感到康德的政治理论需要补充一种新的东西,亦即需要注意人的品格。洪堡的政治理论——体现在他的《国家的界限》(The Limits of the State,1793)一书中——试图捍卫人的创造力和文化发展。

康德对于德国法律史的影响是深远的,但是民族主义(nationalism)的兴起却阻止了他的著作原本可以在19世纪和20世纪初的德国政治思想中很容易发挥的绝对支配力。因为浪漫主义的思维模式给德国政治思想注入了一股非理性主义的气息,这股气息在拿破仑战争和第二次世界大战结束之间的这一个半世纪中几乎充斥着德国的整个思想领域。② 浪漫主义者对于康德政治思想中的世界主义的批驳意味着,随着康德的过世——席勒在此一年之后过世(洪堡的大部分政治著作则出版于几十年之后)——舆论环境发生了巨大的变化。个人在政治上是否是自由的,已不再重要。宣扬个

---

① 伊丽莎白·M.威尔金森(Elizabeth M. Wilkinson)和L. A.威洛比(L. A. Willoughby)有关席勒《审美教育书简》的精深分析也只是到去年(1967)才出版;参见该书第12页注释2。
② 研究德国浪漫主义政治思想家的进一步文献,参见 Reiss, *The Political Thought of the German Romantics*, Oxford, 1955 以及 *Politisches Denken in der Deutschen Romantik*, Munich and Berne, 1966。

人隶属于共同体的国家有机体理论开始盛行起来。

在德国的浪漫主义者眼中,康德是最主要的一位敌人;因为对他们而言,康德体现了他们最为反对的那些启蒙主义的特质。费希特——他自称是康德的学生,并且在写给康德的一封私人信件中自称是他的继承者——甚至提出了一种与康德完全对立的政治理论。费希特在口头上虽然说遵循着康德的方法,但是他的政治理论却可以被看作是旨在取代康德的政治思想。在费希特看来,自由不再被看成是一种消极的东西,它开始成为一种由创制者所拥有的积极力量,并且只有这个创制者才可以对集体意志作出解释。与此同时,与康德不同,席勒则试图探究艺术和政治之间的关系,试图在这两个领域之间保持一种谨慎的平衡;诸如费希特、诺瓦利斯(Novalis)、谢林(Schelling)、亚当·穆勒(Adam Müller)这样一些浪漫主义者都试图从一种美学的视角来看待生活和政治。这种推理方法从整体上看是反康德式的,但他们显然是在康德著作的影响下进行写作的。人们意识到,这些人总是或是想逃离他的支配,或是想含蓄地否弃他的方法和思想。他们把自己的政治学原则建立在感觉和直觉的基础之上,亦即一种被康德批驳为"理性的无法则运用"(lawless use of reason)①的思维模式。对于政治和法律的此种历史研究路向在根本意义上不同于康德自己的思维模式。这种研究路向在黑格尔的思想那里达到了顶峰;他的思想与历史研究路向的早期倡导者——诸如赫尔德②和萨维尼(Savigny)③——的思想极为相似,也就是说,只有将其置于康德哲学的背景中,他的思想才能得到完全的理解。(当然,黑格尔的政治哲学的研究路向在根本意义上不同于康德。)通过黑格尔,康德进而又影响到马克思,而马克思对于现代政治思想的影响无疑是极其深远的。因此,很多现代政治思想都是在继续康德所开启的革命,正如美国和法国革

---

① *What is Orientation in Thinking?* (*Was heist: sich im Denken orientieren?*) (1786); AA VIII, 145.
② 参见 F. M. Barnard, *Herder's Social and Political Thought: From Enlightment to Nationalism*, Oxford, 1965。
③ 《论立法和法学的当代使命》(*Vom Beruf unserer Zeit für Gesetzgebung und Rechtswissenschaft*, Heidelberg, 1814)。

命(它们的理想是康德所证实的)开启了一场形塑欧洲政治历史的运动一样。

康德对于黑格尔及其后继者的影响通常是在一般问题上,而不是在具体问题上。当然,也有很多思想家想直接阐发和运用他的政治观念。雅科比·弗里德里希·弗里斯(Jakob Friedrich Fries)[①]就是这些人中最著名的一位;雷纳德·尼尔森(Leonard Nelson)[②]在一个世纪之后对弗里斯的观念予以再度阐发,并创立了所谓的新弗里斯学派(Neo-Friesian school)。或许我们还可以提一下卡尔·波普尔(Karl Popper)[③],在他的开放社会观念中,我们也可以探查到康德政治思想很深的印记。但是,列举这些具体的例子或许还不如指出他的一般哲学对于欧洲思想的影响,现代政治思想由此而受到的影响比我们有时所意识到的要更为深远。一名伟大思想家的检验标准就是,他不仅使我们从不同的视角来看待在他之前的那些人的思想,而且在他之后的哲学同样也深受他的影响。

康德的观念拥有一种强大的政治力量。但这些观念一直以来就不断受到攻击和修正,有时甚至不被承认。无论如何,它们是一些展望未来的观念。除此之外,康德的政治学理论还从哲学上证成了人的政治自由权利,这种观点主张人不应再被认为处于他人的监管之下。人在政治上和思想上的不断成熟必须得到承认。在康德看来,人处在一个不断启蒙的过程中。人既有机会也有责任根据批判的精神来运用他的心智。这就是康德所理解的启蒙运动的特性和要旨。

三

在康德首次发表其政治观点的很长一段时间之前,他就已经开始思考

[①] 参见 Jakob Friedrich Fries, *Vom deutschen Bund und deutscher Staatverfassung. Allgemeine staatsrechtliche Ansichten*, Heidelberg, 1816; *Politik oder philosophische Staaslehre*, ed. E. F. Apelt, Jena, 1848。

[②] 参见 Leonard Nelson, *System der philosophischen Rechtslehre*, Leipzig, 1920。

[③] 参见卡尔·波普尔:《开放社会及其敌人》(2卷本)(*The Open Society and Its Enemies*, London, 1952)。

政治理论问题了。在其过世后出版的、他本人从未打算发表的一些评注显示了他对于政治观念的持续关注和兴趣。现存最早的评注大致可追溯至1760年代,那时他正在研究卢梭和自然法。① 康德第一次给学生开有关法权理论的课程是在1767年夏季,这个课程他重复上了12次。康德在1781年版《纯粹理性批判》的"先验辩证论(一)"章节的一个段落中概述了其政治哲学的核心思想。② 这是康德对其政治思想的第一次重要阐释,但是他最初公开发表的两部研究政治学的著作——《回答这个问题:什么是启蒙?》(1784)、《关于一种世界公民的观点的普遍历史的观念》(1784)——是在发表《纯粹理性批判》(1781)之后写作的,而后期的著作——《理论与实践》(1792)、《永久和平论》(1795)、《法权学说的形而上学基础》(1797)、《系科之争》(1798)——则是在《判断力批判》(1790)出版之后出版的。但是我们不清楚康德是否还有一项系统论述政治学的计划。无论康德是否有此计划,在他生命的最后十年,他的精力开始逐渐下降,他从未写就一部综括其政治哲学的著作。但是那些真正触动他的政治事件相对而言则都发生在他的晚年。在他50岁之后才发生美国革命,在他65岁左右的时候才爆发法国大革命。在他60岁的时候他才发表他的第一篇政治论文,在他75岁的时候才出版他最后一部论述政治学的著作。因此,为弄清他的观点,我们就必须求助于这些零散的政治著作。

作为一名政治哲学家,如果康德留下了一部更加系统地论述政治的著作,那么他的名声及其所产生的影响无疑将更大。他的风格无法增加他的受众面。然而,他的读者不该因他相对枯燥的写作方式而失去兴趣。阅读他的政治论文,实际上并不需要花费在阅读《纯粹理性批判》时所要花费的那种强度极大的智识努力,但这并不意味着阅读这些论文不需要什么智识努力。除了《法权学说的形而上学基础》之外,这些著作都不只是写给专业

---

① 参见 AA XIX,334;445 ff.。这些评注大约可溯至1766—1768年。同时参见 Georges Vlachos, *La Pensée politique de Kant*, pp. 20 ff.,该文作者认为我们可将康德有关政治的思考追溯至1763年。

② AA III,247 f.;AA IV,201 f.

哲学家看的,它们同时也是写给受过教育的一般大众看的。这些论著属于他所谓的通俗作品。他并不认为他能够像休谟那样掌握"巧妙且引人入胜"①的写作方式。实际上,在他写作的那个年代,德语才刚刚开始逐步发展为一种文学语言②。海涅这位杰出的且具有优雅写作风格的作家就认为康德的写作风格是"单调乏味的"③。他指责康德"害怕以一种平实、文雅和愉悦的方式进行言说"④,并因此是一个"没有文化修养的人"⑤。在海涅看来,康德的写作方式在很大程度上阻碍了在德国发展出一套清晰且优雅的哲学语言。在《德国的哲学史和宗教史》(*Geschichte der Religion und Philosophie in Deutschland*)一书中,海涅这么写道:"他[康德]那蹩脚且沉重的写作风格……产生了诸多负面影响。并产生了这样一种迷信,即认为如果一个人写作优美,那么他就不可能成为一名哲学家。"⑥然而,康德的政治著作,尽管并不优雅,也并不总是冗长烦闷的,有时他的文风充满生机并带有一丝冷冽的幽默。尽管他的语句结构经常复杂难辨,但一些关键句子却让人印象深刻,并且还有一些让人难以忘怀的段落。⑦

四

为理解康德的政治思想,必须将其置于其一般哲学语境中予以考察。他的政治著作都成稿于其批判哲学时期。这些著作都是在他完成他的《纯粹理性批判》之后写的。从理想角度来看,我原本应当对其批判哲学作一概述,但实际上却不可能作这样的一个概括。在此,对其批判思维的倾向稍加

---

① AA IV, 262(《未来形而上学导论》前言部分)。
② 参见 Eric A. Blackal, *The Emergence of German as a Literary Language, 1700-1775*, Cambridge, 1959。
③ Heine, *Sämtliche Werke*, ed. Ernest Elster, IV, 251.
④ 同上。
⑤ 同上。
⑥ 同上,第 252 页。
⑦ 有关康德写作风格的讨论,参见 S. Morris Engle, "On the Composition of the Critique. A Brief Comment", *Ratio*, VI (1964)。

提示应该差不多了,尽管这在某种程度上可能会误导人。①

在康德看来,理性主义和经验主义都不是阐释数学与科学,特别是牛顿式科学的恰当模式。休谟已经极有说服力地驳斥了从哲学上来证成归纳,即一种从个别事例中建立起必然普遍法则的方法的可能性;在他看来,因果性只不过就是心灵的一种习惯性联合的结果而已。休谟的著作把康德从他的"独断论幻想"②中解放出来。为了批驳休谟,同时也为了从哲学上证实科学的可能性,他认为他的研究有必要以心灵为起点而不是以经验对象为起点。在他看来,自然法则并不内在于自然本身之中,相反,它们是心灵为理解自然而建构起来的。我们永远也不可能仅通过诉诸经验来解释这个呈现给我们的世界;要解释这个世界,我们需要一些在逻辑上先于和独立于经验的必然法则。只有这样,我们才能够看到存在于自然中的秩序。实际上,统一性、融贯性和秩序是我们的心灵施加在自然之上的。换言之,我们只能知道呈现给我们的那个世界,因为我们必须在我们自己的心灵框架内看待这个世界。由此,显象世界被限定在特定的时空之内,并通过我们的知性或范畴(诸如因果性)等先天概念被组织起来。真正的世界,即本体世界或物自体,是不可知的。我们只能把握显象世界。这并不意味着外在世界就是一个纯粹由显象或幻觉构成的世界——相反,康德给予了经验事实以最大程度的尊重,而且他也是一位很有名望的科学家——而是意味着显象世界或现象世界不足以解释它自身。为此,就有必要拥有一些理性理念和先天原则。在康德看来,这个问题是唯一一个哲学认识论问题。他把该问题表述如下:先天综合判断如何可能? 也就是说,我们如何可能提出一些必然的、普遍的、在逻辑上独立于感性经验的并且有可能会相互矛盾的命题? 康德的批判方法便旨在确立一个由先天综合原则构成的体系,以便用来理解外在世界。对于心灵建构科学经验的功能的强调,使康德怀着极大的自豪而把它称为哲学中的哥白尼式革命;他的这项成就在其《纯粹理性批判》中

---

① 我在下文的论述在很大程度上受惠于斯蒂芬·柯勒(Stephan Körner)在他的《康德》(*Kant*, Harmondsworth, Middlesex, 1955)一书中的精当分析。
② *AA* IV, 260.

得到了阐发,这一直以来都被视为哲学中的一个里程碑。

《纯粹理性批判》所处理的是我们如何可能理解科学这个问题,但是在人类经验领域中还有其他一些并非科学的领域,比如道德经验。为理解这类经验的特征,我们必须跟随康德在阐发理论性科学研究的过程中所勾勒出的这种方法。也就是说,我们只有当发现那些在逻辑上独立于经验而且符合矛盾律的规则和原则时,才能够理解道德行动。康德把这样一些规则称为"实践性的先天综合判断"(practical synthetic a priori judgement)。他相信这些规则潜藏在所有道德决断中,并内在于所有有关道德问题的论证中。为证成这些规则,我们必须假定人不仅是一种现象性存在,从而隶属于严格的因果法则,而且是一种自由的本体性的存在者。只有当意志被认为可以自由地作出决定时,道德决断才是可能的。每个人都拥有意志。只有意志才能够作出道德选择。意志活动就是在行动上作出决断。然而,一个行动只有在是为了义务而实施的时候才是道德的。在存有利益冲突的情形下,这个标准使我们得以在正确的行动和错误的行动之间作出区分,同时使我们得以在义务和欲望之间作出区分。康德把这种一般性的道德法则称为"绝对命令"。一方面,它以定言的方式命令我们要依据道德而行动。另一方面,一个假言命令是不带有这种普遍和必然的力量的,因为它只是命令我们如果想要实现一个特定的目的就得遵从某一行为过程。绝对命令的基本表达式告诉我们,要依据我们同时也能够将其变成一项普遍法则的准则而行动。① 一个准则是行动的一项主观原则。事实上,它是我们选择去遵循的一般性规则。"对于准则的选择就是选择一项策略。"② 一项准则的道德检测标准就是它是否可以成为一项普遍法则。

在康德看来,绝对命令是客观的道德原则。"理性存在者的意志隶属于绝对命令"这个陈述是一个先天综合命题。同时,它在实践上也是必然的。之所以如此,是因为人不是这种意志或那种意志之随意使用的一个手段,而是如康德在《道德形而上学奠基》中所说的那样,"他必须在他所有的行动

---

① *AA* IV, 427.
② *AA* IV, 428.

中……同时被视为一个目的"①。从这个假设中,将得出绝对命令的第二个表达式:"你要如此行动,即无论是你的人格中的人性,还是其他任何一个人的人格中的人性,你在任何时候都得把其当作目的,而绝不将其当作手段。"②尽管这个表达式在根本意义上与第一个表达式是同一个东西③,但从另外一层意义上看,这个表达式已经是最高道德原则的一种运用;因为它向我们表明哪类准则将被意欲为普遍法则。我们由此便可获知哪些行动是正确的,无论是在道德领域还是在政治领域;因为它们表明,我们不能把我们自己或他人作为实现我们主观目的的手段。人不该隶属于另一个意志,而应当成为他自己的立法者。这一观点引申出了绝对命令的另一个表达式:"要如此行动,就好像通过你的准则而成为一个普遍的目的王国的一位立法者一样。"④由此,为了义务而行动就是依据某种自我设定的法则而行动。绝对命令的最后一个表达式还隐含着在道德与政治之间存在密切关系,因为人的行动不是发生在真空中,而往往发生在与他人的关系中——由此,这便预示着一种政治理论,亦即一个由规范着有组织的人类关系的原则构成的体系。

康德的道德原则是形式的。它们的一般性意味着它们不涉及行动的内容;如果我们想要对行动作出判断,并且如果我们想要在存有利益冲突的情形下确定哪个行动是符合道德的行动,那么它们就为我们提供了可诉诸的规则。它们排除了行动的后果考量,诸如考虑幸福的实现。如果我们将对于幸福的追求作为行动准则,那么意志就不再是自主的。它不再处于自我设定的法则之下,而是依赖于在康德看来无法建立一种合理的道德理论的他主性原则。由此,"一种实践的理性法则"就是"使某些行动成为一项义务的原则"⑤。

---

① *AA* IV, 429.
② Körner, *Kant*, p. 134.
③ 同上,第 438 页。
④ 同上。
⑤ 同上,第 205 页。

这就是康德有关道德之特征的观点。基于他讨论知识(无论是科学中的知识还是道德中的知识)之路径的特殊性,康德没有提出一个自然体系,也没有提出一个同时也考虑"经验多样性"的完整的道德体系①。试图对在所有具体情形中都可以适用道德概念的道德实践作出整全性的阐释是不可能的。康德试图给出的只能是尽量接近这样一个体系,亦即阐明那些与之相关的先天原则。康德把此种努力称为一种形而上学,他认为这种形而上学就是某一具体学科中的一些最基本的先天原则。在他看来,所有的法权命题都是先天命题;因为它们是理性的法则。由此,如下问题就成为人们经常讨论的话题:某些阐述这些原则的命题是先天综合命题,还是先天分析命题(也就是说,命题的含义包含在词项中,并因此不允许有任何矛盾),甚或是后天综合命题(也就是说,它们是一些在逻辑上依赖于经验的命题)。它们几者之间的界限往往不太容易界定②,但是即便其中某个(甚或某些)命题不被认为是先天综合命题,也不足以否定康德式的道德研究路径(并因此也包括康德式的政治研究路径)。③ 在这些命题中间,只要有一些是先天综合命题就足够了——并且很显然,绝对命令以及它的表达式和从它们那里直接推导出来的原则都是先天综合命令。这预设了康德的以下观点:一种道德形而上学至少是可能的。在康德看来,一种政治学理论(对他而言,该理论主要就是一种法的形而上学)必然是一种道德形而上学的一个部分。这是因为政治学所处理的是在我们的社会和政治语境中我们应该做什么这一问题。或换言之,政治学所关注的是建立可据以解决公共利益冲突的标准。普遍性原则要求我们的社会和政治关系应当以一种普遍方式予以规范,我们的政治冲突应当以一种普遍方式予以解决。这就要求法的存在。道德原则在某种意义上超越了纯粹的法律问题;因为道德原则所影响的是人的内在决定,这些决定既不可能予以规范,也不可能通过公共强制的方式

---

① AA VI, 225.
② 在玛丽·J. 格雷戈尔(Mary J. Gregor)看来,康德没有在纯粹知识和先天知识之间作出清晰区分。前者不包含任何经验要素,而后者则预设了具有感性渊源的概念,参见 Mary J. Gregor, *Laws of Freedom*, Oxford, 1963。
③ 我的这个论点有赖于斯蒂芬·柯勒。

予以实现。法所处理的是把人的内在决定排除掉后所遗留下来的那个领域。也就是说,法所处理的是道德领域的外壳。一种法律理论就是政治领域中具有普遍性和必然性的那部分理论。一种法的形而上学与一种政治的形而上学是相重合的。这样一种形而上学将阐明理性的先天原则,我们据此就可以判定某个特定实在法的合法性,以及政治行动所可能采取的形式的合法性。因此,康德的政治理论与他的伦理学是紧密联系在一起的,尽管伦理学并非唯一与其具有如此紧密联系的部分;因为他的历史哲学也与他的政治理论有着紧密的联系。一方面,伦理学和政治学交叠在一起;另一方面,道德义务和政治义务却又有明显的区别。政治义务不是针对其自身的完全义务,而是如康德所说的那样,是针对他人的完全义务,不履行这些义务是错误的,并且因此可以予以强制履行。康德在此把所有那些仅关注一个人自身的活动排除在考虑之外。同时,他也没有考虑那些针对他人的不完全义务,亦即那些包含一个人的选择以及另一个人的目的和愿望的行动。例如,他没有把行善行为规定为一种法律义务。因此,对于他人的完全义务是法的对象,并因而是政治的对象;因为法是政治的唯一一种被普遍化的表达方式。换言之,只有当一个行动以之为基础的准则符合义务观念的时候,该行动才是一个道德行动;因此,道德仅关注主观动机。另外,法所关注的是行动本身,亦即客观事实。因此,道德行动只能予以劝诫;而法律行动却可予以强制。

五

如果政治导向法律,那么康德的政治学原则是什么呢?这些原则在根本意义上就是法权(Recht)原则。对于政治的哲学探讨必须确立哪些政治行动是正当的,哪些是不正当的。它必须表明,基于哪些原则我们才能够确立特定语境下的正义要求。然而,正义必须是普遍的,只有法才能够带来这种普遍性。一种融贯的政治秩序必须是一种法秩序。在康德的伦理学中,行动必须建立在能够成为普遍法则的准则这一基础之上,与之类似,在政治学中,政治安排也应当依据普遍有效的法则。由此,政治行动和立法应当建立在普遍有效的规则这一基础之上,而不容许有任何例外。康德的政治学原则是规范性的(normative)。它们是法权原则在经验世界中的运用。① 用康德自己的话简要来讲,法权"永远都不应当屈附于政治,相反,政治应当永远屈附于法权"②。

当然,我们没有任何理由认为康德未意识到具体政治环境是不断变化的。然而,他的目的在于发现政治行动能够且应当以之为基础的那些哲学原理。法权只存在于外在关系中,而这些外在关系正是政治所要处理的事情。之所以会产生外在关系,是因为我们拥有财产,亦即康德所谓的"外在的我的和你的"(an external mine and thine)。康德在这里用了罗马法的术语来表示"我的和你的"(meum et tuum)的概念。③ 这些关系必须被置于规则之下。正如霍布斯所认为的那样,政治属于人类经验的这样一个领域,在这个领域中,人的意志可以被另一个意志所强制。与霍布斯一样,康德也把所有行动还原为意志。如果强制是根据一项普遍法则而予以实施的,那么这种强制就是法。由此,法就被设想为"一种强制秩序"④。因此合法性(legality)就是政治领域中起决定性作用的原则。内在的道德决定在合法性中,亦即在符合于法的行动中获得了外在的表达。但是人的内在生活不该隶属于强制。因为我们无法确切地知道另一个人的内心生活的任何一个方面,所以政治行动或立法的任务不应当改变甚或以任何一种方式约束另一个人的思想。作为人,我们是自由的。我们的自由意味着我们拥有一种假定的权利(a hypothetical right),以获得自然世界中我们可能会获得的任何一样东西。

不仅仅是某一个人,而且是所有的人都拥有此项获取财产的权利。这

---

① *Über ein vermeintes Recht aus Menschenliebe zu Lügen* (1797), AA VIII, 429.
② 同上。
③ AA VI, 245 ff.
④ 参见约翰·拉德(John Ladd)为他所译的康德的《法权学说的形而上学基础》撰写的导言(John Ladd, "Introduction to Immanuel Kant", *The Metaphysical Elements of Justice*, Indianapolis, New York and Kansas City, 1965, p. xviii)。

项权利是他们的自由的一种表达。必须避免一个人的自由和另一个人的自由之间的冲突，不然就会存在混乱和无休止的纷争。每一个人的自由都必须以一种具有普遍约束力的方式予以规制。因此，外在自由就是除受法的强制之外就不受任何其他事物约束的自由，这种自由允许每一个人追求他自己的目的，无论这个目的是什么，只要这种追求给所有其他人留出同样的自由空间。

然而，获得的权利之所以属于我们，并不是因为我们所拥有的人性（humanity）。法律能够规范甚至能够对它们进行限制。获得这个行为将产生财产权利。它并不必然意味着一种物理性的占有，而是一种独立于时间的理智性的或本体性的占有。为了把我的占有和他人的占有区分开来，他人的选择应当与我的选择保持一致。这种状态只有在存在一个规范占有的法的时候才是可能的。但是，这样一种法不可能存在于自然状态中，而只能存在于公民社会中。因此，从每一个人都拥有获得外在占有的权利这一原则出发，就产生这样一项要求：每一个人都应当以每一个人都能够获得外在的"他的"（或他的外在占有）的方式行动。这等于就是一项要求人们进入公民社会，即成为国家的一分子的命令。换言之，一旦发生外在占有的冲突（这是不可避免的），就会存在一种强制其他人进入公民社会的权利。

在确立词中法权观念的过程中，康德所关注的不在于勾勒个人间关系的内容（亦即他们所欲求或应当欲求的目的），而在于勾勒这种关系的形式。要紧的是确立起一个人的自由行动可以"根据一项普遍法则而与其他人的自由相兼容"[①]的那种制度安排。

从这个结论中，我们可以推导出法权的普遍原则："任何一个行动，如果它按照它自己或者按照它的准则而使每一个人的任性自由，都能够与任何人根据一个普遍法则的自由相共存，就是正当的。"[②]这项法权的普遍原则向我们施加了一项义务，但它却没有期望甚或要求我们根据它而行动。它仅仅告诉我们，如果要根据法权来限制自由并且如果要使正义得到张扬，那

---

① AA VI, 230.
② 同上。

么我们就必须根据法权的普遍原则行事。以此种方式来限制自由并不意味着干涉到了一个人的自由,而只是设定了他的外在自由的条件。

法权的普遍原则在根本意义上只不过是由绝对命令所规定的道德的普遍原则在法律领域并因此是政治领域中的适用而已。① 但是因此实现外在自由具有道德上的必要性,所以他人可以强制我们履行我们所负有的进入公民社会的义务。但是,我们无须变得更有道德才能进入公民社会;因为不是只有好人(good men)才能够解决政治问题,即便是一个"由邪恶的人组成的民族","只要他们拥有知性",也能解决政治问题。②

如果不是以法权的普遍原则为基础来限制自由,那就是错误的。并且,这还不仅仅是错误的,而且会导致冲突,并因此适得其反。如果他以其他方式亦即以独断的方式来限制自由,那么他就侵犯了他人的自由,同时也在滥用他自己的自由。使用强制来对抗任何一个侵犯他人自由的人是正当的。法权原则蕴含着使用强制的权力,即通过法律或依据法律来强制任何一个非法侵犯他人自由的人。

如果要把法权的普遍原则运用到政治领域,那么我们就必须建立一种宪制,"这种宪制将允许根据法则的最大可能的人类自由,从而确保每个人的自由能够与所有其他人的自由相共存"③。康德进一步说道:法权的普遍原则是一个"必要的理念,它必须不仅成为政治宪制的基础,而且也要成为所有法律的基础"④。由此,我们可以以一种类比的方式将这一基本原则称为政治法权的普遍原则(the universal principle of political right),尽管康德本人在《纯粹理性批判》中探讨这一原则的地方没有使用这个术语。

从这些基本的原则出发,我们可以得到所有其他康德式的政治原则。康德的研究路径同时也使我们清楚地看到,在他看来,政治的哲学问题实际

---

① Gregor, *Laws of Freedom*, p. 13.
② *AA* VIII, 366.
③ *AA* III, 247; *AA* IV, 201.
④ *AA* III, 247 f.; *AA* IV, 201.

上就是霍布斯的那个问题:如何从一种战争状态进入一种和平和安全的状态?① 但是康德的解决方案却完全不同。

康德所提出的那些应当规范人与人之间的外在关系的进一步的原则是什么呢? 一个国家是一群人在法律之下组成的联合体。② 因为法律必须以那个我们应当把我们自己作为目的而非手段的原则为基础,并且因为我们必须把我们自己看成是我们自己的法律的制定者,所以我们只应把那些人们会一致同意或应当会一致同意的法律视作为正当的法律。"只要说一群人会同意这样一种法律,即使极不情愿,这一法律就是正义。"③由该原则所得出的一个重要结论就是,所有法律都必须是公法。任何一种建立在一个需要公共性才能达成其目的的准则基础之上的立法都是正当的。

主权者不仅拥有权利,而且也负有义务。因此,他通过制定法律,不仅有权利也有义务强制其臣民;然而,把他的臣民当成目的而不是手段来加以对待是他的(道德)义务。在这一点上,康德的论述并不是非常清楚的。也就是说,我们不清楚他所指的是主权者(立法者)还是统治者(执法者)。(在他看来)主权者永远都不会犯错④;他所制定的法律,臣民都必须遵守。但是,那些被制定出来的实在法,仍然需要根据法权原则所确立的标准予以裁判。统治者不能由主权者予以裁判,因为如果是这样的话,那么立法权就有可能篡夺执法权或司法权,而这是自相矛盾的,并因此是不正当的。

实际上,主权问题是康德非常关心的一个问题;因为他在他未出版的笔记中一再地论及这个问题。⑤ 他对于该问题的讨论偶尔会有自相矛盾之处,对于一位还在竭力思考一个尚未得到令他满意的答案的问题的哲学家

---

① 参见 Poerre Hassner,"Situation de la philosophie politique chez Kant",*Annales de philosophie politique*,IV (Paris,1962),77 ff.。
② AA VI,313.
③ AA VIII,299.
④ 参见 AA XIX,515 No.7782;566 No.7965;572 No.7982。
⑤ 康德对于主权问题及其意义的反思,可参见以下重要片段:AA XIX,414 No.7494; 480 No.7660;498 No.7713;499 No.7719;515 No.7781;549 No.7905;555 No.7922;561 No.7941;563 No.7952;567 No.7971;572 No.7982;575 No.7991;582 No.8016;582 No.8018;584 No.8020;593 No.8049。

来讲，我们或许不能有太高指望。在这些笔记中，我们可以非常清楚地看到康德的思想倾向，在他看来，主权源于或在于人民①，人民应当拥有立法权②。然而，君主可以以一种派生的方式代表人民而持有立法权。但是康德似乎坚信，如果君主同时拥有立法权和执法权，那么他的统治就是一种专制。

同时，主权者还有（道德）义务制定正义的法律并进行宪制改革以便能够实现共和宪制（在康德的著作中，"共和制"这个术语可以视为我们现在通常所谓的议会民主制，尽管该词并不必然拥有此种含义）。但是，臣民不能强制统治者（或主权者）履行这些义务。因此，它们是统治者所负有的道德义务，而不是法律义务。

所有这些还意味着人拥有不可让渡的权利。在自然状态中，可能会一直存在所有人针对所有人的战争，但是在一个人们生活在法律之下的国家中，情况就完全不同了。人是自由、平等和独立的。这个表述源于自由的理念。因为如果所有人都是自由的，那么他们必然同时也是平等的；因为所有人的自由都是绝对的，所以只能通过法律施以普遍和平等的约束。每一个自由的人必须同时也是独立的。自由的理念蕴含着个人的自主性，因为它假设了个人拥有独立运用其意志的权利，不受任何不恰当的约束机制的约束。

因此，康德把其研究政治的起点设定在个人这个基点上。该观点反映了他强调在作决定时需要一个自由个体，亦即一种在他的伦理学著作中提出的观点。正如我们所看到的，我们只能根据确保所有人之自由的法律安排才能够理解个体的政治自由。

但是康德是以一种否定的方式来论述政治问题的。他认为政治的目的不在于使人们变得幸福。幸福是主观的。因此，他极力排斥政治学中的功

---

① 参见 AA XIX, 503 No. 7734。
② 参见基尔克（Gierke）：《自然法与社会理论》（*Natural Law and the Theory of Society*），第153 页。基尔克认为人民主权原则就实践目的而言"只是一个理性理念"。在我看来，基尔克有点言过其实了。

利主义,正如他反对纯粹伦理学中的功利主义一样。当然,康德的这个论断并不意味着他不希望人们变得幸福。这仅意味着政治安排不应当通过以促进幸福为目的这样的方式予以组织,而应当允许人们以他们自己的方式追求幸福。因此,他认为腓特烈大帝所实施的并且在他的政治著作中予以辩护的那种慈父式的专制主义是不恰当的。

实际上,康德已经认识到,如果不想要臣民们去推翻和摧毁国家与法律制度,统治者就有必要制定这样一些法律并以这样一种方式进行统治。为此目的,人们必须被视作为目的而不是手段。由此,便产生了一个真正的悖论,即政治自由的悖论。人的自由只有通过将它置于强制之下才能得到保障;因为法律预设了强制,并因此是一种对于个人自由的侵犯。卢梭在《社会契约论》一开头说"人生而自由,却无时不在枷锁之下"①的时候就已清楚地看到这个悖论。他因这一事实而谴责社会。康德同意卢梭把强制视作人作为公民社会的成员,即作为国家的公民而产生的结果,但是康德解决该悖论的方式却有所不同,他把强制视为文明的必要条件。他诉诸以下这样一个解释:在有利益冲突的地方,只有在我们遵守我们可能会一致同意的法律的前提下——也就是说,我仅遵从以法律形式予以实施的,亦即以主权权威所制定的公法为基础的强制——我们才是自由的。由此,主权者负有义务尊重他所制定的法律。康德在这一点上与霍布斯不同,霍布斯认为主权者高于法,法是主权者发布的针对臣民的命令。在康德看来,人因他是他自己的立法者,所以仍葆有自由。从原则上来讲,每一个臣民作为共同的立法者都参与到了所有的立法中,由此,统治者在制定法律的时候应当尊重其臣民的此项权利。这种解决方案确保了所有人的自由和安全。因此,政治自由就是指不受另一个意志的强制。

如果自由是公民在国家中所享有的第一项主要权利,那么平等就是他所享有的第二项主要权利。在法律面前,必须人人平等;立法绝不可有例外,同时法律的实施也不可有例外。康德对于整个封建制的特权体制进行

---

① Jean Jacques Rousseau, *The Political Writings*, II, ed. C. E. Vaughan (Cambridge, 1915), II, 23: "L'homme est né libre, et partout il est dans les fers".

了猛烈的攻击，这是那个时候最为尖锐的问题。同时，他也在原则上否定了奴隶制以及主张存在低等公民的做法。但是，康德所考察的只限于政治自由，而没有考虑经济自由这个问题。然而，他并没有完全忽视经济问题。他认为人们享有拥有财产的权利。他甚至走得更远，把经济独立作为在政治事务上拥有积极参与权的一项标准。

公民在国家中的第三项主要权利是独立（或如康德所称，"自立"［Selbständigkeit］）。它要求每一个公民必须拥有参与统治的权利。他不应直接行使这项权利，而只能通过选举这种间接的方式行使。每一个公民都必须拥有一个选额，不管他的资产有多少。没有谁必须拥有比法律授予的立法权更多的立法权。然而，尽管每一个人都是自由和平等的，并且应当在上述这两方面受到法律的保护，但并不是每一个人都拥有参与立法的权利。根据我们现在的标准，康德在这一点上似乎偏离了他自己的启蒙立场。康德尽管在很多方面走在他那个时代的前面，但并不是在所有方面都如此。他仍然深深地沉溺在 18 世纪的各种传统中，对此我们或许无须感到惊讶。他可能是美国和法国革命的哲学家，但是我们不该忘记，美国革命在本质上是一场土地所有者的革命，而法国革命则是一场资产阶级的革命。因此，我们完全可以理解，康德在经济上独立的人和不拥有资产的人之间作了区分。他把那些经济上独立的人划归为积极公民，而把那些具有依附性的人划归为消极公民。只有积极公民才拥有选举权和立法权。原则上妇女是被排除在外的。但是，任何一项法律的制定，都必须像有消极公民也参与进来立法一样，因为从本质上来讲，他们也拥有与积极公民一样的政治权利。在康德看来，独立性要求在某种程度上指的是经济上的独立。一个人不应像奴仆或佣人一样在经济上依赖于其他某个人，不然他就无法自由和独立地参与政治。除非是因为犯罪或患有精神病，不然独立的人不能放弃参与立法的义务。即便一个人发现政治现象的丑陋，并觉得这可能会有损他的尊严，他也不能放弃这项义务。因为除主权者所实施的公法之外，没有人拥有强制他人的权利，所以也没有人能够免除这项权利。

自由、平等和独立这三项权利表明，在一个组织良好的国家中，人们是可以找到安全和正义的。与卢梭不同,康德认为,自然状态不是一种无知状态。因此,人并没有被社会所败坏。相反,社会使人变得文明。康德同意霍布斯的观点,认为自然状态就是所有人反对所有人的战争状态。

因此,所需要的是一种平等约束所有人的意志,亦即一种集体性的普遍意志,只有它能够给每一个人带来安全。因此,每一个人都必须约束他自己的自由,以便建立一种最高的权力,与此同时避免与其他人的自由发生冲突。康德也遵循着他那个时代的传统,使用社会契约这个比喻以解释存在着一个通过国家法体系来规范人民的国家。然而,在康德看来,社会契约绝不可被看成是一种历史事实。在这一点上,他是毫不含糊的。因为任何形式的这样一种观念都充满着危机;因为它很有可能会鼓励人们漠视现行法律,甚至积极反抗现行法律。因此,社会契约必须被看成是一种实践的理性理念(a practical Idea of Reason)。(在康德看来,理念不存在于经验中,并因此既无法为科学研究所证实,也无法为其所证伪;但是,它却是理性的一种规导性原则,经验据此而被赋予经验本身原本不具有的秩序和统一性。)就理性理念能够被运用到实践领域或被运用到经验世界(即现象界)而言,它是一种实践性的理性理念。它使我们能够谈论那类应当存在的国家,即应当根据法权原则来建立的国家。由此,社会契约是一项政治判断的标准,我们不能为得出某些实践性结论而将其视为一种历史性的理由。人们通过契约以建立国家这个理念意味着人们在外在事务上将放弃他们自己的个人意志从而服从一种普遍意志。当然,这种普遍意志或一般意志就是理性的意志。它不是所有人联合起来的意志(尽管我们可以在现实中找到这种意志),也不是大多数人的意志。在这一点上,康德的观点再次与卢梭的观点走到了一起,但是,卢梭的观点是含糊不清的,而康德的观点却极为清晰。他将一般意志观念——它可能体现在政府中——转化成一种理性理念,该理念赋予政府实施政治行动的权力,即根据普遍法则强制他人。在此,康德在根本意义上与霍布斯分道扬镳。霍布斯认为我们不该去追问主权者是否会制定正义的法律;因为在霍布斯看来,根本没有什么道德标准来衡量现存的法律。

在康德看来，社会契约的理念还意味着一种公民宪制的必要性。在他看来，尽管不仅建立公民宪制是必要的，而且人们也有义务去建立这样一种宪制，但是人类能否实现这个目的同时也是一个重大的实践问题；因为只有在公民社会中，亦即在根据法律而使权利得到普遍施行的社会中，才可能存在自由。也只有在这里，一个人的自由才可以与其他人的自由相互共存。但是，发现一个根据正当的宪制进行统治的正当政府是不易的。谁可以在面对权威时维护个人的权利？谁可以确保所建立起来的是一种正当的宪制，而且谁又可以确保政府会根据法权原则行事？

对于"谁来监管监管者本人？"（quis custodiet ipsos custodes?）这个老问题，没有完美的解决方案。这意味着我们在本质上只能"接近"正当宪制和正当政府的"理念"①。

那么，我们应当根据哪些原则来组建一个正当的政府，即便我们无法实现一种完全正当的政治安排？康德区分了两种政府形式：一种是共和制的政府形式，在那里，执行权与立法权是分离的；另一种是专制的政府形式，在那里，执行权和立法权是不分的。② 共和制政府不可能存在于民主制中；因为"民主制"必然是专制的。在此，国家权力是通过所有人都参与统治而建立起来的。这意味着所有人要对所有事务作决定，同时它反对任何一个与多数人意见相左的人的决定。这事实上使普遍意志与他自身以及与自由相冲突。

然而，共和制政府是一种正当的政府。一种共和主义宪制是根据法权原则建立起来的，亦即建立起各种相互独立的权力。首先是主权者（the sovereign），亦即代表人民的联合意志（或一般意志）的立法者，这种联合意志在理论上就是理性的意志。其次是统治者（ruler），即政府或执法者，它不能是立法者。最后，立法者和统治者都不能拥有司法权。因为解释法律以

---

① AA VIII, 23.
② 不幸的是，康德在使用这些术语的时候前后并不一致。实际上，他只是在后期著作诸如《永久和平论》和《法权学说·公法》中才作此区分。但是即便在这些著作中，他的说法有时也不一致。当他说统治者的时候，他有时似乎是指主权立法者，有时则似乎是指拥有执行权的政府，而该机构有时则被康德视为立法者的一个部门。

及作出个别的裁判,就需要一种个别的正义。为此目的,就需要设立一个人民的特别代表机构,即法庭或陪审团。

在康德看来,立法主权应该属于人民。同时,他还说道,在实践中,我们只能尽量接近这个理念。我们最该期望的是,这种权力将由人民的代表间接予以行使。[①] 我们不该期望所有人都参与立法,并且所有人都同意所立之法。所能实现的显然是一个代议机构代表所有人为他们立法。整个人民想必会同意该程序并接受其立法。当然,他们必然要受所立之法的约束。

康德没有具体阐述人民的代表应当如何行使他们的权力,同时他也没有讲应当根据哪项原则来选择这些代表。他不提倡多数人的统治,并且显然不会提倡那种不受约束的立法权,在他看来,这可能是独断的意志在行动中的另一种表现形式。然而,他明确表示所有人都应当协力制定法律[②],同时他也表示立法源于所有人的联合意志[③]。但是他批评在18世纪的英国极其盛行的宪法实践。[④] 在他看来,英国的君主立宪制之设计就是为了掩盖独裁统治。他警告道,君主蜕变成专制者的风险是非常大的,因为一个人往往更容易被诱惑而堕落为一个专制者。但他还说,如果政府掌握在一小部分人手上,而且其所代表的人员极其广泛,那么还是很容易确保共和制统治的。他甚至更倾向君主制而不是贵族制。但是在这一点上,他多少有些含糊不清。然而,他的论证主旨是明确的;他对于"共和制"这个术语的使用向我们表明,他在根本意义上是反君主制的。并且因为他深知一个人有滥用其权力的危险,所以他与卢梭一样,不相信所有人的联合意志可以由一个人所代表。同时还有一点是确定无疑的,那就是他要求权力分离,并且确信主权权威应当属于人民或他们的代表。同时,他也清楚地表明,最高统治者不能拥有任何私产,由此,他就不能运用他的私人权力,同时也不会受私人利益的影响。

---

① 参见 *AA* VI, 341。
② *AA* VII, 90 f.
③ *AA* VI, 313.
④ 参见 *AA* VII, 90; *AA* XIX, 606。

然而，任何一个共和主义宪制的基本要素在于尊重法律。臣民、统治者和主权者都必须抱持这种尊重。臣民在最终意义上被要求尊重这些他们也参与其立法活动的法律。但是，臣民或公民既不能违背主权者所制定的法律，也不能反对颁行这些法律的摄政者，不管他们是否喜欢这些法律甚或认同这位摄政者。康德的这个态度可能会让人感到惊讶，特别是在我们看到康德对待法国大革命的态度的时候。① 这一点源于康德有关法的最高性的一般观念，因为反对最高权力就等同于蔑视法律甚或推翻法律。这是一种罪恶。康德在这一点上是极其坦率的。

然而，他对法国大革命所持的认同态度却使得他的上述论证变得更加模糊。② 他试图赋予这场革命法律地位，认为从法律的角度来讲它实际上不是一场革命，因为国王自动地把最高权力让渡给第三等级。这是一个靠不住的观点，尽管路易十六在把自己称为国家元首（the States-General）的时候就已经放弃了绝对君主制。③ 然而，说他放弃了最高权力是值得怀疑的。在这一点上，康德的论证仍然是有争议的，至少可以说，他的这个论证没有多大说服力。

就康德而言，反对反抗是明确无疑的。人民不拥有反抗的权利。不存在规定反抗权之构成要素的权力。反抗将颠覆整个法律体系。它会带来暴力并产生无政府状态。同时它也会摧毁社会契约理念所要求的公民宪制。因为如果一部宪法包含一项允许人们进行造反或推翻一个主权者的条款，然后再拥立另一位主权者，那么这个事件就是一个悖论。实际上，它需要第

---

① 有关康德态度的探讨，参见 Jacques Droz, *L'Allemagne et la Révolution Francaise* (Paris, 1949), pp.154-171; G. P. Gooch, *Germany and the French Revolution* (London, 1920), pp. 160-182; Karl Vorländer, "Kants Stellung zur französischen Revilution", *Philosophische Abhandlungen Hermann Cohen gewidmet* (Berlin, 1912)。
② 对于这些难题的讨论，参见 H. S. Reiss, "Kant and the Right of Rebellion", *Journal of the History of Ideas*, XVII (1956), pp.179-192。
③ 参见阿尔弗雷德·科本（Alfred Cobban），在他的《现代法国史》(*History of Modern France*, London, 1962)中，他这么写道:"称为国家元首无疑是一项重要举措，因为它意味着放弃绝对君主制。"参见康德在他的评注中对该问题的评论（*AA* XIX, 595 No. 8055）。在此康德说，路易十六通过国家元首之名寻求解决法国财政问题的措施实际上是放弃他的主权。

三位主权者在前两者之间作出裁定,而这是荒唐的。所以,在一部宪法中,不可能存在一项条款赋予某个人反抗权或授权他去推翻最高权威。① 公民宪法的理念必须是神圣的和不可违背的。推翻主权者或统治者不仅是错误的,而且也不可能达到其目的,因为它不会产生一种真正的思想革新。

但是,一旦革命成功,如果人们还要否定它并试图重建旧体制,就是错误的,因为作为公民,遵守现行体制是他的义务。一方面,如果一个政府是刚刚建立的,比如1688年的英国政府,那么人们就必须接受并遵守它。另一方面,人们没有权利去惩罚统治者在作为统治者时所实施的那些行为,因为统治者的行为在原则上是不能予以惩罚的。主权者不能因为发布了不正义的法律或因实施不义的政治行为而受惩罚;因为任何这样的企图,在这位主权者还在位的时候都等同于反叛,而在他退位后也将侵犯同样的原则。

主权者有权利罢免统治者,但是他却没有权利因该统治者在统治期间之行为而惩罚他。对统治者采取法律行动或对他进行惩罚,比刺杀专制者影响更为恶劣。事实上,对于一名统治者(主权者)的法律惩罚,比如绞死查理一世或路易十六,是一种我们可以想象到的最恶劣的犯罪。它是对于法理念本身的颠覆。

然而,康德要求主权者应当促进一种自由精神。只有在这种自由精神普遍盛行之后,统治者的那些强制性的目的才不会被否弃。统治者实际上已意识到对于自由的欲求。因为没有任何一个统治者胆敢不承认哪个人拥有权利,他们也不敢说人民的幸福完全依赖于政府,更不敢说那种主张臣民拥有反对政府之权利的观点是一种可予以惩罚的犯罪。统治者之所以不敢这么说,是因为如果他们这么说了,那么必然会使公民抱成一团来反击他们。但是,即便公民们认为他们的幸福被剥夺了,他们也没有权利进行反

---

① 当然,在这里显然还存在消极抵抗或不服从的可能性。尽管康德明确表示反对积极革命,认为我们不该对最高权力的起源进行推究,但在《纯然理性界限内的宗教》中,康德却认为不执行政府指令的消极抵抗和消极不服从可能是合法的。他在该书中指出,"我们应当服从上帝而不是人"(Acts V. 29)。这句话所表示的是,当人们所发布的指令是邪恶的东西,亦即与道德法则直接相对的东西的时候,我们就不该服从(AA VI, 99)。但在这个语境中,亦即在这个段落以及该书的类似段落中(AA VI, 154),我们不该忘记康德对反抗权所持有的普遍的敌意,其中必然包括公民不服从。

抗。然而，守法并不意味着保持沉默。人民仍拥有且理应拥有一种进行公开批评的权利，这不仅包括出版自由，还包括公开批评政府的权利。与伏尔泰一样，康德相信"笔的自由是人民权利的唯一守护神"①。这就等同于需要一个开放的社会，亦即一个通过自由的理性讨论来制定法律和进行治理的社会。

因此，在公开场合进行批评的权利应当受到共和制宪法的保护。这种权利只能受到如下条件的限制：公民必须"尊重并信奉该国的现存宪法"②。

只有在尊重共和主义宪制的前提下才被赋予公共批评权利这一点确立起了宽容的限度这一原则。该原则就等于是说，只要人们所提出的观点包含着宽容其他人的观点，那么，这些观点就必须予以宽容。或换言之，只要一种观点不宣称去颠覆根据法权原则而建立起来的宪制，那么这一观点就是应当予以宽容的观点。因为任何一个公开支持宣称颠覆共和主义宪制的言论的人，就等于是侵犯了法权原则并因此侵犯了他人的自由。因此，制定约束此类言论自由的法律是合法的法律，但是，这一法律也只能够在这一点上来约束笔的自由。这样一部法律是可以得到普遍适用的。另外，如果侵犯共和主义宪制和法权原则并因此侵犯他人的自由得到拥护，那么，这样一种要求是不可能被赋予普遍法则形式的。因为如果这样一种侵犯普遍流行，那么随之而来的就是混乱，与之相伴随的就是所有法律的侵蚀。一部允许侵犯宪制和允许侵犯法律体系本身的法律是一部自相矛盾的法律，是一部荒唐的法律。然而，同样清楚的是，这样一种限制是唯一一种可能的限制。对于公开批评的所有其他形式的限制都等于是侵犯了法权原则，并因此侵犯了自由。对于公开批评的此种限制不该被理解为政府拥有压制公开批评的权利，而是说它仅仅拥有压制不尊重宪制的公开批评（即提倡或内在地包含着对于共和主义宪制的侵犯的批评）的权利。康德并没有设定准确的界限，用以界定只有在超出哪个界限时，对于宪法的公开批评才是非法的。以哲学的方式讨论法权原则及其在实践中的运用是不合法的这一观点

---

① AA Ⅷ, 304.
② 同上。

绝不是"尊重"一词的应有之义。"尊重"所指的是,对于共和主义宪制的一种非理性的和具有暴力倾向的攻击,以及任何一种试图确立一项不允许公开批评的规则,在原则上都是立法所应予以反对的。因为任何这样的攻击都不包含尊重,而对于宪制以及作为其根基的原则的哲学探讨却包含着尊重。

不幸的是,康德对于这一点并没有予以详细阐发。他更关心他那个时代的问题,亦即关注在面对父权式统治的时候如何确立公开批评的权利,而较少去关注现代自由民主制的各种问题,亦即限制此种权利并界定宽容的界限,由此避免因过度的自由——宽容那些对于自由的公开批评以及对于自由本身怀有敌意的观点——从而摧毁公共自由。由此,限制公开批评就是防护那些试图摧毁它的人所需要的一种机制;这是唯一应当予以保护的防线。

六

然而,在一个国家中,如果其人民的自由受到其他国家的威胁,那么,在这个国家的人民之间也不可能普遍存在法权。只有当法治普遍存在于所有国家和国际关系中时,法才能够普遍存在。只有在此种情形下,所有人才是自由的;只有在此种情形下,法权才存在于每一个角落。显然,法权应该普遍存在这个要求所具有的普遍性使该要求成为一项命令:它应该适用于所有人并为其提供法律保护,以制止所有种类的暴力。只有当作为政治手段的战争被消除,并在全球层面上依据法权原则来建立和维护和平的情形下,这才是可能的。这是政治的最终问题。在国际政治的这一问题上,康德有诸多先驱,但康德论证的严密性以及他对于该问题的哲学证明的不懈追求是前所未有的。

在康德看来,战争或准备发动战争会损害法权。正如他在《人类历史揣测的开端》中所写的:"人们必须承认,为我们招来压迫着各文明民族的那些最大灾祸的,是战争,确切地说,与其说是现实的或者过去的战争,倒不如说是对于未来战争的从不减弱,甚至不断加强的准备。"① 一个共和制国家(不管它的法律安排如何公正)及其人民,如果不避免与其他国家发生冲突,那就不可能获得安全。实现这一点的唯一一种方式就是在各个独立国家之间根据法权原则建立和平关系。康德认识到,恰如他在《永久和平论》的那个带有讽刺意味的开场白中所指出的那样,不接受此观点的最终后果就是所有人都一起灭亡,在我们这个原子弹时代,这种可能性已实实在在地存在。

建立一个世界公民主义社会是一种义务。一个世界国家可能是一种理想的解决方案,但是各个国家是不可能同意完全放弃它们的主权的,同时,全球之间的联系也没有紧密到可由一个超级权威来加以控制。(从 1795 年开始,现代技术已经使世界"变小"了,但是,基于民族的多样性,通过一个世界政府来有效控制全球仍有一些无法克服的障碍。)所以,这种积极的解决方案是不现实的。一种消极的解决方案应该可以达到目的。当战争的代价越来越昂贵,而人们又必须承担这些代价的时候,他们(不是主权者)必将不再想要战争。必要性将产生此种法权状态;因为权力均衡是极不稳固的。事实上,对于权力均衡的概念,康德予以了无情的攻击,因为它不可能导致永久和平。永久和平状态只能逐渐予以实现。它需要一个由共和制国家组成的核心。建立一个世界共和国是不可能的,除非所有国家都同意建立这样一个国家,但是这却是不可能的。康德承认,与个人联合起来成立一个国家相类似,所有国家可能被强制联合成一个由法所统治的世界国家。但是,他指出,各个国家是不愿意放弃它们的主权的。因此,在他看来,这些国家从本质上来讲是不可能这么做的。② 这或许会让人们感到惊讶,因为与费希特和浪漫主义者不同,在康德看来,国家并不拥有一个不可变更的传统的、自然的或语言学的基础。只要还存在国家,一个世界国家就只能创造一种假想的国际公法;事实上,它可能会导致一种极其暴虐的专制。

因此,所产生的是一个反对战争的国家联盟(a federation of states)。与此同时,其事务将由法权的先天原则予以决定。战争不是解决国家间争端

---

① AA VII, 121.
② 参见同上,第 357 页。

的正当方式。战争既不鼓舞人心,同时也不是高贵的。康德的法权原则要求各个民族同意遵守能够解决他们相互间争端的法律,同时要求他们接受依据法律而作出的裁断。在共和制国家中普遍存在的那种对于法律的尊重要求其公民及其政府在国际事务上也建立一个与之相似的法律体系。

因此康德非常清楚权力在政治中所扮演的角色。他显然不会幼稚到认为宣称这样一些规则就足以带来永久和平。但是,在康德看来,法权感(the sense of right)是无处不在的;即便是强权,在其侵犯法的时候也往往诉诸法权。这也是马基雅维里从完全不同的立场出发所作出的一个论断。因此,康德认为当务之急就是让人们意识到法权原则并接受法权的治理。

康德公开表示反对国际政治中的权宜之治(the rule of expediency)。然而,拥护权宜之治的人也有他们的原则,这些原则源于强力就是法权这个观点。康德极其敏锐地对这些原则进行了分析。事实上,他对日常政治实践非常了解,而且往往能够敏锐地洞察到那些被用来欺骗政治对手的论证。

康德认为,阐明永久和平无法通过权宜之治——"先行动,然后再去证成它"(fac et excusa)、"如果干了就否认"(si fecisti nega)和"分而治之"(divide et impera)①——而被建立起来是非常重要的。这些原则并不是人们会同意遵守并据此来行动的客观的先天法权原则。它们要去考虑一个人的行动后果,而不是行动的准则。因此,这些原则是受外部事物支配的,也就是说,它们是不确定和不明确的。人们通过使用理性是不可能一致同意这些原则的。它们也不可能容纳一种对于政治的哲学探究,同时它们也不会引导人们实施正当的政治行动。

七

康德没有撰写一部系统论述政治哲学的著作,与之相似,他也没有撰写一部系统论述历史哲学的著作。对此,我们需诉诸1784年出版的《回答这

---

① 参见《永久和平论》,附录1。

个问题:什么是启蒙?》和《关于一种世界公民观点的普遍历史的理念》以及1798年出版的《系科之争》。那么,康德的历史观是什么呢?

首先,康德问:我们是否可以像阐明自然中的法则那样去阐明历史中的法则,由此我们可以像理解自然的方式那样去理解历史?在他看来,我们很难发现这些法则,但是或许个人经历——康德在此再次提及在18世纪德国的学术讨论中,比如在门德尔松(Mendelssohn)、哈曼以及赫尔德那里经常会提及的一个观点——可以为此提供一个合适的类比。历史的一般进程或许表明了一种与在个体身上发现的经历相类似的人类发展。如果存在进步,这也肯定不是归因于人类的智慧;康德以一种带有讽刺味道的口吻说道:即便是哲学家,也没有聪敏到可以规划他们的生活。

然而,康德却设定了一些很高的标准。他试图揭示历史的一些自然法则,正如开普勒发现行星的自然法则一样。康德在谈论自然在历史中的计划的时候,他的意思不是说,有个真实的被称为"自然"的立法者或心灵有意识地制定了一个在历史中被逐步加以实现的计划;他的意思是说,如果我们想要理解历史,我们就必须诉诸某个理念,诸如自然在历史中有一个目的这个理念。该理念不可能通过科学研究予以证明或予以反驳,但是如果没有这个理念,我们就根本无法理解历史。同时,我们也绝不可把这个理念看成与科学规律拥有同等地位。康德显然是采纳了一个主观的观点,据此,该理念对于看待历史事实而言"不仅是可能的,而且是富有成效的,不仅是富有成效的,而且是必要的"[①]。因为康德的主要关切点是人类自由,人类自由的发展为他提供了必要的线索。因此他认为自然的计划必然是要教育人们以使其趋向一种自由状态。或者说(从另一个不同角度来讲),因为自然赋予人理性,并且自然的目的在于实现人的本质,所以自然把人创造出来就是要让他变成理性的人。康德在后来的《判断力批判》中对人的本质必然要被实现这个观点给出了一个论证,在那里,康德认为,自然目的论是内在的而不是外在的。同时,理性的特殊性在于,它不可能在某一个人的一生中得到

---

① R. G. Collingwood, *The Idea of History* (Oxford, 1946), p. 95.

完全的实现，而只能在整个族类中得到完全的实现。这个观点是康德历史哲学最核心的要点。他的人类学研究——他就此而花费了很多时间和精力——进一步使他确信他有关人类统一性的观念。① 文化不是个人努力的结果，而是整个人类的产物。因此，作为一种理性存在者，人必须生活在历史进程中。历史是一个趋向理性的过程，但是我们却绝不可认为这个过程永远都包含着理性的持续进步。在《系科之争》中，康德明确反对可以通过诉诸经验来回答进步的问题。他所能设想的所有可能性都无法提供答案。第一种可能性是所有事物都在变得越来越坏。康德把它称为"恐怖主义"（terrorism）。这个假设是站不住脚的，因为在一定时间段之后，可能会坏到所有事物都分崩离析。第二种可能性是"千禧年主义"（chiliasm）②，这意味着所有事物都在变得越来越好。但这也是错误的，因为存在着在任何一个个体中都无法被消减的恶，也存在着永远都无法被增进的善。要增进善，人就必须拥有比他所拥有的更多的善，而这是站不住脚的。第三种可能性是"阿布德拉主义"（abderitism）③。这意味着所有事物既不会变得更好，也不会变得更坏，而只会原地不动。善与恶相互之间似乎是中立的。但这是一种必须被认为是对人类无甚意义的可笑处境。

　　因此，我们必须寻找一项超出经验之外的原则。我们可以在人的道德品性中找到该原则。这种道德品性外化到各种法律的制度安排中，比如通过建立一种共和主义宪制。法国大革命在康德看来就是这样一类事件，因为其目的就是建立一个共和制国家。合理性的提升是一项道德义务，因为这种提升是完全实现我们的道德本性的唯一方式。进一步建立一种共和主义宪制是我们的义务；维护现存的法律体系，无论该体系具有何种特征，也是我们的义务。我们可以并且事实上我们应当通过批评而使现存的法律体

---

① 参见 Vlachos, *La Pensée politique de Kant*, pp. 19-26。
② 这最初是这样一种信仰，即认为千禧年将在末日审判来临之前在大地上建立起来。
③ 阿布德拉（Abdera）是古希腊的一个城邦，它的居民被认为极其愚蠢。这个名字因克里斯多夫·马丁·维兰德（Christoph Martin Wieland）的小说《阿布德拉人的故事》（*Geschichte der Abderiten*, 1774—1781）而在18世纪的德国人尽皆知。在这部小说中，人的各种愚蠢的想法受到了讥讽。

系变得更好,由此,它可以逐渐接近那种应当普遍流行的符合法权原则的法律体系。这些目的不是一种空想;因为历史所趋向的那个目的就是建立一种共和制的公民宪法。因为它是一种理念,所以它不可能得到完全的实现,但我们却可以逐渐接近它。如果说一种共和主义宪制是否可以被建立起来完全依赖于人的道德决定,那么其前景事实上是黯淡的,因为我们不能对人有太多期待。但是自然却站在我们这一边。只有在我们完全理解人与人之间的冲突之后,历史才可以被解释。人不仅是社会性的,而且也是非社会性的。这种非社会的社会性(unsocial sociability)——盛行于社会中的相互对抗——就是自然用以促进人所具有的所有能力的手段,但仅仅在这种对抗中将最终产生一种由法所规范的秩序的意义上:"人所希望的是和谐,但是自然比人更明白对人这个族类而言什么是好的,然而它所希望的是不和谐。"①

因此,康德显然没有忽视强力和争斗在生活中所扮演的角色。与霍布斯一样,他看到在人与人的对抗中,亦即在所有人针对所有人的战争中,存在着建立一个公民社会的根本动力。从逻辑上来看,这个观点与他的如下假设是一致的,亦即如果历史是人据以变得理性的一个过程,那么他在最初就不可能是理性的。因此,作为该过程之根本动力的强力就不可能是理性。它必然是某种完全不同于理性的东西,诸如人与人之间的那种反理性的相互对抗。

康德的历史哲学在很大程度上是其政治理论的产物。反抗之所以被谴责,不仅是因为它对立于法权原则,而且是因为就历史发展而言,它是不必要的。趋向理性的进步,亦即建立一种共和主义宪制,不可能被无限搁置。反对现存的权力不一定会加速这种进步。它甚至可能会阻碍这种进步;因为反抗会树立一个坏的榜样。如果一个统治者赋予人们自由,在最开始的时候,往往会存在各种困难,甚至存在各种危险,但是"人必然是自由的,以便能够自由地运用他们的权力"②。理性迟早会确证其自身,法权原则也迟

---

① AA VIII, 21.
② 《纯然理性界限内的宗教》, AA VI, 188。

早会受到人们的尊重。

八

　　这些就是康德政治理论的目的和原则。这是一幅让人印象深刻的、完全由法权原则所规范的世界图景。对于这幅图景，我们很容易会表示出怀疑并认为其企图是不现实的。康德早已预见到这种反驳意见，并且显然没有把他的原则建立在一种高尚的人类观念的基础之上，而是建立在一种明显源于基督教的原罪学说的确信之上，亦即认为在人类本性中存在着根本性的恶。康德的政治原则不是基于传统，也不是基于主权者权力。它们既不存在于经验中，也不存在于自然中。与霍布斯一样，康德深信理性的力量可以对政治作出裁判。但是与霍布斯的原则不同，康德的原则不是从有关生活的观察中推演出来的各种定义的逻辑结果。这些原则独立于经验。它们不是某个精致的政治体系的一部分，而是可以帮助我们指引自身行动的一些基本原则。如果我们想要保护我们自己和其他人的自由，那么它们就可以帮助我们在政治中认清方向。它们类似于绝对命令，并要求被普遍地适用。然而，康德所关注的不是要去详细阐述各种政治纲领。因为他的政治自由观念不是积极的，而是消极的。他所关注的是个人为避免与他人发生冲突从而必须接受的那些约束，由此个人才得以拥有道德行动的自由。

　　在康德看来，在理论上是正确的东西同时也可以适用于实践。所谓实践，康德指的是广义上的实践生活。① 他的政治理论可以解释政治生活。一种建立在他律要素基础之上的理论，亦即一种试图通过诉诸强力来解释政治生活的理论，是无法做到这一点的。因为政治生活在深层含义上所关注的并不是政治权力。尽管权力不可忽视，但政治的真正问题在于如何确保法权，亦即确保法与正义。如果我们把人的尊严，亦即他作为理性存在者而享有的自由作为我们研究政治实践的出发点，那么只有一种建立在纯粹

---

① 迪特·亨利希：《康德、格恩茨、里伯格：论理论和实践》（*Kant. Gentz. Rehberg. Über Theorie und Praxis*），导论部分，第14页及以下。

理性原则基础之上的法权理论才能够解释政治生活。其他理论都是错误的，并因此不仅在对于政治实践的理解上使人误入歧途，而且会误导人们产生一些政治上的恶果。

法权理论为政治实践提供指引，但这还是远远不够的。在政治事务上同样也需要审慎（prudence）和实践技艺（practical skill）。康德不是一个心智狭隘的空想家，更不是一个不切实际的乌托邦式的幻想者。作为一名科学家，他已学会去尊重事实。他自己的哲学论辩以及他对于他那个时代的政府的态度就表明，他早已敏锐地意识到实际处境的重要性，但同时他也没有采取欺骗甚或让他自己的原则作出妥协。① 他试图遵循着他在《永久和平论》中所接受的那个准则："你要像蛇一样敏锐，也要像鸽子一样温顺。"②

在西方政治思想史中，康德理应被赋予一个非常重要的地位，但该地位到目前为止都还没有给予他。他应该与柏拉图、亚里士多德、霍布斯一起被置于最为重要的政治思想家的行列。他在他思想的敏锐性上不亚于任何人。他试图构设一些所有人都会认同甚至应当认同的理性的政治原则，此项努力对于现代世界来讲，与霍布斯试图将政治思想从传统的泥沼和迷信中解放出来的努力是同等重要的。阅读康德的政治著作就是要达至有关政治的哲学反思这个高度。所有那些认为理性的使用在政治生活中富含价值的人，应该都会对他的政治思想感兴趣。

---

① Hans Saner, *Kants Weg vom Krieg zum Frieden, I: Widerstreit und Einheit, Wege zu Kants politischem Denken*（Munich, 1967）.
② *AA* VIII, 370.（Matt. X. 16）.

康德的社会和政治哲学

弗雷德里克·劳舍尔* 著
吴 彦 译

康德撰述他的社会和政治哲学，从一般层面来讲是为了捍卫启蒙，而从具体层面来讲则是为了捍卫自由的理念。他的著作既源于自然法传统，也源于社会契约论传统。康德认为，每一个理性的存在者都拥有一种内在的自由权，同时亦负有一种进入由社会契约所支配的公民状态的义务，以便实现和维护此种自由。

他论述政治哲学的著作包括一本专著和诸多短小的论文。《法权学说》——《道德形而上学》的两个部分中的第一个部分——在1797年2月首先以单册的形式出版。该书实际上囊括了他所讨论的所有政治论题。康德还有其他一些短小的作品，诸如《理论与实践》的第二部分中有关国家之基础和角色的讨论，《永久和平论》中有关国际关系的长篇讨论，以及《回答这个问题：什么是启蒙？》。其他那些公开出版的与此主题相关的作品还包括一些论述历史、论述一般实践哲学，以及（就他的社会哲学来讲）论述宗教和人类学的材料。同时，康德每年都会开设两次"自然法"课程，他的一份学生

---

* 弗雷德里克·劳舍尔（Frederick Rauscher），密歇根州立大学哲学系教授，著名康德学者，编辑和翻译了剑桥版《康德政治哲学讲义和劄记》。本文译自劳舍尔教授为《斯坦福哲学百科全书》（*Stanford Encyclopedia of Philosophy*）撰写的词条"康德的社会和政治哲学"（"Kant's Social and Political Philosophy"）。感谢劳舍尔教授对本文翻译及发表的授权。

课堂笔记(《费耶阿本德[Feyerabend]自然法课堂笔记》)便出自此课程。①

一、政治哲学在康德哲学体系中的位置

康德的政治哲学是其实践哲学的一个分支,是康德思想中最基本的区分——实践哲学与理论哲学的区分——的一部分。在实践哲学中,政治哲学既区别于经验性要素,也区别于严格意义上的道德性要素。它与道德性要素之间的区分将在下节予以论述。就经验性要素而言,值得注意的是,实践哲学作为一系列规范理性存在者之自由行动的规则,囊括了所有的人类行动,既包括人类行动的纯粹方面,也包括它的运用(经验性的或"非纯粹"的方面)。纯粹的实践哲学,亦即排除所有经验性要素的"实践哲学的理性部分",被康德称为"道德形而上学"②。在他的论文《论俗语:这在理论上可能是正确的,但不适用于实践》中,康德在反对那种与霍布斯联系在一起的观点的时候,强调指出了政治哲学之纯粹方面的优先性,而那种被他归于霍布斯的观点则认为,政治家不需要考虑抽象的正当,而只需考虑实用性的治理③。但康德同时也把对于人类行为的实用性的、非纯粹的、经验性的研究看成是实践哲学的一部分。就一般伦理学而言,康德把对于"处在特定文化且拥有某些特定自然能力的人类行动者"的经验性研究称为"人类学"。康德社会哲学的某些部分便可置于这一标题之下(参见下文第十节)。

政治哲学不仅是康德实践哲学的一个分支,而且它的基础在很大程度上也依赖于康德最核心的实践哲学。康德的实践哲学以及支配着它的绝对命令,不仅仅是为了给我们现在所谓的那种严格意义上的"伦理学"提供基础,而且也是为了给所有那些从广义上来讲与"进行考量的人类行为"(deliberative human behavior)相关的事物提供基础。他把实践哲学定义为

---

① 参见 Kant, *Lectures and Drafts on Political Philosophy*, Cambridge University Press, 2016。——译者
② KGS 4:388.
③ KGS 8:289-306.

关注"与自由选择相关的行为规则",以对立于关注"知识规则"的理论哲学。① 实践哲学提供规则,以规范人类的考量行为。《道德形而上学奠基》提供了康德的主要论证:绝对命令是人类考量行为的最高规则。在其前言中,康德指出,《道德形而上学奠基》是一部为未来的《道德形而上学》做准备的前提性著作。12年之后,康德出版了《道德形而上学》,它包括两个部分,一是"法权学说",二是"德行学说"。这两者都隶属于康德的实践哲学,由此,它们都把绝对命令作为它们的最高原则。

《道德形而上学》这部著作拥有两个截然不同的部分:"法权学说"和"德行学说"。康德试图将政治权利和政治义务与所谓的狭义道德区别开来。就此,康德以如下方式对法权作了界定:如果某种东西要成为可予以强制实施的法权,那么它必须符合三项条件。② 首先,法权只关注那些会对他人产生直接或间接影响的行动,这意味着对于自我的义务将被排除在外;其次,法权并不关注"愿望"(wish),而只关注他人的"选择"(choice),这意味着与权利相关的只有那些能够产生行动的"决定",而不是"欲望";最后,法权并不关注他人行动的"质料",而只关注他人行动的"形式",这意味着行动者的特定"欲望"和"目的"是被排除在外的。康德就后者举了一个有关买卖的例子,就法权而言,它必须拥有买卖双方自由同意这一形式,但它却可以拥有行动者想要达到的任何目的或质料。但是这些标准看起来并不拥有康德最终希望达到的那种严格性,因为像"影响"这样的术语是非常模糊的,甚至可能包含一些非常微弱的影响。就法权行动而言,它们甚至可能还包括一些"影响"到他人的不完全的义务,诸如"赈济"这样一些行善的行为。约翰·斯图尔特·密尔(John Stuart Mill)的"伤害原则"并不会碰到这个问题,因为它规定需要法律予以调整的"影响"往往是否定性的。而康德必须把对行善行为的考虑看成是法权的一部分,但他并没有就此认为,行善是法权所要求的,而只是说很多行善行为是法权所允许的,而剩下一些则是侵犯法权

---

① KGS 27:243.
② KGS 6:230.

的。他对于个人选择自由的关注意味着,任何一个干涉或侵夺接受方之自由选择的行善行为都是不法的(例如在没有得到受赠者允许的前提下而赠予他财物,与之相对的则是把钱捐献给由受赠者自己决定是否予以接受的某个基金)。

对于法权来讲,除了这三项条件之外,康德还把法权与德行对立起来。他认为这两者都与自由相关,只是相关的方式有所不同:法权关注外在自由,而德行关注内在自由(掌控他自己的激情)①。法权关注独立于动机(亦即行动者在行动的时候可能拥有的动机)的行为本身,而德行则关注合乎义务的行动的动机②。如果用另外的表达式予以表达的话,那就是,法权关注作为自由之形式条件的"普遍性",而德行则关注超越普遍性这一纯粹形式的"必然目的",由此似乎把这个区分与《道德形而上学奠基》提出的绝对命令的前两个公式联系起来。在其他地方,康德也说,法权关注狭隘的义务,而德行则关注宽泛的义务③。在《费耶阿本德自然法课堂笔记》中提到,康德指出,法权是合乎道德的且同时也是可以被强制实施的行动中的一部分。有关该区分的各种表述可能会把不完全义务排除在外,这并不是因为不完全义务没有对他人产生"影响"(它们实际上是会对他人产生影响的),而是因为作为"不完全的"义务,它们无法在特定情形中被强制实施,因为不完全的义务通常都允许个人的倾向在其中扮演主导角色。有关该区分的这些表述,尽管它们看起来各不相同,但一般都可以被概述为这样一点:法权所关注的是与完全义务相对的、可能影响他人的外在行动,而不考虑一个人的内在动机或目标。

二、作为国家之基础的自由

康德说道:"只有一种内在权利,亦即自由(不受制于他人之选择的独立

---

① KGS 6:406-407.
② KGS 6:218-221.
③ KGS 6:390.

性),就它能够根据普遍法则而与其他所有人的自由相互共存而言。"①康德反对国家的任何其他基础,并特别强调,公民的福祉不可能是国家权力的基础。他论证指出,一个国家将某个特定的幸福观念强加给它的公民是不合法的。② 如果统治者这么做,就等于是把公民看作孩子,认为他们无法理解对于他们自己来讲什么是真正有用的和有害的。

　　上述论断必须根据康德另一个更为一般性的论断才能得到理解,亦即康德认为道德法则不能建立在"幸福"或其他任何被给定的"经验性善"的基础之上。在《道德形而上学奠基》中,康德将自律的伦理学(在此,意志或实践理性本身,是它自己的法则的唯一基础)和他律的伦理学(在此,道德法则的基础是某种独立于意志的东西,诸如幸福)对立起来。在《实践理性批判》中,康德又说,幸福(当事情吻合一个人的愿望和欲望时所获致的生活的愉悦)尽管是人类所普遍追求的,但却并不足以表明在人类身上存在某些其所独有的普遍欲望。此外,尽管在人类那里存在某些普遍的欲望,但这些欲望,作为经验性的欲望,只能是偶然的,并因此不能成为任何一种纯粹的道德法则的基础③。任何一个具体的幸福观念都不可能作为"国家的纯粹原则"的基础,而幸福的一般观念因为太过模糊,所以也不能作为法则的基础。由此,"法权的普遍原则"不可能建立在幸福的基础之上,而只能建立在某种真正普遍性的事物——诸如自由——的基础之上。由此,康德把"法权的普遍原则"界定为"就任何一个行动而言,如果它能够与每一个人所拥有的符合于普遍法则的自由相共存,就是正当的;或者,就该行动的准则而言,如果每一个人所拥有的以此准则为基础的选择自由可以与每一个人所拥有的符合于普遍法则的自由相共存,就是正当的"④。

　　这可以被用来解释幸福为什么不是普遍性的,但这并不能够说明自由为什么是普遍性的。对于政治哲学中的"自由",康德并没有将其与先验的

① KGS 6:237.
② KGS 8:290-291.
③ KGS 5:25-26.
④ KGS 6:230.

自由观念勾连在一起,这个观念通常与根据自然法则的决定论中的意志自由问题联系在一起,康德在《纯粹理性批判》第三个二律背反中提供了有关该问题的解决方案。与之不同,政治哲学中的自由——恰如上文所提及的那个有关唯一一种内在权利的主张中所做的那样——被定义为"避免受他人选择所束缚的独立性"。他在政治哲学中所关注的不是规定一个人的选择的"自然法则",而是规定一个人的选择的"其他人"。所以,康德在政治哲学中所关注的那类自由是个人的行动自由。此外,政治自由的普遍性是与先验自由联系在一起的。康德认为,一个人的选择活动(至少在它受理性所引导的时候)从先验的角度看是自由的。因为每一个人都是理性的,所以他们都拥有先验自由,所以选择自由是人类的一种普遍属性。而这种选择自由,即便在它们不是以一种理性的或道德性的方式被作出的时候,也应当受到尊重和促进。或许,尊重选择自由意味着允许它在规定行动的过程中发挥效果;这便是康德将政治自由或"避免受他人选择所束缚的独立性"称为"唯一一种内在权利"的缘由。人们可能还会提出反对意见,认为这种选择自由无法作为纯粹的法权原则的基础,其理由与认为幸福不能作为纯粹的法权原则的基础是一样的,也就是说,它们本身太过模糊,而如果用个人通过他们的自由选择作出的某些具体决定使其变得更加具体,那么它必将丧失普遍性。康德认为,对于自由来讲,实际上并不会产生这个问题,因为选择自由既可以根据其内容(个人所作出的具体决定),也可以根据其形式(在选择任何一个可能的具体目时,选择本身所具有的那种自由的,亦即不受约束的本性)予以理解。① 与幸福不同,自由在严格的意义上是普遍性的,因为它可以以某种特定的方式予以理解,亦即在不丧失普遍性的同时亦接受具体的规定。所以,法权是以自由选择的"形式"为基础的。

在某些人看来,国家的存在本身可能就是一种对自由的限制,因为国家拥有通过强制力来控制"公民的外在自由"的权力。这是无政府主义的一个基本主张。与之相对,康德认为国家不是对于自由的一种阻碍,而是一种获

---

① KGS 6:230.

致自由的手段。当限制自由的国家行动有恰当的指向时,也就是说,在这个国家行动旨在限制"那些其本身就是阻碍他人自由的行动"的时候,便可以支持和维护自由。因为一个主体的行动会限制另一个主体的自由,所以国家可能会通过限制前者来保护后者,亦即"通过限制一种对于自由的阻碍"来保护后者。此种国家强制与法权原则所要求的自由的最大化是相兼容的,因为它并不是减少自由,而是提供必要的背景性条件以保护自由。因直接的国家强制而使第一个主体丧失了的自由总量将等于第二个主体因排除对于行动的阻碍而获得的自由总量。国家行动维持着与所有人的类似自由相兼容的最大程度的自由,而不是削减它。

自由不是那些潜藏在国家背后的原则的唯一基础。在《理论与实践》一文中,康德把自由看成是国家的三项原则中的第一项原则①:

1. 国家的每一个成员作为"人"所拥有的自由。
2. 作为一个"臣民"所具有的相互之间的平等。
3. 国家的每一个成员作为一个"公民"所享有的独立。

《理论与实践》一文中所讨论的自由,强调的是所有个体依据他们自己的方式构想幸福的自主权。干涉另一个人的自由被理解为根据一个人自己认为幸福的方式强迫他人接受。当一个人追求那个被自主选择的幸福观念的时候,便与行动直接联系在一起。每一个人都可以根据他自己认为合适的方式来追求幸福,只要他们的追求不妨碍其他人相类似的追求。

平等不是实质意义上的平等,而是形式意义上的平等。国家的每一个成员与该国家中的所有其他成员在法律面前都是平等的。每一个人都拥有平等的强制权利,亦即代表他自己而要求国家运用其权力来强制实施法律的权利(在此,康德将国家首脑排除在这种平等权之外,因为国家首脑不能受到任何其他人的强制)。这种形式的平等与国家成员在收入、体力、心智能力、财产等方面的不平等是完全兼容的。此外,这种平等还鼓励一种机会的平等:政治结构中的所有职位和职衔都必须对所有人开放,而不考虑任何

---

① KGS 8: 290.

世袭的或相类似的限制。

独立所涉及的是作为共同立法者的公民，他们将服从那些他们给予自己的法律。尽管该原则看起来似乎要求在制定具体法律的时候需要根据普遍的民主决议，但是康德却是在以下两个层面上来理解这项原则的，在其中一个层面上，该原则并没有满足普遍性的要求，而在另一个层面上，其目的并不是制定具体的法律。在第一个层面上，在参与制定具体的法律时，公民资格并没有被扩展至所有人。康德排除了妇女和儿童，以及在经济上无法自给的那些人，认为将他们排除在外是合乎自然的。所以，立法决议不是普遍的。尽管康德否定妇女和其他一些人拥有参与立法的完全公民资格，但他并没有否定他们作为国家的"消极"公民而拥有的那些源自自由和平等的权利。在第二个层面上，他认为国家的所有成员，作为法的对象，都必须在意志上能够认同规范他们的基本法。这一基本法便是"原初契约"，我们将在下一节对此进行讨论。基本法在以下意义上为每个公民所意欲，亦即基本法是由"所有人的意志"或"公共意志"或"一般意志"（康德使用了卢梭的"公意[一般意志]"这个术语）所规定的。所以，这个层面上的决议不是针对具体的法律。与之相反，具体的法律是由拥有选举权的大多数公民来决定的，正如下文第四节所讨论的那样。

三、社会契约

康德提供了两种不同的有关社会契约的讨论。其中一种讨论涉及财产，对于这个话题，我将在第五节予以详细论述。有关社会契约的第二种讨论首先出现在《理论与实践》一文中，它是在以下语境中被讨论的，亦即对于主权者所追求的合法政策的先天约束。主权者必须承认"原初契约"，把其作为理性的一种理念，这种理念将"约束每个立法者，使他如此颁布自己的法律，就仿佛它们能够从整个民族的联合起来的意志中产生出来，而且每个公民只要愿意是公民，就如此看待他，仿佛他一起赞同了这样一种意志"①。

---

① KGS 8: 297.

康德进一步强调指出,这种原初契约只是一种理性理念,而不是一个历史事件。源于原初契约的那些权利和义务之所以成为权利和义务,并不是因为某种特殊的历史起源,而是因为一种体现在原初契约之中的正当关系。没有任何一种经验性的行动——作为一个呈现在历史中的行动——可以成为正当的权利和义务的基础。原初契约理念约束着作为立法者的主权者。如果"整个民族不能一致同意某项法律,这项法律就不可能被颁行"①。然而,这里的"同意"也不是一种以某个实际行动为基础的经验性同意。公民们所拥有的那些实际存在的具体的欲望,并不是用于决定他们是否有可能同意某项法律的基础。相反,这里的可能性是一种独立于经验性事实或经验性欲望,且建立在权利和义务的公平分配的基础之上的"理性上可能的一致同意"。康德所举的以下两个例子共同印证了"理性上可能的一致同意"。第一个例子涉及为某些阶层的成员提供世袭特权的法律。这项法律是不正义的,因为对于不是该阶层的人来讲,他们不会在理性上接受他们所享有的特权比属于该阶层的人所享有的特权少。人们可能会说,没有任何一条经验性讯息会促使所有人都同意这项法律。康德的第二个例子涉及战争税。如果这项税收可以公平地进行,那么它也可能是正当的。康德补充说,尽管公民在现实中会反对战争,但是战争税也有可能是正当的,因为战争可能是基于正当理由而发动的。在这里,只有国家而不是公民才知道其中之内涵。在这里,可能的经验性讯息也许会促使所有公民同意这项法律。在上述两个例子中,"可能同意"(possible consent)这个观念是独立于单个公民所拥有的实际欲望的。"可能同意"不是建立在一种基于实际偏好的虚拟选举的基础之上,而是建立在理性的同意观念的基础之上,而不考虑任何经验性的讯息。

康德的观点在某些非常重要的方面类似于霍布斯的社会契约论。社会契约不是一种历史事件,也不包含任何历史行动。事实上,如果为了国家权力的经验性证成而试图从历史中加以寻求,那么,就有可能威胁到国家的稳

---

① KGS 8:297.

定性①。现存的国家,不管其实际起源如何,都必须被理解为体现了社会契约。社会契约是对于国家权力的一种理性证成,而不是个人与个人之间或个人与国家之间所达成的实际协议。康德与霍布斯的另一个关联在于,他们都认为社会契约不是自愿的。个人可能被强制进入公民状态,而根本不考虑他自己是否同意②。社会契约不是建立在某种实际同意的基础之上的,诸如自发地选择与其他人一起建构公民社会。因为社会契约所反映的是理性,而每一个人,作为一个理性的存在者,在其身上业已包含着理性地认同国家的基础。个人是否是在违背其意志的情况下,被强迫承认他们服从国家权力的?因为康德把"意志"定义为"实践理性本身"③,所以他的答案是"不是"。如果一个人把"意志"定义为"任意的选择",那么他的回答就是"是"。在康德的惩罚理论中,也会出现上述这种二分(参见本文第七节)。康德和霍布斯之间的实质性差异在于,霍布斯将他的论证建立在契约一方的个人利益的基础之上,而康德则将其论证建立在"法权"本身的基础之上,这种法权被理解为所有人的自由,而不是契约一方在他们自己的那部分自由中所获得的个人利益。在这个意义上,康德更多地受到了卢梭公意观念的影响。

四、共和国、启蒙与民主

康德是启蒙哲学的核心人物之一。在他的名文《回答这个问题:什么是启蒙?》中,康德基于个人对于他自己的理性的使用来探讨启蒙。启蒙就是从一个人自己所遭受的监护状态中走出,而进入一种能够思考其自身的成熟状态。在另一篇文章《什么叫作在思维中确定方向?》中,康德把启蒙定义为这样一项准则:"在任何时候都要为自身而思考。"④在《回答这个问题:什

---

① KGS 6:318.
② KGS 6:256.
③ KGS 4:412.
④ KGS 8:146.

么是启蒙?》中,康德区分了理性的公共使用和理性的私人使用。理性的私人使用指的是,就政府公职人员来讲,他们在担任公职的时候必须对理性作出的那种使用。例如,一个神职人员(在康德那个时代的普鲁士,牧师是国家的雇员)在布道的时候被要求拥护公开的教义。而理性的公共使用则指的是,个人作为一名学者在面对读者世界的全体大众的时候对理性所做的那种使用。例如,同样一名牧师,如果他作为一名学者,在面对同样的教义时,要呈现他所察知到的教义上的缺漏。同样地,军官在运用公共理性的时候,可以质疑他们所受命令的价值和恰当性,但在他们履行军官职能的时候,亦即在运用私人理性的时候,则有义务遵守这些命令。因为主权者有可能犯错,公民个人在"主权者不希望犯错"这个假定之下有权利纠正这种错误,康德在《理论与实践》中这么写道:"一个公民,确切地说是在得到统治者本人同意的情况下,应当有权对于统治者的指令中在他看来侵犯国家利益的事务公开发表自己的意见。""笔的自由"是人民权利的"唯一守卫者",如果没有这一手段,人民便无法主张任何权利①。

从上述说法中我们可以看到,康德可能会认为,一个良好的政治体系不仅允许个人可以根据他自己的想法来思考政治问题,还包括诸如选举这样的机制,以便使那些合理的意见转化为政府政策。一个人可能会犯错。康德并没有特别强调"自我统治"。在《永久和平论》中讨论政府类型的传统划分时,康德在两个层面上对政府类型进行了区分②。第一个层面是"主权形式"上的区分,其所关注的是"谁在统治",在此,康德沿循着传统的三分法:或者由一个人来统治,或者由一小群人来统治,或者由所有人来统治。第二个层面是"治理形式"上的区分,其所关注的是"人们如何进行统治",在此,康德采用了传统上有关好的统治形式和坏的统治形式的两分法,亦即将其划分为"共和制"和"专制"。在康德看来,所谓的"共和制",就是"执行权(政府)与立法权的分离"。专制就是执行权与立法权的合一,在此统治者既制定法律,也执行法律,从本质上来讲,专制就是将某个人的私人意志变成公

---

① KGS 8:304.
② KGS 8:352.

共意志。共和制要求代议制,通过坚称执行机构只能强制实施由"人民的代表"而不是由"执行者本人"制定的法律,从而确保执行权只能够强制实施公共意志。但是一个共和制与以下这样一种体制是相兼容的,亦即由一个人充当立法者,而其他人充当执行者;例如,一个君主可以以人民意志之名来制定法律,同时君主的大臣可以执行这些法律。康德认为这样一种体制也是一种共和制①,这样一种主张显然是以下观点的一种具体表现,即一个共和制政府并不要求人民在制定法律的时候要有实际的参与,甚至不一定要通过被选举的代表来参与,只要法律是由人们的联合意志予以颁布的即可。然而,康德的确认为,一个被选举的代议制的立法者是最好的共和制形式②。无论被选举还是不被选举,拥有立法权的道德人格是联合成一个整体的人民的代表,并因此是主权者。人民只有在他们选择代表的时候才是主权者。

在探讨选举代表的时候,康德同时也带有那个时期所流行的诸多偏见③。选举权要求"人们应该是他自己的主人",并因此必须是拥有可以独立支撑其生活的资产或拥有某项技能的人。对此,康德所给出的理由是,那些必须从他人那里获得某种东西以维持其生计的人必会挥霍属于他们自己的东西,但是,这个理由却极其模糊,以至于康德自己也在一个注解中说,"我承认,确认到底需要具备什么条件才能认为哪些人是他自己的主人,多少有些困难"。康德同时基于他所谓的那些尚未作具体规定的"自然理由",而把妇女排除出选民之外。

所以,康德理论中的国家并不要求人民参与实际的决策,而只能通过被选举的代表参与决策。他认为,一个人或一小群人可以通过采纳人民看待问题的视角来代表他们。支持代议体制④并不意味着坚持一个选举式的代议体制。然而我们可以清楚地看到,康德认为这样一个选举式的代议体制

---

① 同时参见 KGS 27:1384。
② KGS 8:353.
③ KGS 8:295.
④ KGS 8:353.

是理想的体制。他指出，共和制宪法往往倾向于避免战争，因为一旦其决策需要人民的同意，人们就必须考虑战争所要付出的成本（战斗开销、税收和财产的损失等等），而一个非共和制国家的君主则无须考虑这一点。在《法权学说》中，康德还指出，一个共和制体制不仅代表人民，而且借由"所有联合起来的公民通过他们的代表来行动"①从而代表人民。上述这些说法尽管并不必然说明康德支持选举式的代议制，但确实隐含地说明他支持选举式的代议体制。

五、财产与契约权利

《法权学说》以对于财产的讨论为起点，这说明这种权利对于贯彻内在自由权具有重要意义。财产被定义为"是这样的东西，我与它如此结合在一起，以至于其他人未经我同意而使用它，就会侵犯我"②。一方面，如果我持有一个物体（诸如苹果），而另一个人从我手中抢走了它，那么我就受到了侵犯，因为他从我的物理性占有中夺走了这个物体，从而侵犯了我（在这里，说我受到了侵犯，是因为我对苹果的当下使用被终止还是因为我的身体受到了冒犯，康德并未加以具体论述，但后面这个说法更有道理）。康德把这种占有称为"物理性"的占有或"感性"的占有。但是这种占有并非一种充分意义上的法权的占有。法权的占有必须是这样一种占有，即他人如果没有经过我的同意而使用该物体，就是对于我的侵犯，即便在我没有受到物理上的侵犯而且当前也并未使用该物体的时候。如果某个人从我的苹果树上摘走了苹果，那么不论我在哪儿，也不论我是否意识到我没能享用这个苹果所带来的损失，他都侵犯了我。康德把这种占有称为"理智性的占有"。

必须存在这样一种理智性的占有，而不仅仅只有物理性的占有，康德用以证明这个论点的论据取决于人类选择的运用③。一个被选择的对象就是

---

① KGS 6：342.
② KGS 6：245.
③ KGS 6：246.

某个人有能力将其作为手段来加以使用以便用来达到各种目的或目标的一个东西。法权的占有就是使用这样一个对象的权利。让我们来设想一下这样一种情形：在此情形中，存在某个特定的对象，没有任何一个人对它享有法权上的占有。这意味着"一个可以被使用的对象"将"不可能被使用"。康德认为，这样一种状态并不背离法权原则，因为它与每一个人享有符合普遍法则的自由相吻合。但是，当人们有能力使用一个物体却又将其置于合法使用之外的时候，这必将在实践的面向上"取消"这个物体，亦即根本不把它看成一个"物体"。康德认为这是有问题的，因为在实践的面向上，一个物体只能够被看成是可能选择的一个对象。这种仅仅是对于纯然形式的考察，亦即把对象仅仅看成是选择的一个对象，无法包含任何的禁止，亦即禁止其适用某个对象，因为任何这样的禁止都是没有理据的自由对于其自身的限制。因此，在实践的面向上，一个物体不能够被看成一个虚无之物，而必须被看成某个人潜在的法权占有的对象。所以，所有那些人们有能力予以利用的对象都必须隶属于法权的占有或理智性的占有。

因此，为了使自由的存在者为实现其自由选择的目的而通过使用物体来实现他们的自由，在法权上要求存在一种理智性的占有。这个结论意味着要有私有财产权，但并不意味着要有分配私有财产的某种具体制度。所有的物体都必须被看成某个人或其他某个人的潜在财产。如果一个人对于一个特定的对象拥有一种理智性的占有，那么所有其他人就不能使用这个对象。这样一种单方面的关系可能会侵犯外在法权的普遍性原则。康德还担心，一个人所作出的任何一个单方面的宣称（亦即宣称一个物体只属于他），将侵犯其他人的自由。使理智性的占有在不侵犯法权原则的情况下得以可能的唯一方式就是在那里存在一种普遍的认同，亦即人们都同意将所有的人置于"必须承认其他每一个人的理智性的占有"这样一种义务之下。每一个人都必须承认"不要使用他人的物品"这项义务。因为没有任何一个人有权利制定和实施"强制每一个人都尊重其他人的财产"这项法则，所以，只有在符合一种"联合的、一般性的（共同的）和有强制力的意志"之下，相互义务才是可能的，也就是说，只有在一种公民社会中，这种相互义务才是可能的。国家本身强制所有的公民都要尊重其他公民的财产。国家所发挥的是一种客观的、不偏私的制度的功能,以便解决有关公民财产的争论,并强制人们遵守由此而作出的裁决。如果没有国家强制履行这些财产权,这些财产权根本就是不可能的。

创建公民状态是第三节所提及的社会契约的第一个方面。在社会契约之前,人们所拥有的控制事物的唯一方式就是经验性的占有、实际的占用和使用土地以及物品。为了获得有关土地和物品的完全财产权,人们就必须一致同意在一项社会契约中尊重他人的财产权。事实上,他们被要求——作为一种义务——进入一种社会的状态,从而保护他们自己的和其他每一个人的财产权。只有在这样一种社会中,人们才能够运用他们的自由,而这正是他们追求目的的原因;也就是说,只有在这样一种社会中,人们才能够为了他们自己的目的合法地使用对象,而无须考虑他人。由此,社会契约便是证成国家之合法性的根据;因为在每一个人获取财产以实现其自由的时候,国家权力是必不可少的。在《理论与实践》中,康德把社会契约看成是一种理性理念,认为主权者在颁布法律的时候,该理念对他具有约束力。尽管如此,这并不能够解释国家为什么首先是必要的。在《法权学说》中,康德把财产看成是社会契约的基础,这解释了"要求个人进入社会契约"为什么事实上是合乎理性的。

在这里,出现了一个有关财产的问题。如果在国家存在之前,个人无法拥有任何理智性的占有,而且国家的角色在于强制实施财产权,那么,个人对于财产的原初占有最早又是发生在什么地方呢?洛克在他的财产理论中,通过把财产看成是个人活动的产物,而避开了这个问题。一个人通过将他的"劳动"与处于共有状态的某个"对象""混合"在一起,而获得了一种针对该对象的财产权。康德基于以下理由反对洛克的财产理论。在康德看来,洛克把财产看成是"人"与"物"之间的关系,而不是"各个人的意志"相互之间的关系①。因为财产不是各个人的意志相互之间的关系,所以它只能

---

① KGS 6:268-269.

出现在处于"共同的主权者权力"之下的"公民状态"中；康德指出，在这种公民状态之前，只有在期许和吻合公民状态的情况下，才有可能获得财产。临时性的财产权是采取某种特定意图的占取，亦即在希望把这些物体变成处于国家之下的合法财产的情况下对于物体原初的物理性的占取①。

在康德看来，财产权有三种类型②。第一种是对物权，亦即针对存在于空间中的有形体的权利。这些有形体包括诸如土地、动物和工具这样的事物。第二种是对人权，亦即强制某人实施某个行为的权利。这便是契约权。第三种是"类似于对物权的对人权"，这是康德思想中最具争议的一个范畴，康德把夫妻、孩子及仆人都放置在这个范畴之中。就这三类财产权而言，第一类财产权所关涉的是"获得"。第二类财产权，亦即契约权，包含着一个人对于另一个人的"行为"的占有。一个人能够控制另一个人的选择，以便将他人的物理性力量运用到某个目的之上。初看起来，这种契约权似乎侵犯了绝对命令的第二个公式，亦即侵犯了"人必须被作为目的而绝不可以被作为手段"这个公式。但在一些契约中，个人似乎被看成是一种手段。例如，房屋主人雇佣一名专业修理工，把他作为修缮房子的手段。在这个问题上，康德指出，一个契约是"两个人的联合选择"，由此，契约双方都是目的。例如他指出，专业修理工之所以同意订立契约来修缮房子，是为了获得他自己的目的，亦即金钱③。契约双方既是另一方的手段，但同时也是目的。

第三个范畴——"类似于对物权的对人权"——是康德自己在有关财产和契约的传统理解基础之上增加的一个范畴。康德指出，某些契约或某些合法的义务，诸如父子关系，允许契约一方不仅可以控制另一方的选择，甚至拥有某种针对另一方的身体的权利，诸如要求另一方待在家庭中的权力。他对于婚姻的讨论——其所关注的是婚姻这种法律关系，而排除了诸如爱这样的经验性考察——把婚姻看成是双方都可以使用另一方的性器官。尽管在婚姻中，双方都把对方看成是享乐的手段并由此把对方看成是一个物，

---

① KGS 6：264，267.
② KGS 6：247-248，260.
③ KGS 27：1319.

但婚姻契约的相互性使他们"重获"他们作为目的本身的人格性①。男人和女人必须拥有一种相互的关系。例如,妻子可以利用国家权力要求出逃的丈夫履行他所负担的抚养孩子的家庭责任;同样地,男人在把妓女作为物来加以使用的时候,侵犯了妓女作为目的本身而拥有的尊严(只有后者才是康德举的例子)。尽管在先天权利的层面上他们是平等的,但康德认为男人在促进夫妻双方共同利益的能力上拥有一种天然的优越性,并且认为将丈夫对于妻子的支配权写入法典并不是不正义的。很显然,康德个人的性别歧视在他有关婚姻的看法上扮演着某种角色,正如他把妇女排除出选举之外一样。康德的某些同时代人反对他有关妇女的看法,一篇有关《法权学说》的早期评论就反对康德提出的"类似于对物权的对人权"这个范畴,也正是这篇评论让他在《法权学说》的第二版中增加了一个附录来专门回应这种批评。

六、反抗与革命

康德指出,反对政府的反抗权这个观念本身是不融贯的,因为实际存在的国家,其本身就是所有法权的化身。对此,康德的意思并不是说,任何一个实际存在的国家都是完全正当的,也不是说,只要国家拥有权力,它就可以规定什么是正义。康德的意思是,一种对立于自然状态的法权状态,只有在以下条件下才是可能的,亦即存在着某些手段,个人以此而为"一般立法意志"所统治②。体现一般立法意志的国家要比没有国家更好。尽管这样一种推理看起来似乎是一种实用主义的推理,但实际上并不是。这样一种推理建立在以下这样一些论断的基础之上,即法权状态要求在一个国家中强制力的集中化,以作为达到相互强制和相互履行义务的唯一手段。康德还指出,反抗权授予人民权利以抵抗国家。然而,这种授权却是主权者权力

---

① KGS 6:278.
② KGS 6:320.

的一种运用,对于任何一个主张这样一种权利的人,他都会主张国家权力的体现者是人民而不是国家。由此,这会使得"作为臣民的人民在同一个判断中成为臣民之上的、人民臣服的主权者"①。这完全是自相矛盾的。主权的本质就在于主权者权力是不能够被分享的。如果主权者权力为国家和人民所共同分享,那么在二者出现分歧的时候,谁又能够判定到底是国家正确还是人民正确?在此,没有一个更高的主权者权力能作出这样一种判断,解决该分歧的其他所有手段都不处在法权关系的范围之内。在此所谓的"判断的角色"与康德在讨论社会契约时所提及的判断是联系在一起的。在社会契约理念之下,最高立法者不能制定人民不会为其自身所制定的法律,因为这样的法律所用的是不理性的、非普遍性的形式。国家而非人民才是判定法律是否理性的裁判者。康德指出,当人民主张拥有一种革命权利的时候,他们实际上误解了社会契约的本质。他们认为社会契约必须是一种实际发生的历史事件,人们可以就此而解除它②。但是,因为社会契约仅仅是一个理性的理念,它只是给主权者的立法活动设定道德界限而已,只有主权者的判断才能够决定如何解释这些界限,在此,并不存在某种独立的、人们可用以表达其怨言的契约机制。公民仍然被允许通过他们的公共理性来表达他们的抱怨,但他们所能做的只是努力说服主权者采纳或撤销其决定。

尽管人民不能抵抗国家,但康德并不认为公民永远都要服从国家。他认为,至少要允许某种消极的公民不服从。它可以采用两种形式:在一个共和制的代议体制中(诸如英国的体制),可能会存在"一种消极的抵抗,也就是人民(在议会中)拒绝同意政府所提出的、他们认为对于管理国家来讲必要的每一个要求"③。在这个讨论语境之下,很显然康德所指的是,通过运用立法权而拒绝执法部门所要求的拨款,但与此同时却认同执法部门的行为。康德澄清了这样一点:立法并不被允许可以对执法部门发号施令,立法权的合法抵抗只能是消极性的。第二种可以被接受的抵抗形式涉及个人,

---

① KGS 6:320.
② KGS 8:301-302.
③ KGS 6:322.

康德提到，公民"在不与内在道德相冲突的事物上有义务服从主权者"①。但他并没有对于"内在道德"(inner morality)这个术语作出任何进一步的阐发。

　　康德也并不是一直都反对革命。如果一次革命成功了，公民有义务像服从旧政权一样服从新政权②。因为新政权事实上就是一种国家权威，它现在掌握了统治的权力。此外，在他的历史理论中，康德还指出，就长远来看，进步在某种程度上是通过诸如战争这样的不正当行动和暴力而获得实现的。康德甚至把革命看成是进步的一种标志，以至于法国革命的观察者们对它"抱持着深深的同情"③。康德并不是说革命本身是进步的一种标志，而是说人们（诸如他自己）对于革命所传递之信息的反应是进步的一种标志。观察者们之所以赞扬革命，并不是因为它是合法的，而是因为它旨在创造一种公民宪制。所以，尽管革命是不合法的，但它却促进了进步。

　　事实上，康德相信法国大革命是合法的，仔细察看他的论证便可让他的某些复杂的用语变得清晰起来。法国国王在召集作为人民代表的三级会议之前仍拥有主权，但是，从召集三级会议的那个时刻起，主权便"重新交付给了人民"，即便国王只是希望议会在解决一些具体问题之后将权力重新返回给他④。此外，召集议会是议会被重新授予主权权力的一项条件，在这个意义上，国王并没有权力限制议会的行动，因为对于这种主权权力，不可能存在任何限制。有关主权的此种理解向我们表明，"反对权威"与和平让渡主权权力的"选举"这两者之间是有差异的。在选举中，主权重新回到了人民手上，所以在这个时候人们取代原先的整个政府并不是不合法的。如果没有选举，或者没有与之相类似的将主权归付给人民的方法，任何旨在取代政府的行动都是不合法的。

---

① KGS 6：371.
② KGS 6：323.
③ KGS 7：85.
④ KGS 6：341-342.

七、刑罚

　　康德一直以来都被看成是刑罚的报应理论的代表人物。尽管他认为用以证成刑罚的唯一恰当的根据就是犯罪的罪责,但他并没有把刑罚的用处仅限定在报应之上。刑罚只能把罪犯的罪责作为它的证成根据。刑罚的其他用处,比如复归(所谓的有利于罪犯的刑罚)或威慑(所谓的有利于社会的刑罚)完全把罪犯看成是一种手段①。然而康德并不否认,一旦确定罪犯的罪责,刑罚还可以带来其他一些好处。在《费耶阿本德自然法课堂笔记》中,康德非常明确地指出,主权者"必须是为了获得安全而进行惩罚",即便是在运用报应式法律的时候,"也要以某种特定的方式予以使用,以便获得最大程度的安全"②。国家被授权使用强制力来保护自由,以免自由受到各种限制;更为具体地讲就是,因为法权并不意味着公民必须限制他们的自由,而仅仅意味着自由受到法权条件的限制,另一个主体(比如国家)可以合法地根据法权来积极地限制公民的自由③。国家被授权使用强制力来保护财产权④。所以,在康德看来,即便惩罚不是完全建立在威慑的基础之上,亦即把威慑作为惩罚的合法性根据,我们仍然可以说对于某个特定个人的惩罚可能会发挥威慑的功能。

　　报应理论不仅认为惩罚必须有罪责,还认为惩罚的恰当"手段"和"程度"同时也是由犯罪本身所决定的。从传统上看,这也是古代"以牙还牙"的核心要义。康德支持有关刑罚的这样一种考量,因为所有其他的考量手段将一些外在于严格法权⑤的要素——诸如可能会影响到威慑有效性的他人心理状态——都带了进来。作为一项原则,报应的作用在于它为惩罚奠定了基础,而不是具体规定了需要施以何种具体的惩罚。康德承认"以牙还

---

① KGS 6:311.
② KGS 27:1390-1391.
③ KGS 6:231.
④ KGS 6:256.
⑤ KGS 6:332.

牙"不可能予以精确的界定,但是他却相信,正义要求把"以牙还牙"作为判断具体刑罚的一项原则。

惩罚的报应理论促使康德支持死刑。他认为唯一与死亡相称的惩罚——就所导致的伤害而言——就是死刑。死亡在性质上不同于所有其他种类的生活,所以不可能找到任何其他的替代物可以与死亡相称。康德反对意大利改革家贝卡利亚(Marchese Cesare Beccaria)在他那个世纪早期所提出的反对死刑的论证。在贝卡利亚看来,在社会契约中,没有任何一个人希望由国家权力支配他自己的生命,因为保存生命正是一个人进入社会契约的根本理由。康德通过区分存在于"我的纯粹理性"中的社会契约的渊源和犯罪者(能够实施犯罪行为的那个我)的渊源而驳斥了贝卡利亚的观点。后面一个人所意愿的是犯罪而不是惩罚,而前面一个人所希望的是任何一个犯了致命之罪的人都要被处以死刑。所以,实施犯罪的人和赞同死刑的人便是同一个人。这个解决方案表明了以下主张:个人可以被强制加入公民状态。理性对我们作出如下命令,进入公民状态是义务性的,即便一个人的具体选择可能是希望仍留在公民状态之外(参见第三节的论述)。

八、国际关系与历史

在《法权学说》中,康德抱怨被用来描述国际法权的德文词汇"Völkerrecht"是会引起误解的。因为从字面上讲,它所指的是诸国家或诸民族的法权。他区分了个人所组成的团体相互之间的关系(他把这种关系称为"世界公民法",这将在第九节中予以论述)与各个政治实体相互之间的关系(这最好被称为"国际法"[Staatenrecht])。然而,康德仍在使用"诸国家的法权"这个称谓,并探讨"国家联盟",尽管我们都清楚,他所指的是作为"组织"的国家,而不是作为"人民"的国家。康德在其他一些术语——比如"联邦"(federation)——的使用上,也是不融贯的。为清楚起见,该词在讨论国际法权中的各个概念时将保持术语上的一致性,尽管这样做可能会脱离康德对该词的用法。

康德说,因为缺乏国际制度,所以各个国家相互之间必须被看成是处于自然状态中。与处于自然状态中的个人一样,国家相互之间也必须被看成是处于战争状态中。与个人一样,国家也有义务离开此种自然状态,以便在社会契约之下形成某种类型的联合。在创建这样一种联合之前(参见下节的论述),如果某个国家威胁到或主动侵略其他国家,那么被威胁或被侵略的国家就有权利发动针对该国家的战争①。但是任何一项宣战都必须得到"作为国家的共同立法者"的人民的同意②。如果一个统治者在没有得到这样一种同意的情况下发动战争,那么他就是在把人民作为财产,亦即作为纯然的手段予以利用,而没有把他们看成是目的本身。该主张——发动战争需要公民的实际投票——是康德最强烈的主张之一,所以,公民"不仅对发动一般意义上的战争,而且对每一特定的宣战,都必须通过他们的代表,作为他们自由的赞同"③。一旦战争被启动,国家就有义务在某些原则之下进行战斗,这些原则可以为未来可能的恒久的国家联盟留有空间。破坏未来国家间信任的任何行动——诸如暗杀——都是被禁止的。

国家有义务离开国家与国家之间的自然状态,进入一种国家的联合状态。康德考察了这一世界范围的政治制度的诸多模式。第一种模式是一个单一的普遍国家,在这个普遍国家中,所有的人都由一个国家进行直接的统治,或隶属于一个君主。康德反对这种模式,因为该模式没有使国际制度的功能得到完满的实现,也就是说,它实际上取消了各个国家的独立性,而没有为国家之间的和平关系提供任何解决手段。第二种模式是诸国家的联盟,在此,各个国家自愿地屈服于一个组织,以便解决国际争端。该联盟并不拥有强制性的权力来执行其决定,而且这些国家也可以自由地选择退出该联盟。康德有时也把该模式称为"联邦",尽管他指出,这不可能是一种建立在某部宪法基础之上的稳固的联合,就像美国的联邦结构那样④,所以最

---

① KGS 6:346.
② KGS 6:345.
③ KGS 6:345-346.
④ KGS 6:351.

好把这种模式称为"联盟"。第三种模式是由各个国家构成一个国家或各个国家构成一个世界共和国,在此,每一个国家都被纳入这个拥有强制权的国家联邦中。在这种模式中,一个国家与国际联邦之间的关系非常类似于一个个人与国家之间的关系。只有第二种模式和第三种模式得到了康德的认同。他分别提出了不同的理由来支持这两种模式。

康德认为第三种模式是正确的国际制度的理想形式。他把世界共和国看成是一种"理念"①。这个术语被康德用来指代由理性能力所创造的、不能在经验中被发现而只能被作为实际人类行动的"模式"或"目标"的东西。理想的国际联合是一个由诸国家组成的联邦,这个联邦拥有针对其成员国的强制性权力,但是它的各项决策则源于成员国相互之间的讨论和论辩。这种强制性权力到底是通过成员国的联合行动,即通过联邦来制裁那个不顺从的成员国,还是通过联邦本身所控制的一种独立的国际力量而获得实现的? 对于这个问题,康德是语焉不详的。同时,至于成员国的确切地位这个问题,康德也没有清楚地论述:康德只是笼统地讲,国家有权利退出这个联邦,尽管他经常讲该联邦是稳固的,甚至在《法权学说》中还指出,国家可以发动战争以"建立一种更接近于法权状态的状态"②,这意味着联邦可以强迫国家使其成为其成员。康德承认,现实中的国家往往不会结成这种国际性的联邦,因为统治者往往会反对交出他们的最高权力。由此,康德认为第二种模式——国家间的联盟,在其中,每个国家都会选择与另一个国家进行谈判,而不是直接发动战争——必须被视为一个"消极的替代方案"③。在一个国家间的联盟中,单个的国家被允许可以自愿退出,而且该联盟本身不拥有任何针对其成员国的强制性权力。各个国家自愿地同意以一种避免战争、促进进一步的和平关系的方式来解决各类争端。国家间的联盟无须扩展至全球范围,但理应不断地扩展,以便逐渐接近全球所有国家的联合。

在《永久和平论》这篇文章中,康德提出了六项"前提性条款",这些条款

---

① KGS 8:357.
② KGS 6:344.
③ KGS 8:357.

旨在消除战争的可能性,但它们本身却无法确立起永久和平①。这些条款包括:禁止国家在订立临时性和平条约的同时计划未来的战争;禁止一个国家成为另一个国家的附庸;废除常备军;任何国债均不得着眼于国家的对外战争而制定;禁止一个国家干涉另一个国家的内政;限制那些可能会助长不信任并由此使和平变得不可能的战争行为。这六项条款都是一些否定性的法则,它们禁止国家实施某些种类的行为。但这些条款本身不足以防止国家再次迈向彼此征战的老路。为建立一种能够真正地带来永久和平的国际秩序,康德提出了三项"正式条款"。第一项条款是,每一个国家都应当拥有一个共和制的公民宪制②。在一个共和制国家中,决定是否发动战争的人就是那些要为战争付出代价的人,既包括金钱上的代价(税收和其他财政负担),也包括肉体上的代价。所以,共和制国家在发动战争的时候必定会犹豫不决,而且会更乐意接受谈判而不是诉诸战争。这便是康德在如何确保和平这一问题上所作出的最重要的贡献。他相信,一旦国家是根据人民的意愿来进行统治的,那么人们的自利将为国家与国家之间的和平关系提供坚实的基础。第二项正式条款是,每一个国家都必须加入一种国家间的联合③。第三项正式条款则提倡一种普遍友善的世界公民主义法权④。

  康德的历史发展观是与他的国际关系观念勾连在一起的。在有关人性趋向理想状态——在这种状态中,每一个国家都是一个由共和制公民宪法进行统治的国家,同时,每一个国家都为其公民提供了最大可能的自由,所有这些国家都在一种共和式的国家联邦中相互协作——的进步这一问题上,康德实际上提出了多个版本的论证。在《关于一种世界公民观点的普遍历史的理念》一文中⑤,他把以下看法作为其论断的基础,即历史的进步就是人的理性能力的提升,也就是说,这种能力,作为人类的自然财产,必须通

---

① KGS 8:343-347.
② KGS 8:348,该问题已在上文第四节论述过。
③ KGS 8:354,该问题已在上一节论述过。
④ KGS 8:357,该问题将在下文第九节予以论述。
⑤ KGS 8:15-31.

过类的延续而最终获得充分的实现。他指出,持续不断的战争最终将促使统治者们承认和平谈判所带来的利益。他们将逐渐扩大其国家内的公民自由,因为自由公民在经济上具有更强的生产力,并因此使该国家在国际事务的处理上变得更强大。更为重要的是,康德认为在某个具体国家创建公民宪制依赖于创建一个国际性的国家联盟,尽管他没有具体地阐述其推理过程。在《永久和平论》中,康德将先后次序颠倒了过来,认为某些具体国家可以通过"好的运气"先成为一个共和国,再作为一个中心点与其他国家一起进入一种和平的关系,然后,这样一种合作将扩展至所有国家①。这些立场显然表明,在康德看来,如果各个国家不是共和制国家以及这些国家相互之间不结成国际性联盟,那么世界和平将永无可能。

九、世界公民法

世界上各个国家(states)之间的关系与世界上各个民族(peoples)之间的关系并不是一样的。个人可以与并非其祖国的国家存有联系,也可以与其他国家的个人存有联系。在这里,他们被看成是"人类普遍国家的公民",并拥有作为世界公民所享有的相应权利②。尽管这些说法看起来极为崇高,但康德对于世界公民法的具体探讨却仅限定在"友好法权"(the right of hospitality)之上。基于地球的球状表面,人们共享一个有限的生存空间。对于这样一个整体,所有人都必须被理解为是原初地共享它的;他们必须被理解为拥有一种与他人相互交往的权利。这种世界公民权被限定为这样一种权利,即参与贸易的权利,而不是进行实际贸易活动的权利,这种实际的贸易活动必然是自发性的贸易。一个国家的公民可以尝试着与其他国家的人建立联系;所有国家都不能否认外国公民享有造访其领土的权利。

当然,到它的领土上居住与造访完全是两回事。康德对欧洲在已经居

---

① KGS 8:356.
② KGS 8:349,脚注。

住着其他民族的土地上的殖民持激烈的批判态度。在前述情形下,只有通过非强制性的已被告知的契约,才能允许欧洲人居住下来。即便是牧民或猎人所使用的那些看起来没人管理的土地,如果没有得到他们的同意,也不能被占有①。这些立场代表了康德思想的一种转变,因为他之前认同甚至赞赏他那个时代欧洲的殖民活动以及潜藏在其中的等级式的种族观。康德自己就提出了一种有关人种划分以及起源的理论,并认为非欧洲人以各种不同方式低劣于欧洲人。康德认为,世界的进步历程就是欧洲文化和法律向那些被认为是不发达的文化和低劣的种族扩散的过程。然而,大约是在1790年代中叶,康德似乎放弃了有关种族低劣性的信念,而且在他的课堂讲义中再没有讨论这个话题。他公开批判欧洲的殖民活动,认为这侵犯了那些能够进行自我统治的土著居民的权利。②

世界公民法是永久和平的一个重要组成部分。康德指出,世界上各个民族相互之间的交往,在晚近已变得越来越频繁。人们相互之间的依存程度及熟悉程度已变得越来越高,以至于"在地球上的一个地方发生侵犯法权的事情就会被所有民族感觉到"③。对于世界公民法的侵犯,使对于国家间的永久和平来讲必不可少的"信任"与"合作"变得更加困难。

十、社会哲学

"社会哲学"所处理的是人与制度之间的关系,以及通过那些制度(亦即那些不是作为国家之部分的制度)而形成的人与人之间的关系。家庭是社会制度的一个非常典型的例子,但社会制度超越个人,且至少拥有某些不受国家控制的要素。其他的例子还包括经济制度(诸如商业和市场),宗教制度,旨在营利或纯粹只是为了娱乐的私人团体和社会俱乐部,教育制度和大学制度,诸如种族、性别这样的社会体系和社会分层,诸如贫困这样一些普

---

① KGS 6:354.
② KGS 8:358-360.
③ KGS 8:360.

遍存在的社会问题。当然,可能我们还需要注意在该主题范围之内的其他一些具体的例子。康德提出,公民负有义务去帮助那些在社会中无法维持生计的人,甚至赋予国家安排这种救助的权力①。他在很多论文中提供了一种有关种族的生理学解释,并且在他的"批判"时期,认为其他种族要劣于欧洲人。他支持以卢梭在《爱弥儿》中所提出的那些原则为基础的教育改革。下面,我并不准备详细考察康德有关这些具体问题(其中一些问题是非常零散的)的观点,而只想把注意力聚焦于在康德看来所谓的社会哲学的本性。

康德并没有形成一种整全性的社会哲学。人们可能会倾向于认为,与自然法理论家一样,康德也讨论与某些社会制度联系在一起的自然权利。人们可能会把《法权学说》的前半部分作为一种社会哲学予以解读,因为论述"私法"的这部分内容所探讨的是个人相互之间的权利,区别于后半部分"公法",这部分所探讨的是个人相对于国家所拥有的权利。对于这一差异的解释,康德甚至认为与自然状态相对的不是一种社会状态,而是公民状态,亦即国家②。自然状态可以包括各种自愿形成的社会(康德所提到的一般意义上的家庭关系),在此,并不存在一种要求个人必须进入这种状态的先天义务。然而,康德的这个主张引发了某种疑惑,因为他显然将所有的财产形式与进入公民状态的义务联系在一起(参见第五节的论述),而他对于婚姻和家庭的讨论是以一种类似于契约关系的财产关系形式予以讨论的。所以我们不是很明白,就那些预设了财产关系的社会制度而言,如何可能设想它们是处在公民状态之外的。

在康德那里,对于社会哲学问题的另一种研究路径就是根据严格意义上的道德哲学来看待它,也就是说,根据某些准则而必须去履行的一些义务,比如在《德行学说》中的讨论(参见上文第一节的讨论)。在《德行学说》中,康德谈到了促进友谊的义务以及参与社会交往的义务③。在《纯然理性

---

① KGS 6: 326.
② KGS 6: 306.
③ KGS 6: 469-474.

界限内的宗教》一书中,康德讨论了一个"伦理王国"的发展,在这个伦理王国中,人类通过参加教会这一道德共同体而增强其相互间的道德信念。康德同时还认为,教育制度即《论教育》一书的主题的设计应当着眼于人——他们在本性上往往缺乏一种趋于道德良善的倾向——在道德上的发展。在上述情形中,康德的社会哲学是作为他的德行理论的一部分,而不是作为一个独立的论题加以处理的。

对于社会哲学的第三种研究路径来自康德的《实用人类学》。康德曾把人类学看成是伦理学的一种经验性运用,就好比经验心理学是纯粹形而上学的自然原则的一种运用一样。了解人的一般特性,以及了解男女之间、各个种族和各个民族之间的具体属性等等,可以帮助我们确定一个人所负担的相对于他人的确切义务。此外,亦有助于确定道德行动者所应履行的道德义务。人类学在其实践运用中的上述承诺,在康德的具体文本中并没有得到详细阐述。他很少对一些社会偏见和社会实践进行批判性的评价,从而将那些严重妨碍道德发展的模式化观念剔除出去。他自己有关性和种族的观点现在看来似乎落后于同时代的其他人,这些观点也遍布于他有关社会制度的直接讨论之中。

康德实践哲学的最终形式

艾伦·伍德* 著

吴 彦 译

在 1768 年之前,康德就曾公开声称,他将建构一个伦理体系,并准备冠上"道德形而上学"之名(KGS 10：74)。① 在 18 世纪 70 年代,亦即所谓的"沉默的十年"中,在康德撰写《纯粹理性批判》的时候,他又再次承诺他不仅

---

* 艾伦·伍德(Allen Wood),知名康德研究学者,曾先后执教于耶鲁大学哲学系和斯坦福大学哲学系,现为印第安纳大学哲学系教授。与保罗·盖耶(Paul Guyer)一起主编《剑桥版康德著作集》(*The Cambridge Edition of the Works of Immanuel Kant*),对英语世界的康德研究产生了极大影响。他的研究领域主要涉及康德、费希特、黑格尔和马克思的伦理与政治思想。著有《卡尔·马克思》(*Karl Marx*)、《黑格尔的伦理思想》(*Hegel's Ethical Thought*)、《康德的伦理思想》(*Kant's Ethical Thought*)、《每一个人的自由发展：德国古典哲学中的自由、权利和伦理》(*The Free Development of Each: Studies on Freedom, Right and Ethics in Classical German Philosophy*)。本文译自 Allen Wood,"The Final Form of Kant's Practical Philosophy", in *Kant's Metaphysics of Morals: Interpretative Essays*, edited by Mark Timmons, Oxford University Press, 2004, pp. 1-21. 感谢伍德教授对本文翻译及发表的授权。

① 康德著作的译文是我自己翻译的。康德在 1768 年之前显然就已经在构思这样一部著作。在 1765 年之前,康德就已经完成了一个名为《实践哲学的形而上学第一原理》(Metaphysische Anfangsgründer der praktischen Weltweisheit)的简短草稿(KGS 20：54-57)。在一封写于 1767 年 2 月 16 日的信件中,哈曼(Hamann)告诉赫尔德(Herder),"康德先生正在撰写一部《道德形而上学》(*Metaphysik der Sitten*),这部著作与到目前为止的其他著作都不太相同,它将更着力于探讨人类到底是什么而不是人类到底应当成为什么"(参见卡尔·沃伦德[Karl Vorländer]为《道德形而上学奠基》撰写的"导言"["Einleitung", in Kant, *Groundlegung zur Metaphysik der Sitten*, Hamburg：Felix Meiner, 1906], p. vi)。然而,从这一论述中我们可以看到,这或是哈曼在那个时候严重误解了康德的意图,或是康德那时的意图与他之后所理解的"道德形而上学"存在很大差异。

将马上完成这一著作,而且将马上出版一部《道德形而上学》(KGS 10：97,132,144)。① 但是在《纯粹理性批判》出版四年后,康德最终完成了一部论述伦理学的论著,然而此时,他还仅仅只是为道德形而上学奠立了一个基础,亦即确认和建立一项得以在其基础之上建立一个义务体系的最高原则(KGS 4：392)。三年之后,在《实践理性批判》中,康德再次全面探讨了道德哲学中的一些基本问题。康德式伦理学——特别是在英语世界的哲学家中——主要是通过18世纪80年代的这两部伦理学著作才得以被认识的,而这两部著作却不包含任何诸如"道德形而上学"的东西。

康德创作于18世纪90年代早期的诸多重要著作,都在探讨实践哲学。《判断力批判》对趣味和目的论的探讨既与道德心理学相关,又与一个具有道德倾向的人应当采纳的世界观相关。而他的其他著作所探讨的则是将康德式的原理运用于政治和宗教问题之上。但是在此,康德仍旧没有提出一种他已承诺近三十年的系统的实践哲学。直至1797年,康德才发表了这一实践哲学体系的第一部分,并冠名为"法权学说";在这一年的下半年,整个实践哲学体系,即承诺许久的《道德形而上学》才最终刊印出版,这部著作属于康德生前出版的最后一批著作之一。

一、何谓"道德形而上学"?

三十年来,康德都试图将他的伦理学体系冠以"道德形而上学"之名。但是由于他的伦理理论观念一直在发生变化,特别是有关"经验"在伦理学体系中所扮演的角色,因此他使用"道德形而上学"这一标题并不都是在指称同一事物。他第一次使用这个术语大约是在1768年,可能是为了表达他对沙夫茨伯里(Shaftesbury)与哈奇森(Hutcheson)的道德感觉论(the moral sense theory)的批判,对此,康德仅仅是在18世纪60年代早期的一些课堂讲义中

---

① 参见列维·怀特·贝克(Lewis White Beck):《康德〈实践理性批判〉释义》(*A Commentary on Kant's 'Critique of Practical Reason'*, University of Chicago Press, 1960),第7—9页。

以及他的获奖论文《道德与自然神学诸原理间的区分研究》(1762—1764)中漫不经心地谈论过。但在这个时期,我们仍不清楚康德使用"形而上学"这一术语所表达的含义是否超出这样一种观念,即认为道德必须被建立在"概念"分析的基础之上,而不是建立在"感觉"(feelings)的直接性的基础之上。

在撰写《纯粹理性批判》的时候,"形而上学"(当其或是被用于自然,或是被用于道德的时候)意指一系列先天综合原理,并且这种意义上的形而上学支配了康德在《道德形而上学奠基》(1785)中对此术语的使用方式。从这一点上看,康德将"道德形而上学"构想为一个道德原理体系,甚或一个道德义务体系,该体系完全是先天的,并且因此能够完全独立于任何有关人类本性的经验知识而得到阐明。因此,在道德哲学领域中,康德在"道德形而上学"与(可将道德形而上学原理运用于其之上的)"实践人类学"之间作了严格区分。① 在《道德形而上学奠基》中,如同在《实践理性批判》中一样,"形而上学"这一术语再次强调了康德所坚持的最高道德原理的"先天性"以及道德动机的"纯粹性"。康德担心,如果在这些原理中掺杂任何经验性的因素,可能会使道德理论为人类的某种倾向大开方便之门,亦即人类往往倾向于使道德原理迁就或迎合一种影响所有的人类倾向的自爱(self-love),从而歪曲道德原理。康德要求在"道德哲学的经验部分"与"道德哲学的道德部分"之间作出严格区分,他甚至还建议可通过完全不同的研究者来分别贯彻实施这两个不同的部分,以便在这一思想分工中获得更大的成果(KGS 4:388-389)。

但是在《道德形而上学奠基》和《实践理性批判》中,我们仍不是很清楚康德所谓的"纯粹的先天原则体系"到底包含哪些内容。如果他所谓的这些内容类似于最终出现在《道德形而上学》中的义务体系的话,那么他也从未

---

① 在穆隆葛维斯(Mrongovius)抄录的康德道德哲学讲义(其年代大概与《道德形而上学奠基》差不多)中,康德指出,道德哲学的第二个部分可被称为"应用道德哲学(philosophia moralis applicata),即道德人类学……道德人类学是适用于人类身上的道德学说。纯粹道德学说建立在必然法则的基础之上,并且因此其自身不可能以人类这种理性存在者的特定构造(particular constitution)为基础,'人类的特定构造'以及建立在其基础之上的'法则'以'伦理学'的名称出现在道德人类学中"(KGS 29:599)。

暗示一个纯粹形而上学的义务体系可能会是一个什么样的义务体系。显然，他在上述两部著作中所给出的阐释，并且特别是在《道德形而上学奠基》中对四个著名例子的两次探讨，都包含着这样一种做法，亦即将"纯粹道德法则"运用于"人类的经验本性"；因为这些阐释和探讨都把我们的准则设想为从属于"人类经验本性"的法则，并且因为这些阐释和探讨都利用了以下这些经验性信息：(1) 自爱的自然目的，(2) 人类天赋的实用性，以及(3) 这样一个事实——如果人类要对达到他们实际所设定的偶然目的拥有一种理性预期，那么他们就需要从他人那里获得帮助。

在《道德形而上学》中，康德再次将这一标题所涉及的内容与"实践人类学"对立起来。但是，术语的一致性可能会使我们忽视在道德哲学的两个部分被构想的方式上所发生的主要变化。在《道德形而上学奠基》的前言中，"道德形而上学"仅包含"先天原理"；"所有"经验性的东西都被交付给了"实践人类学"。

道德形而上学就是一种"纯粹的道德哲学，清除了所有可能仅仅是经验性的东西和所有从属于人类学的东西"(KGS 4：389)。然而，在《道德形而上学》中，康德承认，处在"道德形而上学"这一标题之下的义务体系是由那些适用于人类本性的纯粹道德原则构成的。康德说，一种道德形而上学，其本身"不可能摆脱原则的具体适用，并且我们时常必须将具体的人类本性作为我们的研究对象，而这一本性则只能通过经验才能被认识"(KGS 6：217)。① 在经验性目的的意义上，一种道德形而上学仅受制于这样一个事实：这种道德形而上学将其自身限定为那些能够从"适用于普遍人性的纯粹原则"中派生出来的义务，而将所有那些涉及特定的人类处境和具体的人类关系的义务留给更宽泛的"经验道德哲学"(KGS 6：468-469)。② 随着道德

---

① 参见路德维希·希普(Ludwig Siep)：《道德形而上学往何处去？》("Wozu Metaphysik der Sitten?")，载 O. 赫费(O. Höffe)编：《道德形而上学奠基：评论文集》(*Grundlegung zur Metaphysik der Sitten: Ein Kooperativer Kommentar*，Frankfurt：Klostermann, 1989)，第31—44页。
② 康德是否始终如一地坚持这一限定是有疑问的，因为在《道德形而上学》中，他既探讨源自家庭关系的法权关系，同时也探讨与友谊相关的伦理义务，以及施惠人和受惠人之间的关系。

形而上学的范围在经验方面的不断扩大,实践人类学的范围则相应地缩小;因此,道德形而上学所关注的是"存在于人类本性中的那些阻碍人类或帮助人类实现道德形而上学的主观条件"(KGS 6：217),而绝不致力于全面探讨先天道德原则所适用于其之上的人类本性。

在此,或许有一点仍需加以强调,亦即在《道德形而上学》中,康德始终坚称,最高道德原则(supreme principle of morality)本身完全是先天的,并且根本没有从人类的经验本性中获取任何东西。他后来不再提倡的那种早期的主张,即认为一种道德形而上学仅关注"一种可能的纯粹意志的理念和原则,而不关注一般意义上的人类意志活动和人类意志的条件"(KGS 4：391)。换言之,康德现在认为,道德形而上学不再由一系列"完全纯粹的道德原则"所构成,而是由一个特定的"义务体系"所构成,也就是说,这个义务体系是通过将纯粹原则运用于"一般意义上的经验性的人类本性"而产生的。

二、义务体系

除了"道德形而上学"这一标题的内涵发生巨大变化之外,在《道德形而上学》中,还有诸多其他要素应该会使那些对康德式伦理学的印象还停留在之前更为基础的著作之上的人感到惊讶。然而,实际上,这意味着《道德形而上学》应当会使大多数英语世界的道德哲学家感到惊讶,但同时也会给他们带来启发,因为他们对康德式伦理学的印象几乎完全源于《道德形而上学奠基》和《实践理性批判》。即便是那些偶尔触碰到《道德形而上学》的人,也几乎不会用《道德形而上学》来形塑他们已经形成的关于康德式伦理学的立场与基本原理的观念,而这一观念在他们阅读《道德形而上学奠基》的前五十页(或差不多这么多的页数)时就已经形成了。他们几乎不会让《道德形而上学》来影响他们在阅读《道德形而上学奠基》的那些章节时所获得的解释。因此,有关康德式伦理学这一为人所熟知的印象,在某些相当基本的观点上存在严重错误。

例如，人们几乎都普遍认为，康德的日常道德推理观念是这样的：在考虑一个行动过程的时候，我们应当构设恰当的准则，并确定这个准则是否可以被普遍化。事实上，康德的支持者以及他的批评者几乎都认为，"可普遍化"这一检测标准是康德对道德推理最主要的贡献，甚或是他唯一的贡献。但是，在《道德形而上学》中，这一检测标准却很少被使用。事实上，这一检测标准仅被适用于这样一个单方义务，亦即行善这一伦理义务（KGS 6：393，453）。对此，我们不应感到惊讶，因为《道德形而上学》是一个积极义务体系，而可普遍化标准则几乎完全是消极性的，该标准主要被用于确定一个既定准则是否为被允许的，而并不旨在确立一些积极义务。行善义务实际上是唯一一个可被用来奠立积极义务之基础的义务，因为在康德的眼中，只存在唯一一个所有人类都必然拥有的目的——他们自己的幸福。因此，只有在这一情形中，我们才必然会采纳一个准则（即自爱），并因此负有义务以一种可被普遍化的方式——同时将他人的幸福作为一个目的——采纳这一准则（KGS 6：453）。

在《道德形而上学》中，康德所设想的日常道德推理是这样的：在各种义务之间进行衡量、平衡和优先性的选择，并对以这些义务为基础的那些强制性理由（rationes obligandi/Verpflichtungsgründe）作出衡量、平衡和优先性选择（KGS 6：224）。某些义务，即那些严格的或完全的义务，要求人们作出某些具体的行为或不作出某些具体的行为；而其他义务，即那些宽泛的或不完全的义务，则仅要求人们设定目的。对于那些宽泛的义务，有相当大的空间留给不同的行动者，或同一行动者在不同的时间，决定他将在何种程度上以及采取何种方式去促进这些目的。只有在严格义务的情形中，实施一个行动或不实施一个行动才有可能是错误的，或是应该受到责难的；如果一个行动促进了目的（即奠定宽泛义务之基础的那些目的）的实现，那么该行动就是值得称赞的；但是没有实施这类行动也不是错误的，除非它普遍地抛弃了被要求实现的目的。因此，康德的"宽泛义务"范畴包括了其他人喜欢称之为"职责之外"（supererogation）的大多数义务，并且被认为超出了准确意义上的"义务"（duty）的范围。尽管如此，康德仍然认为，义务概念之所以可以被运用到这些行动之上,是因为我们能够且有时候必须理性地约束我们自己去实施这些行为。①

三、法权与伦理

《道德形而上学奠基》例述了完全义务和不完全义务、对于自我的义务和对于他人的义务,由此也使我们得以窥见《道德形而上学》中有关"伦理义务"的分类学,尽管《道德形而上学奠基》还未曾使它的大多数读者把这一分类学看成是康德道德推理观念的核心。但是,根据《道德形而上学奠基》自身的基本原则,它还尚未为我们提供一种不同于伦理义务的义务类型,也就是说,没有提供法权原则以及法权义务(或可强制实施的义务)这一门类。

法权原则指的是"任何一个行动,如果它,或者按照其准则,每一个人的任性的自由,都能够与任何人根据一个普遍法则的自由相共存,就是正当的"②。该原则从表面上看类似于普遍法则公式。与普遍法则公式一样,该原则为我们提供的只是检测行为的"可被允许性"(在此就是"法律上的可被允许性"),也就是说,根据某种可能的普遍法则,为我们提供行为的标准。但是,康德并没有提出关于该原则的任何演绎,也没有解释如何将该原则运用于具体的例子中。这后一个任务在任何一种情形之下看起来似乎都是多余的,因为在随后的《法权学说》中,康德指出:我们并不是通过适用这样一种程序来确定行动的正当性以及财产权的内容的,相反,就"某一特定公民社会的一般意志"的外在立法满足正当性的一般条件,并且它的合法性是可以从一种纯粹法权理论中推导出来的而言,我们是通过这种外在立法来确

---

① 对于这一主题的最好的探讨出现在马西娅·W.巴伦(Marcai W. Baron)的著作《严格要求的康德式伦理学》(*Kantian Ethics Almost without Apology*, Ithaca, NY: Cornell, 1995),第21—110页。
② KGS 6: 230.

定行动的正当性和财产权内容的(KGS 6：264-266，311-314)。①

在探讨《法权学说》的时候，我们经常会理所当然地认为，法权原则在某种意义上渊源于基本道德原则中的某个公式。在《道德形而上学》这个文本中，有三处可以以此种方式进行阅读。第一处在导论部分，在此，康德似乎要用"普遍法则公式"来澄清"自由的普遍立法"观念，并进而将"法权立法"与"伦理立法"区分为此种立法观念之下两个不同种类的立法。② 这可能意味着，康德试图从一个更为基本的原则中一方面推导出法权原则，另一方面推导出作为"伦理义务法则"的普遍法则公式，并同时为这两项原则奠定基础。第二处是康德的一个评论，他认为"每一个人基于其人性而拥有"由该原则所具体规定的天赋自由权。这可能意味着，法权原则——支配着所有权利，并因此也支配着天赋的自由权——可能奠立在"人是目的本身"这个公式的基础之上。第三处也是康德的一个评论，他认为一种道德学说应被称为义务学说，而不应被称为权利学说，因为我们有关权利概念的意识，以及有关义务概念的意识都源于赋予我们义务概念的道德命令。③

这里的最后一段告诉我们，法权"概念"是从道德命令中派生出来的，但却没有主张法权"原则"是从道德命令中派生出来的。并且，另外两处所提及的观点也未曾指出要从道德原则中派生出法权原则。在《道德形而上学》的后半部分，即在《德行学说》中，康德非常明确地反对那种认为能够从道德基本原则中派生出法权原则的整个观念，因为康德认为法权原则——与道德原则不同——是一个分析命题。④ 原则的分析性显然是康德排除任何有关原则之演绎的最好解释，并且同时也使得从道德法则中获得分析性原则的任何推衍都成为多余，因为认为我们需要从一个综合命题中派生出分析

---

① 最后一个条件是非常重要的，因为康德绝不是一位法律实证主义者。他与自然法传统分享共同的观念，他们都认为：倘若法律与"本身就是正当的东西"不相吻合，那么这些法律就没有法律效力。他的法权理论还包括从其他原则——诸如内在自由权利(KGS 6：237)、财产的法权公设(KGS 6：250)以及原初契约观念(KGS 6：340；参见 KGS 8：297-298，304-305)——中推导出这些正当性条件。
② KGS 6：214.
③ KGS 6：239.
④ KGS 6：396.

命题完全是没有意义的。

但是,我们如何理解法权原则是一个分析命题这一主张?康德之所以讲法权原则是一个分析命题,是因为他认为我们并不需要超出自由概念来获知如下事实:如果"外在约束"制止了对于外在自由的阻碍,那么这种外在约束就是正当的①。然而,尽管我们认同这一点,但我们却很难获知这一点如何能够说明以下问题:为了不对任何一个人犯错,我的行动为何必须根据普遍法则而与所有其他人的自由相共存。在《法权学说》中,康德宣称法权概念并不是由以下两个要素构成的:(1)"根据普遍法则而行动的义务";(2)"强制他人履行该义务的授权"。相反,"强制他人的授权"被认为是包含在法权概念本身之中的。这是康德在批评戈特利布·胡弗兰德(Gottlieb Hufeland)的《论自然法原理》(*Essay on the Principle of Natural Right*, 1785)时所要表达的主要观点。② 戈特利布·胡弗兰德是从一种所谓的"使我们自身变得更为完善的自然义务"中派生出"强制他人(亦即那些侵犯他人权利的人)的权利"的。康德坚称,这种观点可能已经导致了荒谬的结论,亦即人们可以为了实现其自身之完善而强制所有其他人。相反,康德认为,强制他人(亦即那些妨碍他人之正当行为的人)的权利已经被包含在正当行动的概念之中,亦即可以通过分析正当行动概念而获得。

就法权原则本身而言,在我看来,康德的意图只是把它看成法权概念的一种展开,以便告诉我们一个在法律上可予以强制实施的行动(或者是一个尚未实施不法行为的行动,或者是一个没有侵犯任何其他人的外在自由权的行动)到底意味着什么。如果我们接受以下这样一种观念,那么康德的上述说法就是可能的:法权是以分析的方式与某种立法观念联系在一起的,同时,该立法所设定的义务范围被限定在可以通过外在强制加以实施(以保护外在自由之名)的范围之内。在此,康德认为我们可能不会将其视为一个分析性命题的唯一理由在于:我们拥有强制他人的权利(Befugnis),即强制任何一个其行为侵犯了法权原则的人(因为胡弗兰德认为,这需要从一项独立

---

① KGS 6: 396.
② KGS 8: 128-129.

的义务——"促进他自己的完善"这一义务——中派生出来)。

尽管我们没有质疑康德对于法权概念的分析,但是我们仍然可以认为,如果康德的法权原则为我们提供了一种尊重他人之外在自由的理由(一个道德理由),那么他的法权原则必然超出他的法权概念之外。很显然,康德相信,人的尊严为我们提供了尊重人的权利的道德动机,同时也为我们提供了强烈的道德动机去建立一个正当的权利体系,并改革现存的法律与政治体系,以使其能够更好地保护个人的权利免于受到侵犯。但是,如果我们将上述所有这些(完全正确的)要点与那种认为"道德动机为法权原则奠定基础"的观念混淆在一起,那么我们会完全忽视康德在"法权领域"与"伦理领域"之间,以及在构成这两个领域的"两个义务体系"之间所做的区分。这种区分建立在以下观念的基础之上:只有在伦理领域,义务才是行动的基础或动机;而在法权领域,法权义务并不必然是行动的动机——相反,在这里,与立法权威制定和颁布的"法律"相联系的"强制性威胁"才可能是行动的动机。① 因此,就我偿还债务这个行动来讲,我之所以偿还债务,可能是因为我觉得这是我的义务,也可能是因为我害怕我的债权人会起诉我,这两个不同的行动动机对于偿还债务这个行动本身来讲,会使其拥有不同的道德价值。但是,对于我这个偿还行动是否正当,或者是否履行了法权义务这个问题,不管出于何种动机,两者都是一样的。因此,把"义务的理性动机"作为法权原则的一部分纳入其中将是多余的,甚至会与法权的真正概念相矛盾。

换言之,法权义务是这样一些义务:它们的概念不包含任何具体的履行这些义务的动机。然而,伦理义务则是这样一些义务:它们的概念是与义务的客观动机(或理性合法性)联系在一起的,因此,它们的原则要求一种演绎,以便建立某种综合的联系。因为法权义务独立于履行这些义务的动机,所以,就康德而言,尽管有时候谈及我们尊重外在自由权(基于其人性而拥有的权利)的道德动机并不是不合适的,但是这些道德动机与法权义务原则并不存在任何关系。换言之,建立在法权基础之上的公民社会并不要求其

---

① KGS 6: 218-219.

成员作出任何道德承诺去尊重另一个人的正当的自由（rightful freedom）。它只要求一种外在立法体系，以强制性制裁为后盾，足够充分地保护权利不受侵害。"[法权]不能要求这个一切准则的原则本身也是我的准则，也就是说，它不能要求我使它成为我的行动的准则，尽管我对他人的自由全然不关心，或者即便我心里很想破坏他的自由，使依法行为成为我的准则，这是伦理学向我提出的一个要求。"①

换言之，法权原则仅告诉我们哪种行为侵犯了外在自由，哪种行为没有侵犯外在自由（并因此被视为是"正当的"）。它并不直接命令我们去实施这些行为（道德原则所采用的就是这种直接命令的方式）。通过法权原则，"理性仅仅告诉我们：自由被限定在那些与自由的理念相一致的条件的范围之内，并且他人也能够积极地限制自由；这是一个不可能提供进一步的证据来加以证明的假设"②。因此，法权原则在如下两种重要的意义上区别于道德原则：(1)法权原则告诉我们，而道德原则没有告诉我们，哪些行动是"正当的"，亦即哪些行动侵犯了一般意义上的外在自由，哪些行动则没有。(2)法权原则缺少一种对道德原则而言是本质性的要素，即外在正当的道德标准；尽管法权原则论及能够根据一项普遍法则而与外在自由相一致的事物，但它并不论及（正如普遍法则公式与自主性公式所做的）理性存在者所意欲或所能意欲的普遍法则。这同样也意味着：法权原则本身并没有直接命令或阻止实施某一行为，尽管该行为的正当性是由法权原则所界定和规定的。

当然，在《道德形而上学》的语境中，"法权"（Recht）与"伦理"（Ethik）都从属于实践哲学或道德学说（Sitten）。这两部分都包含绝对命令，因为康德认为，法权义务本身同时也是伦理义务。③ 在法权义务被视为伦理义务的意义上，法权义务可被置于伦理学原则的规范之下，该原则同时也可以用来表明，我们有合理的理由评价外在自由（或权利），同时，我们也有合理的理由尊重那些通过外在强制来保护权利的制度。在这个意义上，我们可以确切

---

① KGS 6：231.
② KGS 6：231.
③ KGS 6：219.

地说,康德的法权理论是从属于道德原则的,或者说,他的法权理论是可以从道德原则中派生出来的。也就是说,我们不仅可以把法权义务仅作为法权义务来看待,也可以把法权义务作为伦理义务来看待。在我们把法权义务仅看成是法权义务的时候,这些法权义务便从属于道德形而上学中那部分完全独立于"伦理学"以及独立于"伦理学的最高原则"的那个分支。

对个人权利的康德式探讨,以及对与自然权利、法律权威及政治权威相关的其他主题的康德式探讨,一直以来都是从《道德形而上学奠基》有关道德原则公式的论述中获得启发的。无论这些探讨具有何种重要的哲学意义,它们都必定与康德自己有关这些主题的探讨有出入,因为《法权学说》所涉及的范围在根本意义上是超出《道德形而上学奠基》与《实践理性批判》所考察的范围的。

对于外在自由的这些探讨,同时也会影响到我们对于恰切意义上的康德式伦理学的理解,因为这些探讨可能包含某些深层次的有关道德本身的非康德式假设。在英语世界的哲学中,此种最普遍的假设可能是这样一种观念(出现在密尔《功利主义》的第三章中):道德与法权一样,都是一种社会强制机制,仅在其所使用的制裁的强烈程度上存在差异。然而,康德式的道德——尽管其道德义务的内容具有社会意义——却绝不是有关"个人行为的社会规导"。这种道德所关注的在根本意义上就是那个能够自主地指导其自身之生活的已启蒙了的个人。从一种康德式的立场上看,无论以何种方式,使用何种社会强制来强制实施伦理义务(无论是通过私人性的谴责,还是通过公共意见,抑或是通过各种道德教育机构来形塑人们的情感),都必须被视为是一种不合法的(通过败坏了的社会习俗)对于个人自由的侵犯。

另一个重要的哲学要素内含在以下主张中:法权是独立于伦理学的。康德的伦理理论要求,如果某种行为是有德行或是值得赞赏的,那么这些行为不仅要符合康德的道德理论所提出的那些考量,还要以之为动机。(根据康德的理论,那种仅以自利为动机的行为,或仅关注最大总量的幸福的行为,或仅以遵守神圣意志为动机,而不是以尊重理性自然或人类自身之自主理性的普遍法则为动机的行为,都不能被视为值得赞赏的行动。)但是遵守法权以及法权制度体系,在它们事实上维护法权或外在自由的范围之内,可能以一些非康德式的考量为动机,例如理性的自利,对于和平的霍布斯式的追求,或遵守神圣意志。这意味着康德的实践哲学可以为任何一种真正正义的政治制度提供合法性的基础并得到它们的认可,即便其他人所接受和参与的这些制度是以一些完全与康德的实践哲学不相容的价值和动机为基础的。这是康德法权理论的一种巨大优势,即可以被适用于一个在其中大部分人都不是康德主义者(其认同任何一种具体的实践哲学的人)的社会中。如果一些康德主义者主张法权原则需要以道德法则为其基础,那么上述优势就会丧失。

四、道德法则的运用

人们对于康德式道德推理的普遍印象是:行动者非常严格地通过"可普遍化"标准来检验其自身的准则,并且将自身限定在由一组严格且苛刻的义务所允许的一条狭窄和笔直的道路之上。与这个印象相反,《道德形而上学》根本不是一个没有例外的规则体系,也就是说,不是在每一情形之下都指令一个单一的确定的行动,而排除所有其他的行动。康德甚至公开谴责所有此类理论,指出这种理论"可能会使德行的统治成为暴政"[①]。然而,把伦理义务仅仅看成附带性地限制我们对于一些其内容与道德完全不相干的私人目的和私人规划的追求,同样也是误导人的。正如康德所看到的,道德规范理应在形塑我们的目的时占据某种位置。伦理义务是建立在以下原则的基础之上的:人的目的不仅应当包括一个人的自我完善,还应当包括他人的幸福。当然,任何一个特定的行动者都将根据适合于其自身的处境、天赋、资源和性情来具体地确定这些道德目的。如果你是一个有德行的人,你的生活内容,即赋予生活以意义和方向的规划,将明显包括以下内容:发展

---

① KGS 6: 409.

你的特殊能力、天赋或德行，以及促进你所知道的或想去帮助的那些人的目的。在此，唯一的限制是，这些目的以及达到这些目的的手段不应当侵害你所负有的"对于你自身的完全义务"，也不应侵害你所负有的"尊重他人的义务"。① 在这些限制的范围之内，康德式伦理学鼓励人们设定其自身的目的，并设计他们自己的人生规划，命令他们在他们的目的中只需包含一些在道德上值得赞赏的目的。

当我们意识到我们所能设想的道德目的多么宽泛，我们应当发现一个人完全不可能合理地选择任何一种伯纳德·威廉斯（Bernard Williams）所谓的"基础方案"（ground project），这一"基础方案"不可能位于我们伦理义务（即促进我们自身之完善和促进他人之幸福的伦理义务）范围内的任何一个地方。因此，康德的伦理理论不仅仅"允许"道德行动者追求这些方案，而且甚至"赞同"这种追求，即主张这种追求是有道德价值的。当然，人类生活如此复杂，以至于有时我们以一种抽象的方式追求那些值得赞赏的目的，将我们卷入一个在道德上不被允许的过程之中。例如，雷妮·瑞芬舒丹（Leni Riefenstahl）可能已经发现，为了追求她作为制片人的生活，她必须把她的天才奉献给一个邪恶的政体，并且甚至与他们合谋来侵犯人性。我们应会同意，在一个艺术家为了遵守一些严格的义务而必须放弃一段赋予其生活以重要意义的经历的情形之中，可能会存在某种悲剧。因为这种生活本身并不天生就是恶的，并且在一个不是不幸运的环境中，其生活的追求甚至构成了一种实现这些义务（促进她的完善并有益于他人的义务）的确定方式。但

---

① 康德反对把"一个人自己的幸福"看成是一种义务，因为要求你去促进一个你不需要约束就会自动采纳的目的是没有任何意义的。康德同时也反对把"他人的完善"看成是我们的目的，因为我们不能以家长式的方式将我们的德行概念或我们的完善概念强加给他人，相反，当他们为他们自己所设定的目的不是不道德的时，我们应当帮助他们实现他们的目的。与之相同，康德认为，当我们在促进我们自己的完善的过程中必须限制我们自己来促进我们的幸福的时候，我们也可能负有（间接地）促进我们自己的幸福的义务；同样地，当促进他人的完善与他们的目的不相矛盾，以至于可以将促进他人的完善置于促进他人的幸福这个标题之下的时候，我们也可能负有促进他人完善的义务（KGS 6：386-388）。康德有关德行义务的界定不应被看成是把"我们自己的幸福"和"他人的德行"排除出道德目的之外，相反，如果对于它们的追求在道德上是值得赞赏的，那么这两者也应被置于"德行义务"这个标题之下。

是在上文我们所假设的这一环境中,不清楚的是,道德——在任何一种应该会使我们担心道德要求之合理性的意义上——是对个人诚实(personal integrity)的颠覆。相反,我们应当担心的是这样一些理论(或反理论):它们很容易使"与恶的共谋"变成合理的,因为道德的要求太过严格,而这意味着我们必须牺牲我们的诚实与正直,除非我们为了追求我们自己的规划,而根本不考虑道德。

五、人性公式的首要性

在《道德形而上学奠基》中,康德试图界定和确立起道德的最高原则(而并不旨在运用道德的最高原则)。如果人们询问康德在这部著作中提出了什么道德原则公式的话,我敢冒昧地说,大多数人会直接引用康德所给出的第一个公式,亦即普遍法则公式:"仅仅根据这样一个准则行动,通过这一准则你能够同时意欲它成为一个普遍法则。"①事实上,康德提出了一个由三个公式组成的体系,第一个公式通过"普遍法则"的形式来界定道德的最高原则,第二个公式通过"目的本身"这一动机来界定道德的最高原则,第三个公式则通过规定包含在"自主性"观念或"理性意志"观念(为目的王国进行普遍的立法)中的"准则"来界定道德的最高原则。② 在《道德形而上学奠基》中,只有第三个公式——该公式被看成是从前两个公式中派生而来的——被用来确立第三部分中的道德原则。并且,因为《道德形而上学奠基》的目的仅在于界定和确立道德的最高原则,所以仍存在这样的问题:哪个公式最适合被用来从道德法则中推导出义务,或最适合被用来将道德法则运用到具体的例子之中?

康德在《实践理性批判》中所给出的论证次序强化了人们所持有的这样一个普遍印象,即将上文所讲的这一角色归属于普遍法则公式。尽管康德事实上没有将道德法则适用于具体的例子,但康德在《实践理性批判》中所喜爱

---

① KGS 4:421;参见 KGS 4:402。
② KGS 4:437.

使用的例子似乎是在用"可普遍化"这一标准来检测各种准则,并且他认为"适用普遍法则的程序"是"典型的纯粹实践判断",该判断是通过这样一种设想构成的:设想在一个人的准则被视作普遍的自然法则的条件之下可能会发生什么事情。① 此外,康德在这部著作中对作为意志之形式原则的道德法则的强调(排除所有可能的目的),②以及对作为意志之动机的客观目的理念的忽视(在《道德形而上学奠基》中,是与作为目的本身的人性公式联系在一起的③),可能会产生这样一种疑惑:康德已经抛弃了后一种论式,或至少认为人性公式在他之后所提出的伦理理论中不再扮演任何重要的角色。

根据上述思路进行思考的任何人如果在《道德形而上学》中发现康德的义务体系,必定会大吃一惊。正如我们所看到的,在那里,普遍法则公式仅被用于唯一一种义务的推衍之中,即慈善义务的推衍之中。相反,"作为目的本身的人性"这个公式不仅仅在与自由权利(包含在所有法权义务之中的自由权利)④的关联中被明确地提及,而且在证明康德所列举的不少于9项(16项中的9项)的伦理义务的正当性中被提及。⑤ 还有4项伦理义务是通过间接的方式建立在人性公式的基础之上的,因为这些义务是从"出于义务而行动"这样一种不完全义务中派生出来的,而这种义务则建立在人性的崇高性的基础之上。⑥ 因此,事实上,康德完全将人性公式置于普遍法则公式之前,道德法则是根据人性公式而被加以运用的。

六、目的与德行

康德在《德行学说》中不时地使用强调行动之目的的道德法则论式,可能并不是偶然的。因为在《德行学说》中,伦理义务的整个组织结构,甚至

---

① KGS 5:67-71.
② KGS 5:21-23.
③ KGS 4:427-429.
④ KGS 6:237.
⑤ KGS 6:423,425,427,429,436,444,454,456,459,462.
⑥ KGS 6:392,444.

"德行义务"概念,都是目的论的:一种德行义务是一个我们有义务去达到的目的。这一事实绝对会使《道德形而上学基础》与《实践理性批判》的读者大吃一惊,他们(如果他们不知道什么的话)都知道康德是所有目的论伦理学体系的主要敌人。当然,《德行学说》的目的论并不建立在一个"质料性目的"(a material end)的基础之上,而是派生于一种形式原则,这一原则告诉我们哪些目的是值得追求的目的,并且因此产生一种对于它们的理性欲求。但是,"目的"在《德行学说》中占据的核心位置表明,人们不应说康德是与一种趋向于追求目的的伦理学相对立的。康德的立场其实是:这些伦理学理论不可能建立在任何一种仅仅被视为欲望之自然对象的目的——例如幸福——的基础之上;相反,道德的目的必须被建立在理性原则的基础之上,而理性原则则应当建立在一个"目的自身"(end in itself)的基础之上,或建立在一个对理性而言具有客观意义的"价值"的基础之上。当然,在康德的理论中,这样一种原则就是绝对命令,而相应的目的或价值就是人性的崇高性。它并不是一种将要产生的相对目的——一种尚未存在的目的,仅仅是因为我们欲求,它才被追求。相反,人性的崇高性是一种已经存在的目的,它是这样一种意义上的目的,即我们是基于它的价值而追求它的意义上的目的。这一目的应在我们的所有行动中都得到尊重。我们根据理性而欲求和追求的目的是这样一些目的,即对于它们的追求表达了我们对于理性自然之崇高性的尊重。当我们完善我们的理性能力时,我们尊重我们自己作为理性存在者的价值,并且我们通过促进他们根据理性(其总和就是他们的幸福)所设定的目的来表明我们对于他人之理性自然的尊重。

对于康德式伦理理论的另一个重大偏见是:他的理论是一种规则伦理学,而不是道德伦理学——或者,正如人们有时所提出的,康德的理论是一种关于道德行为的(of moral doing)伦理学,而不是一种关于伦理存在的(of ethical being)伦理学。但是"德行学说"这一标题至少应使我们在接受这一偏见之前就停下来思考它。康德的伦理理论明显旨在促进道德,正如意志能力或意志强力就在于克服存在于我们本性之中的那些阻碍,以实施我们所负担的义务。康德同时也承认道德的多元性,每一种道德都对应于一种德行义务，或者对应于我们有义务去实现的目的。换言之，一种道德就是旨在实现一种基于道德考量而被采用的目的的强力。我可以拥有某一种道德而不具备另一种道德，如果我旨在实现某一个目的或一系列目的（例如我旨在尊重他人的权利）的愿望非常强烈（并且能够克服追求这一目的的内在障碍），而我旨在实现另一个目的（例如增加他人的幸福，并且通过慈善行动自愿地促进它）的愿望是虚弱且经常不能克服相应的阻碍的话。

因为康德将所有具体的伦理义务都建立在追求和实现目的的善行之中，因此在伦理义务体系中，康德将"以某种方式行动的义务"完全建立在"目的之促进"的基础之上。用20世纪英语国家的伦理理论的话语来讲，这意味着，在义务体系中，康德坚持"善"之于"正当"的优先性，并且因此是一个"后果主义者"，而不是一个"义务论者"（这两个术语在道德哲学家们所普遍使用的意义上）。但是，当然，康德将伦理学奠基于其之上的"基本原则"并不是"后果论"的。这表明将"一种伦理理论的基本原则"与"一种伦理理论在日常的道德考量中所运用的推理风格"区分开来是非常重要的。我们在道德考量中可以（正如康德所做的）赞同一种后果主义的推理，而不必接受一种道德的后果主义基础。

康德思考道德目的的方式也在非常重要的意义上区别于标准版的后果主义。康德的理论不承认任何这样的原则——总合原则、平均化原则、最大化原则或满意原则——为道德推理的本质性原则。当康德说他人的幸福同时也是一种义务的目的时，他的意思是，促进任何一个人任何一部分可容许的幸福是值得赞赏的，但是，康德并不认为这要求（甚或鼓励）我要尽力使他人的幸福最大化。他认为，我必须作出牺牲才能促进你的幸福比不用作出牺牲就能促进你的幸福更值得赞赏，但是为了使两个人变得更为幸福并不比使一个人变得更为幸福更值得赞赏，或者，甚至带给你比事实上所给予你的幸福更多的幸福也不应是更值得赞赏的。

如果一个行动设定了正确的目的，则足以表明这一行动是符合道德义务的；如果一个行动设定了一个与正确的目的相矛盾的目的，那么则足以表明这一行动是与道德义务相冲突的。因此，康德关于道德义务的后果主义并不包含一些具有代表性的困扰后果主义理论（掺杂了关于总合和最大化的假设）的问题和自我反驳的矛盾。如果我的行动设定了一个坏的目的，那么我的行动就是与义务相对立的。带有讽刺意味的是，即使设定了这一坏的目的，其结果却是实现正确目的之最大化的最好方式（例如，原本准备欺骗人民，结果却使他们相信正确事物的信念最大化；或原本试图破坏人们的幸福，结果却使他们的幸福最大化了）。

七、义务与爱

当人们批评康德没有提出一种道德伦理学的时候，他们在心里最有可能想的是，康德没有承认那些自发地与道德处于和谐状态中的"情感""激情"与"欲望"具有道德上的重要性。可能在康德的伦理著作中，没有哪部著作能比他通过诉诸"日常道德感"而提出的主张带来更多的敌意，该主张认为：一个因他自己的悲痛而使其同情感减弱的人，当他是基于义务而施善时，他便展现出一种善良意志，同时他的行为也开始拥有道德价值，而他之前那些基于同情的行善行为并不具有此种价值。许多人对于康德式伦理学的敌意似乎类似于一种过敏性的反应，并且其中的大部分人可能是因为《道德形而上学奠基》中的这段话而第一次对其嗤之以鼻。甚至我们这些赞同康德立场的人也经常有这样的感觉，即康德在这一点上应当是遗漏了某种非常重要的东西。我们会情不自禁地认为，我们更可能会得到对我们产生某种情感的人的帮助，而不会得到仅仅基于义务之考虑而做善事的人的帮助。因为同情是察知他人的需求和行为动机的一种模式，我们可能会考虑，基于冷漠的义务的善行在实际情形中比基于同情的善行可能会引发更坏的行动。我们认为，仅仅基于义务而给予的帮助在任一情形下都将会吝惜他的付出，并且因此会打击某些接受别人帮助的人的自尊心，而如果这些人所接受的帮助来自某个喜欢帮助别人的人，那么他们兴许不会受此打击。

康德的确描绘了这样一个情景：在此情形下，一个热心肠的人，因为他自己的悲痛而变得冷漠无情，现在，他断然"摆脱这一极度的无情，并不带任何倾向而行动,亦即仅出于义务而行动"①。如果康德认为上面这个描述(因为给予那个之所以有此善行的行动者以足够的敬重)将会激励他的所有读者,那么他显然误解了日常理性道德的直觉。但是,康德对上述例子的描述经常会因为人们对其"义务动机"普遍流行的阐释而被误解。然而,从康德在这一段落中所要告诉我们的东西出发,我们应当知道那些以这个例子为基础的一般性概括往往易于使人误入歧途。首先,在阅读这个例子的时候,往往会有一种诱导,使人忽视康德的以下论断:那些"出于义务的行动"很难与那些"出于一个直接倾向的行动"区分开来。② 这可能意味着这两者都是我们要去做的行动。它们并不是勉强而为的行动(尽管在基于义务的行动中,它们可能包含一种自我约束的机制,这样,我们做这些行动的道德原因必须克服我们不做这些行动的其他动机)。康德关于一个人因为悲痛而变得冷漠的例子是为了构建这样一个情形:在此情形之中,建立在义务的道德动机基础之上的行动很容易(马上)与直接的倾向区分开来。我们不应该认为,这样一些例子是"以义务为动机的行动"的典型例子,相反,更为典型的例子是这样一个例子:在此之中,义务动机被发现是与经验性倾向相伴而生的,我们很难将它们区分开来。甚至在康德所描述的这一情形之中,也不存在相对立的动机(不存在任何不去帮助那些需要帮助的人的欲望),而仅仅只是缺少一种行动的倾向——然而,出于这一倾向,行动者受到义务思想的激励,这一义务思想使他想要去帮助他人。

在《道德形而上学奠基》的第二部分,我们被告知,关于义务动机的东西帮助我们进一步纠正了我们在康德讨论上述例子的基础上可能已经形成的印象。因为,在此,康德将道德所特有的"动机"与作为目的本身的人性之崇高性等同起来。这意味着,根据康德的理论,一个悲痛得出于义务而行动的人并不是仅仅基于"帮助别人是我的义务"这样一种强烈的想法而行动的。他人的崇高性赋予我们关照他人的理由,并赋予他人一种主张我们施行帮助的权利,无论我们是否喜欢帮助他们。这会使我们比"在我们是基于

---

① KGS 4:398.
② KGS 4:397.

同情或某种其他的偶然性的喜爱而帮助他们的情形下"更加敏感于他人的需求,以及我们对他人所造成的伤害(因为我们的帮助而对他人的自尊造成的伤害)。

尽管如此,与所有对《道德形而上学奠基》中的这一段落表示赞同的解释一样,上述评论必然是一种控制损害的实践。并且,他还未曾触及这样一个令人不快且似乎无法预料的事实:在《道德形而上学奠基》中,有利于他人的"道德动机"显然与任何一种被他人或他人需求所触动的"感受"无关。尽管如此,更为重要的是,如果我们去看看康德在《道德形而上学》中所讲的关于心灵对于义务的易感性(关于道德行动者的情感)所预设的事物的话,我们会获得一个非常不同的印象,以补充康德先前对于道德动机的阐述。在《德行学说》中,康德列举了四种情感,这四种情感处于道德的基础位置,作为对义务概念的易感性的主观条件。康德坚持认为,拥有这些情感并不是一种义务,因为这些情感是道德行动者的预设,因为只有"凭借它们,一个人才能够被赋予义务——对它们的意识不具有经验性的起源;而只能是作为道德法则对心灵的作用,在一种道德法则的意识之后发生"。尊重(尊重法则,即尊重存在于作为理性存在者的人之中的理性自然)是这四种情感中唯一一种康德在其早期著作中详细讨论过的。另外三种情感是道德情感、良知与对于人类的爱。"道德情感"是"对于出自我们的行动与义务法则相一致或者相冲突这种意识的愉快或不快的易感性",而"良知"不是"指向一个对象,而仅仅指向一个主体(通过其行动而影响道德情感)"。"道德情感"是一种愉快与不快的情感,是由理性概念产生的,而不是由经验原因产生的,并指向行动;"良知"(在此被视为一种能够成为某一特定种类的情感的能力)在其不指向行动,而指向主体之自我的时候,就成为一种道德情感。当一个人意识到他完成了他的义务时,他会感到一种满足;而当一个人意识到他违背了他的义务时,则会感到一种不快。

我所要着重关注的情感是"对于人类的爱"。康德在谈论此种情感时,再一次在"病理性的爱"(建立在他人的快乐或他人的完善基础之上的,以做有益他人之事的倾向和爱欲)与"实践性的爱"(做有利于他们以满足义务之命令的欲望)之间作了区分,对于这种区分,《道德形而上学奠基》的读者应是非常熟悉的①。在《道德形而上学》中,康德对他所区分的那两类爱作了与《道德形而上学奠基》相同的论断,也就是说,只有"实践性的爱"——而不是"情感性的爱"(felt love)——才能够成为一种义务②。当康德在《道德形而上学奠基》中作出此种论断的时候,我们一般都会认为康德只把"实践性的爱"看为唯一一种与道德相关的爱,并且由此推断,康德会认为我们不应当赋予"病理性的爱"以任何道德价值或意义。我们之所以会这样想,是因为我们将以下两种观念结合在了一起:一种观念认为病理性的爱不能够被命令,另一种观念认为出于同情的行动缺少道德价值。并且,我们得出结论认为,康德会把"爱"(就其包含"情感"而言)看成是区别于"义务动机"的事物的一部分(并因此被排除在义务动机之外)。

然而,在《道德形而上学》中,对于"人类爱"的此种探讨向我们表明,有关《道德形而上学奠基》的此种理解必然存在严重的错误。所以,正如我们已经讲过的那样,在这里,存在某种对于其他人的情感性的爱,这种爱并不具有经验的起源,相反,它是道德法则作用于人类心灵的结果。③ 这种情感性的爱不能够被命令,并且也没有义务去拥有它。然而,这并不是因为这种情感性的爱与道德动机无关,相反,这是因为道德以某种方式预设了人们对于这种"情感性的爱"的"易感性":如果我们对于这些情感性的爱不具有易感性,那么我们根本就不可能是道德行动者。对于人类的爱必然是一种情

---

① KGS 4:399.
② KGS 4:399; KGS 6:401.
③ 康德从未明确地把对于人类的爱(Menschenliebe)描述为一种"病理性的爱",并且丹尼尔·古瓦亚(Daniel Guevara)已向我指出,病理性的爱在康德那里指的是一种具有经验起源的情感(古瓦亚这个论断的文本证据,可参见 *KrV*:A 802/B 830)。然而,在那个例子中,"病理性的爱"和"实践性的爱"这个二分,看起来似乎已经穷尽了所有类别,但事实并非如此,因为"对于人类的爱"既不能被归于病理性的爱,也不能被归于实践性的爱。自《道德形而上学奠基》之后,康德显然认识到"尊重感"是一种并不具有经验起源的情感,而是由"理性概念自身产生的"一种情感(KGS 4:401n)。但是,直到《道德形而上学》,康德才明确指出,还存在其他一些不具有经验起源的情感,并且特别指出,存在一些源于"纯粹理性"而不是源于"感性"或源于"受感性影响的理性"的情感性的爱。对于人类的爱就是一种情感性的爱,不管我们是否决定把它称为一种病理性的爱。总之,它不是一种实践性的爱。

感性的爱，而不是实践性的爱。因为康德在公开谈论那些不能够被命令或不能够被强制的情感时指出，情感性的爱是唯一一种不能被命令和强制的爱，而实践性的爱则是一种能够被命令的爱，它并不是一种情感。康德强调了这样一个要点：在他指出"实践性的爱"被称为"爱"（准确地讲，爱就是一种情感）"非常不恰当"的时候，他所谈论的正是作为情感的爱，而不是实践性的爱。

在《道德形而上学》中，康德有关人类爱的探讨迫使我们修正之前所形成的许多结论，这些结论往往是以康德在《道德形而上学奠基》第一部分中有关善行的更为知名的探讨为基础的。尽管康德将一个因悲痛而出于义务行善的人描述为"摆脱其致命的冷漠无情"，且不是根据任何倾向而行动的，但是在《道德形而上学》中，以下观点绝不是康德的观点：出于义务的善行是在缺少某种爱的情感（亦即爱他所要行善的人）的情形下被施行的。由此我们可以看到，康德的实际立场便是：我们所富有的行善义务的可能性，预设了我们拥有一种先在的倾向，即倾向于对他人施与一种情感性的爱，这种爱并不具有经验的起源，而是道德法则作用于我们心灵的结果。

当然，没有理由认为对于人类的爱——源于道德法则作用于我们心灵的结果——是唯一一种病理性的爱。康德告诉我们，一般意义上的爱是一种理解和参与他人（或他人之完善）的快乐，即产生一种基于他自身而帮助他的欲望。在处于道德之基础位置的爱的情形中，这种爱大概是这样一种快乐：参与到理性地表现他人之理性本性的崇高性的过程之中的快乐。他人的这种理性本性促使我们将他人作为目的本身加以对待。但是，因为在人们之中，除他们所具有的理性自然（这促使我们去爱他们）之外，还存在许多其他的完善性，因此，显然还存在许多其他种类的爱，这些爱建立在经验性倾向的基础之上，且不与道德行动和道德动机存在任何关联。

此外，在某一特定的情形之中，大概还不存在一种明显的方式来阐明哪类爱仅是因为我们感受它，它才被我们感受到。显然，这正是康德讲"出于义务的行动"很难与"出于一种直接的（经验性的）倾向的行动"区分开来的一个原因。由此，这也正是康德要设计一个非典型的例子的原因，在此例子中,同情(或作为经验性倾向的其他形式的爱)在动机中扮演着一个最低限度的角色。也就是说,康德希望我们能够清楚地体验到这样两种不同评价之间的区别:一种是对出于义务的慈善行为的直觉评价,另一种是当人们的慈善行为是以源于同情感的"偶然的倾向"为动机的时候,我们对于他们行为的评价。

如果《道德形而上学奠基》的读者从康德对上述例子的探讨中得出结论认为康德没有赋予"出于爱的慈善行为"以任何道德价值的话,那么他们必然是没有理解康德的本意。相反,康德的本意是试图区分这样两种不同动机:一种是源于我们的倾向的动机(即源于由自然偶然地加之于我们之上的事物的动机);另一种是准确意义上的道德动机,这种动机必然源于道德理性和我们的义务意识。因为基于区分"道德所预设的病理性的爱"与"源于倾向的病理性的爱"的困难性,在《道德形而上学奠基》中,康德的目的可能并不是要去谈论如下一种观点:至少在慈善行为这一例子中,出于义务的行动——正如康德所理解的那样——不仅不会排除一种爱(爱他所帮助的人)的情感,而且事实上把这样一种情感预设为我们对于义务动机的易感性的一种条件。尽管如此,康德原本可以通过谈论这种观点来防止众多对于他的这些原则的严重误解。

事实上,根据《道德形而上学》的说法,我们不太清楚是否可能存在一种出于义务的善行,但这种善行不是出于一种爱人类的情感。因为康德这么说:我们对于义务概念的接受性依赖于我们拥有某些源于"道德法则意识"的情感①。其中的一种情感——一种与善行有明显关联的情感——就是对于人类的爱。如果康德在《道德形而上学奠基》中所举的著名例子要与之相一致,那么这个例子就不能够被解读为悲痛的人对于他所帮助的人不会产生任何的爱。相反,康德"摆脱其致命的冷漠无情"可能必须由如下事实构成:他使他自己能够对那些位于他的道德倾向之基础位置的"爱的情感"(即

---

① KGS 6:399.

爱他所帮助的人)作出积极的感受回应。① 他的慷慨行为——尽管是出于爱的情感而实施的——只有在如下含义上才是"不带任何倾向"的:实施该行为所基于的情感性的爱不是一种经验性的倾向,而是道德法则作用于心灵而直接产生的一种情感(诸如尊重、良知或道德情感)。② 一个人出于义务而帮助他人的行动,只有在以下条件下才是有德行的行为:他非常热心地投身于促进他们的幸福,将其视为目的本身,并且这种投身非常地热心,足以克服他在帮助他们时所遇到的各种障碍(例如,他的自爱,或道德冷淡,或因为他的悲痛而给他带来的冷漠无情)。就一个人的德行来讲,他所拥有的"善良意志"是通过他爱他所帮助的人的强烈程度而得到表达的。

我认为,在这个意义上,我们有可能以某种特定的方式来解读《道德形而上学奠基》中所举的那个例子,从而使其与《道德形而上学》中康德后期所持的道德原则保持一致。但是这种解释非常不同于读者仅基于《道德形而上学奠基》而获得的观点。并且我认为我们必须承认这种观点不会因为还未获致那种解释而受到指责,因为他们所依据的是《道德形而上学奠基》这

---

① 当然,"使他自己摆脱冷漠无情"与"仍处于这一无情状态"是直接对立的。所以,《道德形而上学奠基》的读者或可免于因犯如下错误而受到指责:认为康德所举例子中的人在帮助他人的时候对他人仍无动于衷。然而,之所以会产生这样的错误,其原因在于经验主义者所抱持的以下偏见所产生的广泛影响,即认为所有的意志都必须源于消极的欲望经验,并因此认为欲望和实践性情感都不能源于一种积极的意志活动。然而,"出于义务的行动"通常包含着"欲望"和"有关欲望的情感",这是康德道德心理学的基本原理。参见 KGS 6:212-213;同时参见下面这个注释。
② 其所指的是一种因没有注意到康德术语的确切含义而产生的有关其思想的普遍误解。当哲学家们在解读康德思想中的"倾向"(inclination)的时候,他们通常都把这个术语解读成一种更为普遍的有关"欲望"的哲学话语。但是就康德来讲,倾向(inclination/Neigung)在含义上显然要比"欲望"(Begehren, Begierde)更为狭窄。康德把倾向定义为"习惯性的感性欲望"(KGS 6:212; 7:251, 265)。康德认为纯粹理性本身就可以是实践性的,所以在康德看来,非常重要的一点便是,并不是所有欲望在其起源上都是经验性的或感性的。与休谟不同,在康德看来,理性在实践上并不是惰性的,并不是一种(以对于诸观念间关系的察知为基础的)只会作理论判断的官能。(甚至休谟也承认,在他自己的理论中,被称为"冷静激情"[calm passions]的那个东西在日常用语中就是被称为"理性"的那个东西。)康德之所以要从更为宽泛的意义上使用"理性"一词,是有一定理由的,这些理由给休谟的心理学提出了诸多问题,因这些问题太过复杂,所以我并不准备在此加以讨论。然而,这里的要点在于,当康德说人们不是出于"倾向"而行动的时候,并不意味着他们是不出于"欲望"而行动的。对此,康德与我们一样,都认为不出于欲望的行动显然是无趣的甚至是不可能的。

个文本。尽管如此,这进一步表明,如果要恰当地理解《道德形而上学奠基》和《实践理性批判》,就有必要根据《道德形而上学》对其进行重新解读。

因此,我们最后关于康德道德心理学之普遍印象的结论必然是与我们上文所探讨的有关康德实践哲学其他方面的结论相一致的。那种认为在康德哲学中"法权"和"法权义务"是以道德命令为基础的观点是错误的,同时,那种认为康德最主要的道德原则是普遍法则公式以及与之相联系的以下信念也是错误的:这种信念认为在康德看来,日常道德推理就在于用"可普遍化"这一标准来检测,或认为康德式伦理学没有给目的或德行留有任何余地。《道德形而上学》代表了康德实践哲学的最终形式,这不仅仅在于它是康德论述该话题的最后一部著作,而且也在于另一层更深层次上的原因:它是一个最终的义务体系,康德早期的所有伦理学著作都只是在为其奠定基础,即只是它的一些准备性的或预备性的片段。

康德关于法权诸原则的演绎[*]

保罗·盖耶[**] 著
黄　涛[***] 译

第一节　康德的法权原则是否出自道德的最高原理？

在1797年出版的《道德形而上学》第一部分《法权学说》中，康德似乎从道德的根本原理（这个原理是以定言命令的形式呈现给我们的）中推导出"普遍的法权原则"："如果行动能根据一项普遍的法则而与任何人的自由共存，或者如果基于其准则，每个人的自由选择能根据一项普遍法则而与任何人的自由共存，行动即是正当的。"（《法权学说》，导论，

---

[*]　本文原刊于 Kant's Metaphysics of Morals: Interpretative Essays, edited by Mark Timmons, Oxford University Press, 2002, pp.23-64. 保罗·盖耶（Paul Guyer），现为美国布朗大学哲学与人文学科乔纳森·纳尔逊讲席教授。除和艾伦·伍德（Allen Wood）教授主编剑桥版《康德全集》之外，他还著有《康德与认知的主张》《康德与鉴赏的主张》等，并出版多部有影响力的康德研究论文集，对于康德哲学有系统而深入的把握，是当代英语世界著名的康德研究专家，尤擅于康德美学，在此基础上，出版《现代美学史》三卷。感谢盖耶教授对本文翻译及发表的授权。

[**]　感谢伯纳德·路德维希（Bernd Ludwig）、马克·提蒙斯（Mark Timmons）、肯尼斯·威斯特法尔（Kenneth Westphal）和艾伦·伍德针对本文早期草稿的评论，我从他们的评论中获益良多。

[***]　黄涛，中山大学哲学系副教授。

§C，6∶230）①他似乎将根本原理的要求——我们要根据选择去行动依据的准则能普遍化的条件运用自由选择和基于这一选择而行动的能力——运用到了自由的外部运用之上，即就其能给他人造成的影响而言，运用到我们的物理行动之上，为的是推出如下规则：我们只能以给他人留下与我们同等的行动自由的方式来行动，而不考虑在此过程中我们有何意图和动机，后者属于伦理学规则而非法律规则。接下来他似乎就通过一系列补充性的论证，从普遍的法权原则中推出了进一步的和更具体的法权原则，特别是似乎推出了如下原则：对权利的侵犯可以通过强制受到惩罚和阻止。这是通过如下假定实现的：对某种效果的妨碍之妨碍自身是对这一效果的促进。这一命题根据不矛盾律是真实的，或者是一项分析的真理。在此情形下，可以推出"权利和授权使用强制是同一回事"（《法权学说》，导论，§E，6∶232）。他也提出了关于"私人法权"的核心原则——关于个体必须有可能获得财产权的原理，包含针对土地和地上动产的权利，以及在履行契约和承诺的情形中要求他人实施特定行为的权利，最后还有在家庭和家族中要求他人长期服务的权利——这个原则就是"与法权有关的实践理性的悬设"。尽管这一悬设自身是一"先天综合命题"，却也被认为是从法权的普遍原则中推出来的，即"在其实践方面，以分析的方式推出来的"（《法权学说》，导论，§6，6∶250）甚至更具体的权利，例如，通过"原初取得"获得地上财产的权利，据说也是通过"演绎"从更普遍的原则中产生的（《法权学说》，导论，§17，6∶268）。在《道德形而上学》出

---

① 除了确定的缩写法之外，RL 在此是指《道德形而上学》第一部分《法权学说》。关于《道德形而上学》《道德形而上学奠基》和《实践理性批判》以及《理论与实践》的引文都出自玛丽·格雷戈尔（Mary Gregor）的译本，参见她编译的康德的《实践哲学》（*Practical Philosophy*），剑桥大学出版社 1996 年版，译文偶有改动；与此同时，我也采用了格雷戈尔在《道德形而上学》译本中的章节号，而未采取科学院版中的编号。关于维吉兰提乌斯（Vigilantius）讲稿的译文，则引自彼得·希斯（Peter Health）和 J. B. 施尼温德（J. B. Schneewind）编辑的《伦理学讲义》（*Lectures on Ethics*），剑桥大学出版社 1997 年版。《纯粹理性批判》一书译文引自保罗·盖耶（Paul Guyer）和艾伦·伍德（Allen Wood）编辑和翻译的本子《纯粹理性批判》，剑桥大学出版社 1998 年版[中译文引用或参考了邓晓芒教授和杨祖陶教授的译本，但未一一注明。——译者]）。康德为撰写《道德形而上学》准备的笔记（刊印在科学院版《康德全集》第 23 卷）之译文由我自行译出。

版四年前,也就是在1793年的论文《论俗语:这在理论上可能是正确的,但不适用于实践》一文中,康德似乎早就承诺了这一从道德的最高原理出发所做的法权原则的推导。在那里,他说:"在人们彼此的外在关系中,外在法权的概念本身完全是从自由的概念中产生出来的。"(《理论与实践》,8:259)接下来,他又在《法权学说》中证实了这一承诺,他说:"我们只能通过作为要求义务的命题的道德命令(从中可以发展出一种使他人服从义务的能力,亦即法权概念),才能知道我们的自由(从中产生一切道德法则,并因此产生出一切权利与义务)。"(《法权学说》,导论,"道德形而上学作为整体的划分",6:239)①的确,这意味着定言命令,亦即道德的最高原理呈现给如我们人类一般的造物的形式(这些造物的选择能力同样受到了偏好的诱惑),既是我们知道自身自由的途径,也是限制我们自由的原则,为的是规定我们针对彼此的在法律上可得到落实的权利,以及针对自身和针对彼此的伦理义务。

近来有许多作家质疑这种理所当然的解释,认为康德并不想从道德的根本原理中推出法权原则,相反,他想使之成为人类行动的理性原则,而非道德的原则。艾伦·伍德认为,"康德十分明确地拒绝了认为法权原则可从道德的根本原理中推出的全部意见"②。而马库斯·维拉什克(Marcus Willaschek)也指出,康德有时认为,"法权领域的根本法则是与道德领域相近(但毕竟独立于这个领域)的人类自律的表达"③。这些奇谈怪论部分基

---

① 在路德维希编辑的《道德形而上学》中,他建议这个"划分"应该放在《道德形而上学》的那个一般性的导论中,也就是6:221以下的部分,而非放在《法权学说》的导言中。参见伊曼努尔·康德(Immanuel Kant):《法权学说的形而上学初始根据:道德形而上学第一部分》,路德维希编,菲利克斯·迈勒出版社1986年版,第31—34页,亦见第XXXI—XXXII页。entwickelt这个词,被格雷戈尔译为"说明"(explicated),它是在这部晚期作品中使康德的论证变得含混的词语之一。从这个词语出发,并不清楚康德是否认为权利和义务可以通过直接的分析或通过其他论证方法而从自由的概念或者从定言命令中推导出来。
② 伍德:《实践哲学的最终形式》("The Final Form of Kant's Practical Philosophy"),载《康德的道德形而上学:解释文集》(Kant's Metaphysics of Morals: Interpretative Essays),牛津大学出版社2002年版,第7页。
③ 维拉什克:《为何〈法权学说〉不属于〈道德形而上学〉》("Why the Doctrine of Right does not belong in the Metaphysics of Morals"),载《法与伦理杂志》(Jahrbuch für Recht und Ethik)1997年第5期,第205—207页,参见第208页。

于日常观念(即认为康德的法权哲学是从道德的最高原理中推出的)依赖的一些证据,即他主张强调法权的关系是分析的,将获得性法权的原则指称为实践理性的悬设。因此,伍德认为,康德通过宣称"法权原则是分析的,不同于道德原则,否定了从道德中推出法权原则的看法"①。维拉什克也如是主张,此外还做了如下补充:"如果认为这一法则是更普遍的原理的特例,但在康德看来,这一更普遍的原理的有效性已在《实践理性批判》中获得了证明,则他有关法权的普遍法则是一项不需要做进一步证明的悬设(6：231)的论述就令人吃惊。"②为了得出结论,两位作者必须认定,分析命题因其谓词包含在主词概念中,并且由于不矛盾律,因而是真实的,因此在对包含它的概念进行分析之外,不需要也不接受任何证成。维拉什克也须认定,康德称为悬设的东西不在任何更根本的原理中,比如道德的最高原理中有其根据。

　　严格来说,认为康德的法权的普遍原则不是出自定言命令,而是被理解为仅仅根据同时也能作为普遍法则的准则而行动的要求,这种主张是正确的,因为法权原则仅涉及我们的行动与他人自由的相容性,而在根本上不关乎我们的准则,尤其是准则的普遍性。但泛泛地认为法权原则并非出自道德的根本原理,在道德的根本概念的意义上显然不可靠。康德关于道德的基本假定是,人类自由具有绝对价值,而不论是定言命令还是法权的普遍原则,都直接出自这一根本的规范性主张:定言命令告诉我们,如果准则要与自由的根本价值适应,必须采取何种形式;法权的普遍法则告诉我们,如果行动要与自由的普遍价值适应,在不考虑准则和动机的情形下,应采取何种形式。因此,尽管法权的普遍原则并非出自定言命令,却是从自由的观念及其价值中推出的,后者是康德式道德的根

---

① 伍德,前引书,第 7 页。
② 维拉什克:《为何〈法权学说〉不属于〈道德形而上学〉》,前引书,第 220 页。

本原理。①

与此同时，康德关于法权的普遍原则直接出自自由概念的看法并不意味着这一原则、强制与法权的关联抑或与财产权有关的悬设无须进一步证成，或需要康德有时称之为"演绎"的内容。尽管将分析判断描述为一种仅因其概念和逻辑规则而是真实的判断看起来是有关分析性的教科书式定义（参见《纯粹理性批判》，A 6-10/B 10-14），但康德并不认为分析判断的逻辑属性可使我们免于对它做进一步的证成，相反，在《纯粹理性批判》和从1790 年代开始的论争式著作中，康德前后一贯地主张，假如分析判断没有关于它们建立在其上的主词概念的"客观实在性"的证明作为基础，就缺乏认知方面的价值，这个证明就是有关这个概念描述了实在对象或关于对象的实在可能性的证明，因此，并不清楚，通过称某一原则为悬设，康德的意思是否是这一原则无法从更根本的原理中推出。他的确认为，一个先天综合判断可以从另一个先天综合判断中推出，因此通过将获得性法权的原则视为先天综合的。他不是说，它不能从法权的普遍原则中推出，并借此从道德的最高原理中推出。并且，那些他十分突出地称之为悬设的命题，即主张自

---

① 在主张法权的普遍原则并非从定言命令中推出，而是从作为道德的根本原则的自由概念中推出来的过程中，我的立场有别于艾伦·D. 罗森（Allen D. Rosen）的立场（参见他的《康德的正义理论》[*Kant's Theory of Justice*]，康奈尔大学出版社 1993 年版，第 50—55 页）。我因此也认为，康德在《道德形而上学》的《法权学说》部分的论证与《德行学说》部分的论证结构上是相似的。正如艾伦·伍德所指出的，在这部作品的后面部分，康德从未将德行义务从作为普遍法则公式的定言命令中推导出来，而是几乎总是将这些义务直接地从人性概念中推导出来，或者从我们要维护和促进人性作为目的而从不仅仅作为手段的义务中推导出来。参见伍德：《人性作为目的自身》（"Humanity as an end in itself"），载霍克·罗宾斯基（Hoke Robinson）编辑：《第八届世界康德大会会刊》[*Procedings of the Eighth International Kant Congress*]第一卷，第一部分，马凯特大学出版社 1995 年版，第 301—319 页，重印于保罗·盖耶主编：《康德的〈道德形而上学奠基〉：批判性论文集》（罗恩和利特菲尔德出版社 1998 年版），第 165—187 页，以及艾伦·伍德的《康德的伦理思想》（剑桥大学出版社 1999 年版）一书结论，尤其是第 325—333 页。如果自由——自由地设置和追求我们自身的目的——乃是人性的一个定义性特征（例如，参见《德行学说》导论，6：387），那么法权义务就不过是我们维护人性的义务的一个可以强制性地落实的子集。而德行义务则包含那些不能被强制性地维护人性的义务，与此同时也包含所有促进人性的义务。亦参见盖耶：《道德价值、德行与配享》（"Moral Worth, Virtue and Merit"），载盖耶：《康德论自由、法律与幸福》，剑桥大学出版社 2009 年版，第九章。

由的存在、上帝和灵魂不朽的纯粹实践理性的悬设,显然要求给出精致的证明。因此,通过称法权原则为悬设,康德想要说的是这些命题必须如何被证明,而并不是说它们无法被证明。

本文的写作计划如下:首先,我将考察康德有关分析判断和悬设的一般主张,从而显示康德将这些概念适用于法权原则自身并不意味着这些原则独立于道德的根本概念而存在;其次,我将考察康德有关法权原则的一些具体主张,揭示康德并不想暗示这些原则独立于道德的根本概念而存在,相反,他想要从后者推出前者;接下来,我会讨论康德的两个核心主张,其一是一个所谓的分析命题,即认为法权和使用强制的授权是一回事,其二是实践理性与取得财产的权利有关的悬设,这个悬设表明康德试图通过只能被视为演绎的论证确立这些主张在道德上和理论上的可能性的相关条件。考虑到他对"演绎"一词的使用有多种方式,并且考虑到关于先验论证的本质在近年来引发的争论,康德的论证是否充分地满足了他自己或我们对演绎的期待,对此问题也许无法给出答案,因此,我也不打算回答这个问题。

第二节　分析判断及其证成

关于康德的分析判断的观点,有关法权原则是分析性的主张与如下假设相一致,即它是从作为道德的最高原理的自由概念之中产生出来的,进而,对康德来说,分析命题的真实性取决于关于它所分析的概念的证成;在法权原则中,其真实因此取决于基本概念的客观实在性,而道德的最高原则就取决于这些基本概念,也就是自由的概念。本节想要对康德有关分析性(analyticity)的一般概念进行评论,并且对他所主张的有关法权是分析性的命题做更具体的考察,最后将提供这些命题所预设的内容。

康德有关分析性的观念不像它看起来那么简单。康德通过主张在一种判断中,"谓词是作为(完全地)包含在概念 A 中的东西,而属于主词 A 的",并因此它们是这样一些判断——"在其中谓词之间的联结是通过同一性来思维的"(《纯粹理性批判》，A 6-7/B 10-11)①，从而著名地引入他有关分析性判断的概念，这通常被解释为是指一项分析判断，或者我们也可以说，一项分析命题，因为包含在主词概念中的东西和单纯的逻辑规则而为真，但在这段话中，康德并没有针对分析判断的真实性谈任何内容，而只是含糊地谈到，在分析判断中，主词与谓词的"联结"是通过逻辑规则来"思维"的，在此并不清楚，这一点是否能充分解释或证明命题的真实性，但它的确为如下可能性打开了空间，即对分析命题的真实性的信念的充分证成需要对主词概念本身进行某种类型的证成。但并不明显的是，分析判断的主词概念自身并不是从某些更根本的来源中产生的，即来源于某些更根本的直观、概念或者原则，它们可能是属于建立在主词概念之上的分析判断的真实性的基础部分。

在引入分析判断的概念之后，康德又阐明了如下事实，即命题可以通过推论或者严格地按照逻辑规则进行推论的链条获得证明的事实并不能充分地表明命题——也许，还有命题的真实性——仅仅是通过逻辑而认识到的，或者说，甚至命题在实际上是分析的。他指出，之前的哲学家没有认识到"数学判断全都是综合的"：

> 人们因为看到数学家的推论全都是根据矛盾律而进行的（这是任何一种无可质疑的确定性的本性所要求的），于是就使自己相信，数学原理也是出于矛盾律而获得承认的。他们在这里是搞错了，因为一个综合的命题固然可以根据矛盾律来理解，但只能是这样来理解，即有另

---

① 有时人们认为，康德提出了两个不同的分析性概念或两个不同的有关分析性的标准：其一，一项判断如果谓词包含在主词概念之中，那么这个判断就是分析的；其二，如果一项判断取决于同一性法则或某种与之相关的逻辑规则，它就是分析的。例如，参见李维斯·怀特·贝克(Lewis White Beck)：《康德的综合判断可以被塑造为分析性的吗？》("Can Kant's Synthetic Judgments Be Made Analytic?")，载《康德研究》1955年第67期，第168—181页。重印于贝克：《康德哲学研究》(印第安纳波利斯：波比思-麦利尔出版社1965年版)(尤其参见第74—81页)。从康德的文本中可以很明显地看到，他并没有设想过两个不同的概念或者标准，而是认为，一项分析性的判断可以通过同一律来"设想"，因为它的谓词就包含在它的主词概念之中。

一个综合命题作为其前提。它能从这另外一个综合命题中推出来,而绝不是就其自身来理解的。(《纯粹理性批判》,B 14)

这段话说的是,根据矛盾律而来的可证明性(provability),并且,也许通过任何其他的纯粹逻辑原则,比如同一律而来的可证明性,①自身并不足以确立分析性(analyticity)。一项命题的身份最终取决于其证据的前提的身份:如果它们是综合的,则即便是通过纯粹的逻辑推论做出的,其结论也是综合的。如果使用一项综合命题来确定任何可能在逻辑推论中用作前提的概念的可证明性,则这在实际上就意味着,一切能够被认识为真实的命题在实际上就是综合的,尽管康德在第一批判中并未得出这个结论,但正如我们即刻可以看到的,这也许就是他的最终立场。但即便没有这个结论,眼下的论证也足以表明,仅凭命题可以根据同一律或矛盾律而从另一个命题中获得证明的事实,也难以确定如下内容,即命题的主词,以及与之一道命题的真实性,并不取决于更为根本的东西,因此,即便康德说,法权原则可以根据同一律或者矛盾律得到证明,这也并不意味着这一原则无须诉诸某些更为根本的概念或者原则而能被知悉为真实的,并且在实际上也并不意味着这一原则是分析的。

在离开第一批判之前,我们也应考察一下康德所引入的演绎概念。康德为了解释我们关于先天综合的认知(这些认知超出了仅仅通过诉诸我们关于时间和空间的先天直观而获得的解释),而在"先验逻辑论"中引入了一般意义上的演绎概念和特定意义上的先验演绎概念。因此,为了解释我们关于不同于数学定理的普遍因果原则的认知,就需要有先验演绎,但康德并未指出,只有先天综合命题才需要演绎。实际上,他说,任何概念,想要其运用不能通过直接诉诸经验而获得解释,就需要演绎;实际上,他是通过以权

---

① 在其最早期的哲学作品,也就是 1755 年的《形而上学认识各首要原则的新说明》中,康德主张,一切同一性都是真实的原理和一切矛盾都是错误的原理,乃是两个不同的逻辑原理。(1: 389;参见大卫·瓦夫德[David Walford]编:《康德:理论哲学(1755—1770年)》[*Immanuel Kant: Theoretical Philosophy 1755-1770*],剑桥大学出版社 1992 年版,第 7 页。)在《纯粹理性批判》中,康德倾向于将同一律和不矛盾律视为可以互换的原理。

利为例引入演绎概念的,认为有关权利的主张通常需要演绎。

> 法学家在谈到资格和主张时,将一桩法律诉讼中的权利问题(quid juris)和涉及事实的问题(quid facti)区别开来,而由于他们对这两方面都要求证明,他们把前一种证明,即应确立法律主张的资格的证明,称为演绎,我们在使用大量的经验概念时没有人提出异议……因为我们手头随时都有能够证明其客观实在性的经验,但是也有像幸运、运气这样一些不合法的概念……由于关于使用这些概念的资格,人们从经验中和理性中都提不出明确的法律依据,因此关于它们的演绎就陷入了不小的麻烦。(《纯粹理性批判》,A 84/B 116-117)[1]

这就意味着,任何客观性不能通过直接诉诸对象的经验而获得确立的概念,都需要某种类型的演绎,并且,正如康德的例子意指的,关于权利的主张与单纯的事实描述不同,是无法通过直接诉诸经验而确立它们的客观实在性的。尽管有关权利的具体主张并不等同于权利的诸原则,但这就意味着,如果想证明权利的原则对我们具有拘束力,而这种拘束力不能通过诉诸经验获得揭示,它们所得以奠基的概念必须具有一种通过某种形式的演绎而获得确立的客观实在性,因此,即便法权的特定原则在分析判断中有其逻辑结构,但看起来康德并不想说法权原则是通过对概念的单纯分析而被认识到有效的。

在同哈勒的沃尔夫主义者约翰·奥古斯特·艾伯哈特(Johann August Eberhard)的争论中,康德进一步地阐明了他有关"分析性"的观点。艾伯哈特在1788年到1792年的一系列出版物中试图表明,康德关于数学命题是先天综合的主张是错误的,并且,在他看来,莱布尼茨已经证明,一切数学性

---

[1] 迪特尔·亨利希(Dieter Henrich)在一系列文章中强调了康德演绎观念的法律方面的起源。参见《康德的演绎观念和第一批判的方法论背景》("Kant's Notion of a Dedution and the Methodological Background of the First Critique"),载埃克卡特·福斯特尔(Eckart Förster):《康德的先验演绎:三大批判和"遗著"》(*The Three Critique and the Opus postumum*),斯坦福大学出版社1989年版,第29—46页。

的结论都能通过从特定的定义出发,比如从数的定义出发,采取纯粹逻辑的推论来证明。因此,它们是分析的。① 在对于这一指控的回应中,康德再度强调了在第一批判中已经提出的论点,即一项命题可能已经有了一个严格意义上的分析的证据,它是通过提取包含在概念中的谓词获得的,但概念的客观实在性即它在任何真实事物中的运用,因此从概念中产生的一切事物的真实性,即便最严格地根据逻辑规则,也无法只是通过分析来确定,而是通常需要某种其他的因而是综合的方法来确定——这就是康德通过他有关分析的陈述总是预设了综合的陈述所表达的东西(参见《纯粹理性批判》,B 130)。康德的确认为,通过适当的定义,针对任何命题都可以给出分析的证据,但这种证据除了指出定义自身的结构能得到证成之外,并未表明其他真理。当康德在第一批判中说,"先于对于我们的表象的一切分析,这些必须首先被给予,就内容而言,一切概念都不能分析性地产生,杂多的综合……首先产生了认识"(《纯粹理性批判》,A 77/B 103),他就已经表达了这一点,但在与艾伯哈特的辩论中,这个观点阐述得更清晰。在这场辩论中,康德发表了重要论文《论一项使一切新的纯粹理性批判都因之前的批判而变得多余的发现》。在这篇文章中,康德主要考察数学的例子,而且将其主张建立在如下洞见的基础上,即数学中的真正进展只有当数学家意识到"概念的客观实在性,亦即事物及其属性的存在的可能性,只能通过提供相应的直观才能获得证明"②,也就是说,不论他们可以从客体概念中证明什么,数学家必须首先证明,为了能将任何真理指派给他们的相关证据的结果,客体自身应该首先存在。在对艾伯哈特的进一步回应中,康德的学生约翰·舒尔茨(Johann Schultz)更一般性地表达了这一观点:

> 如果有人希望能够对一项判断做出规定,就必须首先知道在主词

---

① 艾伯哈特的文章出版在他和 J. G. 马斯(J. G. Maaß)和 J. E. 施瓦布(J. E. Schwab)主编的《哲学杂志》(*Philosophisches Magazin*)的头四期中。有关他提出的攻击的描述,参见亨利·阿利森(Henry Allison):《康德与艾伯哈特之争》(*Kant-Eberhard*),约翰·霍普金斯大学出版社 1973 年版,第 6—45 页。
② 《论一个发现》,8:191;阿利森:《康德与艾伯哈特之争》,第 110 页。

和谓词之下什么应该被思维……你尽可以在主词中做若干标记,以至于谓词(你希望通过它来证明主词)可以只是通过矛盾律而从概念中推出,但即便如此也无济于事。尽管第一批判已经授权他毫无争议地做出此种分析判断,但如果考虑到主词概念,并且追问:你是如何可能将这些不同的标记放到这个概念之中的,以至于它仿佛早已包含了诸综合性的命题?首先你需要证明概念的客观实在性,亦即首先证明它的那些标记中的任何一个都真正地从属于那个可能的对象。①

不论你可以从定义中证明什么,如果你想要从分析的逻辑过程中得出真正的知识,则那个被定义的对象的实在性以及定义与对象之间的适合性就必须首先获得证明。

考虑到康德在第一批判中认为,如果命题证明的最初前提是综合的,则通过逻辑方法所证明的任何命题最终也是综合的,如此他在与艾伯哈特的争论中所持的立场就是,在最终的分析中,没有任何真正的分析判断。② 但即便无法获得这一结论,将康德立场的最根本的形式运用于实践哲学,在分析的东西通常预设了综合的东西这一定理中获得归纳,也就意味着规范性的原理不能通过针对定义的分析得到确立,后者可能会被证明是独断的发明,而必须被证明在某种可以得到证成的或必然的东西中有其根据。当然,实践命题的证成不能采取与理论命题的证成相同的形式:实践命题陈述了应然而非实然,因此它们的概念就不需要理论概念所需的那种客观实在

---

① 舒尔茨对于马斯有关分析/综合的区分的讨论的一个评论,参见 20:408-409;阿利森:《康德与艾伯哈特之争》,第 175 页。这段话为贝克在他的一篇文章中著名地援引过,这篇文章揭示了康德已经预判到威拉德·奎因(Willard Quine)和莫顿·怀特(Morton White)针对逻辑实证主义运用分析/综合的区分提出的某些反驳。贝克在此指出,对于康德来说重要的那个问题经受住了他们所提出的批判。参见贝克:《康德的综合判断可以被塑造为分析性的吗?》。
② 参见贝克:《康德的综合判断可以被塑造为分析性的吗?》,第 168—181 页。贝克本质性地提出,尽管在那个未被解释的形式体系中,康德为纯粹分析判断留下了空间,基于他的论证,即使是那些可以逻辑性地从充分的定义中推出来的数学命题也是综合的,如果将它们解释为是有关客体的知识性主张的话。

性。① 但它们显然也要在某种实在的东西中有其根据。对于法权原则来说，唯一可以利用的、并非独断的根据在于自由概念，关于这一概念的客观实在性的证明对于康德的实践哲学来说乃是一个根本性的问题，这个问题最终借助于我们针对定言命令的拘束力的意识，通过证实有关我们自由的假设而获得解决。权利哲学的任务因此就必须是，表明法权原则在自由的实在性中有一个毋庸置疑的基础，并证明这些原则的范围显然受到维护自由所需的东西的限制，除非法权概念自身能被证明在自由的本性和实在中有其基础，否则任何分析性地出自法权概念的东西都缺乏力量。

第三节　悬设和可证明性

我们接下来考察一下康德将法权原则（部分或者全部地）描述为"悬设"可能具有的含义。在不同的段落中，康德认为，首先，一切实践法则都是悬设或者类似于悬设；其次，法权的普遍法则乃是一项悬设；最后，法权的特殊原则（即宣称它必定是一项获得财产的权利）乃是一项悬设。在此，首先展示一下他有关悬设的论述不无裨益。

首先，关于一般的实践法则，康德写道：

（定言命令的）简洁性和从中得出的如此丰富与多样的结果间的对比初看起来是令人惊讶的，同样令人惊讶的还有它那种不带任何动机而发出命令的权威。但在对我们的理性通过单纯理念（即一种能够符合实践法则的普遍性的条件的准则）规定选择的能力加以沉思的过程中，人们懂得了这些实践的（道德）法则首先阐明选择的属性，即选择的自由，而这是思辨的理性从未抵达的地方，不论是在先天的基础上，还是通过何种经验，只要理性达到这一点，就不能从理论上证明它是可能

---

① 参见 KrV A 633/B 661："理论认知[乃是]通过它我认识到那些存在的东西，而实践的认知[则是]，我借此表象那些应该存在的东西。"

的。但尽管这些实践法则无可争议地证明了我们的选择具有此种属性，并因此毫不奇怪人们会发现，这些法则就如同数学上的那些公设，虽然不能被证明，却是绝对的，与此同时他们也看到，整个实践的认识领域得以向我们洞开，而在此，理性在其理论的运用中，尽管拥有同样的自由理念……发现一切东西都向它封闭。（《德行学说》，导论，§3，6，225）

即使不做任何细节分析，在上述段落中有两点也仍然是清晰的：首先，在两句话中，康德能够说出实践法则就如同数学性的公设，但也是作为从定言命令中推出来的结果。在此，康德将其等同于根本的道德原则。很显然，实践法则成为类似于数学性公设的方式并不排除它们是从根本的道德原则中推出的。其次，康德在实践法则与数学性公设之间所做的类比并不意味着它们是不能被证明的，而是说，在某种意义上，这些法则或它们赖以确立的以及它们所揭示出来的我们拥有自由的事实，属于实践的而非理论的认知。换句话说，通过称实践原则为悬设，康德显然不想说，这种法则不需要证明，而毋宁指出了某些有关它们所允许证明的东西。

接下来，康德称普遍的法权原则乃是一项悬设，这是在他关于法权只要求合法性而非道德性的评论过程中得出的。亦即，出于法权的目的，即使我们在实际生活中并未受到普遍法权原则作为我们的准则的激励，但符合法权的普遍原则就已经足够了：

> 因此，要这样外在地行动，以使你的选择的自由运用，能够根据一项普遍法则而与任何人的自由相互共存，这一法权的普遍原则乃是一项给我规定义务的法则，但是根本不能期待，还不用说要求，为了这项义务，我自身应当将我的自由限制在这些条件之下，相反，理性只是指出，自由限定在这些与其理念相一致的条件之下，并且，它也能够为他人主动地加以限制；它指出，这乃是一项不需要进一步证明的悬设。

(《法权学说》，§C，6：231)①

在此，康德指出，法权的普遍原则是一项不需要进一步证明的悬设，与此同时；他也指出，这一原则表达了针对自由的运用的限制，即将其限制在与他人关于自由的类似运用相一致的条件之下；并且，也许他的意思是，法权原则之所以是一项悬设，仅仅是因为它表达了对于自由的运用的限制，即限制在同他人的类似运用相一致的条件之下。因此，康德显然不是说，法权的原则并不是从自由的最高的道德价值的最根本的原则中推出来的；相反，他的意思是，法权原则并不需要进一步的证明，因为它是直接地从最根本的道德概念在外在行动的情形下的运用中推出来的，亦即，在外在行动的情形下，个体对于自身的自由行动的运用具有一种限制和干涉他人对他们的行动自由的运用的潜在可能。

最终，康德将"我有可能使任何任意的外部对象成为我的"这一原则称为"实践理性与法权相关的一项悬设"，抑或——在接下来的段落中——称为"实践理性的前提预设"(《法权学说》，§6，6：250)。尽管康德在接下来立即提供了关于这一悬设的例证，但这项论证是以还原(reductio)的形式，通过追问如下问题开始的："如果使用它并不属于我的合法的能力，如果使用它不能根据一项普遍法则而与任何人的自由相共存"，则可能会出现什么情形？换句话说，与法权相关的实践理性的悬设是通过如下证明而从法权的普遍原则中推出来的：财产的取得是同如下普遍的原则相吻合的，即每个

---

① 在同我的通信中，伍德对此提出了反对意见。他认为，我有关从道德的根本概念中推出法权原则的论证有一种风险，这就是使个体的动机成了法律方面的立法的对象，而这是康德明确地并且也是正确地想要避免的结果。但是这一遭到伍德反对的结论却肯定不能从我的进路中得出。正如康德在《道德形而上学奠基》第一部分中所做的，他能够运用他对于道德上值得称赞的道德动机的纯粹性特征方面的论证，识别出道德的根本原则必然具有形式的特征（尤其参见 G4：402）。但这一原则即使被识别出来，也仍然需要我们的作为或者不作为，这是必须履行的义务，而不论我们这样做有怎样的动机。法权义务准确来说是从道德的根本原则中推出来的义务，我们必须履行这些义务，即便我们这样做的动机并不是对于道德的根本原则本身的尊重。这也就是为何履行法权义务典型地没有什么值得称赞的原因。关于这一点，请再一次参见拙文《道德价值、德行与配享》。

人的自由的外在运用要同任何人的自由的外在运用相一致,也是为这一普遍的原则所要求的。因此,不管康德通过称财产的原则为一项悬设意味着什么,都不可能是指这一原则不是从法权的一项更普遍的原则中获得的,并因此是从道德的更为根本的最高原则中获得的。

因此,康德称一般的道德法则为法权的普遍原则,称允许财产取得的具体的法权原则——"实践理性的许可法"(《法权学说》,§6,6:257)——为悬设,究竟意味着什么呢? 在此回顾三类被康德称为悬设的命题也许不无裨益①:在"纯粹知性原则的体系"中的"一般经验思维的公设";数学性的公设,他之所以要讨论这类公设,是为了阐明一般经验思维的公设;以及纯粹实践理性的悬设。

我们在此不妨将前两个公设一并处理,因为康德为了解释"一般经验思维的公设"而通过数学性的公设解释了他想要表达的内容,一般经验思维的公设乃是支配可能性、现实性和必然性的模态范畴的(这些范畴是从对判断的逻辑功能的分析中得出的)适用于人类的经验对象的原则。因此,称某一对象是可能的,意味着它的概念是与人类的直观以及概念化的纯形式相适应的;称某一对象是现实的,意味着感觉作为直观的质料,为概念的客观实在性提供了证据;而称某一对象是必然的,则意味着它服从于因果律(参见 A 217-218/B 265-226)。直至对它们加以阐明的那一节末尾,康德才解释为何他要称这些原则为公设,或是将模态概念"在经验运用"中出现的"定义"称为公设;但在那里,他认为,他之所以称之为"公设",不是因为它们是"直接地就被确定地给出的,不需要证据就能证实的命题"(A 232/B 285),而是因为如同数学中的公设,它们不对概念的内容有所增益,毋宁是"主张一种……(概念)借此产生的认识能力的行动"。"在数学中,公设是只包含综合的实践命题,借助这种综合,我们首先赋予自身以一项客体,并且产生了它的概念。"(A 234/B 287)因此数学性概念的公设是如下原则:它告诉我们如何去构造对象,从而使概念在直观中获得充实。这就类似于使同一条曲

---

① 在此对于 postulate 的翻译根据语境做了不同的处理,当其出现在理论理性中时被译为"公设",而当其出现在实践哲学中时则被翻译为"悬设"。——译者

线保持在同一平面上,并且与同一个中心等距离地画圆的规则。模态概念的公设乃是告诉我们如何运用此一概念的原则,比如,如下这条规则,即如果包含在概念中的谓词不仅与我们的直观形式相一致,而且也在我们的感觉中得到充实,则概念就可以被称为现实的。

通过称这一原则为公设,康德并不是说它不能获得证明,相反,他明确指出,如果公设"可以无条件地要求人们接受,而不需要任何演绎,只基于它们自身的主张,则一切有关知性概念的批判就要丧失"。因此,任何公设"如果得不到证明,则至少准确无误地提出它的主张的正当性的演绎"(A 233/B 285-286)。相反,至少在数学性公设中,可以借此提供概念的构造的行动的可能性是不需要进一步证明的,因为构造自身乃是关于特定图形概念的可能性的证据。康德的观点看起来就是,公设主张了概念的可能性、现实性与必然性。并且,公设也需要得到证明,但证据只能通过构造被给出,正如在数学性的公设中的情形一样,或者证据更像是某种对构造或证实的一般条件的描述,就如在一般思维的公设中的情形一样。但无论是何种细节,康德都明确地指出,通过称某项原则为公设,不是说不需要证明或者演绎,相反,正是在此过程中,他谈到了某些与允许那类证明有关的东西。

康德有关悬设一词的第三种常规用法也是最突出的一种,即纯粹实践理性的悬设。在他针对纯粹实践理性的悬设最集中的讨论中,引入了两个悬设,即灵魂不朽和上帝存在的悬设(《实践理性批判》,122-123,124-132)。(尽管他也常常谈到自由的存在作为纯粹实践理性的悬设,因此仿佛出现了三个悬设。)在引入不朽和上帝存在悬设的过程中,康德谈到,纯粹实践理性的悬设是"一项理论命题,但这个命题本身是不可证明的,因为它不可分割地从属于一种先天的绝对有效的实践法则"(《实践理性批判》,5:122)。根据这个定义,实践理性的悬设就不是道德法则或命令自身,而是一项存在性的命题,因此是一项具有理论命题形式的命题,尽管这个命题自身不能被证明,却与道德法则或命令相关联。在该定义中,康德并未阐明他想到的是何种联系,但他对于纯粹实践理性的悬设学说的首度提及(事实上早在第一批判中就被引入)并未表明他所想到的是何种联系:

倘若某物存在或者应该存在,乃是毋庸置疑地确定的,但只是有条件地确定的,那么或者对于它来说特定的具体条件就是绝对必然的,或者只能被预设为有选择的或偶然的。在前一种情形下,条件乃是设定的(per thesin),而在后一种情形下,它就是假定的(per hypothesin),因为在此存在那些无条件必然的实践法则(道德法则),则如果这些法则必然地预设了任何存在作为它们有拘束力的条件,这种存在就必然地被设定,因为从中推出这一具体条件的条件自身先天地被认为是绝对必然的。(A 633-634/B 661-662)

这就表明,悬设是一项主张某物存在或某一事态存在的理论命题,它是道德命令具有拘束力的可能性的条件,道德命令的拘束力取决于使之获得实施的可能性,因此道德命令的拘束力的可能性的理论条件就在于,为了解释道德法则所要求的东西何以能够落实,必须存在某种实体或某一事态。

众所周知,康德进而将不朽和上帝存有的悬设作为道德法则通过最高善概念而成为可能的诸条件,这实际上也就是康德并没有从一开始就将我们自身的自由的存在作为纯粹实践理性的悬设的原因。尽管在后来他总是将自由同其他两项悬设放在一起:不朽和上帝存在对解释道德法则自身的拘束力来说并不是必要的——只有关于我们是自由的预设对这一解释来说才是充分的——而对解释道德法则的对象的获得的可能性而言却是必要的,也就是说,对道德法则命令我们去实现的事态来说是必要的,此即康德所谓的"最高善",或者与对道德法则发自内心的遵守相一致的最大可能的幸福的获得。关于康德的最高善概念所具有的含义,有不同的理解:大多数解释认为,他假定了对幸福的追求是人类的自然倾向,这种倾向在道德法则中缺乏根据,并且只受道德法则的限制。我认为,与其说康德的观点不是双重的,毋宁说道德自身的根本原则通过要求我们总是去保障和促进人类的自由,因此总是将我们自身和他人视为目的,而不只是视为手段,从而在实际上要求我们去促进所有人类目的的实现,只要这些目的与他人的目的可以共存,并且准确来说这种实现是与对道德法则的服从相一致的最大幸福的实现。① 但我们在此并不关心，康德究竟是如何将最高善引进来作为道德的对象的细节；我们关注的是最高善与不朽以及上帝存在的悬设之间的联系。要言之，康德的论证如下：德行与幸福的实现要求我们的道德意向的完善，或者一方面是德行，另一方面是合法则的人类目的的最大限度的满足或者说幸福。康德认为，人类道德意向的完善可能会要求无限漫长的生命时间或者说不朽，只有这样才能克服针对恶的倾向，后者对人类来说也是自然的，但人类目的的最大限度的满足是某种只能在自然中发生的东西（因为唯有在自然之中，那些可以转变为正当目的的人类欲望才能得到满足）。然而，我们有理由相信，自然对人类意图的实现来说是适当的，只要我们认为自然法则的书写是符合道德法则的。这是我们不能诉诸自身力量而只能诉诸上帝的东西，上帝是自然的创造者，正如康德所言：

> 因此，自然的最高原则，就它必须为最高善所预设而言，乃是这样一种存在者，它通过知性和意志（因此作为它的创造者）而成为自然的原因，这就是上帝。结果，最高的派生性的善（最好的世界）的可能性的悬设也类似地是最高的原生性的善的现实性的悬设，也就是上帝存在的悬设。（《实践理性批判》，5：125）②

康德的推理如下：道德法则要求实现最高善（从字面上讲，是"最高的派生性的善"），因此，既然义务的拘束力取决于其实现的可能性（"应然"蕴含"能够"），那么，道德法则要想有拘束力，就要求实现最高善是可能的。然而，要使实现最高善成为可能，就必须假定不朽和上帝存在（"最高的原生性的善"）是现实的。道德的最高原则——作为一项道德命令的拘束力的可能性，因此就要求我们相信特定理论命题的真理性，亦即，主张某物或某种事态的存在，即便这些命题无法得到理论上的证明。纯粹的"理论性的"考虑

---

① 参见盖耶:《从实践的观点看》("From a Practical Point of View")，载盖耶:《康德论自由、法律与幸福》(Kant on Freedom, Law and Happiness)，第十章。
② 康德在《纯粹理性批判》A 811/B 839 使用了相同的公式。

能够并且必须能够表明它们是前后一贯的,因此具有康德所谓的"逻辑上的可能性",但唯有道德上的考虑才能使我们有理由认为,在这些理论命题中使用的概念具有客观实在性,或者拥有康德所谓的"现实可能性"(real possibility)。

除了包含有关康德通过纯粹实践理性的悬设究竟意味着什么这一清晰的陈述之外,第一批判也包含了对其如下主张之内涵的清晰陈述,这就是他认为这种悬设在理论上是无法获得证明的,但在实践上却是确定的,康德指出:

> 当然,没有人可以自诩说:他知道有上帝和来生;因为如果他知道这一点,那么他正是我长期以来要找的人……非也,这种确信不是逻辑上的确定性,而是道德上的确定性;而且,由于他是基于(道德意向的)主观根据的,所以我甚至不能说"上帝存在等等,这是在道德上确定的",而只能说"我是在道德上确信的"等等。这就是说:对上帝和来世的信念与我的道德意向是如何交织在一起的,以至于我很少面临使前者受到损失的危险,同样也不用担心什么时候会把后者从我手中夺走。(《纯粹理性批判》,A 828-829/B 857-858)

关于不朽和上帝存在缺乏任何理论证据,这一点康德在第一批判中都自始至终地指出过,因为这些对象不能出现在人类直观的范围内,但我们有必要确信这类对象是存在的,因为对我们来说,试图通过践履道德命令产生最高善,却又不相信这些对象的存在,是前后矛盾的。甚至实现最高善的可能性也取决于它们的现实性。因此我们对这些对象的存在的确信就和道德法则本身一样,对我们有同样的影响。

还要注意最后一点。在出自《实践理性批判》(5:125)的最后一段引文中,康德两度使用了"悬设"一词:他说,最高的派生性的善的可能性的悬设,即在日常意义上使用的最高善,"类似于"最高的原生性的善的实在性,即上帝存在的悬设。在此提到的两项悬设都可以被理解为在实践基础上得到肯定的理论命题:最高善的现实可能性可以被理解为道德法则的拘束力的可能性条件,而上帝的实存又是作为最高善的现实可能性的条件。但在这段话之前,康德对于术语做了双重意义上的使用,而它们本是可以区分对待的。在那里,他写道:

> 在道德法则中没有丝毫的根据,来使一个作为部分而属于这个世界的存在者的德行和与之成比例的幸福之间有必然的关联……然而,在纯粹理性的这个实践的任务中,即在对至善的必然探讨中,这样一种关联都是被悬设为必然的:我们应当力图去促进至善(后者必须因此自始至终被悬设),这样,甚至全部自然的一个与自然不同的原因的存有,也就被悬设了。这个原因将包含这一关联,也就是幸福与德行之间的精确一致的根据。(《实践理性批判》,5:125)

在上述引文的最后一个句子中,康德显然想要运用"悬设"一词来描述在道德根据之上,对于主张上帝存在作为自然原因的那一理论命题的断言,但在此前的部分中,他运用这个词来描述对最高的(派生性的)善自身的必然性而非可能性的断言。但由于康德从不认为最高善的存在是必要的,而仅仅是可能的,他在此就必须指出最高善的悬设作为出自道德法则的实践命令是必然的,而不是作为道德法则的拘束力的可能性的理论上的条件。换句话说,在这里康德运用"悬设"一词描述的可能是一项道德命令的身份,即要求我们实现最高善的命令的身份,悬设将其描述为取决于一个更为根本的道德命令——也就是说,取决于道德的至上原则自身。当然,在此意义上,实践的悬设就不是一项独立于道德的根本原则的实践原则,相反,这一悬设之所以能够被如此称谓,是因为它依赖于那项最为根本的道德原则。

从上述讨论出发可得出下面三个结论。首先,就理论性公设而言,数学性公设之所以有这种命名,只因其概念的客观有效性必须通过纯粹直观中的构造得到确定,或者依赖于构造活动的可能性。人们自然认为数学性公设就其不是从更根本的命题中推出来而言,也是根本的,即它们不是一些可以被证明的定理(theorem),而是借此证明定理的公理(axiom)。但康德实际上并未如此讲过。接下来,只因它们与数学性公设有一相似点,经验思维的更一般的公设才获得这一称号,正如数学性的公设取决于纯粹直观的构造,从而阐明了其概念的客观实在性一样,一般经验思维的公设也描述了与纯粹的和经验性的直观有关的,或在它们之中的构造类型,它们可以为对象概念的客观的可能性、现实性或者必然性提供证明。康德从未说过,这些公设自身不能从更为根本的东西中派生出来,相反,他想说它们需要演绎,并且是通过从特定的判断功能在人类直观形式中的运用中进行推理,从而接受那一演绎的。

其次,在它最通常的含义上,纯粹实践理性的悬设根本不是一项道德命令,更不用说它是一种非派生性的或原生性的道德命令了,相反,它是一项主张存在对于践履道德命令的可能性是必要的诸条件的理论命题,但我们对它的确信并非基于理论证明,而只是基于我们对道德命令自身的拘束力的确信。倘若在此意义上存在与权利有关的纯粹实践理性的悬设,那么我们自然会认为这一悬设涉及权利诸原则具有拘束力之可能性的条件。与权利有关的实践理性的悬设因此就可能是一项获得实现权利的条件的主张。将与数学性公设的类比再往前推进一点,康德甚至有可能是指,与权利有关的实践理性的悬设乃是使权利获得实现的诸条件的构造,这种构造有可能是实践的,而非理论的,因为证明存在关于自由运用的前后一致的观念会使这项权利获得实现,而非证明这一自由的运用曾经实现过或者正在实现,抑或在不久的将来获得实现。但核心的观念不是说权利原则自身不能从更根本的道德原则中推出来,而是说实现它的条件必须被证明是可能的。

最后,如果在权利原则的语境中,康德是在我们刚刚考察的最后一种意义上来使用悬设一词的,那么通过与权利相关的实践理性的悬设,他也许不是指一项主张权利实现的可能性的命题,而是指权利原则或者说权利要求本身;但即便如此,如果他在此情形下关于这个词的通常用法与《实践理性批判》中的用法类似,那么他称这一原则为悬设,就不是指它不可能从一项更为根本的道德法则中推出,而是说它存在,正如最高的派生性的善的道德必然性的悬设是通过将道德的最高原则运用于对目的的追求中从而推出的一样。这一原则仍然可以被称为悬设，因为这一原则得以从中推出的原理是不能通过理论的方法获得证明的，而只能实践地证明，在此意义上，权利原则可以从我们称之为悬设的根本的道德原则中推出。

接下来，我将直接地讨论康德有关权利原则本身所谈的内容，为的是指出，尽管康德有诸多明确的理由将权利的原则称为分析的和称为悬设，但就在他这样做的地方，他仍然想要将它们从道德的最高原则中"推导出来"或演绎出来。

第四节　所有的权利原则都是分析的吗？

首先，我们必须在从康德关于权利原则的分析性的论断出发做推论的过程中小心谨慎，因为康德实际上以不同的方式将分析与综合的划分运用到了权利原则中，相同的一项原则根据这项标准是分析的，但根据另一项标准则又是综合的。① 倘若如此，那么，除了康德如下的一般性论断之外，即在分析判断自身中所得到分析的主词概念的客观实在性需要一个演绎之外，关于权利原则也有一些东西显然需要一个演绎，亦即根据一种区分分析的与综合的方法使之成为综合的东西，即便在此也存在其他一些东西不需要证明，亦即根据另一种区分方法使之成为分析的东西。

更具体地讲，康德有时也谈到，权利的全部原则都是分析的，恰好与伦理原则构成对立，也就是同要求道德性义务的原则相对立，后者都是综合的。但他也说过，只有针对自由的固有权利的原则，也就是人格自由的原则才是分析的，而一切获得性权利的原则，即财产权的一切原则都是综合的。甚至当谈到前者时，康德的意思也是，权利原则是从根本的道德需要中直接地推出的，这一根本的道德需要表现在，我们只能以一种可以普遍接受的方式来运用我们的自由，而伦理的原则则取决于如下补充性的假设，即我们必

---

① 这一点也为莱斯利·马尔霍兰（Leslie Mulholland）顺带留意到。参见马尔霍兰：《康德的权利体系》（*Kant's System of Rights*），哥伦比亚大学出版社 1990 年版，第 243 页。

然会意愿特定的目的。我们发现,康德在为《道德形而上学》所撰写的预备笔记中,已多次谈到这一点。在某个部分中,他写道:"一切法权原则(关于什么是你的和我的)(考虑到自由)都是分析的——一切目的的法则都是综合的……法权义务是分析地从外在自由中得出来的,德行义务则是综合地从内在自由中得出来的。"(《埃尔德曼活页》[*Blatt Erdmann*],C1,25:246)在另一份笔记中,康德对于这一隐秘的评论(cryptic comment)进行了拓展:

> 权利学说是如下这种学说,它包含了根据普遍的法则而与选择能力的自由相一致的内容。
>
> 德行学说是如下这种学说,它包含了根据理性的普遍法则而与选择能力的必然目的相一致的内容。
>
> 前者在其内在的和外在的关系中是消极的和分析的,它包含着可能的外部法则的那些内在的和外在的条件。
>
> 后者在其内部和外部的关系中是肯定的和综合的,对于它不能给出具体的法则。
>
> 前者的义务是强制性的(officia necessitatis),后者的义务则是仁爱的(officia charitatis)。(《埃尔德曼活页》,50,23:306-307)

根据上述讨论,权利原则之所以是分析的,是因为它们只是陈述了自由能够根据普遍的法则获得运用的诸条件——在这些条件下,许多人可能与他人相一致地行使自身的个体自由——伦理原则之所以是综合的,是因为它们假定人类拥有必然的目的,并且陈述了我们的选择能力的运用与那些目的的实现一致的条件,因此关于伦理原则的证据就必须超出自由概念本身,而诉诸人类的必然目的,而权利原则的证据只需证明人与人之间的关系是一种与自由概念本身一致的关系,当然,谈到后者时也就是说,权利原则是从自由概念中推出来的,并且表达了自由概念在人与人之间的关系中获得实质内容所必需的诸条件。因此,康德关于权利原则是分析的主张本身就是如下这种主张,即这些原则是从自由概念中"推出的",并因此只能通过诉诸自由概念而获得证明。

在1793—1794年有关道德形而上学的讲座中(该抄本由约翰·弗里德里希·维吉兰提乌斯[Johann Friederich Vigilantius]记录整理),康德通过运用他在形式的和质料的东西之间的常见区分,而非分析的与综合的东西之间的区分,得出了相同的观点。在那里他指出,我们只需要思考我们对于自由的运用的形式上的一贯性,就能获得法权义务,而我们只能通过思考我们行动的对象、合目的性或"质料"与自由的形式要求之间的一致性,才能获得伦理义务。康德的原话如下:

> 如果我们仅仅在形式条件下考察我们的自由的运用,行动就会缺乏一个特定的、在本质上可以在其上构成规定的对象,或者我们可以超出一切对象,这一特定的形式指向对自由的限制,亦即指向行动的普遍的正当性……因为这一形式条件与严格意义上的权利有关,或者同法权义务相关……
>
> 在另一方面,如果我们在与质料的关系中考察义务及其规定根据,则行动就需要有一个和它相互关联的对象,这一对象,或在义务的此一规定中出现的质料,就是行动的目的。……在践履我们的义务的过程中,存在一个我们应该考虑的目的,它应该这样被构造,以使普遍的正直的条件能同它共存,因此也就是在此一原则之中,出现了权利与义务。但如果行动只是根据质料来加以评判,则在行动的合目的性中,就是与严格意义上的权利相对立的。因此除了行动的自由,这里就出现了另一项原则,它自身就是扩展性的(erweiternd)。因为尽管自由受到了根据法则而来的规定的限制,但在这里,相反,它却通过内容或者目的而有所扩展,此间出现的那些事物必须是获得性的。(维吉兰提乌斯抄本,27:542-543)

康德关于"扩展"(erweiternd)一词的运用表明,这是另外一种说明权利的原则是分析的、伦理的原则或者德行义务乃是综合性的方式,因为综合判断对主词概念有所扩展和增加,而分析判断只是阐明主词概念(参见《纯粹理性批判》,A 7/B 11)。再说一遍,康德的观点是,权利的原则是将自由限定在其运用的普遍一致性的条件之上推出的,而伦理的原则陈述了如何可以与自由的普遍实现相一致地追求特定目的。但再说一遍,康德要想做出这一对比,也就是要做出如下陈述,即权利的原则是从自由的根本的道德概念中推出的,这是通过如下考察实现的,即在相互影响的个体之间,他如何必须受到限制或抑制,不去追求任何具体的目的,而只是为了追求自身的普遍化。权利原则的形式性并不表明权利原则独立于道德的根本原则,而是说权利原则直接地取决于道德的根本原则。①

因此,尽管康德运用了分析的和综合的区分,从而将法权义务与德性义务对立起来,他也同样运用它在权利原则的范围内做出了一个区分,这就是针对人格自由的固有权利和针对财产的获得性权利之间的区分,康德在《法权学说》中通过运用"经验占有"或者对某物的物理的扣押(detention)——将它掌握在手中或者坐在它的上面——和"理智占有"或"本体的占有"之间的区分也做出了这一区分,本体的占有是指对于某物的使用和支配的权利,而不取决于眼下是否对该物实施了物理上的扣押,而是相反,最终包含一项在该物的可能的使用者(他们对于物享有权利)之间缔结的协议。康德的论述如下:个体(通常)拥有对自身身体的支配权,无需获得他人的特定同意,因此强行地将某物从某人身体的掌握下取走或强行地使某人离开端坐于其上的物体,就构成了对自由权的干预,这种权利的存在并不取决于他人的一

---

① 康德运用分析的和综合的这一区分来划分法权义务和伦理义务,这很明显是与他的如下区分联系在一起的,这就是在《道德形而上学奠基》中区分定言命令作为对于准则的可普遍化的观念中所包含的矛盾的检验标准和定言命令作为意愿准则的可普遍化过程中的矛盾的检验标准(G4:424)。然而,《道德形而上学奠基》中的这个区分等同于完善的义务与不完善的义务之间的区分,并因此提出了一个问题,即康德为何不将所有的完善义务,也就是从观念中所包含的矛盾的检验标准中产生出来的义务,包含在法权义务之内,法权义务并不包含任何对于自身的完善义务,而仅仅包含某些针对他者的完善义务。对于这一问题的实质理由在于,唯有某些针对他者的义务才是在道德上适合用于强制落实的。在维吉兰提乌斯记录的讲稿中,康德努力地想要找到一种正确表达这一点的方式,但明显他至少在一个地方区分了强制性的和非强制性的严格义务(维吉兰提乌斯抄本,27:581-582)。关于这个问题的进一步讨论,参见盖耶:《道德价值、德行与配享》。

致同意。但如果在此有一项在先的协议规定某人对该物享有权利的话,从个体的理智的而非物理的占有之中取走某物就只能是一项不当的行为,用康德的话讲就是:

> 一切关于权利的命题都是先天命题……与经验性占有相关的权利的先天命题是分析的,因为它只说出了根据矛盾律而从经验性占有中产生的东西,也就是说,如果我手中掌握了某物(因此与之有一种物理上的联系),那么未经我同意而对之产生影响的人(例如从我手中抢走一个苹果),就影响了和取消了那些内在地属于我的东西(也就是我的自由)……
>
> 另一方面,关于占有外在于我自身的某物的可能性的命题……就超出了上述那些限制性条件,因为它肯定了对某物的占有(即使我们没有实际地支配该物),并且对于作为你的和我的外在某物的概念来说乃是必要的,这一命题是综合的,理性因此就有一项任务,证明这样一种命题,即超出了经验占有的概念的命题,如何是先天地可能的。(《法权学说》,§6,6,250)①

根据上述论证,针对人格自由的固有权利之所以是分析的,是因为它是从自由概念本身中推出的,而获得性权利的可能性则需要演绎——这就可能意味着证明没有扣押的占有同自由概念之间的相容性,或者甚至是通过自由概念而证明这种形式的占有的可能性是必然的。

对于后者的演绎中所包含的内容在康德为《道德形而上学》撰写的笔记中得到了提示,笔记甚至以一个对立性的命题,即"一切固有权利的命题的原则是分析的",而"获得性权利的原则是综合的"作为它的标题。在此康德提出,要想确立针对人格自由的权利——根据自己的意愿维护和改变自身肉体或灵魂的权利,只要这样做不对他人产生影响——无须在自由概念自身之外去寻找,而想要解释对自身肉体和精神之外的某物的权利的可能性,

---

① 诸多类似段落,参见《法权学说之预备》(*Vorbeiten zur Rechtslehre*),23:227,235,297,303,309 及 329。

就必须有其他因素,尤其是考虑个体想要控制的其他事物的本性,以及也能控制这些事物的其他个体的意愿:

> 因为在第一种命题中,我们无须超出自由的条件(我们无须为选择能力提供进一步的对象),也就是如下条件,即选择能力必须根据普遍法则而与每个人的自由相一致……
> 在第二种命题中,我们为选择能力补充了一个外在对象,这个对象根据本性不属于任何人,亦即它并非固有的,因此不能从作为选择能力的对象的自由中推出(gefdgert)。
> 关于获得性权利的先天综合原则……是指选择能力同受这一权利限制的人们的联合意志之间的相符性,因为一切不是固有的权利都会给他人规定义务(即作为与不作为),对他人来说,这一义务并非固有地被规定下来的,但这一点单凭他人是无法实现的,因为这就会与固有的自由相互对立,因此只有当他人的意志同个体的意志相一致时,权利才可能产生……因此,唯有通过联合意志,才有可能获得一项权利。(《埃尔德曼活页》,12,23:219-220)

康德同样也指出:"外在权利的综合原则只能是这样的:一切你的和我的区分必须能从占有与共同选择的理念的一致性中推出,而正是在这种一致性的条件之下,每个人关于同一对象的选择才能有效。"(《埃尔德曼活页》,11,23:215)康德的观点是,为了能够证明针对人格自由的固有权利,我们无须诉诸自由的理念本身之外的东西——这就是在选择能力的外在运用中自由意指的东西,但想要解释超出个体人身的针对财产的权利的可能性,就必须解释,在针对外部对象的支配中,自由的运用如何不仅同对象的本质相一致,也同他人的自由相一致,这些人至少就他们针对自由的固有权利所可能意指的东西来说,也能运用和支配对象。提供此种解释是康德的获得性权利或财产权理论的任务。有关与所有人的自由相一致而获得财产的可能性的诸条件的解释(在此,所有人都能使用获得的对象或都可能因为对象的获得而受影响），很显然就是关于获得性权利的可能性的演绎。

在更充分地考察康德有关获得性权利的可能性的演绎之前，必须首先停下来考察固有权利的原则是分析的看法，我们将看到，尽管康德相信，权利的普遍原则直接地出自作为道德的根本概念的自由，但这没有使他摆脱如下任务，即必须为至少与权利的普遍法则有密切关联的一项命题提供演绎。

第五节　权利的普遍法则和对于使用强制的授权

在《道德形而上学》的总导言中，康德最根本的主张是"自由的概念是一个纯粹理性的概念"，并且"在这一积极自由的概念（从实践的观点看）之上，建立起了无条件的实践法则，它们被称为道德的"（《道德形而上学》，导论，III，6：221）。而正如康德业已阐明的，道德法则不仅包含了权利原则，也包含了伦理法则：

> 不同于自然规律，这些自由的法则被称为道德法则；而就其仅仅指向外在行动及其与法则的符合性而言，它们是法律的法则；而倘若它们也要求它们（即法则）作为行动的规定根据，则它们就是伦理法则……前者所涉及的自由只是选择的外在运用的意义上的自由。（《道德形而上学》，导论，II，6：214）

康德指出，自由的实在性不是从自由概念本身出发获得证明的，而是通过我们对于在自由的实在性中"有其来源的道德概念和法则"的拘束力的意识而获得证明的（《道德形而上学》，导论，III，6：221）。但这就意味着，存在一种方式，借此一切道德法则不仅是不与人类的任何具体目的相关的权利原则，而且与人类的任何具体目的相关的伦理法则都必须是综合的，因为它们预设了自由的实在性。[①] 尽管通过诉诸必然目的的标准来说是如此，但权

---

① 这一点为马尔霍兰所强调，参见马尔霍兰：《康德的权利体系》，第171页。

利原则是分析的。

在《法权学说》进一步的导论中,当康德写到,在涉及权利的情形中,"问题的核心在于[大多数人]所选择的关系形式,就这种选择被认为只是自由的而言,以及在于个体的行动是否可以根据一项普遍的法则而与自由联结起来",并因此而总结指出,"权利因此是个体的选择在其下根据自由的普遍法则而与他人的选择相联结的诸条件的总和"(《法权学说》,导论,B,6:230),这个时候他显然想要将权利原则奠定在自由的概念之上。但事实上在阐明过程中,康德并未在这个问题上专门地使用分析性的语言,并因此未明确主张权利的普遍原则是分析的。相反,他只在接下来的步骤中,才打出了分析性的旗号,即主张在权利法则之下践履义务不同于在伦理法则之下践履义务,前者是能够强制性地获得实施的。实际上,正是在做出此项主张的过程中,康德才首次明确使用了悬设的和分析性的话语。首先,他指出,"理性仅仅指出自由限定在与自由的理念相一致的条件上,并且可以通过他人积极地受到限制,它将这一点视为一项悬设,无需进一步证明"(《法权学说》,导论,C,6:231)。接下来,他指出,"与权利相关,根据矛盾律产生了一项授权,即对那个侵犯了自由的人实施强制"(《法权学说》,导论,D,6:231)。最后,他指出,"权利与使用强制的授权因此意味着同一件事"(《法权学说》,导论,E,6:232)。这些主张都并未揭示出权利原则的内容和范围被证明独立于自由的根本的道德概念,也并未揭示出权利原则的拘束力独立于道德的最高原则自身的拘束力;它们只是主张,权利要想使法律义务强制性地获得落实,"不需要进一步的证明",因为权利概念与强制概念是"通过矛盾律"联系起来的,或者说"意味着同一件事"。因此,康德关于权利原则是分析性的主张似乎就产生了权利和强制之间的关系是分析性的论断。

康德这一有限的主张是否正确?他关于这一主张的论证十分简短,却非常有影响:

> 为了消除对于某一效果的妨碍而采取的抵抗就是对这一效果的促进,并且是与这一效果相一致的。那些不正当的东西根据普遍的法则

乃是对自由的妨碍,但是强制乃是对于自由的妨碍或者抵抗,因此,如果根据普遍法则,针对自由的具体运用本身是对于自由选择的妨碍(亦即,是不正当的),那么根据普遍法则,与此相反的强制(即作为对于自由的某一项妨碍的妨碍)就是与自由相一致的,也就是说,是不正当的。(《法权学说》,导论,D,6:231)

如果对强制的某种使用干扰或破坏了与普遍法则相符合的某种行使自由的行动,那么对强制的另一种运用,即用来避免第一种强制的强制,就维护了最初设想的自由运用的可能性,并且在此方面是与自由的运用一致的,实际上也促进了自由的运用,这是否是一个分析判断,是因为(不)矛盾律而成为真实的?康德认为,的确如此,并且大多数评论者也同意他,对这一主张没有丝毫质疑。但康德的论证使用的特定话语似乎颠覆了关于强制与权利的关系仅仅是分析的暗示,他没有说,针对自由的妨碍的妨碍就是自由的合法则的运用,而是认为,针对自由的妨碍的妨碍"促进了它的效果",或在现实中确保或者产生自由。这听起来好像一种实在的原因性的语言,而非逻辑同一性的语言,但实在的原因性是一种综合性的关联,需要我们加以解释。特别是为了避免如下明显的异议,即错上加错不能成为正确,康德似乎有必要证明,运用强制对抗强制会导致想要获得的效果,即捍卫与普遍法则相一致的自由。而想要证明这一点,就需要证明一个综合的而非分析的命题。对康德来说,如果不这样想,就是做了他在 1793 年早就诊断为哲学的首要罪过的那类事。那时,他提醒人们不要混淆逻辑的和实在的关系,例如,搞不清逻辑的矛盾关系和力量的真实的对立,[1]抑或搞不清根据与结果之间的逻辑关系和原因与效果之间的真正关系。[2] 如果他不犯同样的错误,就要解释,针对强制的运用如何能维护自由,以及为何只有它才能做到这一点。因此,康德最明显地说出的有关权利的主张就是分析的,至少在《法权学说》的范围内是分析的,但即便它本身是分析的,关于权利的主张也

---

[1] 参见《将负值概念引入哲学中的尝试》,AK.2:165-204,参见 2:171-172。
[2] 《将负值概念引入哲学中的尝试》,AK.2:201-202。

取决于一项综合命题，需要进行演绎。

实际上，康德的种种评论都表明，他至少默认了，关于授权使用强制的演绎必须最终不仅包含一项理论的要求，也包含一项道德的要素——也就是说，它必须证明，存在一种强制的运用，可以通过一种尊重包含在其中的所有人的权利的方式从而导致一种普遍自由的状态。康德关于自身论证的第一个评论表明，他承认，这一原本想来是分析的命题需要一般来说给予某种先天综合命题的证明。即便这些证明不是因果命题所需的，因此需要一个理论上的演绎，他认为权利的概念必须得到如下补充，即阐明构造一个权利范围的可能性。这就类似于数学对象的构造，后者构造对于阐明数学概念的客观实在性来说是必然的。

> 在普遍自由原则之下必然同每个人的自由相一致的相互强制的法则仿佛是概念的构造，亦即通过与物体在作用与反作用相等的法则之下自由运动的可能性做类比，从而在纯粹的先天直观中展示它。在纯粹数学中，我们不能展示从概念中直接地得出对象的特征，而只能通过构造概念来发现它们，类似地，不是权利概念，而毋宁是在普遍法则之下，并且与其相一致而产生的充分的相互的和同等的强制，才使概念的展示成为可能。(《法权学说》，导论，E, 6：232-233)

康德通过注意到，正如数学性的构造是借助直线与曲线（它们的关系可以准确地得到规定）来进行的，因此，权利的条件也就要求"以数学的精确程度……对属于每个人的东西"加以规定，从而继续这一与数学性的构造的类比，但这一规定并不与数学性的构造相似，而实际上是基于应用数学的某一根本形式之上的，也就是基于测量(surveying)。然而，正如我们将在下一节中看到的，这就预示着一个只能在康德关于财产的获得性权利之演绎的最终阶段出现的观念，在此，康德需要的毋宁是强制的法律体系同普遍自由之维护的实际上的一致性的一个更抽象的证明，唯有这一点才是"必然与每个人的自由相一致的相互强制的法则"的构造，亦即可以被强行地肯定的自由概念的客观实在性的证明。

这种构造不能纯粹是数学性的（作用与反作用的对等性证据也不是纯粹数学性的），因为根据康德的论证，自由（如同作用与反作用）是一种原因性。通过这种原因性，我们的意图之中发生的变化可以使我们的身体及周遭的世界发生变化。并且，在与权利概念相关的自由的外在运用的情形中，这种原因性也能在受我们行动影响的他人那里引发改变。正如康德在《道德形而上学奠基》一书中所言，自由"尽管不是根据自然规律而来的意志的特征，但也不因而是无规律的，相反，它是属于特定类型的、根据一种不可移易的法则而来的原因性"（《道德形而上学奠基》，4：446）。在权利的情形中，这一点不可否认，因为权利的条件从原因上讲是从外部界定的，它被界定为如下条件，在其中，每个人的选择能力的外在运用或行动都给他人留下了同等的自由。强制同样是一个原因性概念，是关于某人行动的概念，能通过他人对已经或即将发生在自身的东西（这是因为前者的影响）的表象，使他人的意图发生改变。① 因此，为了能证明权利概念的客观实在性，即使，或更准确地讲，仅仅因为授权使用强制的概念与权利概念有同样的内涵，康德也必须证明，以一种在实际上产生权利的普遍条件的方式运用强制，必须在理论方面是可能的。

康德是否提出过这一证明？大多数评论家都认同他的如下主张，即权利与授权使用强制之间的联系是分析的，但他们没有认识到，甚至根据康德本人的论证，在分析判断中，主词概念的客观实在性也需要演绎。例如，格雷戈尔认为，这个联系本身是成立的，因为权利概念要求将自由限制在它与普遍法则一致的条件上。并且如康德所言，强制只是针对那一限制的"积极"机制。② 但这一主张仍然预设了，行动可能不仅是对他者的强制，也能保障自由。相反，路德维希主张，康德认识到有必要对强制的道德方面的可能

---

① 这在休谟的如下著名论证中尤其清晰，即关于行刑者的"忠贞与忠诚"如何构成一种可靠的力量，有如"斧头和转轮的运作"。参见《人性论》，第二卷，第三部分，第 i 节。
② 参见格雷戈尔：《自由的法则：论康德在〈道德形而上学〉中运用定言命令的方法》（*The Laws of Freedom: A Study of Kant's Method of Applying the Categorical Imperative in the Metaphysik der Sitten*），布莱克维尔出版公司 1963 年版，第 43 页。

性进行证明，但却认为这并不构成对康德的挑战。因为既然对强制的非诱发性运用（unprovoked use）自身不是自由的合法则运用——根据普遍法则运用自由——的例子，它自身就不属于权利的受保护范围。并且，另一项旨在对抗它的强制行动也因此就不与自由的合法运用不相容。① 但这一论证，在任何情形下未能提出强制可以促进及产生自由的理论上的可能性的问题，这一论证假定了非诱发性的强制行动的侵犯者的自由只能被作为不合法则的自由而遭到忽视。因此，侵犯者的自由无法得到维持。但这与康德的观念并不一致，即认为权利的原则只能确保自由的真正的普遍条件。为了证明这一点是可能的，康德需要证明，尽管强制的非诱发性和非回应性的强制行动极有可能颠覆受害者的自由，作为对这种强制的妨碍使用的进一步强制自身可以保护每个人的自由，既包含可能的侵犯者的自由，也包含受害者的自由。这就要求证明强制实际上是普遍的自由的有效原因。

当然，为了追求自由，康德有时也想要明确强制的道德可能性的内容，尽管是通过一项不同于路德维希提示的论证来实现这一点的。在维吉兰提乌斯记录的讲稿中，他陈述了如下内容：

> 抵抗他人自由的权利，或者强制他人的权利，只有在我的自由是与普遍的自由相一致的程度上，才被认为是有效的。根据如下：唯有理性的普遍法则才能成为行动的规定根据，这就是自由的普遍法则。每个人都有权促进这一点，尽管他是通过抵抗他人的与之对立的自由来做到这一点的。这是采取如下的方式实现的，即他想要避免妨碍，并因此促进一项意图。在强制中，已经预设了行动的正确性，亦即预设了如下品质，即行动者的自由与普遍自由的一致性，但他人则因为他的自由而生成了妨碍，我可以限制或者抵抗后者，只有这样做才能与强制的法则相一致，因此，事实上我必须运用我自己的自由去妨碍普遍的自由，由此可得，我有权去为一切不与他人的权利，亦即他的道德自由相反对的

---

① 伯纳德·路德维希：《康德的法权学说》（"Kants Rechslehre"），载《康德研究》（第二部）（*Kant Forschungen*, ii），菲利克斯·迈勒出版社1988年版，第97页。

行动。只有在此程度上，我才能限制他的自由，而他无权对我施加强制。（维吉兰提乌斯抄本，27：525-526）

在几个段落之后，康德再度强调："强制权利"取决于如下条件，即"我的行动（也就是我的行动的自由）受到了普遍的法则的指导，因此并未侵犯普遍的自由"（维吉兰提乌斯抄本，27：539）。在这些文字中，康德并未使我们注意到如下事实，即犯罪行为的实施者可以丝毫不顾及法则从而运用他的自由，并因此处在法律的保护之外；而是使我们留意到如下事实，即运用强制来反抗此种罪行的人必须根据普遍的自由来实施这一点，并因此不与他人的权利相互冲突，亦即不与他人的道德自由背离。但这种针对运用强制的合适的道德立场的具体规定看起来预设了，在适当的情形之下，运用强制可以产生普遍自由的条件，因此，看起来就仍需证明，这在实践上是能达成的，亦即从理论上讲，个体有可能运用强制从而反对他人，而又不剥夺后者的权利，或者也不剥夺后者在普遍的自由中所享有的地位。

至少在一种情形下，康德明确地认识到，法律的可能性取决于如下理论方面的可能性，即在原因性方面起作用的强制能够实现其意想的目的。康德的言下之意是，有目的地运用强制抵抗另外一种强制，在他关于所谓的紧急权利的讨论中必须被证明是在原因性方面起作用的。他认为，在船难中，个人无权为了挽救自己的性命而将他人推下那块漂浮在海上的船板残骸，但也没有一种刑法能惩罚此种行为，因为在此种情形下，不能运用有效的强制，从而作为对强制的妨碍；对于可能产生的被抓获和受惩罚的威胁，不管它如何严厉，也难以超出想要以他人的性命从而挽救自己的人所面临的溺亡的确定性，并因此他就不能调整自身的行动。在此情形下，"刑法……就不能达到想要的效果"（《法权学说》，导论，附录 II，6：235-236）。因此，尽管在此种情形中，没有自我保存的权利，也不存在惩罚这种做法的权利，在此康德认识到，这里只存在一个事实问题，即对抗强制的强制行动是否可以维护它想要维护的自由（在此情形下，是被推下船板的那个倒霉之人的自由），并因此，认识到使用强制是对自由的妨碍的妨碍的命题是综合的，而非分析的。尽管在此仍然不清楚康德所认识到的那个一般的证明，即对自由的妨碍的妨碍可以维护和促进自由的证明是否在事实上必须是一个原因性的并因此是一个综合命题的证明。

也许，尽管他清晰地意识到，权利概念的客观实在性需要演绎，但对权利概念的分析和其他分析一样，都预设了综合，因为康德关注权利主张的规定的数学性方面（这是使它们达到精确所必要的），因此他就没有注意到这一点，也就没有提出一个必要的论证，证明强制对普遍自由的条件有其贡献。但他想要提供一个必要的论证或"构造"并不难，这个论证可以这样做出来：当某人针对他人做出了一种未经诱发的强制行为时，他当然剥夺了后者的自由运用——一段时期或长时期，抑或是永久性地，这取决于他施加伤害的性质——则法律威慑或运用强制以对抗这个可能的侵犯者就并未像这个侵犯者剥夺受害人的自由一样剥夺这个侵犯者的自由。可以证明的是，当法律和违反法律所产生的惩罚为人们所知之后，在遵守法律或者违反法律之间做选择的个体就能自由地做出他们的选择，如果他选择使自身行为服从法律，他就要放弃他去做侵犯他人之事的特定欲望，但至少他是自由地这样做的。如果他选择违反法律，他也是自由地这样做的。因此，甚至可以说，他要遭受他的自由行动的后果，尽管这无疑是一个令人感觉不快的后果。问题的关键是，无论在何种情形下，都存在他的自由受到限制的方式，他的自由的被剥夺与受害人的自由的被剥夺并未采取同样的方式。他的自由受到了限制——的确，这就是使自由限定在自由的普遍条件之上，亦即与他人的自由相一致意指的内容——但有别于受害者的自由，在此侵犯者的自由并未遭到破坏。①

---

① 这一论证似乎面临如下异议，这一异议是由马克·提蒙斯向我提出的，这就是，甚至那个可能的行凶者给予他的受害人选择空间，因此也给予了自由，"要么拿钱来，要么拿命来！"，毕竟，他还是给予了受害者选择空间。但是，在此，犯罪人将他的受害人置于一种情形之中，或者是强迫他来做选择，这并不是作为维护自由的普遍性的条件，或者作为维护它针对所有人的最大限度的分配（这种分配是与每个人的同等的自由相一致的）而是必要的。而刑法典所提供的选择——"不得犯此罪行，否则就要因为犯罪而遭受合法的刑罚"——是对于选择的限制，这种限制依据维护自由的普遍性的需要而得到了证成。

如果康德需要这种论证，那么他将权利与对使用强制的授权联系起来的做法就不仅需要一个演绎，而且也有一个演绎，这个演绎明确了正当地运用强制的条件，亦即它能实际地产生普遍自由的条件，与此同时对强制的运用规定了道德上的强制。也许康德从未彻底地搞清楚，对出于权利而运用强制的这一授权的演绎所需要的论证，不仅需要理论的部分，也需要实践的部分，但在（与财产获得性权利有关的）实践理性的悬设中，他似乎清楚地意识到，确定财产的正当取得的可能性不仅包含了从自由概念出发的道德推理，而且包含一个（与我们的经验可能性的诸条件相关的）理论的并且明显是综合的前提。接下来我们将看到，他是如何提出这一复杂的演绎的，尽管他仍然将获得性权利的原则称为悬设。

第六节　与获得性权利有关的实践理性悬设的演绎

接下来我将考察康德的获得性权利理论，尽管康德关于财产权的论证是围绕着"实践理性的悬设"建构起来的，但他却清楚地表明，这项悬设是建立在综合命题基础上的，因此需要一个演绎，他通过如下扩展的论证形式提供了此种演绎，即正当地获得财产的可能性的条件只能在我们同物理对象之间的关系中和在时空中与他人的关系中才能获得满足。这一论证想要证明，在对我们的选择能力的外部运用中，有可能采取与权利的普遍原则或普遍自由的维护相一致的方式获得财产，并且想要说明，国家制度对于实际取得的正当财产主张是必要的。在此比在关于强制的授权中更清楚的是，康德不仅想要论证正当的财产主张在道德上的可能性，而且想要论证它在理论上的可能性，并且在此情形下，演绎的两个方面甚至可以同康德的阐明过程中的一个特殊阶段相结合：在《私人权利》的第一章"如何使外在某物成为我的"（《法权学说》，6：245）中，康德解释了财产的正当取得在道德上的诸项条件，并且在第二章"如何获得外在某物"（《法权学说》，6：258）中，康德明确了财产的正当取得在理论方面的诸条件，这些条件必须最后在国家中获得实现，在此之后他才论证对于财产的正当取得的那些条件，实际上是一种道德方面的必然性。

康德在《法权学说》第六节中引入了与获得性权利或财产有关的实践理性的悬设，紧随其后的是对经验占有原则的分析性和理智占有原则的综合性之间的对比（前文第四节中已经对此进行了引用），康德关于"与权利有关的实践理性的悬设"的最初论述看起来只是陈述了理论上的可能性："我有可能使我的选择的一切外在对象成为我的，亦即一项一旦成为法则，则选择的对象自身（客观地）就会成为无主物的准则，是有悖于权利的。"（《法权学说》，§6，6：246）①然而，财产的可能性是通过证明对财产的拒斥会与权利相背离而获得明确的，这就意味着康德想要证明对于财产权的主张是与权利相一致的，因此最终获得证明的东西就既包含了财产在道德上的可能性，也包含了财产在理论上的可能性。当康德指出，与权利相关的实践理性的悬设乃是"一项法权义务，即针对他人这样行动，以使外在的可以使用的东西成为某人所有"（《法权学说》，§6，6：252）时，这一主张的道德方面就跃然纸上了。的确，悬设的第二个表达看起来要告诉我们确定针对财产的主张是一项法权义务，而第一个表达则似乎仅仅是要告诉我们，这些主张在道德上是被允许的。实际上，康德关于悬设的完整演绎不仅想要证明这两项主张，而且想要证明关于财产的正当取得的理论可能性。首先，康德想要证明，在何种条件下，取得财产可与普遍的自由原则相一致——这就确立了康德所谓的"实践理性的许可法"（《法权学说》，§6,6：247）②。其次，他也论证了财产的正当取得在理论上的可能性。最后，康德想要论证，我们实际上有义务明确特定的财产主张，而这只有通过国家或者公民状态才是可能的，因为我们存在的特定的经验情形决定了我们无法避免同他人产生冲突——

---

① 我将康德的 rechtwidrig 译为"违背正当"（contrary to right），而不是"违背权利"（contrary to rights），后者是格雷戈尔的译法（《实践哲学》，第 405 页），对于她将其翻译为复数形式，我没有找到句法方面的基础。在我看来，她的翻译具有误导性，因为这种译法暗示我们，否定获得性法权的可能性可能与特定的并因此是已确立的权利相违背，而这是同义反复的，而不是与权利原则相违背，后者是康德在接下来的论证中很清晰地想要确立的。
② 路德维希和格雷戈尔将这段话从第二节移到第六节，因此实际上承接了 6：250 中的悬设的第一个表达。

在这些情形下,财产权的确立是道德上的必然,而不只是一种道德上的可能性和理论上的可能性。康德关于权利的普遍原则在人类存在的现实情形中的运用因此既包含了一项许可法,也包含了一项与财产有关的义务。一旦给出了这一精致的论证,康德想要将财产权的原则命名为一项悬设就不能被解释为排除了一种从权利的一般原则中,并借此从道德的最高原则中对它进行演绎的需要。

然而,在将财产的原则称为一项悬设的过程中,康德的言下之意也许是,财产的理论上的可能性除非可以从财产在道德上的必然性中推出来,否则就不可证明。因此,在引入刚刚援引的有关悬设的第二项陈述的过程中,他写道,"此类占有的可能性,并因此,关于非经验性占有概念的演绎,就是基于"这一悬设之上的(《法权学说》,§6,6:252)。在此,他的意见似乎是,财产取得在理论上的可能性是悬拟的,只有通过一种"包含了能够的应然"论证(ought-implies-can argument)才能从获得性权利的道德必然性中推出来。"但却无法证明它自身作为非物理占有的可能性,或者无法对它有一种洞见(因为它是一个理性概念,对于这个概念,没有与之相应的直观能被给予);相反,其可能性是所提到的悬设的直接后果。"(《法权学说》,§6,6:252)这明显重复了康德的如下核心论断,即认为意志自由的实在性只能从我们对定言命令的拘束力的意识中推出来。在后面部分中,当康德谈道:"我们不知道理智占有是如何可能的,并且不知道外在的某物是如何成为你的和我的,但必须将它从实践理性的悬设中推出来。"(《法权学说》,§7,6:255)这些文字暗示我们有必要明确康德如何描述扩展的论证的第二个阶段,也许我们应该指出,在这个阶段康德阐述了使获得性财产权同权利的普遍原则相一致成为可能的条件(考虑到人类现实存在的根本状况,也就是说,生活在一个自然地不可分割的球形表面的时空环境之中),而不去证明这些条件是否能通过由道德可能性和获得财产的必然性提供的实践确定性之外的方法获得满足。将康德的这部分论证界定为对财产的理论可能性而非道德可能性的演绎似乎是合理的。

康德耗费了大量的精力去阐明其论证的各阶段,并且也许他从未如我们所愿的那样将其清晰地加以指明,但我依然相信,最终仍有可能发现在《私人权利》的前十七节中所描述的那种复杂演绎的总体框架。这个论证包含了四个主要步骤,前两个步骤关注财产在道德上的可能性,第三步则关注那些考虑到我们的自然环境的一般结构,能够满足对于财产的道德限制的诸条件,第四步才证明在我们存在的特定经验环境下,(这包含于他人的不可避免的接触)确定特定的财产权实际上有着一种道德上的必要性。在这一演绎的第一阶段,首先,康德指出,从物的方面来讲,对我们获得针对它们的财产权是不会提什么异议的。其次,他指出,有可能使用一切物体的全体人民也许会同意将针对某物的权利通过普遍意志或分配针对物的单方权利的多方协议分配给特定个体;并且认为,唯有针对个体财产权的普遍意志的同意可以使个体权利与普遍自由相一致。再次,他认为,在我们遇到某物的时空中,实际上个体有一种现实地取得针对该物的权利的办法,或者是通过对之前的无主物进行先占,或者是通过自愿地将已为人所拥有的物品从先前的所有人转移给新的所有人,但这种转移要与普遍意志所规定的个体所有权的一般条款相符合。最后,他指出,在我们存在的现实状况中,当与他人的接触和潜在的冲突无法避免时,对财产权的正当取得就只能发生在服从法治的政治状态中——这个状态不仅使财产权的主张获得明确和使之得到落实,或者至少预示着这种状态——只有那个想要服从国家统治的人才能正当地主张财产权并强迫他人承认他的主张。

限于篇幅,我在此并不想充分地讨论这一论证的一切细节,而是考察它的规范性内涵。① 我想要为康德论证中的那些关键步骤提出某些证据,我们既可以在出版的文本中找到这些证据,也可以在康德的预备笔记中发现

---

① 在如下两篇文章中,我尝试在此方向上提出一些看法。参见我的《自由主义的康德式基础》("Kantian Foundations for Liberalism"),载《法与伦理杂志》1997 年第 5 期,第 121—140 页;《生命、自由和财产:罗尔斯和康德政治哲学的重建》("Life, Liberty and Property: Rawls and the Reconstruction of Kant's Political Philosophy"),载迪特尔·恽林(Dieter Hüning)、布克哈特·图施林(Burkhard Tuschling)编:《康德笔下的法、国家与万民法》(*Recht, Staat und Völkerrecht bei Immanuel Kant*),登克与洪堡出版社 1998 年版,第 273—291 页。这两篇文章重印于我的《康德论自由、法律与幸福》一书的第七章和第八章。

这些证据,但它们并不能给出关于康德的整个论证的连贯的陈述,而只能在个别的阶段中偶尔为我们带来启发。①

根据他在第六节关于悬设的最初讨论,康德是通过指出如果否认我们可以使用对象就会在实践理性自身中导致一项矛盾,开始他的论证的第一步的:"通过将那些可以使用的物置于被使用的可能性之外,自由可能会从自身中排除与选择对象有关的选择的运用,换句话说,它就可能会在实践方面取消对象,使之成为无主物(res nullius)。"(《法权学说》,§6,6:246)这就预设了在康德关于意愿活动的一切悖论性的主张之下有一项理性的法规,即如下这一前提预设:如果意愿一项目的是合理的,则意愿一切手段也就必然是合理的(参见《道德形而上学奠基》,G:417)。但正如那一原则必须总是受将特定某物作为手段加以使用的许可的限制——这一限制在康德关于定言命令的第二个公式中得到了最为显著的例证,这个公式也要求我们总是能够将人性视为目的,而不只是作为手段(《道德形而上学奠基》,G:429)——在此关于否认我们自身能够使用某物(它作为手段是有用的)是不合理的论断,就必须以如下前提作为补充,即仅仅将外在某物作为手段是可允许的。康德在笔记中认识到了对于这一补充性假设的需要:

> 在对于外部对象的使用中,某人应该将他人限制……在他们的物理占有的范围之内的做法将会与如下做法相背离,即根据普遍的法则,并因此根据一般的人类权利而与他人的自由相一致地运用自身的自由。因为在后面这种情形下,根据自由的法则而来的自由就会依赖于对象,这就或者预设了针对对象的义务的表象(仿佛对象也拥有权利一样),或者预设了如下这一原则,即一切外在对象既非你的,也非我的,无论何种情形,作为原则都会剥夺自由的运用,因而自相矛盾。因此在

---

① 在我读到的评论者中,在我看来,马尔霍兰最充分地意识到了康德有关获得性法权的完整演绎的复杂性。参见他的《康德的权利体系》,第八章和第九章。但是,尽管我从马尔霍兰那里得到的比从其他人那里得到的东西都要多,我也认为我在接下来给出的重构较之马尔霍兰给出的重构会使我们能够更容易看到康德论证的大概模样。但是,在这里我并不想就马尔霍兰在康德论证的细节中发现的诸多难题同他进行争论。

选择的集体权力或联合权力的理念中的自由原则自身就（先天地）将正当的占有扩展到了物理占有的范围之外。（《埃尔德曼活页》，33，23：288）

在第一种情形下，财产权的道德可能性是建立在如下假定，即否认我们能够运用可以作为我们目的之手段的对象是不合理的，并且也是建立在如下假设的基础之上的，即至少在物理对象中，对象自身是没有权利的，或者我们并不针对对象承担义务，否则就会妨碍我们使用对象。① 康德认为，这一点在非人类物理对象之中是十分明显的。（尽管时下动物权利的主张者们并不这样认为。）在以契约形式产生的（这些契约规定了特定的履行和长期的服役关系）针对他人的权利中，康德进一步论证的要点是揭示这些权利是有限的，但并不受那些受到强迫的人的人性的排斥，因为他们是以一种不使义务承担者成为单纯手段（而不同时作为目的）的方式组织起来的。康德的论证也做出了如下重要的假设，即物的有用性预设了长期的个体支配或对它们的理智占有，这一点他从未详加说明过。②

康德论证的第二个主要步骤在上述引文的最后一句话中已有所暗示，即由于一切财产权都限制了他人的自由（因为他人也同样能够使用该对象），则这种权利就只有在如下条件下才能正当地获得，这个条件就是，所有人都能自由地且理性地针对个体权利的获得表达同意。康德在《法权学说》中通过如下论证表达了该条件，这就是，由于"单方的意志不能充当对每个人而言的与外在占有并因此与偶然占有相关的强制性法则，因为这会侵犯与普遍法则相一致的自由"，"唯有使每个人承担义务的意志，因此，唯有集体性的普遍的（共同的）和强有力的意志，才能向每个人提供这种保证"（《法

---

① 参见马尔霍兰：《康德的权利体系》，第 250 页。
② 马尔霍兰指出，康德也许并不想证明对于财产的个人所有是必要的，因为某种形式的共同所有，比如游牧民族的所有，看起来也能很好地运转，并且同康德的如下一般主张是相一致的，这个一般性的主张就是，就涉及物体来说，否认我们自身去使用这些对象是不合理的。参见《康德的权利体系》，第 275 页。但是，是否财产权必须是私人性的这整个问题的确需要较之康德所给予的更多的讨论。

权学说》，§8，6：256)。但这就立即会导致他人能对财产权表达同意的道德条件与必须存在某种使此种集体性的同意成为现实的方法的理论性条件相结合，后者是属于财产的可能性的经验性条件的一部分，这个部分之后才成为康德论证的内容。笔记中接下来的内容也许会澄清他有关财产在道德上的可能性的陈述，尽管这部分内容也过于匆忙地转向了理论性的条件：

> 但此一原则的可能性，就存在于如下前提预设中，即与外在于我们而存在的有体物有关，所有人的自由的选择能力必须被认为是联合起来的，并且是原初性地联合的，而没有一项法律行为，并且因为它与原初的但却是共同的占有相关，在这种原初的共同联合中，每个人的占有……除非根据所有人的同意的理念及其可能的集体性选择，否则就无法被规定。单纯的正当占有的可能性，作为先天被给定的来说，就是它的正当的规定，但不是通过每个人的个体选择而成为可能的，而只是通过外在的实定法而成为可能的，因此，唯有在政治状态中才是可能。(《埃尔德曼活页》，33，23：288)

但是，这则笔记清晰地陈述了道德条件：

> 与对外在于我的某物的占有相关，根据自由的法则，我不能针对他人行使任何强制，除非与我同处在这种关系中的他人也同意我关于该物的主张，亦即通过使他们全体人的意志同我的意志相联结，因为在那种情形下，我就是根据自由的法则，通过他们自身的意志而强制他们的，对于所有人来说，权利的概念就是理性的概念，后者通过联合意志的理念而为一切外在的你的和我的奠定了基础。(《埃尔德曼活页》，6，23：277-278)

这段话同样也清晰地阐明了观点。

然而,仅仅通过我自身的选择能力将一切他人排斥在外,对他人来说,就是要求他们将这些物视为属于我的定言命令,因此,这种命令是现实存在的,仿佛一项规定给物只服从我的意志的义务,并且与这一有体物相关的自由是外在的强制性法则的基础,并且没有人对他人造成不正义……但是这一法则乃是选择的共同能力的法则,如果没有这一法则,它就会剥夺自身对于外在物的使用——因此使外在物(我天性就占有了它们)成为我的,就不仅有共同的意志,而且还要有共同的原初占有。(《埃尔德曼活页》,32,23:286-287)

由于任何财产权都对他人自由构成了限制,因此是一种最终可以通过强制而落实的权利,则除非他人也自由地对此权利表达同意,否则它就不可能成为权利,这是财产权在其外在的运用中必须与自由的普遍性相互一致的道德条件,或者是所谓的获得性权利的悬设自身必须从权利的普遍原则中推得的条件。

康德论证的第二步是我们可称之为财产权的理论可能性的演绎的内容,即对"如何获得某种外在东西"的解释(这种对外在东西的获得不仅符合权利的普遍原则的道德要求,而且也符合我们存在的物理条件)。在《私人权利》的第二章中,康德一开始就对演绎的第一部分所包含的两个不同步骤进行了扼要重述:

外在获得原则如下:(根据外在自由的法则)我使其处于我的控制之下的东西乃是我的,作为我的选择的对象,(根据实践理性的悬设)它是我有能力使用的东西,并且,最终(与可能的联合意志的理念相一致),它也是我意愿成为我的东西。(《法权学说》,§10,6:258)

前两个括号中的句子表达了或者我称之为康德道德演绎的第一步的内容,而第三个括号中的句子则表达了第二步的内容,康德接下来着力讨论了他演绎的理论部分。这在本质上是如下论证。它诉诸人类存在的时空条件的最具普遍性的特征:针对财产的一切正当占有,考虑到我们经验的时间属性,必须通过财产获取的正当行为而发生,这一行为或者是财产从一个所有人手中向另一个所有人的正当转移,或者是针对财产的首次正当的取得。如果只有前者是可能的,那么这里就会出现无穷后退,因此,后者必须同样也是可能的。但既然地球的球形表面并没有被自然地分割为许多部分(这表明了我们经验的空间状况)(参见《法权学说》,§13,6:262),对于土地的一切原初取得(一切作为偶性的动产的基础的"实体",参见《法权学说》,§12,6:261)必然是从之前不可分割的共有物中获得的属于个体的一份。但如果这种取得可以授予一种正当的资格,则它就必须从正当所有的状态开始,因此它就必须被设想为是将对不可分割的共有物的原初的正当占有转变为对全体的可分割部分的正当占有。康德并没有将这种从不可分割的全体出发的转变设想为历史事实。"原初的共同占有毋宁是一个实践的理性概念,它先天地包含了一项原则,唯有根据此一原则,人们才能根据法权原则使用地球上的某个地方"(《法权学说》,§13,6:262),亦即,追问占有全部土地的全体人民是否自由且理性地同意某个对个体的财产权进行分配的独特体系乃是这一体系的正当性的标准。这个体系不仅为法权的普遍原则所设定的道德条件所要求,也为我们存在的物理条件所设定的理论条件所要求。

在笔记中,康德清晰地给这一论证贴了一个所谓的"针对土地的原初取得之权利的演绎"的标签,它的压缩版本如下:

> 它是基于一个原初的事实,不是出自任何正当的行动,亦即对于土地的原初的共有。
>
> 对于土地的原初取得必须是独立的,因为倘若它基于他人的赞同,则它就是派生的。
>
> 然而,取得者的权利不能与物(在此即土地)有直接的关系。因为与权利直接对应的是他人的责任,但物不能产生责任,因此对一块土地的取得只有通过正当的行动才是可能的,亦即,它不是通过与土地直接

相关的取得者的行为而可能的,而仅仅是通过间接地与土地相关的取得者的行为而成为可能的,也就是说,通过某个人的意志的如下规定而成为可能,即根据普遍法则消极地强迫他人不能使用特定的那块地,这一限制唯有根据自由的普遍法则(亦即根据权利的法则)才是可能的……

但在此一问题上,为了使那块土地成为自己的,取得者只能通过一项私人选择,亦即独立地通过正当的行为才能占有土地,否则他就会只通过自己的单方面的意志而使每个人承担责任,结果就只是作为个体原初占有(即先于任何正当的行为)的结果,但这也是一种共同占有,所有人都可对同一块土地主张权利,亦即通过一个意志而将一切土地的可能占有统一起来的占有,这种占有包含着对一切地上的土地的原始共有,唯有在这种原始共有的基础上才能产生先占行为。(《埃尔德曼活页》,6,23:277-278)

康德在此似乎前后矛盾,他先是指出原初占有并不是一项正当的行动,并因此它必须是一项从不可分割的共有物中获得一份财产的正当行动,并且获得了所有人的同意,或者说,通过全体的意志(而成为可能的),然而,这个矛盾是能够避免的,只要我们将其解释为意指,尽管从历史上看,针对财产的最初获得可能或者甚至必须先于任何公共实体组织对它的许可,但从道德上讲,只有当有可能将个体对财产的占有视为受到所有也能对其主张的人的共同的或联合的意志的赞同,这种取得才能产生权利。正是通过这一理性的理念,关于财产取得的理论上的和道德上的限制才能得到满足。

道德的限制和历史的限制——后者因此也就是理论上的限制——必须在财产的可能性的演绎中得到满足。这一点在康德论证的最后步骤中十分明显,在此,他认为,从历史角度来讲,财产必须是在自然状态中获得的,并因此先于以有组织的法律体系为形式的公民状态的存在,因为保障财产的可能性是产生政治实体的原因,尽管因为唯有通过法律实体而实现的共同意志的表达能使财产的占有成为正当,并且使其得以确立,然而,在自然状态之下的财产获得必定是"临时性的",而只有通过政治状态的创生才可能成为"决定性的"(《法权学说》,§15,6：264)。康德关于这一最终主张的论证不仅取决于道德方面的考虑,而且取决于理论方面的考虑,并最终导致了关于"私人法权"的道德上的结论,即我们在实际上有一种义务,离开自然状态进入到政治状态之中。道德论证就在于,既然"取得的理论资格只存在于先天地联结起来的所有人的意志的理念中",并且,"所有人的意志实际上为着颁布法律而在其中联结起来的状态乃是政治状态",因此"那些外在东西唯有在同政治状态的理念的符合性中,即着眼于政治状态的产生才是可以原初地获得的"(《法权学说》,§15,6：264)。但理论的论证在于,我们既可将国家视为确保财产权主张的数学性条件,也可将其视为确保财产权主张之可能性的心理条件。数学性的论证表现为,由于财产主张超出个体的人身,而在个体人身之外不存在任何其他自然规定的范围,对于在各种主张之间引入特定的界限而言,国家是必要的,因此,勘定财产权的范围,裁断针对财产的行为,是国家最根本的任务。心理学的论证如下：既然除非允许他人也享有针对财产权的主张,否则就无法合理地期待某人享有针对财产权的主张,并且,除非能期待他人将主张限定在自身的财产权之内,否则也就不能合理地期待个体将主张限定在自身的财产权之内,因此,旨在对财产权主张的范围提供公共保障的体系和界定财产权主张的公共体系同样必要。因此,对国家来说,治安官与对特定行为进行裁判的法官一样有其根本性的意义。

在公开出版的《法权学说》文本中,康德倾向于强调上述两个理论条件中的第二个,他写道："唯有使每个人承担义务的那种意志,因此唯有那个集体性的普遍的(共同的)和强有力的意志,才能给每个人提供这一保证。"(《法权学说》,§8,6：256)但他在笔记里的那些段落中却清晰地揭示了他那些更为充分的论证。如下论证表达了国家在规定各种财产权主张之间的具体范围过程中发挥作用。个体"可以正当地占有他实际上并未占领的那块土地……不是通过他自身的选择能力……而是为了给每个人的财产权划定范围,他能强制他人同他一起联结成为一个共同意志的意义上"(《埃尔德曼活页》,32,23：285)。而接下来的这段话则明确地涉及国家的裁判与执行功能：

> 每一个体都有生活在地球上某块地方的固有权利,因为他的存在既不是一项事实(行为),因此也就并不是不正义的,他有权在精神上同时生活在多个地方,如果他已规定好了这些地方的用途的话,但并不是仅仅通过他自身的意志。由于他人也都拥有此一权利,则先占者就有一种临时性的权利强制性地要求每个可能妨碍他的人,要求同他们缔结一份契约,划定可以允许的占有范围,并且在拒绝接受这一范围时,使用武力来反抗。(《埃尔德曼活页》,10,23：279-280)

上述这段话也突出了康德的论点的道德方面,即针对财产的决定性的取得只有在政治状态之中才能存在。一方面,康德认为,既然不仅从道德上讲,而且从理论上讲,都有可能与权利的普遍法则相符合地取得财产,因此,财产就可以与普遍自由相一致地得到主张,每个人都有权主张财产权,因此有权强制他人和他一道建立国家,从而确立财产权,与此同时,既然财产权是强制性的,因此只有当着眼于政治状态的形成而主张它们时,它们才是正当的。"因此,外在某物唯有根据政治状态的理念才能原初地取得,亦即着眼于这一政治状态的理念和它的产生,但却先于政治状态的实现(否则这里的取得就是派生性的)。"(《法权学说》,§15,6：264)但既然我们存在的生理学和物理条件乃是,我们必然将会在导致我们同他人冲突的状态中主张财产权,我们就有义务着眼于政治状态,并且因此着眼于这一政治状态的产生,主张这些权利。因此,康德就结束了他关于"私人权利"的讨论,而转到了"公共权利"的部分,在该部分中,他针对国家的正当存在必要的条件进行了演绎,而这是通过针对获得性权利的悬设的一项补充,亦即"公共权利的悬设"实现的。

在此,从自然状态下的私人性权利就进入到公共法权的悬设：当不可避免地要同他人共同生活时,你就应该离开自然状态,并且和他们一起进入到合法状态中,亦即进入到一个分配正义的状态中去——这一悬设的根据是从外在关系中的有别于暴力概念的权利概念中分析性地推出来的。(《法权学说》,§42,6:307)

这段话也可以用作最后的提醒,即康德的意思并不是说,与权利有关的悬设不需要任何演绎的原则,相反,从私人法权的悬设中产生的公共法权的悬设最终被表明,正如之前私人法权的悬设是通过最终被认为包含道德论证和理论论证的复杂演绎的东西,而从权利的普遍法则中产生的一样,公共权利的悬设也是从自由在内在和外在运用中的绝对价值的最高道德原则中产生出来的。

现在可以对上述漫长的论证做一总结,正如我们刚刚强调的,的确存在那么一些语境,在其中康德称某些权利原则为"分析的",也的确存在另外一些语境,在其中,他将某些权利原则称为"悬设"。然而,他的意思究竟是什么呢?我们务必小心谨慎,因为他以各种方式使用了这些术语中的每一个。进一步来说,康德的一般哲学清晰地表明,分析性命题也好,悬设也罢,最终都需要对它们的关键概念的客观实在性做一演绎,最终,康德在公开出版的《道德形而上学》的第一部分《法权学说》中,以及在我们目前所掌握的他为这一论证准备的诸多笔记中阐释的权利哲学很明显地认识到了需要这个演绎,并且至少在私人法权的诸原则的情形下,提供了关于这一演绎的详尽说明。康德关于(授予其强制执行的)权利概念的客观实在性的演绎也许会因他在这一演绎和数学性的构造之间所做的误导性比较而为人们所忽视,然而,他阐明获得财产的权利的可能性条件的关键步骤却不可能有什么错,尽管他称这种权利原则为"悬设"。正如在关于使用强制的授权中康德所给出的不那么充分的论证一样,关于获得性权利的演绎不仅包含道德的要素,而且包含理论的要素。因此,康德的权利哲学最根本的论证策略就在于论证,尽管出于各种理由,权利的核心原则被称为分析的或被命名为悬设,但都与人类存在的最根本的道德和理论的条件一致,也为后者所要求。

康德的不可演证的法权公设：
回应保罗·盖耶*

卡特琳·福里克舒** 著

李科政*** 译

"Die Freiheit seblst [ist] nicht in meiner Gewalt"①

自由本身并不(是)在我的掌控之中

一、导言

如今，人们广泛承认，"实践理性的法权公设"(postulate of practical

---

* 本文写于 2003 年，是为回应保罗·盖耶的《康德在法权原则中的演绎》("Kant's deduction in the principles of Right")一文，它收录于 Mark Timmons（ed.），*Kant's Metaphysics of Morals: Interpretative Essays*，Oxford University Press，2002，pp. 23-64。此后，本文于 2004 年为《康德评论》(*Kantian Review*)杂志所采用，盖耶的论文则再次发表于其 *Kant's System of Nature and Freedom*，Clarendon Press，2005 一书中。参考内容均来自 2002 年版。感谢福里克舒教授对本文翻译及发表的授权。

** 卡特琳·福里克舒(Katrin Flikschuh)，伦敦经济学院(LSE)教授，著有《康德与现代政治哲学》(*Kant and Modern Political Philosophy*，2000)、《自由：当代自由主义视野》(*Freedom: Contemporary Liberal Perspectives*，2007)、《什么是全球思维的方向？一种康德式的探究》(*What is Orientation in Global Thinking? A Kantian Inquiry*，2017)等著作。

*** 李科政，中国人民大学哲学院副教授。

① Kant, Ref. Nr 71717 = XIX 263. 引自 Reiner Wimmer, *Kants Kritische Religionsphilosophie* (Berlin: de Gruyter, 1990), p. 1.

reason with regard to Right)①对于康德《法权论》(*Rechtslehre*)中的财产权论证来说是不可或缺的。然而,绝大多数释义者依旧把他们的注意力集中在法权公设与"理知的占有"(intelligible possession)概念的演绎之间的关系上。此种关系之本性尚有争议,而这部分是因为法权公设在《法权论》第一篇中的准确位置还没得到确定。② 有鉴于此,如是问题遭到忽视,即"康德为什么要把法权公设说成是实践理性的一个公设",或许就并不那么令人诧异。但事实上,他这么说是颇有些深意的——尤其,如果我们想起《实践理性批判》对实践理性的诸公设的定义,即它们是一些实践上必需但理论上不可演证的

---

① 《法权论》(*RL*)6:246。本文使用康德著作的如下译本:*The Metaphysics of Morals* (Part I, *The Metaphysical First Principles of Right* [在此是指《法权论》]), trans. Mary Gregor (Cambridge: Cambridge University Press, 1991);*The Critique of Pure Reason* (*CPR*), trans. Norman Kemp Smith (London: Macmillan, 1933, second impression [1993 年重印]);*Groundwork of the Metaphysics of Morals* (*GW*), trans. H. J. Paton (New York: Harper Torchbooks, 1964);*The Critique of Practical Reason* (*CprR*), trans. Lewis White Beck (New York: Macmillan, 1956, 1993, reprint);*Towards Perpetual Peace* (*PP*), in *Kant's Political Writings*, trans. H. B. Nisbet (Cambridge: Cambridge University Press, 1970)。卷号与页码参考普鲁士科学院版《康德著作全集》。

② 最早出版的《法权论》处于"被糟践了的"状态,而这已成为一个激烈讨论的主题。格哈德·布赫达(Gerhard Buchda)在 1929 年就曾提出,要剔除这个文本中第六节的第 4—8 自然段,因为它们的主要内容与第六节声称要承担的任务无关,这一节是要为"理知的占有"概念提供一个演绎。参见 Gerhard Buchda, *Das Privatrecht Kants. Ein Beitrag zur Geschichte und zum System des Naturrechts* (Diss. Jena, 1929)。最近,贝恩德·路德维希(Bernd Ludwig)对最初出版的文本提出了更多实质性的修订,包括(最具争议的)把"实践理性的法权公设"从它原本所在的第二节转移到了第六节。参见 Immanuel Kant, *Metaphysische Anfangsgriinde zur Rechtslehre*, ed. Bernd Ludwig (Hamburg: Felix Meiner Verlag, 1986)。路德维希对这些修订的辩护,参见 Bernd Ludwig, *Kants Rechtslehre* (Hamburg: Felix Meiner Verlag, 1988)。有人对路德维希的提议提出了严厉的批评,参见 Burkhard Tuschling, "Das rechtliche Postulat der praktischen Vernunft: seine Stellung und Bedeutung in Kant's *Rechtslehre*", in H. Oberer and G. Seel (eds), *Kant. Analysen-Probleme-Kritik* (Konigshausen und Neumann, 1988), pp. 273-290。总的来说,关于法权公设的学术工作,德国比英语世界先进太多。除了路德维希的著作,近期有关法权公设的最有影响力的独立出版物是莱因哈特·布兰特(Reinhard Brandt)的"Das Erlaubnisgesetz, oder: Vernunft und Geschichte in Kants *Rechtslehre*", in Brandt (ed.), *Rechtsphilosophie der Aufklarung* (Berlin: de Gruyter, 1982), pp. 233-285。亦可参见 Wolfgang Kersting, *Wohlgeordnete Freiheit* (Frankfurt: Suhrkamp Verlag, 1993)(首个精装版由格鲁伊特[Gruyter]于 1948 年出版), pp. 241-250。在盎格鲁-美利坚(Anglo-American)的康德学者中,大量讨论这个问题的有莱斯利·马尔霍兰(Leslie Mulholland),参见 *Kant's System of Rights* (New York: University of Cornell, 1991), pp. 243-257。还有我自己对法权公设的分析与重构,参见 Katrin Flikschuh, *Kant and Modern Political Philosophy* (Cambridge: Cambridge University Press, 2000), pp. 113-143。

（indemonstrable）的命题。① 这个定义的有趣之处不仅在于一个事实，即它把诸公设描述为实践上必需但同时又在理论上不可演证的，而且更令人着迷的是"实践的必需性"与"理论的不可演证性"之间密不可分的关系。康德并不认为，诸公设理论上的不可演证性在道德上是毫无意义的。相反，对于我们来说，其道德意义（部分地）呈现为其理论的不可演证性所具有的一种功能。

如果当前有关康德实践哲学的讨论全都倾向于绕开一个议题，即诸公设在其实践哲学中的位置，那么，这极大地是由其命题的超验意蕴（transcendent implications）所导致的——人们认为，这些超验意蕴对于一种现代的、世俗的、实践导向的哲学伦理学来说是不大适宜的。② 然而，近期的一些研究进路重启了这一议题，并且论证说，只要我们超出一种眼光狭隘的实践关切，并以此种方式来看待康德的道德哲学，那么，"上帝存在"和"灵魂不死"这两个公设对于其道德哲学就具有一种系统性的重要意义。③ 尽

---

① 本文将"demonstration""prove""justification"分别译作"演证""证明"与"证义"，因为对这些术语之间的差异的讨论正是本文的主题之一。其中，"demonstration"和"prove"都有"证明"的意思，但前者是一个更严格的术语。"demonstration"出自拉丁语的"demonstratio"，本意是"显明""描述"或"演示出来"，通常是一种要求把推理环节、实验过程展示出来的证明，对手段有明确的要求。因此，本文将"demonstration"译作"演证"，同时将"demonstrable/indemonstrable"译作"可演证的/不可演证的"。比较麻烦的是"justification"，它相当于德文的"rechtfertigung"，源自拉丁文的"iustificatio"，字面意思就是"使……（成为）正义的"。"iustificatio"既是一个法学术语，又是一个宗教术语：在法学上，它表示某人（被告）被宣布为无罪的（是一个义人），即他虽然做了一件貌似违反法律的事情，但有充分的理由表明，他这样做是正当的或正义的；在宗教上，它表示某人的罪过因基督的恩典而被赦免了，成了一个义人，配享天国的恩宠。因此，本文将"justification"和"justify"译作"证义"，将"justifiable"译作"可证义的"，将"justified"译作"成义的"。——译者
② 我所想到的这种对康德实践哲学极有影响力的诠释乃是由约翰·罗尔斯（John Rawls）曾经的学生们提出的，例如：Christine Korsgaard, *Creating the Kingdom of Ends* (Cambridge: Cambridge University Press, 1996); Barbara Herman, *The Practice of Moral Judgement* (Cambridge, MA: Harvard University Press, 1993); Thomas Hill, *Respect, Pluralism, and Justice: Kantian Perspectives* (Oxford: Oxford University Press, 2000)。
③ 参见 Jacqueline Mariña, "Making sense of Kant's highest good", *Kant-Studien*, 91 (2000), pp.329-355; R.Z. Friedman, "The importance and function of Kant's highest good", *Journal of the History of Philosophy*, 22(1984), pp.325-342. 这两位作者都强调那个被约翰·西尔伯（John Silber）称作至善的"超验观念"的东西，尽管他们赋予这个术语的意义与西尔伯在其论文中所使用的截然不同。参见"Kant's conception of the highest good as immanent and transcendent", *The Philosophical Review*, 68(1959), pp.460-492. 对这些公设，以及更为一般的对"超验"概念毫无同情但却极有影响的解读，参见 L.W. Beck, *A Commentary on Kant's Critique of Practical Reason* (Chicago: University of Chicago Press, 1960), pp.242-281.

管这些研究进路都强调,领会康德实践著作中的超验维度是十分重要的,但它们并不由此就祈求或允准一种超感官的"超验性"(transcendence)概念——他们并不援引一个满是"至上存在者"(supreme Beings)的非自然世界,或者一个遍布理念(Ideas)的柏拉图高原。相反,这些解读尊重一个事实,即康德坚持认为,"上帝存在"这个公设在理论上的不可演证性(可以说)恰恰构成了对如下一种超验性概念的拒斥,即把这个公设等同于一个超感官世界的存在或者其可知晓性。康德意义上的超验性必须被理解为,承认某些理论上的理念与命题(对于我们来说)在道德上的必需性,尽管其客观内容的可知晓性(对于我们来说)是不可获得的。因此,康德实践思维中的超验维度指的就是我们对于那些实践上必需的理论命题与理念"获得承认的不可知晓性"(acknowledged unkowability)。①

本文根据这个"获得承认的不可知晓性"的"超验性"概念来考察作为实践理性的一个公设的法权公设的地位。我将论证,这个法学公设(juridical postulate)②对于我们来说具有的实践意义就在于:我们要承认其命题内容在理论上的不可演证性。这样一种"获得承认的不可知晓性"的道德意义就在于:它使我们得以洞见,我们对于自己的种种法学职责的终极根据只拥有有限的理解。这种论证思路(最初)由保罗·盖耶(Paul Guyer)在近期的一篇论文中提出,这篇论文(不同寻常地)考虑了法权公设作为实践理性的一个公设的地位。③ 盖耶探讨康德政治哲学的一般进路时有一个特点,他所关心的是演证康德政治哲学与时下流行的政治思想的近似性,尤其是与罗尔斯式的自由主义的近似性。据此,盖耶强调康德政治思想中那些他所认

---

① 我把"超验"(transcendent)当作"获得承认的不可知晓性"(acknowledged unknowability)来使用的做法受惠于 T. L. S. 斯普里格(T. L. S. Sprigge),他用那些术语来诠释思辨的形而上学。参见"Has speculative metaphysics a future?", *The Monist*, 81(1998), pp. 513-533。
② 在本文中,作者偶尔会把"实践理性的法权公设"叫作"法学公设"(juridical postulate),这既是为了避免重复使用"法权公设"(the postulate of Right)所导致的措辞贫乏,也暗示了法权公设在应用上与法学或法律的联系。——译者
③ Paul Guyer, "Kant's deductions of the principles of Right", in Mark Timmons (ed.), *Kant's Metaphysics of Morals. Interpretative Essays* (New York: Oxford University Press, 2002), pp. 23-64.

为的"非形而上学特性";其实质性的关注点在于,要把康德确立为当代自由主义在哲学上的先行者,并由此演证康德政治思想对于各种各样现行的自由主义关切的一种推定的时事性(topicality)。① 相比之下,《康德对法权的诸原则的演绎》("Kant's deductions of the principles of right")把许多系统性的议题推向前沿。其中一个议题,就是法权公设作为实践理性的一个公设的地位。盖耶几乎是很偶然地才进入这个议题之中的,而且,这是由他与马库斯·维拉舍克(Markus Willaschek)在"普遍法权原则的道德地位"这个问题上的分歧所导致的。根据维拉舍克的看法,康德把普遍法权原则(the universal principle of Right)描述为一个"不能进一步证明的公设"②,这个描述表明,这个原则不是从定言命令式中推导出来的,因为如果它是这样推导出来的,那么康德就不会声称它是不可证明的。但由于康德确实做了此声称,那么,普遍法权原则就必须被当作一个独立于定言命令式而被设想出来的法学原则来使用,它构成了"理性自律的一个源始的表述式"③。盖耶的直接关切式要表明,普遍法权原则就是从定言命令式中推导出来的,而且,它确实构成了一个在道德上获得奠基的法学原则。这一关切把他卷入一场对《第二批判》中的实践理性的诸公设的可证明性(provability)的周密辩护之中。盖耶用以反对维拉舍克的一个核心主张是:康德的实践理性的诸公式并不是不能证明的,相反,它们构成了"一种特殊的证明"④。接下来,盖耶从对《第二批判》诸公设的分析中拾取到了"实践上的可证明性"(practical provability)概念,把它应用于法权公设:其理念是要表明,法权公设(也)至少能够有一种实践上的证明。

我赞同盖耶的地方是,法权公设并不像维拉舍可所认为的那样,是任意

---

① 例如,盖耶的论文"Kantian foundations for liberalism"和"Life, liberty, and property: Rawls and Kant",收录于 Guyer, *Kant on Freedom, Law, and Happiness* (Cambridge: Cambridge University Press), 2000。
② RL, 6: 219. (此处页码有误,据查实为6: 231. 此外,本文中所有引用康德著作处,原则上根据英文译出,以尽可能确保行文的通畅。——译者)
③ Markus Willaschek, "Why the Doctrine of Right does not belong in the Metaphysics of Morals", *Jahrbuch für Recht und Ethik*, 5(1997), pp. 205-227(223).
④ Guyer, "Kant's Deductions", p. 33.

设定的或自行设定的:康德是在一个复杂的论证过程中引入法权公设的,而这个论证被用于确立起"我们彼此都要进入公民社会"这一先天义务。然而,令我十分困惑的是,盖耶为什么认为法权公设是可证明的,或者说他为什么相信我们需要表明法权公设是可证明的。维拉舍克有一个正确的说法,即康德把实践理性的诸公设看作不能证明的——而且,实际上,《法权论》也多次提醒它的读者,这个法学公设具有不可证明性(non-provability)。但是,维拉舍克错误地认为,诸公设在理论上的不可演证性损害了它们的道德地位,而盖耶因此错误地认定,诸公设的道德地位依赖于表明它们(在某种意义上)是可证明的。

  人们或许会怀疑,我与盖耶之间分歧的根源不过就是术语的使用。盖耶承认,康德认定实践理性的诸公设是理论上不可演证的:盖耶所说的只不过是对这些公设的一种特殊的证明——一种实践上的证明。尽管康德把实践理性的诸公设看作理论上不可演证的,但在他看来,基于一些实践上的根据,我们援引这些公设的做法是成义的(justified)。因此,盖耶所说"实践上的可证明性"或许无非就是实践上的可证义性(justifiablity)。为我们在实践上对一个公设的理论命题的必然赞同提供一个证义(justification),这并不是要在理论上为其命题内容的真理性提供一个证明。因此,一个实践上的证明或许无非就相当于一个实践上的证义。然而,仔细考察盖耶的论证,尽管他相信对一个公设的实践上的证明还未达到理论上的证明的标准,但他还认为,相比实践上的可证义性,这种实践上的可证明性使他走得更远。盖耶似乎确实想为这些公设的理论命题提供一个实践上的证明,而不仅仅是要为我们在实践上对这些命题的必然赞成提供一个证义。因此,盖耶与我分歧的根源并不是术语的使用。尽管盖耶的"实践上的可证明性"概念弱于理论上的可证明性,但它仍旧强于实践上的可证义性。

  我相信,盖耶在康德的实践公设方面寻求实践上的可证明性是误入歧途了。我还相信,这种寻求与盖耶的一个更为一般的关切有关,即为康德的政治哲学提供一个非形而上学的、非超验的解读。然而,当盖耶把"实践上的可证明性"概念应用于法权公设时,就助长了对法权公设在康德的财产权论证语境中的系统性功能的一种误解。同时，它还助长了一些错误的道德结论。鉴于上述这些理由，盖耶与我的争论可以描述为一场关于"法学公设在理论上的不可演证性的道德意义"的争论。盖耶想要表明，法权公设能够有一种实践上的证明，就此而言，它在理论上的不可演证性在道德上就是毫无意义的。与此相反，我将论证，正是对法权公设在理论上的不可演证性的一种承认，使我得以洞见我们彼此之间的法学职责的无条件的（从而不可知晓的）根据，就此而言，这种承认对于我们来说在道德上就是有意义的。

　　本文其余部分结构如下。下一节为法学公设在《法权论》第一卷"私人法权"中的位置与功能提供一个简短的介绍性概要。第三节对康德的实践理性诸公设的可证明性问题做一个总体性的讨论。我在"理论上的可证明性"（theoretical provability）与"实践上的可证明性"（practical provability）之间，以及"实践上的可证明性"与"实践上的证义"（practical justification）之间做了区分。第四节论证盖耶依据实践上的可证明性对法学公设所做的分析，未能为这个公设在康德财产权论证中的系统性功能提供一个适宜的重构。然后，我将为法权公设的功能提供一个备选的诠释，这个诠释建立在"实践上的可证义性"的概念之上。第五节对盖耶的"实践上的可证明性"概念与"实践上的可证义性"概念各自的（在法权公设方面的）规范性意蕴做了比较。我将提出，盖耶采取这种非形而上学的、非超验的进路有一个深藏不露的驱动力，那就是寻求我们的种种道德职责（包括我们的种种法学职责）之根据的道德确定性。但是，在康德主义的框架内求得这样一种道德确定性要付出昂贵的代价：它使得我们没法解释我们彼此之间种种道德职责的无条件性质。唯有这样一种解读，即承认康德政治思想中的超验维度——换句话说，承认我们的种种法学职责之根据的不可知晓性——才能解释这些职责的无条件性质。

二、引入实践理性的法权公设

　　人们常以为，《德行论》主要关心的是要把普遍法权原则证实为这样一个原则,即根据这个原则,"任何行动,如果它能够依据一个普遍法则与每个人的自由共存,或者根据其准则,每个人的选择能力(the power of choice)能够依据一个普遍法则与每个人的自由共存,就是正当的"①。无论如何,我遵从贝恩德·路德维希对普遍法权原则的诠释,把它看作是从《奠基》中所概述的一般版本的定言命令式与《法权论》导言中所分析的法权概念的结合中派生出来的。② 根据这种解读,普遍的法权原则明确讲出了定言命令式在"外在的自由"领域的应用———一般而言的选择(任性)与行动的自由。《实践理性批判》已经证实了定言命令式是实践理性的一个先天综合命题,因此,对普遍的法权原则的证义(根据这种解读)就并不构成《法权论》的一个哲学上的负担。最重要的论证并不在导言之中,而是在文本的第一卷中,该卷处理的是"获得的法权"(acquired Right)③,也就是说,对于我们的选择(任性)的外在对象的法权。

① RL,6:230.(此处的"选择能力"[the power of choice]乃是根据英文译出,出自玛丽·格雷戈尔[Mary Gregor]的译本,原文为"Willkür"。在日常语言中,德文"Willkür"就是"任意"或"随意"的意思,它可以用于表达一个主体的[日常意义上的]自由,即"想干嘛就干嘛",所以也有"专横"的意思。"Willkür"也可以用于表示事物、事情不具有某种可识别的规则性。因此,吾师秋零先生将其译作"任性",邓公晓芒先生与杨云飞教授则将其译作"任意"。在康德著作中,"Willkür"对应于拉丁文的"arbitrium"[决定/断定/任意],所以张荣老师主张译作"决断",是不无道理的。从构词上讲,"Willkür"是由"Wille"[意志]和"küren"[挑选/选择],格雷戈尔大概是为强调"选择",所以译作"choice"。但在康德著作中,"Willkür"是指主观上有效的行动意愿,本质上仍旧是一种"Wollen"[意愿]。而且,康德本人也把"Willkür"定义为一种"欲求能力"[Begehrungsvermögen]或"意愿能力"[Willensvermögen],即"通过自己的表象而成为这些表象的对象之原因的能力"。更具体地说,"Willkür"是一种"根据喜好有所为或者有所不为的能力",并且还要"与自己产生客体的行为能力的意志相结合",否则就只是纯然的"愿望"[Wunsch]。参见康德:《道德形而上学:注释本》,张荣、李秋零译注,第10—12页[6:211—213]。因此,仅仅将"Willkür"理解为一般而言的"选择"似乎并不可取。无论如何,本文将"choice"一律译作"选择",但为了避免不必要的混淆,同时也括注"任性"。——译者)
② Ludwig, *Analytischer Kommentar*, 92-101. 亦可参见 Bernd Ludwig, "Whence public right? The role of theoretical and practical reasoning in Kant's Doctrine of Right", in Timmons (ed.), *Kant's Metaphysics of Morals*, pp. 159-184. 关于普遍的法权原则与定言命令式之关系的一个备选论证,参见 Otfried Hoffe, "Kant's Principle of Justice as categorical imperative of law", in Y. Yovel (ed.), *Kant's Practical Philosophy Reconsidered* (Amsterdam: Kluwer Academic Publishers, 1989), pp. 149-167. 沃尔夫冈·凯尔斯汀(Wolfgang Kersting)在他的著作中谈到过一种分别与法学领域和伦理领域有关的"doppelte Gesetzgebung"(二元立法),参见 *Wohlgeordnete Freiheit*, pp. 175-181.
③ 获得的法权,德文为"das erworbene Recht"。——译者

康德区分了两个法权范畴:"生而具有的法权"(innate Right)①与"获得的法权"。每个人格都拥有一种生而具有的自由法权,并且仅仅由于其选择(任性)就拥有这种法权;因此,生而具有的自由法权涵盖了一个人格内在的suum(他的)。② 然而,康德否认"获得的法权"范畴(包括对我们的选择[任性]的外在对象的占有)能够直接从一个人格生而具有的自由法权中派生出来。此一否定代表康德突破了"自然财产权理论"(theories of natural property rights),在他自己的一些早期著作中,康德曾赞同过某种版本的自然财产权理论。③ 然而,康德在《法权论》中改变了立场,把"财产权"概念标识为一个道德概念,并且因此将其标识为一个纯粹理性的概念。如此一来,财产权概念就成了众主体之间的一种"理知的"(intelligible)关系④,即在他们的选择(任性)的外在对象方面的一种理知的关系。财产权预设了一个人格杜绝其他人使用其选择(任性)的外在对象是成义的,就此而言,对外在占有的一种合法权的主张就预设了其他人这种占有的合法权性(rightfulness),以这种合法权性作为其合法性(legitimacy)的根据。然而,尽管康德拒斥一种对私有财产的自然法权或生而具有的法权,但这没有使之在财产权问题上成为一个共识论者(consensus theorist)。尽管对私有财产的一种合法权的主张预设了其他人的赞成,但这要求其他人依据一个普遍有效的法则来赞成其合法权性。这是因为,"外在的自由"这个概念本身就

---

① 生而具有的法权,德文为"das angeborne Recht"。——译者
② 参见 RL,6:238:"生而具有的法权只有一种:自由(独立于他人的选择[任性]之强制),就其能够与他人依据一个普遍法则的自由共存而言,就是唯一源始的法权,每个人凭其人性就拥有的法权。"(此处引文页码有误,据查实为 6:237。——译者)
③ 参见 Reinhard Brandt, *Eigentumstheorien von Grotius bis Kant* (Stuttgart: Frommann-Holzboog Verlag, 1974), 167-176。在《德行论》6:268、269 处,康德解释说:"对一片土地的第一次劳作、圈界,或者(总而言之)第一次改造,并不能提供获得这片土地的资格。"这种"如此古老却还在广泛流传"的见解,乃是由于这种"暗中盛行的欺骗,即将物品人格化以及把物权思维成一种直接的对于物品的法权,仿佛某人通过他施及物品的劳作就可以把物品置于一种为他所用而不为其他任何人所用的职责之下"。正如布兰特指出的,在《关于美感与崇高感的考察》中,康德本人为一种见解辩护,即外在占有的法权只能从一个人格支配他们自己的身体的力量,包括那个身体的劳作中派生出来。
④ RL,6:245,246.

暗含着一种对我们的选择(任性)的外在对象的主张。①

因此,《法权论》中的"生而具有的法权"与"获得的法权"之间的关系复杂而不寻常。显然,生而具有的自由法权并不涵盖一个人格合乎法权地行使其外在自由的一切方面:它涵盖了众主体在其主体间外在的彼此往来中的关系,但没有涵盖众主体在其各自的选择(任性)的外在对象方面的关系。现在,我要做一个简化的假定。我将假定,正如导言中所说的,普遍的法权原则仅仅涵盖众人格生而具有的自由法权(他们内在的 suum[他的])。它(尚且)没有扩展至外在的"我的"(mine)与"你的"(yours)的关系。② 因此,从普遍的法权原则到"获得的法权"范畴的扩展就成了《法权论》第一卷中的核心问题。根据康德的观点,这种扩展的可能性依赖于"一个法权的先天综合命题"的可能性③。这样一个法权的先天综合命题(包括康德所说的"理知的占有"或者"一种纯然合法权的占有"的概念④)需要一个演绎。《法权论》第一卷第一篇的任务就是要提供这样一个演绎。正是在与"纯然合法权的占有概念的演绎"的联系中,康德引入了"实践理性的法权公设":

> 把我的选择(任性)的任何外在对象当作"我的"来拥有,这对于我来说是可能的;也就是说,通过一个准则(如果它要成为一个法则),我的选择(任性)的一个对象就其自身而言(在客观上)必须不属于任何人(res nullius[无主之物]),那么,这个准则就是有悖法权的。⑤

---

① *RL*, 6: 246. "如果使用(我的选择[任性]的一个外在对象)不在我合法权的权力之中,自由就会剥夺自己在选择(任性)的一个对象方面对其选择(任性)的使用。"
② 这种假定是合法的,因为普遍法权原则的道德权威性,正如导言中所说的那般,并不多于它由以派生出来的定言命令式。由于《第二批判》中的定言命令式涵盖的是众主体之间的道德关系,而不是主体与外在对象之间的道德关系,我们就需要一个额外的证义论证,把普遍法则原则扩展至合法权的财产关系。正如我们所见,这个额外的论证是由法权公设来补充的。
③ *RL*, 6: 249.
④ *RL*, 6: 249.
⑤ *RL*, 6: 246.

在此,我不打算考虑法权公设与演绎之间的复杂关系。① 相反,我将仅仅关注法权公设本身,它可以从两种视角来加以考虑。首先,我们可以从法权公设在康德关于财产权论证的文本中的功能的角度来考察它。在此,我们将会发现,法权公设发挥了一个证义性命题(justificatory proposition)的功能,作为这样一个命题,它在把"外在的占有"宣布为可能的时,就使得"进入公民社会"(entrance into civil society)成为负有职责的(obligatory)。康德说,法权公设"赋予我们一项无法从法权本身的纯然概念中得出的权限(authorization)",即把我们选择(任性)的外在对象纳入占有的权限。② 但是,"合法权的占有"唯有在"理知的占有"概念这一预设之下才是可能的,而"理知的占有"概念本身又唯有在公民状态中才是可能的③,就此而言,我们授权"单方面的获得行为"(unilateral act of acquisition)有效地责成所有他人与我们一起加入公民社会。因此,不止对于康德的财产论证来说,而且对于他对一般的政治职责(political obligation in general)的解释来说,法权公设都是至关重要的。

其次,无论如何,从第二种视角来考虑法权公设也是有可能的。我们可以从它作为实践理性的一个公设的角度来加以考虑。从这个视角考虑,法权公设就构成了实践理性的一个实践上必需但却在理论上不可演证的命题。康德说,法权公设的命题,即"外在的占有是可能的","这本身没有任何方法可以证明"④。他坚持认为:"那些属于'我的'和'你的'外在对象的理论原则迷失在理知的东西之中,并不代表任何对知识的扩展。"⑤本文的兴趣在于两种视角的结合。把它们结合起来加以考虑,就可以把法权公设

---

① 相关参考文献,参见脚注3(即本书第150页脚注②。——译者)。
② RL,6:247.(德文为"Befugnis"。——译者)
③ RL,6:255:"把外在的某物当作我们自己的来拥有,这唯有在一种合法权的状态中,在一种公共立法的权威之下,也就是说,在一种公民状态之中,才是可能的。"对于康德的这个主张,我们不能认为它的意思是说,财产权是实在法(positive law)的事情,而是要根据康德的观点来加以诠释,即"合法权的占有"预设了"理知的占有"观念。"理知的占有"明确了众主体之间在种种对象方面的一种合法权的关系,这种关系只能通过进入公民社会才能实现。
④ RL,6:247.(此处引文页码有误,据查实为6:252。——译者)
⑤ RL,6:252.

描述为一个实践上必需的证义性命题,但其根据对于我们来说依旧是理论上不可演证的。对法权公设的此种描述意味着,我们关于彼此之间的种种法学职责之根据的知识归根结底是受限的:这些根据"迷失在理知的东西之中"。我们可以承认,我们要承担彼此之间的法权职责,但我们归根结底不知道为什么会这样。

正如上文已指出的,盖耶的诠释势必反对这些结论。因为,盖耶用一个"法权公设在实践上的可证明性"的概念取代了对它在理论上的不可演证性的承认。这样做的结果是,法权公设在理论上的不可演证性在实践上变得毫无意义。在下文中,我的目标就是反驳盖耶,为法权公设在理论上的不可演证性(对于我们来说)的实践意义提出辩护。我将同时基于一些系统性根据(第四节)与一些实质性根据(第五节)向盖耶提出论辩。然而,在对法权公设本身做出分析之前,我将(在下一节中)联系一般而言的实践理性的诸公设,着手阐明(盖耶所设想的那种)"实践上的不可证明性"与(我所理解的那种)"实践上的证义"之间的差异。

三、"实践的证明"还是"实践的证义"?

康德对于实践理性诸公设的一般观念,一方面得益于他对数学公设的看法,另一方面也得益于他在《纯粹理性批判》的"先验辩证论"中对理性主义形而上学的批判。根据 L.W.贝克(L.W. Beck)的说法,康德把一个数学公设看作"一个不可验证的实践的(即技术实践的)命题,为直观中的一个对象的综合提供规则,只要该对象的可能性是先天获知的"[①]。数学公设为一个数学证明提供了规则,但它本人依旧是不可验证的。"不可演证性"的概念在与实践理性诸公设的关系中再次出现了,然而,它在那里涉及的是一个公设的理论命题。《实践理性批判》把实践理性的一个公设定义为"一个本身不可演证的理论命题,但却是一个先天无条件地有效的实践法则的一个

---

① L. W. Beck, *A Commentary*, p. 251.

不可分离的推定（corollary）"①。更具体地说，一个公设就是一个理论命题，其真理内容（truth content）本身既不是可证明的，也不是可反驳的。从一种理论的视角来看，对于我们来说，诸公设构成了一些无限的或者或然的判断：我们（原则上）无法判断它们的命题内容是真是假。② 然而，由于这些命题的逻辑形式没有任何矛盾之处，康德认为，我们在实践理性的领域中求助于这些命题是可允许的。③

从技术上讲，实践理性的诸公设有助于解决实践理性的一个冲突或者二律背反（antinomy）。在《第二批判》中，它们解决了"纯粹实践理性的道德目的"（那是我们所承认的）与"我们人类感性的限制"（它制约了我们实现这些道德目的的可能性）。④ 这些公设在道德上的必需性早在《先验辩证论》中就有所预示，康德在那里提到了纯粹理性的诸理念。尽管康德在那里得出结论说，我们无权对"上帝存在"或"灵魂不死"提出客观知识的主张，但他也承认，对于像我们这样有限的理性存在者来说，"上帝"和"不死"的理念在实践上是不可或缺的。⑤ 在《实践理性批判》中，这些理念以两个公设的形

---

① 《实践理性批判》（CprR），5：123。（此处引文页码有误，据查实为 5：122。此处"corollary"[推定]，指依据一个原则推出的必然结果，但它并不是对康德原文的直译，而是一个意译，也并非出自格雷戈尔的英译。吾师秋零先生的译文是："我把公设理解为一个理论的但本身不可证明的命题，只要这个命题不可分离地依附于一个先天无条件地有效的实践法则。"康德：《实践理性批判：注释本》，李秋零译注，中国人民大学出版社 2010 年版，第 115 页。——译者）
② 《纯粹理性批判》（CPR），A 72/B 97。
③ 根据玛丽·泽尔丁（Mary Zeldin）的观点，由于一个公设"表达的并不是'应当是什么'，而是'是什么'或'必定是什么'，所以它是一个理论的而不是实践的命题；但是，由于它基于一个给定的道德法则，从而与实践理性的应用有关"。参见 Zeldin, "Principles of reason, degrees of judgement, and Kant's argument for the existence of God", The Monist, 54(1979), 285-301(294)。
④ Michael Albrecht, Kants Antinomie der Praktischen Vernunft (Hildesheim: Georg Olms Verlag, 1978). 对于米夏埃尔·阿尔布雷希特（Michael Albrecht）来说，这些公设解决了实践理性的二律背反，那些二律背反是由理性对每个有条件者之最高条件的寻求所产生的。对这些公设的系统性功能的这种诠释，与艾伦·伍德（Allen Wood）的诠释是不同的，对于伍德来说，这些公设被用来解决"实践背谬"（absurdum practicum）论证。参见 Wood, Kant's Moral Religion (Ithaca, N. Y.: Cornell University Press, 1970)。
⑤ CPR, A 642-668/B 671-697. 事实上，《第一批判》中的讨论在极大程度上局限于讨论理性的诸理念在理论的探究中范导性的因而合法的应用。然而，《实践理性批判》为这些理念在实践领域的应用提供了一种类比的辩护。参见 CprR, 5：135-146。

式得到清楚表达,它们为"至善"的理念在实践上的可能性提供了一些必需的理论预设。作为一些实践上必需的理论命题,它们并不代表一些"理论的教义,而是必然实践的考虑中的预设前提"。它们"并不扩展思辨的知识",尽管它们确乎"给予思辨理性的诸理念以客观实在性"。① 因此,诸公设是"理性的一个需求的推定"②,它们阐明了一种"客观上不充分"但"主观上充分的"对公设对象之可能实存的有理据的信仰(Vernunftglaube[理性信念])。从一种理论的视角来看,诸公设是一些"奥秘"③,因为对于我们来说,它们是认知上不可获取的。然而,从一种实践的视角来看,诸公设在理论上的不可演证性丝毫也不减损我们在主观上赞成它们的实践必需性。

在对实践理性诸公设的这些描述中,对它们在理论上的不可演证性的强调,马上就从一些保障中得到了缓和,即它们在实践上的必需性这一事实(在某种意义上)弥补了它们对理论上的可证明性的缺乏。康德的观点似乎是说,赞成这些公设的理论命题具有实践上的必需性,这种实践上的必需性本身就相当于一个证义,使它们对于我们来说多少是有效的。尽管这些公设在理论上是不可演证的,但我们在实践上必然地会求诸它们,以此为根据,这些公设就成了实践上可证义的。至于说康德如何看待"理论上的证明"和"实践上的证义"之间的差异,他对"Wissen"(知识)和"Glauben"(信念)的区分倒是提供了一个标志。根据艾伦·伍德的说法:

> 康德把"知识"(Wissen)定义为把一个同时在客观上与主观上充分

---

① *CprR*，5：132.
② WOT，A 317/318. (此处的"WOT"是指康德 1786 年的论文《什么叫作在思维中确定方向?》,英译名为"What Does It mean to Orient Oneself in Thinking?",故简称为"WOT"。然而,此处引文既非直接引自科学院版,故没有标注通用的卷号和页码,也非出自剑桥版英译本以及本文脚注中所提到的几个英译本。作者在私人信件中告诉译者,她使用的是其他版本,并恳请读者参见科学院版 8：140 前后。亦可参见康德:《康德著作全集》第 8 卷,李秋零主编,中国人民大学出版社 2010 年版,第 141 页前后。——译者)
③ *Religion*，B 206/207. (此处的"*Religon*"是指《纯然理性界限内的宗教》。然而,情况与上一个脚注类似,作者没有使用科学院版,故没有标注通用的卷号和页码。作者[通过与译者的私人信件]恳请读者参见科学院版 6：137,亦可参见康德:《纯然理性界限内的宗教:注释本》,李秋零译注,中国人民大学出版社 2012 年版,第 125 页。——译者)

的命题"视之为真"(holding)①,而"信仰"或"信念"(Glaube)仅仅在主观上充分但却在客观上并不充分。但是,信仰与知识一样,可以根据一些"对每个人都生效的"理由而成义;在这个方面,它有别于纯然的"意见"(Meinung),后者是既在主观上又在客观上不充分地视之为真。②

一个公设就是一个"理性信念"(Vernunftglaube),就此而言,它既有别于知识,也有别于意见。尽管用以支持一个公设的那些主观上有效的理由达不到理论上的认知,但一个公设既不因人而异,也不心血来潮地生效,而是基于一种对每个人都有效的"理性的需求"而生效。因此,把一个"理性信念"说成是"主观上有效的",这并不等于是说,把它当作个人心血来潮的事情来"视之为真";它说的是,这样一种信念的理由(尽管对于一个知识主张来说是不充分的)拥有实践上的保障——这些理由基于一些实践上的根据证义了我们对那些公设的赞成。

然而,一个实践上证义的目标不同于一个理论上证明的目标。这一点诉诸"上帝存在"的公设可以最好地加以示例,在这个事例上,"客观上充分的理由"要求对上帝存在的一种"理智的直观"。③ 由于我们(原则上)并不具有这样一种直观能力,所以对我们来说,对"上帝存在"这个公设的一种理论上的证明就是不可获得的。相比之下,对"上帝存在"这个公设实践上的证义求诸一些主观上充分的理由,也就是说,求诸一些实践的理由。这些理

---

① "视之为真"的德文是"Fürwahrhalten",伍德将其译作"holding"。参见 Wood, *Kant's Moral Religion*, pp. 14-17。康德把"视之为真"说成是"判断的主观有效性"(die subjektive Gültigkeit des Urtheils),并且在对"视之为真"与"确信"(Überzeugung)的关系的讨论中区分了"意见"(Meinen)、"信念"(Glauben)和"知识"(Wissen)。参见康德:《纯粹理性批判:注释本》,李秋零译注,中国人民大学出版社 2004 年版,第 533—534 页(B 848-854)。——译者

② Allen Wood, "Rational theology, moral faith, and religion", in Paul Guyer (ed.), *The Cambridge Companion to Kant* (Cambridge: Cambridge University Press, 1992), pp. 394-416(401). 参见 *CPR*, A 820-31/B 848-58.

③ Zeldin, "Reason and judgement", p. 285:"康德论证说,一切知识都必须建立在可能经验的形式之上,或者从已知为真的前提中演绎出来;然而,在'上帝存在'的情形中,前者是不可能的,因为上帝超越经验;后者也是不可能的,因为(须已知为真的)前提本身必须奠基于可能的经验,但(由于这个问题的特殊本性)可能经验已然被排除掉了。"

由不关乎一个公设的理论命题的真理性,而是关乎主体与那个命题在实践上关系。因此,对"上帝存在"这个公设的一种实践上的证义就仅仅表明,我们有充分的(从一种理性的需要中产生的)实践上的理由要赞成"上帝存在"这个命题。根据这一解释,对一个公设的理论命题(基于一些实践上的根据)加以赞成,就不是要对其客观内容提出任何认知主张。对"上帝存在"(基于一些实践上的根据)的相信,也不是要主张"上帝存在"的知识。相反,对康德来说,对"上帝存在"的实践上的信仰的可证义性,预设了对"其存在之现实性"的不可演证性的一种承认。如果对"上帝存在"的一种实践上成义的信仰是要避免倒退回独断的断言,那么它就绝不能与关于"上帝存在之现实性"的知识混为一谈。① 原则上讲,唯有明确认识到"上帝存在之现实性"这个问题是回答不了的,才能确保免于陷入把它们混为一谈的困境。在这个意义上,对"上帝存在"这个公设的这种实践上成义的赞成,预设了对该命题在理论上的不可演证性的一种承认。严格来说,我们唯一要肯定的仅仅是我们对"上帝存在之可能性"的成义的信仰,或者我们对"其存在"这一理念的成义的信念。

　　由于盖耶确实对诸公设的命题内容提出了某些认知主张,他对"实践上的可证明性的解释"就可以同我们刚才所概述的这种"实践上的可证义性"的概念区别开来了。盖耶说,实践理性的诸公设"事关一些实践的而非理论的认知。康德无意暗示说,这些原则根本容不下任何证明,而是想要就它们确乎容许的那种证明说点什么"②。盖耶说这些公设事关实践上的认知,就是求诸"一种证明",这种证明弱于一个理论上的证明;然而,他称其为事关认知的,这就表明,他所追求的东西强于实践上的证义。随后,盖耶对"实践理性的一个公设"的定义强化了这种印象,他将其定义为一个"(那种)形式上理论的,但却与一个道德法则或道德诫命相联系的存在命题"③。更具体地说,一个公设就是"断言这样一个对象或事态存在的理论命题,即充当一

---

① *CPR*,A 825/B 853.
② Guyer,"Kant's deductions",p. 33.
③ 同上,p. 36。

个道德诫命之约束力的可能性条件的对象或事态"①。盖耶的这两个表述强调的都是诸公设的理论命题的客体(存在)内容;的确,当他转而考虑"上帝存在"这一公设时,对上帝存在之现实性的一种实践上的证明就成了他的首要关切点。盖耶说,"上帝存在"这个公设的提出与"造成至善(Highest Good)在实践上的实现"的诫命相关联。盖耶的意思是说,至善的"实在的可能性"依赖于作为其终极条件的上帝的"现实的存在"。② 既然"至善在实践上的实现"就是一个道德诫命的对象(客体),那么,该对象就必须拥有一种实在的可能性。但是,如果"上帝存在的现实性"就是"至善的实在的可能性"的终极条件,而"至善在实践上的实现"本身就是一个具有约束性的道德诫命的对象(客体),那么,我们就有权从我们要"实现至善"的道德职责中推出"上帝存在"的现实性。我们就有权"基于一些道德上的根据,肯定那个断言'上帝存在'的理论命题"③。

根据这一解释,我们就从我们用来支持"其存在"(His existence)的那些实践上的证据中,推出了这个公设的理论命题——上帝存在的现实性——的真理性。这无疑不同于对"上帝存在"这个公设的一个实践上的证义。一个实践上的证义并不追求确立起一个公设的命题内容的真理性。因此,一个实践上的证义并不把"造成至善在实践上的实现"这个诫命当作一个实践上的证据来使用,并据此推出上帝存在的现实性。一个实践上的证义唯其如此才是有效的,即我们负有一项"要实现至善"的道德职责,而"至善的实在的可能性"依赖于"上帝存在",就此而言,我们拥有一些充分的实践上的理由,要赞成这个公设的"上帝存在"命题。但是,这些理由不关乎公设的命题内容的真理性。它们关乎我们赞成那个命题的实践上

---

① Guyer,"Kant's deductions", p. 37.
② 尽管我们有必然的道德动力要实现至善,但我们缺乏"创造出其实现的种种理想条件的力量"。因此,单凭我们自己无法确保这个感官世界有助于至善在实践上的实现。唯有上帝才能做到这一点。参见 Paul Guyer, "From a practical point of view: Kant's conception of a postulate of pure practical reason", in Guyer, *Kant on Law, Freedom, and Happiness* (Cambridge: Cambridge University Press, 2000), pp. 333-372, at 345.
③ Guyer,"Kant's deductions", p. 39. 对我来说,这个解读似乎有一个风险,即令康德关于实践希望的哲学妥协让步。

的必需性。

我不确定,就其与《第二批判》诸公设的关系而言,盖耶对"实践上的可证明性"的解释在事实上有多令人信服。我也不清楚,对"上帝存在之现实性"这种实践上的认知如何能够与对"其存在"的理论上的认知区别开来。如果我们有权在实践理性的领域中主张"上帝存在之现实性"的知识,那么,我不确定,我们如何能够不得不同时在理论理性的领域中否定这种知识。我也不清楚,盖耶对"上帝存在之现实性"在实践上的可证明性的解释如何能够与他在其他地方对"实践理性的诸公设"的描述一致,因为他把这些公设描述为"自然而然地出现的种种心理幻象",以及"人类心理的产物,能够被道德意志当作实现一个道德上必然的目的而自然而然地出现的手段来使用"。① 然而,无论是盖耶的这个"实践上的可证明性"概念的信服力,还是这个概念与他关于"实践的诸公设"的一般观念之间的一致性,都不是我们在此处要讨论的议题。我们要讨论的议题仅仅是:就它们与诸公设的"理论上的不可演证性"的关系而言,"实践上的可证明性"与"实践上的证义性"之间差异。在此,我们可以得出结论:尽管"实践上的证义性"在概念上就有别于"理论上的可证明性",但"实践的可证明性"却以"理性上的可证明性"为模型。除此之外,一个"实践上的证义"的目标是要为众主体在实践上有根据地赞成一个公设的理论命题提供担保,而一个"实践上的证明"的目标则是要为一个公设的命题内容的真理性提供证据。最后,"实践上的可证义性"把众主体对一个公设在理论上的不可演证性的承认看作是为他们正确评估这个公设对于他们的实践意义来说是不可或缺的,但"实践上的可证明性"所追求的是以"可获得的实践证明"来代替"不可获得的理论证明"。下一节中,我们就它们与法权公设的关系,对"实践上的可证明性"与"实践上的可证义性"的观念分别加以考虑。

---

① Guyer, "Practical point of view", p.336.

四、法权公设:"实践上的证明"还是"实践上的证义"?

(一) 法权公设的一个实践上的证明

令人惊讶的是,盖耶在其论文的前半部分中强有力地为诸公设在实践上的可证明性辩护,但这个辩护与他在后文中对法权公设的分析似乎并没有太多(如果多少有一些的话)的关系。这并不是说,"实践上的可证明性"在那个分析中没有发挥任何作用;然而,它似乎有着一些截然不同的意义。"实践上的可证明性"的意义发生了转变,这种转变或许是由盖耶对法权公设的解读所导致的。他把法权公设解读为包含着一个实践的而非理论的命题,进而又解读为一个实践命题是由他对这个法权公设与普遍法权原则之间的关系的曲解所导致的。在本节前半部分中,我考察了盖耶对法权公设的"实践上的证明",并且说出我所认为的其中的错误;在后半部分中,我转而借助于"实践上的可证义性"的概念来分析法权公设。

首先,回顾一下法权公设本身:

> 把我的选择(任性)的任何外在对象当作"我的"来拥有,这对于我来说是可能的;也就是说,通过一个准则(如果它要成为一个法则),我的选择(任性)的一个对象就其自身而言(在客观上)必须不属于任何人(无主之物[res nullius]),那么,这个准则就是有悖法权的。①

对于当前的意图来说,如此解读法权公设就足够了:法权公设断言,把我的选择(任性)的任何外在对象当作"我的"来拥有,这对于我来说是可能的,而且,任何与此相悖的法则本身都是有悖法权的。问题在于:a. 此处所

---

① *RL*, 6:246.

提出的是怎样一种"外在的我的"(external mine)的观念？b. 哪种法则将会在"外在的我的/你的"关系方面"有悖于法权"？要回答第一个问题，我们就必须回到"经验性的占有"(empirical possession)与"理知的占有"的区分；要回答第二个问题，则需要进一步考察普遍法权原则。回顾一下前面的简化假定，根据这个简化假定，普遍法权原则（目前来说）仅仅扩展至众人格"内在的 suum（他的）"：它范导每个人格生而具有的自由法权。这种生而具有的法权包括众人格的躯体完整性，但却不是一种外在占有的法权。因此，目前来说，普遍法权原则能够承认康德所说的"经验性的占有"——在物理上持有一个对象。① 根据"经验性的占有"观念，只要我在物理上与一个外在对象相连，就好比我把一个苹果握在手中，我们就可以把它叫作"我的"(mine)。此时，我生而具有的物理完整性就扩展到了苹果上：如果有人从我手中夺走这个苹果，他们的行动就是有悖法权的，因为他们的行动将构成对我的肉身完整性的一种侵袭。② 然而，严格来说，普遍法权原则目前尚不能扩展至"外在的我的"与"外在的你的"之间的那些真正的关系之上。它无法涵盖这样一种占有，即哪怕对象并不在物理上与我相连，也可以被说成是"我的"。这样一种观念，即一个真正外在地是"我的"的对象——无须在物理上与我相连而是"我的"——的观念，唯有根据一种"理知的占有"的观念才是可能的。在此，"我自己"与"我的选择（任性）的对象"之间的联系是非物理的，并且因此是理知的：它将是"一种无须持有一个对象的占有"。③

清楚的是，康德认为"合法权的占有"预设了"理知的占有"观念，就此而言，他把财产权设想为明确了众主体之间在（某人的）选择（任性）的外在对象方面的关系。占有一个对象而无须持有它，就是被他人承认为其合法权的所有者，哪怕这个对象"离开了我们"。因此，财产权无法单独地构成对一个人格生而具有的自由法权的扩展。普遍法权原则目前来说仅仅涵盖生而具有的法权的关系，因此，依照"财产权"这个术语的恰当意义，也就是说，作

---

① *RL*, 6: 246.
② 这是康德自己的例子。参见 *RL*, 6: 246。
③ *RL*, 6: 246.

为对那些脱离了我们的对象的法权,普遍法权原则尚且无法支持财产权。正因为如此,普遍法权原则才需要一种"先天的扩展"。① 这种扩展是由法权公设来提供的。当法权公设断言,把我们选择(任性)的任何外在对象当作"我的"来拥有是可能的,那么,我们就必须认为,法权公设预设了"理知的占有"的观念。但是,在预设"理知的占有"时,法权公设同时也就宣布,在有关"外在的我的"与"外在的你的"方面,普遍法权原则目前来说是不足的。

关键在于,盖耶对这个法学公设的分析未能承认它与普遍法权原则之间的或然关系。盖耶认识到了"生而具有的法权"与"获得的法权"之间的区分:他强调,虽然前一种法权是分析的,但后一种法权却是基于一个先天综合的法权命题。尽管如此,盖耶未能看出,普遍法权原则目前来说无法支持"获得的法权"这一范畴。盖耶根本就没有把法权公设看作是对普遍法权原则的一种扩展,他相信,"这个所谓的'获得的法权'本身必须是可以从(普遍的)法权原则中派生出来的"。②

盖耶(正确地)注意到,普遍法权原则构成了外在自由的一般法则。他(同样正确地)指出,一个人格对其外在自由的运用暗含了他们对排他性地使用其选择(任性)的对象的主张。如果排他性的使用是不可能的,那么,"自由将会剥夺自己在选择(任性)的一个对象方面对其选择(任性)的使用"。③ 从上述两项观察出发,盖耶得出结论:普遍法权原则准许我们运用我们的自由,只要这种运用与每个他人的自由一致,而且,我们对自己自由的运用暗含了排他性地使用我们选择(任性)的外在对象的主张,就此而言,对"外在的占有"的主张就与每个他人对他们的自由的同等运用相容。换句话说,对"外在的占有"主张必定与普遍的法权原则一致。法学公设强化了这一点,因为它断言"外在的占有"是可能的。在盖耶看来,法权公设断言"外在的占有是可能的",这不过就是以下这个主张的题中应

---

① *RL*, 6: 247.
② Guyer, "Kant's deductions", 60.
③ *RL*, 6: 246.

有之义,即这样一种占有在普遍法权原则之下必定是可能的。然而,倘若"外在的占有是可能的"这一断言确乎出自"它必定是可能的"这一主张,那么我们就很难看出严格说来还剩下什么东西是有待证明的。正是在这一点上,盖耶的论证策略变得十分含混。然而,我们或许可以这样来理解他,即对法权公设的断言(外在的占有是可能的)之有效性或真理性的证明,就在于对"外在的占有如何以及在何种条件下可能"的一个演证。盖耶说,法权公设的证明采取了如下一种形式,即"一种扩展的演证,即演证'对财产的合法权获得'(rightful acquisition of property)赖以可能的那些条件,在我们与时空中的种种物理对象以及与每个他人的关系中,能够被满足"①。对"外在的占有在实践上的可实现性"的这种证明由四个要素构成:对财产权的"道德上的可能性"的一个演证,对其"理论上的可能性"的一个演证,对其"理论上的可能性"的一个演证,以及对其"实践上的必需性"的一个演证。②

对财产权的"道德上的可能性"的演证从如下一项观察出发,即财产权的概念明确了众主体之间在种种对象方面的一种关系。盖耶从这一点中推出,财产权在道德上的可能性依赖于"主体间的赞成"(intersubjective assent)的可能性。"由于一项财产权限制了那些或许也能够使用讨论中的对象的其他人的自由,因此这样一项法权能够被合乎法权地获得,只能是在'所有人都可以自由而理性地同意个人获得这种法权'的条件之下。"③因此,"外在的占有在道德上的可能性"在此就被说成是依赖于"每个人自由而理性地赞成的可能性"。盖耶主张,这样一种赞成的可能性就表现在康德的"一个广泛联合起来的意志的理念"(idea of a general united will)之中。④依据这

---

① Guyer, "Kant's deductions", p. 54.
② 同上。
③ 同上。
④ RL, 6: 256.(此处页码有误,疑出自 6: 258,但又不完全一样。康德在那里提到了"der Idee eines möglichen vereinigten Willens"。格雷戈尔将其译作"the idea of a possible united will"。参见 Kant, *The Metaphysics of Morals*, trans. Mary Gregor, p. 80. 张荣老师将其译作"一个可能联合起来的意志的理念"。参见康德:《道德形而上学:注释本》,张荣、李秋零译注,中国人民大学出版社 2013 年版,第 52 页。——译者)

一理念，众个体就能同意相互保障彼此对于外在占有的主张。因此，依据"一个广泛联合起来的意志"的理念，众个体就能够在财产权方面达成现实的一致同意，康德对这个理念的援引就构成了这样一项法权在道德上的可能性的"证明"。

财产权"在理论上的可能性"的证明则"诉诸我们存在的时空性特征（spatio-temporal features）"。① 在此，盖耶求助于《法权论》第二篇中分辨出来的两种可能的"获得"模式："源始的获得"（original acquisition）②，盖耶将其注解为"一份财产的初次分配"；以及"派生的获得"（derivative aquisition）③，这是由"财产从一个所有者到另一个所有者的合法权的转让"所导致的。④ 后一种获得之所以是合法的，是因为它建立在相互赞同（mutual consent）的基础之上，但更成问题的其实是"源始的获得"的合法性。尽管源始的获得"并不是从一个他人的某物中派生出来"⑤，但其合法性同样依赖于其他人可能的赞成。为了避开这个难题，盖耶调用了康德的"源始的共同占有的理念"⑥，这个理念"使我们能够把（源始的获得）设想为从'一种源始的对不可分的共有物的合法权占有'过渡到'一种对整体的一个可分份额的合法权占有'"。⑦ 因此，借助于一种"把那些源始地共同持有的东西划分开来"的集体的一致同意，我们就能够思维"源始的获得"。在我们存在的时空性条件中，没有任何东西能够阻碍我们以这种方式前进；而且，看起

---

① Guyer, "Kant's deductions", p.61.
② 源始的获得（original acquisition），德文为"die ursprüngliche Erwerbung"。——译者
③ 派生的获得（derivative aquisition），德文当为"die abgeleitete erwebung"。康德在《道德形而上学》中似乎没有使用过这术语，但它作为一个相对于"源始的获得"的概念是成立的，因为康德说过："毕竟必然存在着外在东西的某种源始的获得：因为不可能所有的获得都是派生的。"参见康德：《道德形而上学：注释本》，张荣、李秋零译注，中国人民大学出版社2013年版，第60页。——译者
④ 同上。
⑤ RL, 6: 258. 强调系添加。（此处引文出自格雷戈尔译本，本文作者对英译有所改动。格雷戈尔的译文是"... is not derived from what is another's"。参见 Kant, The Metaphysics of Morals, trans. Mary Gregor, p.80。这句话在科学院版中实为"... nicht von dem Seinen eines Anderen abgeleitet ist"。可以看出，格雷戈尔将 Seinen[他的/它的]译作"what"[某物]，这或许是为了便于读者理解。——译者）
⑥ RL, 6: 262.
⑦ Guyer, "Kant's deductions", pp.60-61.

来，这就构成了对外在的占有在理论上的可能性的充分证明。

证明的前两个方面旨在表明，就每个人都能够在"一个广泛联合起来的意志"的理念下自由地同意其制度而言，外在的占有是"道德上可能的"，而且，就现存的种种经验条件不会妨碍这样一个系统的贯彻落实而言，外在的占有是"理论上可能的"。第三步表明，合法权的外在占有是"道德上必需的"。盖耶说，外在的占有之所以是"道德上必需的"，是因为"我们存在的种种心理条件与物理条件如此，使我们在与他人相冲突的环境中不可避免地试图要提出财产权主张。（有鉴于此）着眼于公民状态，进而转眼于实现公民状态，我们就有义务主张这样一种法权"①。

盖耶的进路有一个一般性的困难，即其"扩展演证"（extended demonstration）冲淡了法权公设在财产论证中的系统性功能这一事实。盖耶为法权公设提供的证明，与其说是对康德的财产权论证的一个一般重构，不如说是把康德的占有理论与一些出自其获得理论的要素——"获得的法权"解释中的一些被康德本人坚持为有所不同的成分——混为一谈。与之相关的一个困难则是盖耶的一个持久的倾向，即把康德的论证经验化——这一点在其证明的第二个与第三个要素中格外显而易见，它们使法权公设的命题的有效性依赖于种种时空性条件与心理条件。最后，盖耶过度依赖于用"筹备笔记"（preliminary notes）来支持"出版文本"（the published text）②，这种做法是令人不安的，尤其是因为法权公设（作为出版文本中的"理论上的 novum"［理论上的新玩意］）并没有在那些未出版的笔记中被讨论过。③ 值得注意的是，盖耶的证明策略与法权公设的命题根本就没有任

---

① Guyer, "Kant's deductions", pp. 60-61.
② "筹备笔记"指的是 Vorarbeiten zu Die Metaphysik der Sitten. Erster Teil Metaphysische Anfangsgründe der Rechtslehre（《〈道德形而上学·第一部·法权论的形而上学初始根据〉筹备工作》），收录于科学院版《康德全集》第 23 卷，第 207—370 页。"出版文本"指康德生前正式出版过的著作，收录于科学院版《康德全集》第 1—9 卷，亦被称作《康德著作全集》。——译者
③ Bernd Ludwig, "Der Platz des rechtlichen Postulats der praktischen Vernunft innerhalb der Paragraphen 1-6 der Kantischen Rechtslehre", in Brandt (ed.), Rechtsphilosophie der Aufklärung, pp. 218-232, 具体在第 218 页。

何瓜葛。

然而，盖耶策略中的首要困难在于这样一个事实，即他对"普遍法权原则"与"单方面的财产主张"(unilateral claim to property)之间的关系的分析使得任何诉诸一个公设的做法都成为多余。回顾一下，前文第二节中提到过实践理性的一个公设的技术功能。一个公设被用于解决实践理性与其自身的一个冲突，它调和了实践理性的两个若无此公设就相互矛盾的命题。从这种视角出发，盖耶的解释所面临的难题就在于：生而具有的法权与获得的法权之间根本就没有任何冲突；而且，盖耶也没有提及(一方面)"对外在占有的主张"与(另一方面)"普遍法则原则的限制"之间的冲突。对于盖耶来说，法权公设可以从"普遍的法权原则"中派生出来，但在这种情况下，法权公设(在证义的方面)就没有比普遍法权原则使我们走得更远。远远未能使普遍法权原则的一种先天的扩展成为可能的，法权公设的有效性成了一种与普遍法权原则相匹配的功能。然而，如果法权公设可以从普遍法权原则中派生出来，那么，我们根本就不清楚，讨论中的这个命题为什么要被描述为实践理性的一个公设：作为一个理论命题，它断言，为了使别的某物成为道德上可能的，那就得是(或者必须认为是)什么情况。当然，一旦这个法学公设未能被当作一个实践上必需的理论命题来使用，我们就很难看出，我们刚才所概述的这种证明到底在何种意义上构成了盖耶对"实践上的可证明性"的一般概念的一个实例。

我想援引其论证中的第一个也是最重要的要素来演证盖耶进路中的后一种困难，根据这一要素，法权公设"道德上的可能性"依赖于所有人在"一个广泛联合起来的意志"理念下对财产权体系的一种自由而理性的一致同意。问题是这样的：法权公设的命题(即"外在的占有是可能的")确实依赖于这个"广泛联合起来的意志"的理念的可能性吗？还是说，法权公设的有效性才是为"一个广泛联合起来的意志"理念的可能性所必需的预设？根据盖耶对"实践上的可证明性"更早的解释，我们应该采纳后一种结论。然而，他实际上为法权公设"实践上的可能性"提供的证明却包含前一个结论。为了看出这一点，回顾一下盖耶对实践理性的一个公设的描述，他把它描述为

"一个理论命题,断言一个对象或事态的存在,其存在乃是一个道德诫命的约束力得以可能的一个条件"①。根据盖耶对"实践上的可证明性"最初的解释,一种实践上的证明就是从一个支持其真理性的实践证据中推出一个公设的理论命题的真理性,而讨论中的实践证据就是"依据一个道德诫命而行动"在道德上的必需性。根据这一解释,这个法学公设就被解读为:它肯定了一个理论命题,这个理论命题构成了一个道德诫命的约束力的条件,而这个诫命的约束力则发挥实践证据的功能,以支持其必需的理论预设的真理性。假设讨论中的道德诫命为"进入公民社会"("一个广泛联合起来的意志"的理念),那么,我们就要从一个事实中推出法学公设的理论命题(即"外在的占有是可能的")的真理性,这个事实就是,法权公设构成了"一个广泛联合起来的意志"(进入公民社会)理念得以可能的条件。唯有法权公设的理论命题为真,"一个广泛联合起来的意志"理念才是实践上可实在的。因为,作为一个道德诫命的对象,这个理念必须是实践上可实现的,法权公设的理论命题也必须为真。然而,这并不是盖耶事实上提供的论证:相反,盖耶的论证完全是反着来的,他说,法权公设"在道德上的可能性"以在"一个广泛联合起来的意志"理念之下对其命题的自由而理性的一致同意的可能性为条件。根据这个论证,法权公设并不构成"广泛联合起来的意志"在实践上的可实现性的条件。相反,法权公设的命题(即"外在的占有"是可能的)的有效性被说成是以"广泛联合起来的意志"理念的可能性为条件。

在这一点上,我们就可以反驳说,无论盖耶对"实践上的可证明性"最初的解释拥有何种优点,它都无法适用于法权公设,而这丝毫也不奇怪。因为我们很难看出,法权公设究竟在何种意义上能够貌似合理地被看作一个理论命题。一则,这个法学公设的出处并不在"先验辩证论"中所讨论的纯粹理性的诸理念中:它既不涉及也不调用任何非感性的对象或事态。相反,它涉及众主体对种种外在对象的可能的获得,涉及诸准则以及实践理性的一个法则。因此,这个法学公设的命题内容貌似具有一种实践的而非理论的

---

① Guyer, "Kant's deductions", p.37.

本性。① 所有一切,似乎就是如此。二则,法权公设的命题的形式是实然的(assertoric)而非命令式的(imperatival):"它是可能的",而不是"它必须/应当是可能的"。此外,在说出法权公设的命题(即"外在的占有是可能的")之后,康德接着说,"我的/你的"的关系(mine/thine relations)的"理论原则迷失在理知的根据之中"②。更为具体地说,"我们无法表明理知的占有如何是可能的,从而也无法表明'外在的某物是我的或你的'如何是可能的,而是必须从实践理性的公设中推出这一点"③。这些言论表明,某些不可演证的理论原则确实构成了法权公设的命题(即"外在的占有是可能的")的基础。康德告诫我们,这些理论原则是理论上不可演证的,我们不要不加提及地忽视他的告诫,而是要追问它们到底是什么。一旦我们提出这个问题,法权公设在与康德的财产权证明的关系中的独一无二的证义功能,就可以获得更好的关注。这也正是我将在下文中指出的。

(二) 法权公设的一个实践上的证义

正如我们已然看到的,康德拒斥如下一种观点,即对外在的占有的一种合法权的主张能够从每个人生而具有的自由法权中派生出来。财产权明确了众主体之间在种种可能的选择(任性)的外在对象方面的一种关系;因此,它们预设了"理知的占有"的观念。由于理知的占有明确了众人格之间的一种理知的关系,对外在的占有的法权就不能从每个人生而具有的法权中派生出来。这就意味着,根据每个人生而具有的法权,外在的占有是不可能的。根据每个人生而具有的法权,所有主体都拥有一种经验性地占有一切对象的法权,但没有人拥有一种排他性地占有任何对象的法权。由此得出,对选择(任性)的一个对象的单方面获得与排他性使用有悖于如其目前所是

---

① 沃尔夫冈·凯尔斯汀提出了这种反驳,反对把法权公设诠释为纯粹实践理性的一个公设。参见 *Wohlgeordnete Freiheit*,247,n.32。我回应了这种反驳,参见"Ist das rechtliche Postulate in Postulat der reinen praktischen Vernunft? Zum Endzweck der Rechtslehre Kants",*Jahrbuch für Recht und Ethik*,12(2004),pp.299-330。
② *RL*,6:252。
③ *RL*,6:254-255。(此处引文页码有误,据查实为6:255。——译者)

的普遍法权原则(目前来说,根据我的简化假定,普遍法则原则仅仅涵盖生而具有的法权的关系)。与此同时,康德接受,一个人格对外在占有的主张乃是他们对于选择(任性)与行动的外在自由的法权的一个推定:行使这种法权只不过就是提出对我们选择(任性)的种种外在对象的主张。如果外在的占有不是可能的,那么,自由就会"夺走自己在选择(任性)的一个对象方面对其选择(任性)的使用"。① 结果是一个法权的二律背反。一方面,对外在的东西的排他性占有不能是合乎法权的,因为这牵扯到对其他每个人生而具有的自由法权的一种单方面的减损。另一方面,对外在对象的排他性占有必须是合乎法权的,因为倘若没有这种占有,外在的自由就是不可能的。② 正是为了解决这一法权冲突,法权公设肯定说:

> 把我的选择(任性)的任何外在对象当作"我的"来拥有,这对于我来说是可能的;也就是说,通过一个准则(如果它要成为一个法则),我的选择(任性)的一个对象就其自身而言(在客观上)必须不属于任何人(无主之物[res nullius]),那么,这个准则就是有悖法权的。③

表面上看,法权公设的解决之道就是任意地断言单方面获得的合法权

---

① *RL*, 6: 246.
② 在第七节(*RL*, 6: 255)中,康德描述了这样一种法权的二律背反,他说:"合法权的实践理性被迫要在外在的'我的'或'你的'某物的概念中进行自我批判,这是由于关于这样一个概念的可能性的命题的一种二律背反……正论说:把外在的某物当作'我的'来拥有是可能的,哪怕我并没有占有它。反论说:除非我占有某物,否则把外在的某物当作'我的'来拥有是不可能的。解决:两个命题都为真,如果我把'占有'这个词理解为经验性的占有(现象的占有[possessio phaenomenon]),第一个命题就为真,如果我把它理解为纯粹理知的占有(本体的占有[possessio noumenon]),第二个命题就为真。"如果说康德对法权的二律背反的阐述在研究型文献中没有获得太多的关注,这或许是因为,他实际上直到在第六节中完成了对"纯然理知的占有"概念的演绎之后才提到这个二律背反——"解决"的关键。因此,在第七节中,对这个二律背反的陈述就有了一种"回顾性的"味道。无论如何,《法权论》的筹备笔记表明,康德花了相当长的一段时间来思考法权的二律背反,直到在出版文本中引入法权公设时都还没有解决。对康德关于这个二律背反的早期笔记的一个详细的分析,参见 Wolfgang Kersting, "Freiheit und intelligibler Besitz: Kants Lehre vom Synthetischen Rechtssatz a priori", *Zeitschrift fur Philosophie*, 6(1981), pp.31-51。
③ *RL*, 6: 246.

性。然而，康德主张，法权公设为普遍法权原则提供了一种先天的扩展。这意味着，尽管外在的占有（尚且）并不符合目前来说的普遍法权原则，但它要变成与之相符的却是可能的。换句话说，法权公设通过把普遍法权原则扩展至众主体之间在种种外在对象方面的关系之上，引入了"合法权的占有"——依据普遍法权原则的占有——的可能性。对于法权公设，康德说：

> 能够被称作实践理性的一个许可原则（lex permissiva），它给予我们一项不能从法权本身的纯然概念中获得的权限，即把所有其他人置于一项他们原本没有的职责之下，这项职责限制他们使用我们选择（任性）的某些对象，因为我们最先把它们纳入我们的占有之中。理性愿意，这作为一个原则而生效，而且，它作为实践理性的愿意如此，实践理性凭借这个理性的公设先天地扩展了它自己。①

根据这个段落，我获得授权，把其他人置于一项职责之下，限制他们使用我的选择（任性）的种种对象，这仅仅是因为"我们最先把它们纳入我们的占有之中"。这种权限"不能从法权本身的纯然概念中获得"。因此，法权公设的权限貌似超出了普遍法权原则的界限。这似乎本身就是成问题的。普遍法权原则构成了定言命令式的外在版本：定言命令式是道德性的最高原则。普遍法权原则是道德性的最高原则的外在版本，基于何种根据，我才有可能获得授权，去违反普遍法权原则的一项禁令？

在此，对于作为一个许可法则（lex permissiva）的法权公设，莱因哈特·布兰特的一个颇有影响力的分析提供了一些启发。根据布兰特的观点，定言命令式承认两种与行动有关的命令式：道德上要求的行动（morally required acts）与道德上禁止的行动（morally prohibited acts）。然而，作为一个许可法则，这个法学公设与这两类皆不相符。既然如此，我们又该如何理解法权公设与普遍法权原则之间的关系呢？布兰特提出，要把《法权论》中

---

① RL, 6: 247.

的"许可法则"当作一种"特别法"(Ausnahmegesetz)来使用——当作一个用以调和"一个一般禁令"(a general prohibition)和"一个一般要求"(a general prescription)的非常法(extraordinary law)来使用。法权公设要调和一个禁令和一个要求:这个禁令是,不要把我们的选择(任性)的外在对象纳入到我们排他性的占有之中——该项禁令基于每个人生而具有的法权;而要求是,承认每个人对他们选择(任性)的种种外在对象的排他性占有的主张——该项要求基于外在自由概念本身。法权公设非常地授权实施一个道德上禁止的行动(单方面地限制每个人生而具有的自由法权),以便使一个其自身在道德上被要求的行动得以可能(承认外在的占有的合法权性)。然而,这种权限本身以众主体进入到公民状态为条件,唯有在这一条件下,财产权(作为对众主体在种种对象方面的一种理知的关系的明确化)严格说来才是合法权的。①

关于布兰特对法权公设在财产权问题上证义功能的诠释,我在其他地方已经做过比较详细的分析与阐释。② 在此,做一个简要的阐述就足够了。我们说,法权公设非常地和暂时地授权我们单方面地获得我的选择(任性)的一个外在对象。这种行动构成了对所有其他人生而具有的自由的一种侵犯,因为他们如今被限制使用那个对象。然而,如果没有这样一种单方面获得的行动,选择自由与行动自由本身就会是不可能的。尽管单方面获得的行动确乎构成了对每个人生而具有的自由法权的一种侵犯,但如果外在的

---

① Brandt, "Das Erlaubnisgesetz", p. 244:"自然法权的许可法则的系统性方位就在对一个对要求与禁令的调和之中:某个'自在地'被禁止的事情暂时地被许可,让'阻挠'的法权要求不再生效。"布兰特非常重视康德对"临时法权"(provisional Right)与"永久法权"(peremptory Right)的区分——《永久和平论》在讨论自然法理论中所使用的许可法则的法学范畴时也援用了这一区分。根据康德的观点,一位君主放弃实施必要的法学改革,遵从一些严格说来不正义(有违自然法)的既有的实在法,有时候是可被允许的。在政治不稳定的情况下,或者在那个时间点上预期的风险大于实施改革的收益,拖延法学改革或许就是成义的。那么,既有的不正义的实在法就可以算作"暂时正义的",只要君主有坚定的意向在尽可能早的时机实施必要的改革。一个不正义但却可被允许的法律的"暂时的"权限的概念,清楚地说明了布兰特对《法权论》中的许可法权(lex permissiva)的分析,在他的分析中,一种不正义的必然实施之所以是成义的,乃是由于开创永久法权关系的要求,这种关系唯有通过必要的不正义的行动才是可能的。

② 参见 Kant and Modern Political Philosophy, chapters 5 and 6。

选择自由与行动自由要成为可能的,那么,合法权的占有就必须是可能的。但是,合法权的外在占有明确了众主体之间在种种外在对象方面的一种关系:合法权的占有预设了"理知的占有"的观念。然而,唯有在公民状态中,理知的占有观念才是可能的。因此,如果合法权的占有预设了理知的占有观念,如果理知的占有唯有在公民状态中才是可能的,那么,就单方面获得的行动可以被看作我和其他人一起进入公民状态的意向的表现而言,法权公设授权这一行动就被视为合乎法权的。但是,它必须被看作这种意向的表现,否则这个行动就不可以被视为合乎法权的。如果它不可以被视为合乎法权的,我就没有权限把其他人置于一项职责之下,即限制他们使用其选择(任性)的种种对象。但是,在任何地方,只要我单方面获得的行动确乎是依据法权公设对它的授权来进行的——在任何地方,只要它确乎是与其他人一起进入公民状态的意向的表现——那么,所有其他人也就被要求赞成这个意向。因此,依据法权公设,外在的占有之所以是可能的,是因为我们有进入公民状态的职责。法权公设愿意众主体进入公民状态,这是通过暂时地授权一个单方面获得的行动实现的,这个行动(被授权为合法权的)必须被诠释为进入公民状态的意向的表现,外在的占有唯有在公民状态中才能是合法权的。

最近,尽管布兰特的诠释遭到了很多释义者的攻击,他们认为康德对"许可法则"概念的使用更接近传统的自然法理论,而不是布兰特所认可的诠释,但在我看来,他的诠释依旧是对康德的证义策略的最为系统也最有说服力的重构之一。[1] 然而,在当前语境中,我的首要关切是要论证,如果我们确乎接受法权公设作为一个非常的、临时的法则的证义功能,那么,我们就必须严肃地对待其权限来源的不可演证性。因为,尽管法权公设通过暂时地授权一个单方面获得的行动,而且这个行动转而又产生了"与其他人一

---

[1] 举个例子,参见 Joachim Hruschka, "The permissive law of Practical Reason in Kant's Metaphysics of Morals", *Law and Philosophy*, 23(2004), pp. 45-72。亦可参见 Franz Hespe, "Wbhl dem, der im Besitze ist. Zur Eigentumsbegriindung in Kants Rechtslehre", 收录于 D. Hüning, G. Stiening, U. Vogel (eds), *Societas Rationis. Festschrift fur Burkhard Tuschling zum 65. Geburtstag* (Berlin: Duncker & Humblot Verlag, 2002)。

起进入公民状态"的职责,解决了实践理性在法权上的一个冲突,但康德坚持认为,"这种(纯然合法权的)占有的可能性没有任何办法可以证明它自己,我们对它也没有任何洞识。任何人都无须感到诧异的是:外在的'我的'和'你的'的理论原则迷失在理知的东西之中,并没有代表对知识的任何扩展"①。在这个节点上,我们就回到了盖耶把法权公设解说成一个理论命题所造成的困难。这个困难就在于,把外在的"我的"和"你的"的"理论的原则"理解成什么。正如我说过的,与"上帝存在"和"灵魂不死"的公设相比,法权公设并不涉及任何非感性的对象或纯粹理性的理念,法权公设并没有出于一些实践的根据断言有这样一些对象或理念存在。这个法学公设并没有(或者并不显得是在)表达一种超知识的"实践信仰"(Vernunftglaube)②。相反,它肯定了时空中的众主体之间的一种实践上的法学关系的可能性。有鉴于此,令人诧异的事情与其说是"我的"和"你的"的理论原则"迷失在理知的东西之中",毋宁说是竟然还存在这样一种理论原则。

只要我们把焦点转向法权公设的权限来源,康德提到法权公设的不可验证性的意义就变得更加清楚了。康德说,法权公设授予我们一项权限,而且,他还补充说,正是理性本身愿意这个法权公设。因此,貌似正是理性本身构成了法权公设所授予的这种权限的来源。但是,说"理性"授权我们获得我们选择(任性)的种种外在对象,这话是什么意思?为了澄清这句话的意思,考虑一下它不能是什么意思,将会是有所帮助的。我在前文中说过,法权公设授权我单方面地获得我的选择(任性)的一个外在对象,把这看作是我与所有其他人一起进入公民状态的意向的表现。这并不是说,在这件事上,我在我的意向方面拥有任何选择。我提出一项对外在占有的主张,这并不是偶然的。我投奉于一个单方面获得的行动,这也不是偶然的。就凭我作为一个自由行动者的身份,我必须提出这个主张,必须投奉于这个行动:如果我没有提出这个主张/投奉于这个行动,那么,外在的自由本身就会

---

① RL,6:252.
② 此处的德文"Vernunftglaube",字面意思是"理性信念"。括号中的"实践信仰"是对原文括注"practical faith"的直译。——译者

是不可能的。我拥有与其他所有人一起进入公民状态的意向,这也不是偶然的:我必须(被当作是)拥有这个意向的,因为我的单方面获得的行动代表了一项合法权占有的主张,因为合法权的占有唯有在公民状态中才是可能的。从始至终,法权公设的授权表达了道德强制的事实。我不可以选择不投奉于这个行动,不拥有这个意向。但是,如果我不可以选择不拥有这个意向,那么,我就不能是这个意向的权限来源。因此,我不是"我要进入公民社会"这项职责的创作者。

那么,什么人或者什么东西才是那个授权的权威呢?这个授权的权威就是自由的理念。康德说,任何人都无须诧异,关于那些属于"我的"和"你的"的外在对象的理论原则迷失在理知的东西之中,因为"对于这些原则建立于其上的自由概念的可能性,无法予以理论的演绎"①。外在的"我的"和"你的"的理论原则乃是基于自由的理念。但是,自由理念本身是实践理性的一个理论上不可领会的公设。因此,说我作为自由行动者的身份本身就是法权公设的授权来源,这根本不是说,我就是授权的来源。我不是我的自由的来源:其来源之处超出了我可能领会的界限。在这个方面,考虑一下法权公设对我的法学视野的扩展:我提出了一个外在占有的主张,并且发现我自己有职责要与所有其他人一起进入公民状态。这多于我最初提出主张时的要价。然而,法权公设在责成我与其他所有人一起进入公民状态时,就在众主体之间的关系中造成了一种质的改变,他们现在为彼此承担起了种种公民责任。② 愿意他们进入公民状态的是理性,而不是众主体自己。理性作为实践的理性愿意如此,也就是说,依据自由的理念愿意如此。然而,尽管我们能够承认,我们确乎(作为那种不得不把他们思维成自由的存在者)处于对彼此的法权职责之下,但我们对我们的种种职责的理论根据根本没有任何洞识。就其派生自自由的理念而言,我们对彼此负有种种法学职责这个事实本身,就是一个理论上不可领会的"理性的事实"。

---

① *RL*, 6:252.
② 我在论文"Ist das rechtliche Postulate in Postulat der reinen praktischen Vernunft?"中更为详细地发展了这种思路,参见脚注64(即本书第175页脚注①。——译者)。

五、法权公设理论上的不可演证性的道德

　　第三节在与一般而言的实践理性诸公设的关系中区分了"实践上的可证明性"与"实践上的证义"。我提出,前者试图为众主体在实践上对一个公设的理论命题的必然赞成提供实践上的保障,而后者致力于为其命题内容的真理性提供实践上的证据。第四节把这一区分应用于法权公设。在第四节的第(二)小节,我论证说,对于法权公设在实践上的可证义性来说,有一种情形可以承认其理论上的不可演证性的道德意义。在第四节的第(一)小节,我还论证说,盖耶本人从对诸公设的理论命题在实践上的可证明性的主张出发,偷溜到了对他(实际上)将其解说为一个实践的法权命题的实践上的证明。这场偷溜并不意味着,盖耶对"实践上的可证明性"的两种相异的解释之间没有任何关系。在两种情形中,盖耶的首要关切都是要减少他从法权公设理论上的不可演证性中所觉察到的威胁,其不可演证性在我们的种种职责的根据方面对我们的道德确定感(our sense of moral certainty)构成威胁。我相信,最初正是因为察觉到了这种威胁,盖耶强有力地回应维拉舍克,维拉舍克否定这个法学公设的可证明性。而且,也正是因为对道德确定性的这种探求,盖耶忽视了他为"实践上的可证明性"提供的两种解释之间的不连贯性。因此,无论他提供的两种证明策略之间存在何种差异,它们共同的关切都是要清除掉从法权公设理论上的不可演证性中觉察到的那种能够摧毁我们的道德信心的潜力。在最后一节,我想要指出,法权公设理论上的不可演证性没有对"我们作为道德主体的身份"的理解构成任何威胁。相反,它或许深化了这一理解。为此意图,我想简要阐述一下法权公设与自由公设之间的联系。

　　鉴于其功能是充当道德法则的可能性根据,康德给自由的理念安排了一个比实践理性的其他公设更为特殊的地位。尽管如此,当他把自由说成是实践理性的一个公设时,他强调的是其理论上的不可演证性。他还坚持认为,我们对其理论上的不可演证性的承认在实践上是有意义的。一方面,

我们对于"构设其自己的理念秩序"(frame its own order of ideas)的能力只能拥有很少的理论洞识①，就像我们对于理性独立于自然因果性的可能性所能拥有的一样。另一方面，尽管"我们不能领会自由的最高法则在实践上的无条件的必然性，但我们毕竟领会到了它的不可领会性"②。当我们领会到了这一点，我们就"在实践的意图中"(in praktischer Absicht)把我们自己思维成了"一个由种种事物构成的理知秩序"(an intelligible order of things)中的参与成员。然后，我们就把我们的实践任务理解为"把一个理知的世界的形式赋予感觉的世界"(give to the world of the senses the form of an intelligible world)。③

尽管康德本人显而易见地给我们对于那作为纯粹实践理性的一个公设的自由在理论上的不可领会性的实践上的领会附上了道德意义，但康德道德哲学近期的诠释者们却趋于把康德主义自由理念的这个方面当作道德上无关紧要的东西来对待。他们强调要通过(尽可能地)以严格内在的、实践的方面来诠释自由的理念，以避免康德实践哲学中的本体维度(noumenal dimension)。④ 这种如今对康德主义实践自由占据主导地位的诠释遭到了让·格龙丹(Jean Grondin)的尖锐批评，因为这种诠释忽视了他所谓的"康

---

① CPR, A 548/B 576.（此处引文，有所改动。作者在其他著作中一个更为完整的译法是"frame for itself with perfect spontaneity an order of ideas of its own"[以完全的自发性为其自身构成了其自己的种种理念的一个秩序]。参见 Katrin Flikschuh, *Kant and Modern Political Philosophy* [Cambridge: Cambridge University Press], 2000, p. 75。但是，此句原文为"sondern macht sich mit völliger Spontaneität eine eigene Ordnung nach Ideen"。显然，"nach Ideen"是"依据理念"或"按照理念"。因此，吾师秋零先生译作"而是以完全的自发性按照理念给自己构设一种独特秩序"。参见康德：《纯粹理性批判：注释本》，李秋零译注，中国人民大学出版社2004年版，第391页。——译者）
② 《奠基》(*GW*), 4: 463。（此处引文，有所改动，即将原文中的"des moralischen Imperativs"[道德命令式的]改成了"of freedom"[自由的]。——译者）
③ *CprR*, 5: 44.（此处引文页码有误，据查实为第43页末尾。引文有所改动，即将原文"einem Ganzen vernünftiger Wesen"[一个理性存在者组成的整体]换作了"an intelligible world"[一个理知的世界]。——译者）
④ 参见（举个例子）Christine Korsgaard, "Morality as freedom", in Korsgaard, *Kingdom of Ends*, pp. 158-187。亦可参见 Andrews Reath, "Legislating for a realm of ends: the social dimension of autonomy", in A. Reath, B. Herman and C. Korsgaard (eds), *Reclaiming the History of Ethics. Essays for John Rawls* (Cambridge: Cambridge University Press, 1997), pp. 214-240。

德实践哲学中的'沉思性特性'(contemplative character)"①。格龙丹指向我们对道德法则之崇高特性的经验,那是康德在第二《批判》众所周知的"结束语"(Beschluss)中提到过的。② 我们对于道德法则的可能性根据的不可领会性的特有洞识在我们身上激起了一种对法则的敬重(Achtung)情感,这种情感继起于对法则之不可领会的"威严"(majesty)的洞识,为道德行动提供了正确的动机。然而,如果我们缺乏对法则的本体维度的洞识,那么,这种对道德法则的敬重,作为依据行动的正确动机,就会是不可能的。实际上,回到《法权论》,盖耶对《法权论》的解读中最引人注目的,正是他为法权目的提供的极其贫乏的解释。

尽管盖耶认为,他对康德主义自由的"目的论的"解释有别于时下占据主导地位的、罗尔斯式的建构主义诠释,但他与此类诠释有一个共同关心的问题,即从中遮蔽掉康德对一种本体论维度的援用。因此,根据盖耶的观点,自由构成了"道德性的最高价值",每个理性存在者都必然地为这种价值的经验性的实现而奋斗。③ "自由的内在价值"被说成是与其"工具性的价值"密切相关的,这种"工具性的价值"就是充当达成人类幸福的一个手段。一方面,自由在"把我们置于对我们的幸福来源的掌控之中"方面具有工具价值。在使我们选择和追求我们自己的目标与计划方面,自由"为我们的幸福"提供了一个"比纯然的自然所能提供的更为可靠的与更为确定的基础"④。另一方面,还有一种"我们从自由本身的理念中获得的特殊的内在幸福"。这种幸福就是"我们从我们是自己幸福的创作者(authors)的思想中获得的愉快"⑤。因此,"我们在行使自己的自由时这种特殊的与最深的满足的来源,不在于我们逃离了感官世界,而在于我们在感官世界之中把我们

---

① Jean Grondin, "Zur Phänomenologie des moralischen 'Gesetzes'. Das kontemplative Motiv der Erhebung in Kants praktischer Metaphysik", *Kant-Studien*, 91(2000), pp. 385-394.
② *CprR*, 5: 162.
③ Paul Guyer, "Freedom as the inner value of the world", in Guyer, *Freedom, Law, Happiness*, pp. 96-128.
④ 同上,p. 110。
⑤ 同上,p. 111。

的种种欲求与行为统一起来的这个事实,或者我们把感官的世界改造进了一个理性的世界之中这个事实"①。

对于盖耶来说,自由既是最大限度地实现尘世的幸福的条件,也是那种出自我们把自己视为我们自己的幸福的创作者的特殊满意的来源,就此而言,自由具有最高的道德价值。这样一种康德主义的自由观念,即把自由看作实现人类幸福的条件的观念,有助于解释盖耶对《法权论》中这个法学公设的解读。对于盖耶来说,就自由被理解为合目的的理性存在者达成最大可能的幸福而言,康德的财产权论证就是在实践上实现这种自由的一个不必可少的方面。由于掌控我们选择(任性)的种种外在对象是众个体追求他们自由选择的与理性上合目的的种种行动性(activities)的一个条件,它"对于所有受到影响要采纳一个财产权体系的各方来说都是理性的"。② 把建立起一个财产权体系的理性兴趣归于众个体,这样做解决了前面强调过的一个与盖耶对"广泛联合起来的意志"理念的处理有关的含糊之处。在那里,法权公设在道德上的有效性被说成是这样一种功能,即众个体在"一个广泛联合起来的意志"理念之下对法权公设的可能准许。尽管这一举动使得法权公设的有效性以"一个广泛联合起来的意志"理念的可能性为条件,但也使得这个理念的模态(modality)——其理性上的必然性——无法得到解释。盖耶对自由的解释解开了这一谜团。原来,自由的与合目的的存在者之所以对依据"一个广泛联合起来的意志"理念而行动拥有一种必然的理性兴趣,是因为他们对于建立起一个财产权体系拥有一种必然的兴趣,将其作为实现他们的自由及其实现所能给予他们的幸福的一个条件。因此,对于盖耶来说,"(康德)对财产权的分析使得对'获得财产的自由权'(the liberty to acquire property)的保护成了创立与维持政府的根本理由"③。然而,尽管盖耶的解读为我们对彼此的法学义务的终极根据提供了某种实践

---

① Paul Guyer, "Freedom as the inner value of the world", p. 113.
② Paul Guyer, "Kantian liberalism", in Guyer, *Freedom, Law, Happiness*, p. 239.
③ Paul Guyer, "Kantian liberalism", in Guyer, *Freedom, Law, Happiness*, p. 266,强调系添加。

上的证明——其根据就在对幸福的追寻之中——但他的解读也产生了一种关于康德法哲学的极其局限的观念。事情成了这样,不只是因为盖耶在把财产权保护当成进入公民状态的根本理由时,忽略了康德本人在公民社会之种种目的方面的主张:

> 国家法权(the Right of a state)与国际法权(a Right of nations)的概念不可避免地引向一种万国法权(a Right for all nations)(ius gentium)或世界公民法权(cosmopolitan Right)。因此,如果上述三种可能形式的法权状态中的任何一个缺少受到法则限制的外在自由原则,所有其他框架都不可避免地遭到破坏,最终必定坍塌。①

在当前语境中,这段引文的有趣之处主要在于,它指明了康德对于"我们对彼此的法学义务"观念的无条件本性:法权的目的是要逐渐地在众人格之间建立起全面的(亦即全球的)关系。换句话说,建立起这样一种全面的法权关系是一个就其自身而言的目的(自在目的)。相比之下,盖耶解读的局限性就在于它把法权概念工具化的倾向。我们之所以被说成拥有一种"建立起彼此之间的法权关系"的兴趣,是因为我们这样做促进了我们的其他一些兴趣(通过自由获得幸福)。准确地说,这种解读未能捕捉到康德关于"进入公民状态是为理性所愿意的与出自理性的缘故的一项先天的职责"这一主张的力量。诚然,说"进入公民状态出自理性的缘故而为理性所愿意",就是提出了一个极其浑浊不清的主张:这不是一个我们能够轻易弄明白的主张。但是,这不能担保这样一个结论,即只要我们能够以把它弄明白的方式诠释出来,这个主张就是有效的。我们之所以弄不明白,或许恰恰就是因为这种主张回避工具化:对于像我们这样的有限理性存在者来说,这个

---

① RL,6:311.《法权论》中没有任何东西与盖耶对法权目的的解释相似。正如路德维希所强调的,文本"没有提到人类的种种欲求、需要或兴趣……没有提到任何理性的生活追求,或者作为一个个体性来源的一个人格的构造……没有提到那种'有战争倾向'意义上的人类本性"——我们还可以补充,没有提到对人类幸福的追求。

主张或许在构造上就是浑浊不清的。换句话说,情况或许是这样的,如果我们想要充分领会这样一个主张,我们就只能局限于为它给出一个工具性的解释。诚若如此——如果我们能够使法权概念的根据对于我们来说成为充分可领会的,那么,就只能以将其工具化为代价——任何使之充分可领会的尝试都将产生一种威胁,即从康德政治哲学中剥夺掉它最为引人注目的命题:它把法权关系在实践上的可实现性看作一个就其自身而言的目的(自在目的)的观点。如果(对于像我们这样的有限的理性存在者来说)实践理性的任何充分透明的命题都不可避免地采取一种工具性解释的形式,那么这样一种存在者想要维护道德性的无条件特性,就只能承认实践理性的一些命题对于他们来说并不是充分透明的——这些命题在构造上对于他们就是浑浊不清的。与此同时,正是他们对于此种浑浊不清的领会——他们领会到这些命题的不可领会性——构成了众主体依据道德法则而行动的最为强有力的动机。

　　本文为此法学公设提供的这个备选诠释有一个优势,即(为我们)保持对道德性的终极根据的这种构造上浑浊不清的洞识,这使得对普遍法权原则的无条件特性的一种领会成为可能。回想一下法权公设在我们身上的反思效果:我们提出了一种对外在占有的主张,并且发现我们自己有职责进入公民社会。我们未曾预料到这一结果。然而,法权公设在引出了我们对一个事实的承认,即我们仅仅凭借我们作为自由行动者的身份就对彼此负有种种职责时,也深化了我们在法学上的道德视角。作为那种(至少从一种实践的方面来看)不得不把自己看作自由的存在者,我们必须承认我们在"种种事物的一个理知的秩序"中的成员身份。因此,建立起全面的法权关系(作为一个就其自身而言的目的)就(在实践的方面)清楚阐明了我们的(凭借我们的自由)"把一个理知的世界的形式赋予那个作为感性的自然(涉及理性的存在者)的感觉的世界"[①]。

　　我的诠释中没有任何东西会使工具性的法权概念成为不可能:我的诠

---

① *CprR*, 5: 44.

释只是把它放进了恰当的视角之中。有限的理性存在者对法权概念之根据的领会不可避免地受制于对这些根据的一种工具性的解释,就此而言,他们唯有借助于工具性的观念才能影响法权关系在实践上的实现:唯有通过将每个人的外在占有的法权现实的制度化才能巩固这种法权。对于康德来说,建立起全面的法权关系只能采取这样一种形式,即(在一众理性存在者之间的)一个全球范围内制度化了的财产权体系。但是,"建立起法权关系"的手段绝不能与"法权的种种目的"混为一谈。制定法权关系不是巩固财产权的一个手段,相反,在一众有限的理性主体之间建立起财产权才是在他们之间建立起全面的法权关系的一个手段。唯有这样一种对法权公设的诠释,即那种严肃地对待康德对其理论上的不可验证性的警示以及我们对其不可领会性的实践上的领会的诠释,才能维护康德这种把法权看作一个就其自身而言的目的的洞识。①

---

① 本文最初是为"康德的价值哲学"(Kant's philosophy of value)研讨会所写的,该研讨会于 2003 年 3 月在赫特福德郡大学举行。本文的多个不同版本的草稿还曾提交给谢菲尔德大学与曼彻斯特城市大学的研讨会。我要感谢这些活动的所有组织者与参与者,他们提供了有益的评论与建议。我尤其要感谢索兰·拜雅苏(Sorin Baiasu)、大卫·贝尔(David Bell)、保罗·盖耶、彼得·尼森(Peter Niessen)、奥诺拉·奥尼尔(Onora O'Neill)、简·辛格尔顿(Jane Singleton)与罗伯特·斯特恩(Robert Stern)。最后,我要感谢《康德评论》杂志的匿名审稿人,感谢他们为本文定稿提出的评论与建议。

康德论战争与和平:一篇历史哲学随笔*

保罗·那托普** 著

邢长江*** 译

人们的喜好和倾向太过不同,致使我们所处的时代(特别是在人的问题方面)陷入分裂,而人们对"伊曼努尔·康德的哲学工作何以影响深远?"这一问题的分歧正是种种分裂的其中一种。对此人们所能达成的唯一共识是:康德其实并没有新发现什么确定的真理(或绝对可靠的洞见)。相反地,我们要全面地了解他取得了怎样的独特成就,就需要研究他自己最为强调的东西,那就是要研究他的思维在方法论上的根本方向(methodischen Grundrichtung),即他的"批判"方法。这里所谓的"批判",所指的是要到处追问最终可以达到的、超越于任何可经验的事物之上而又不依赖于这些事物的自身的根据(因为经验是有条件的),即他所谓的"先验"根据;所指的是要研究一般的人类精神存在之"界限";所指的是人们是否可以基于其自身的内在条件来探究事物具有何种样态的可靠性、存在之持存性(Seinsbeständigkeit)以及这种可靠性和持存性到底达到何种程度;所指的是

---

* Paul Natorp, *Kant Über Krieg und Frieden: Ein Geschichtsphilosophischer Essay*, Erlangen: Verlag der Philosophischen Akademie, 1924.
** 保罗·那托普(Paul Natorp,1864—1924),德国哲学家,马堡学派的新康德主义代表人物。代表作有《柏拉图的理念学说》等。
*** 邢长江,哲学博士,湘潭大学哲学系讲师,主要研究方向为德国古典哲学。

要研究自我认识的整个基本规定，而不直接地研究哲学的宏大对象（世界、灵魂、上帝），并不直接地研究它为何物；所指的是要研究在意识中表象出来的人类生活的一切方面（人在思维什么、认知什么、想要什么、创制什么、信仰什么）。但是，人必然能够对这些问题给出一个说法，因为他并不必须去外面寻找这些问题的答案，而总是且只是在其自身之中寻找这些问题的答案。康德举例说：就像哥白尼通过观察位置的变动（而不是改变天体自身的变动）发现了使天体得以在太空中规律运动的原因那样，他也希望通过揭示我们人的理解、意愿、感觉和信仰之条件的根据（而不是直接去把握事物本身，最终再回到人这个主题之上），更有把握地找到我们的认识与其对象（即在现象中呈现给我们的一切——不管是内在的还是外在的——科学的、伦理的、艺术的、宗教的世界和超越世界）之间的规律性关系。

但是，显而易见的是，只单纯转变提问的方向并不必然能够使人得到确定的、一致的成果。我们对人的内在世界研究得越深，我们就对哲学追问原本所指向的整个客观世界感到更加困惑。内在世界和客观世界真的完全不同吗？如果无限制地向外看会让人陷入迷失于无边广袤之宇宙的危险，那么人们只顾向内看，以至于世界狭隘到一个角的两条边之间的那点地方，就会少一点危险吗？当然，回到中心并不意味着外在地由繁至简，而是意味着回到法则（Gesetz）之上；它的目的在于完成一种仿佛基于坐标而完成的构造。由此，似乎只要我们正确地得出根本法则（Grundgesetz），那么一切周遭事物都不得不被容纳到理论的框架之内，甚至不管外在事物外在地扩展到何种境地，都不得不被置入内在的、合法的统一性之中。

毫无疑问，这恰恰就是康德想要且事实上相信他自己确实也在一定范围之内做成了的。但是即使如此，他也没有避免上文所说的危险。正如上文所述，他的统一性建构只容纳了他那个时代的观点，且受到了科学史的限制，即受到了欧几里得的几何学、牛顿的自然科学、虔敬派的道德和宗教观、自然法学家们的法学和国家观念、温克尔曼和莱辛的艺术观的限制。他远没有认识到（虽然他有时候会想起来）在任何一个这样的领域中，终究都存在着不止一种观点，而这些观念又不是完全固定的，而是可以变化的；当然，这种可变性并不意味着此间毫无规律,但是反过来说,这种变化的规律性本身可能又是可变的、多维度的,因而我们难以把握这种变化的规律。可是,如果真的是这样,那么人们到底是从内部还是从外部去把握认识与对象之间的关系的五花八门的规律性,就不是那么重要了。内在和外在难道是两回事吗?这说的不正是"没有什么是在内的,没有什么是在外的,因为在内的东西是在外的"吗?当然,在这里我们应当坚持一种最为严格的相互关系性(Wechselbbezüglichkeit),既不偏重这一边,也不偏重那一边。正是因为合法性(Gesetzlichkeit)兼有内与外两面(zweiseitig),但在这里内与外又绝非完全两回事(zweifach),所以一些其他的问题就来了:通过揭示这种两面性,原初本已繁多的维度是否得到了简化?或者说,我们是否由此可以把握那纷繁复杂的东西?至此,哲学性的统一性研究赢得了一个从未想象到的、几乎不能再被忽视的广度。它的任务并没有因此变得更容易。但是它的工作至少不是徒劳无功的,因为也许正是通过这样,人们才至少可以看见主观主义和客观主义、观念论和实在论、内在和超越之间永远无法断定的立场之争,或者可以看到那种人们原本想要把一切东西归于其下的原初对立到底为何。

但是如果人们从革新方法论这个角度来看待康德,那么就会很快地发现:虽然他原本想回答世界上的一切问题,但是他的思维却最终陷入异常固执的二元论(他在1779年的硕士论文中直接地把它描述为感觉世界—理智世界之间的二元论)之中。一方面,康德思考着关于现象的固定不变的、确定不移的规律,且这种规律可以永远被研究下去。而另一方面,康德又在想着人类最终无法对其言说的自在存在(Ansichsein):自在存在同样也是确定的实存,且更为单一;它就其本身而言无疑是理性的(rational),但是它却更为贴近有限的知性;它被容纳在一个有限的、由必须被完全固定之"条件"所构成的最为固定的体系之中,因为我们的一切思维与存在都必须受到它的支配;这个体系超越于一切事物之上、一般地超越于任何有限事物之上,它全然是崇高的、绝对的。现在确定的是,无论把条件上升到何种地步,我们也无法沟通一般的有条件者的领域与终极的、全然无条件者之间的鸿沟。

无论如何，正是因为康德在现象这一侧如此狭隘地设定了死板的条件，所以我们必须要对其进行超越。但是，可以说，在今天，我们已经一劳永逸地完成了这种"去除界限"（Entschrankung），至少在原则上是这样。或者说，只要我们还要克服那些仍未消除的死板状态，那么就需要注意到，康德本人恰恰就开辟了这样的道路。如果人们循着他所开辟的道路继续前进直至终点，而不是仍旧止步于他最终没有跨越过去的障碍的话，那么人们就会对他致以更高的敬意。

康德本身并不缺少提出极端问题的勇气。他像古人那样，并不回避无限的深渊，并不回避引诱着我们前往充满矛盾的"风暴海洋"。他直面它们，坚决与其斗争。在理论方面，他绝不是一个和平主义者。他重新发现了那些思想深刻的前人已然熟知的二律背反的方法；他熟练地运用这种方法（虽然他并不是在所有地方，而仅仅在他熟悉的领域中如此熟练地运用），并且通过这种熟练运用解决了许多艰深的问题。在理论的最高层面上，他很了解"战争是万物之父"这个道理。并且如果他像那些使他得见何为精神之勇气的人一样，总是在一切斗争的最终基础之上预设作为不可动摇之真理的"永久和平"，那么他和古老的赫拉克利特一样都清楚，我们永远不会知道何为最终的和谐，它是我们绝不能获致的东西，它是超验的。正是由于它所具有的纯粹和不可获致的本性，所以它凌驾于一切我们可以明显看到的事物之上。正是由于它具有的隐秘的确定性，所以人们在需要把它丢在一边的时候就把它丢在一边。但也正因如此，他找到了唯一可能从哲学的角度回答战争与和平这个严肃问题的要点。

这不只是人类的问题，而且是宇宙的问题。这正是康德见解的不凡之处；虽然他自己并没有意识到这一点。在鲜为人知的、鲜被重视的康德第一篇重要的著作《自然史与天体理论》（1755）中，康德展开了一幅描绘宇宙生灭的巨幅画作，在这篇文章中，他想要说明，无论有限的宇宙多么秩序井然，它都必定会最终陷入某种普遍的混乱之中，世界秩序之上的世界秩序总是必然会以永不枯竭的丰盈之态重新出现。因为即使在混乱之中，法则仍占据支配地位。对于康德来说，外在的宇宙是某种具有神性的东西；他在其中并非只看到了和平与和睦;只是因为在其中,甚至在最为错综复杂的混乱之中,在残忍的互相毁灭的最为激烈的斗争之中,万事万物也都只会遵从更高的尺度和法则,后者最终产生更高程度上的统一与一致,甚至产生更高的发生秩序(Geschehensordnungen)。正是因为他无比坚定地相信,有一种最终的理性能统摄世界上所发生之事(Weltgeschehen),所以他才能够勇敢到要超越仍然太过死板的、艾萨克·牛顿(他只知道一个一劳永逸的、从此以后绝对不可改变的世界结构)的宇宙观,去探问与之相反的宇宙观,进而去探问统治着它乃至于统治宇宙之中所有发生物的、更为伟大的合法性。因此,"在围绕着太阳运行的行星的联结中出现的体系性的东西,在恒星群中"就完全消失了;它们已经不再可以像以往人们所相信的那样"充满所有的天宇和众天之天"①。整个银河系在主平面上的共同关系终于被认识到,而有确切的证据证明,原本被假想为固定的恒星群其实也发生了位移。这一切都说明了,原本一般人所假想的恒星群其实只是"一个更高的秩序的变动的行星",而事实上在其之上还有一个大的系统性结构统摄着它,就像它自身在较小的范围内统摄着太阳系那样。当然,康德的类比还不止此。正如人们所知道的那样,康德敢于假设,在星云之中像银河系那样的其他星系存在于非常遥远的地方。我们在这里仅仅看到了(他说)"各个世界和星系的递进关系的第一批成员,而这无限递进的第一个部分就已经使我们认识到,对整体应当做出什么样的推测。这里没有终结,而是一个真正无法测度的深渊,人的概念的所有能力尽管可以凭借数学的帮助而提高,但还是沉没在这深渊之中……已经启示出来的智慧、美善和力量是无限的,而且也是无限富有成果的、无限活跃的;因此,启示它们的计划必然与它们自身一样是无限的、没有边界的"②。但是,通过星系的系统性结构所做的大小类比,我们也可以进一步推论说,被造物具有同样的原因和特性。③ 正如无限的空间

---

① 《著作集》(科学院版)第一卷,第 247 页。下文仅根据卷号和页码进行引用。(本文所涉及的康德原著的翻译,参考了李秋零主编的《康德著作全集》。——译者)
② 同上,第 256 页。
③ 第 307 页。

涵盖了星系和星系的星系等等那样，无限的时间也涵盖了一切它们的生成过程——涵盖了它们的生灭。因为"凡是有限的东西，凡是有开端和起源的东西，自身就包含着其受限制本性的特征，都必然要毁灭，要有一个终结"①。自然"以一种挥霍来证明自己的财富，这种挥霍通过一些部分向短暂性纳贡，而凭借其完美性的整个范围中无数新的产生来确保自己不受损害"②。不管是花还是昆虫，是世界还是世界的体系，在这里都没有区别……"一切大的东西，如果与造化在无边无际的空间中通过永恒的序列表现出来的无限者相比，都会变成小的，甚至仿佛是变成了一个点。"③即使整个可见的宇宙重新陷入原初的混乱之中，人们也会期待宇宙再次从新的混乱中发展出先前那般的秩序。④ 自然包含了各类事物的一切可能的等级，包含着从完美到虚无的所有种类。缺陷本身是过剩的一个标志，二者之总和却是不增不减的。⑤

正是因为这种宇宙生成观过于宏大，所以面对它，我们的灵魂可能会感到有些眩晕。但是"如果它在元素的喧闹和大自然的废墟中任何时候都置身于某个高度，从那里能够观看造成世间万物衰亡的灾难仿佛在脚下滚滚而过，那该是多么的幸福啊"；"那时，不死的精神将得到解放，摆脱有限事物的依赖，将与无限的存在者共享真正的幸福"，⑥它把自己与这个一切完善性的本源视为一体，并且从这个中心出发来看，自然现在向我们显现出隐秘的最终和谐；⑦而如果他通过一个非常快的跳跃超越于一切有限的事物之上，那么他就在"与整个自然的新的关系之中"从自己那里发现幸福的来源，不再需要为了从外在对象那里获得安慰而以外在的对象为娱。如果人们用这种考虑填满自己的心绪，那么"在晴朗的夜晚遥望繁星密布的天穹，就会是只有高贵的灵魂才能感到的一种享受。在大自然万籁俱寂、感官歇息的

---

① 第317页。
② 第318页。
③ 第319页。
④ 第320—321页。
⑤ 第338页。
⑥ 第322页。
⑦ 第322页。

时候,不朽精神的隐秘认识能力就会说出一种无法名状的语言,给出一些未展开的概念,这些概念只能感受,却无法描述"。这开启了一条"通达幸福和崇高"的道路,"这种幸福和崇高远远超出了大自然在所有天体中最有利的安排所能达到的优越性"。①

  这就是早年的康德。三十多年后,在《实践理性批判》中,他寻求的是"与整个自然之间的新的关系",从而最后能够把精神从"有限事物的依赖性"之中解放出来,因而人得以不再被死亡的恐惧所支配,也使人不再像原来那样把自然仅仅冷漠地看作是由从无限到无的一切完善和缺乏的总和。他决定不再希望通过在人类精神和(作为完善与幸福之渊薮的)上帝之间建立一个过分热情的直接联结来实现这种寻求,而是通过以善为目标的(即纯粹为了善,而不是为了其自身的完善或幸福,不管后者有多么崇高)超世俗的能力(这种能力完全仅仅是为了满足自身,为了使自由免于自然强制的束缚)来实现这种寻求。因此,依据《实践理性批判》中那段著名的结束语,②有两件"事物"使心灵充满常新而日益增长的惊赞和敬畏:"我头上的星空和我心中的道德法则。我不可以把这二者当作遮蔽在黑暗中的或者在越界的东西中的,而在我的视野之外去寻求和纯然猜测它们;我看到它们在我眼前,并把它们直接与对我的实存的意识联结起来。"前者依据其外在的无限性(不如说仅仅是无限的进步),使我的外在的、感官的实存不再有意义,从而压垮了我。与之相反,后者则"通过我的人格性",通过其内在地独立于整个感官世界,"无限地提升了我作为有理智者的价值",直到把我展现在"具有真正的无限性"(wahre Unendlichkeit hat)的、唯有对于知性来说才是可以察觉的世界之中。当时的人们总是习惯于提出关于完善或幸福之美梦的狂妄要求,而康德的这种道德观则从根本上否定了这种要求,并认为只有通过无条件地追求纯粹的伦理(即在意愿的合法性那里)才能获得"有理智者"这一人类的荣耀。严格地说,康德这种道德观的与众不同之处并不仅仅在于它更有男子气概、更伟大、更具有悲剧的感染力,而且在于它本身更

---

① 第 367—368 页。
② 第五卷,第 161—162 页。

为真实,即它不再把一切事物的无条件者仅仅认作不断地更进一步的有条件者。因为在这里所说的不仅是单纯的进步的无限性,还是"真正的无限性",即无限性本身,这种无限性不仅是最为固定的根据,还是一切持存之真理的唯一固定的根据。只有在这个基础之上,我们才不仅仅赢得且宣称自己具有受到有限性限制的消极自由,而且还能够赢得且宣称自己具有他在青年时代就已经提出的、与整个感官世界之间的那种积极的"新的关系",而其前提在于我们的立足点要足够高,以至于通过一切灾难,灵魂确实(正如在这里所说的那样)"能够看到"世间万物的衰亡"仿佛在脚下滚滚而过"。

最后,这是康德所要求的"趋同"(Konvergenz),它所凭借的不仅是对有限性的否定,更是内在地对有限性的超越(nicht Un-sondern Überendlichkeit),这种对有限性的"超越"不仅仅等同于新事物产生(也总是同时是旧事物的灭亡)、旧事物灭亡(也总是同时是新事物的产生)这样的无止境的外在发展过程,还无条件地超越于它之上。康德说理时所采用的表达固然因为受到历史的局限,所以是值得商榷的;但是这个观点的思想内核仍旧是正确的。正是基于此,康德通过给出一个最终的、最深刻的、先验的根据而解决了我们所要寻求解答的问题,即战争与和平的问题。

虽然一开始我们并没有直入主题,但是之前的一切谈论早已使我们置身其中。思想家最初从宇宙生成的磅礴之象上所观察得到的是一般意义上的法则,而在战争与和平中得到显现的法则才算是真正意义上的法则。关于这一点,我们已经可以确定地得出如下两个论断。首先,一切生成、一切发展、一切生命都是战争。谁不想要战争,谁就不想要生命。发展的螺旋不能倒转。战争的程度可能不同,但是最终能使各种不同的发展进程都遭受巨大扭转的暴力永远还是暴力;和平不会在扭转这种单向度进展的过程中向人招手,和平也不会在这个漫长过程结束之后向人招手。人们无法从这种扭转中看到任何趋近和平的希望;人们更有可能看到的是战争的不断加剧。正如康德所说,只有从另一个方面,即从这整个发展完全不同的"新的关系"出发,在与发展的整个层面相垂直的层面上,去追求某种完全不同的东西,才足以产生出反作用力来打破稳固的统一性追求所得出的"趋同",才能产生唯一真正且有意义的和平。

这是康德的哲学方法论为这个问题开出的唯一解方。与此同时,我们还是能够清晰地看到,这种回答虽然基本正确,但仍有不能令人满意的地方——康德的思考都建基于某种对立之上,不过这种对立未免也太刻板了:一方面,世界的发展依照着一条唯一的、螺旋的线条,而另一方面,唯一的方向似乎又与这个"理念"的方向(对于康德来说是最终唯一的方向)相垂直。像这样的对立恰恰狭隘到了某种非此不可的刻板的地步。一方面——尽管在某种意义上,即在起源的方向上(准确地说是在发展的方向上)——他只知道欧几里得和牛顿的无穷扩展的世界,在这个过程中,某种绝非终极的单一宇宙观被他贬低为纯粹的特例(顺便说一下,这尤其让我们想到康德独有的深刻观察,即"可能经验"本身是某种"完全偶然的东西");另一方面,他又只知道理智的超越世界——对于他来说,它几乎穷尽了人类伦理方面唯一的英雄式的义务要求,连同那些只有通过它而被奠基的、几乎在其中被穷尽的预设:上帝、自由和灵魂不朽。然而就第一方面而言,阿尔伯特·爱因斯坦的广义相对论现在已经把人类永远地从自然主义的束缚中解放了出来,对我们来说,这一点越来越显得意义重大,而这种意义却在之前很少被我们想到,甚至在现在也没有多少人意识到。这种解放,不仅实现了康德最为疯狂的预想,还大大地扩展了它,甚至还进一步证明了它,而这是仍旧受到特定的历史前提之局限的康德所不曾想到的。但康德式批判主义最终导致的关键性后果是得出了席勒的那句"不要向外求……"①也就是说,也许事情从来不像以往科学所说的那样,通过看似纯粹的数学换算,对整个自然界的关联做纯粹的数学换算,就足以让自然界变得清晰可知。因为康德式批判主义说明了,在过去几百年中西方哲学魂牵梦萦的、以时间和空间为基础的机械论的整个"外面"只不过是某种由计算所得出的空洞的形式主义;计算绝不只有这种形式,而是有多种不同的形式。就此而言,一切在时间、空间

---

① 出自席勒的《妄想的话》(Die Worte des Wahns)一诗:"不能向外求,那只是愚夫,/这是你内心永远的产物。"(Es ist nicht draußen, da sucht es der Tor,/Es ist in dir, du bringst es ewig hervor.)

和科学中的,由于这种因素而得到衡量的自然表象都不过是用来计算的量——迄今为止最有哲学性的相对论者赫尔曼·魏尔(Hermann Weyl)①正确地把在其中寻求本质的实在物的行为称作是"经院主义的变种"、一种"希望从单纯形式的东西那里推出本质的东西"的妄想的越轨行为。

  康德做得更加正确的事是,他要求我们想办法从一切这种用毁灭来动摇和威胁我们的外在事物那里回到自身,回到与超时间的本质之间的纯粹内在的、直接的关系之中。但是,也正是因为这样,所以康德又变得不再令我们感到满意,因为今天我们将不会在行动的合法则性的唯一理念之中来寻找这些东西。这只意味着一种"形式的条件",但是这种条件在一切有根据的意志规定(Willensbestimmung)之中一定被满足,就像在一切有效论据中不矛盾的条件必须被满足那样。当然,意愿的"公理"必须适用"普遍立法"的条件。但是,它仍旧总还是处于空洞的普遍性状态之下。问题是:我们必须如何获得普遍法则,以至于此时此刻所要求的具体和个别的意志规定能够通过其公理符合这一普遍原则? 答案是:普遍发展自身必须是具体的、个别的。康德并没有明确地指出这一点(如果不是因为他忽视了这一点的话),也没有证明这是根本可行的,特别是普遍可行的。因此,个人——特别是每一个鲜活瞬间中存在的个体性——并不能在其中找到自己的位置,而恰恰是这种超越于自然领域之上的哲学,却面临着蜕变为"经院哲学"的危险,而这种"经院哲学"正是康德本人要努力把自然哲学从其手中解放出来的东西。他很好地把实践哲学从人能获得"幸福"(Glückseligkeit)的美梦之中解放出来,也很好地把人从要达到的"完善性"这一黑暗之中解放出来。但是他所要做的这件事情是如此之独特,即它仅仅是一桩单纯的、从整体上说绝不能最终彻底完成的工作,从个体的角度来看,它总是在面对不断地被设定出来的新的道德"使命",而在这个过程中,这种行动本该具有的直接、孩子般的落落大方(即不以外物为目的,但这个目的又是外在的,它并不打算或想"完成"什么,而是只想着在自由的创造喜悦中做事,只想着参与到

---

① 《空间、时间、物质》,柏林,1918年版。

"披着鲜活外衣的神性"之中;它只是"为若无为"[tut, als täte sie nicht],只以自身的状态为依归;但恰恰是基于自身存在的最为内在的理由,使得它要不停地真实地行动下去)却被过度折损了。因为康德把伦理要求限缩到一种极为狭隘的地步,以至于它非得要把人的意志固定在古代的天文学所描摹出的行星所依循而运动的那样严苛的轨道之上,并且要像古代的天文学那样,把这当作是义务。在创造的直接性之中,且仅仅在其之中,才会存在着最为真实的非有限性——或者说是超有限性,因此与此同时,才会存在未被完成的完成着的东西(nie vollendeten Vollendens)、自己完成(Sich vollendens)的真实的完成和真实的至福。人是诞生自永恒且为了永恒而出生的,所以它有权获得这种至福;但是它绝不同于任何完成外部任务所得到的满足,它不同于任何一般的满足,即可以从外部遇到、可以从外面获得,或者说作为赢取了报酬那样的满足。最终,从内部来看,永恒的非有限性才是弥合一切分歧的一致,是能够应对一切战争的和平。这正是在某处出现的"不能向外求……这是你内心永远的产物"这句话所要说的意思。

至此,我们对导致战争与和平的最为深层次的根源给出了最为一般的阐明,因为我们已经得知依据最终的、最为内在的原则来解决问题的方式。也正是如此,我们也就可以悄然地转向参与世界贸易的人,并且向自己提出这样一个问题:他们互相之间如何也能够依据已然得出的原则来谈判、调停,甚至在外部缔结和平?不过,康德对这个问题的努力之所以足以成为典范且深深地激励着我们,不仅仅是因为他在这个问题上所进行的哲学思考有多么高瞻远瞩,恰恰也是因为他始终以热切之心关注着他所处时代的重要的政治运动,却绝不依据哲学或一般的理论考量来片面地左右自己对时事的判断,而是清醒地审视经验现实的条件,以最为内行的方式和最为开明的态度,来观察他愿意和期待看到的东西。康德确实是一个乌托邦主义者或乐观主义者;但他之所以是乌托邦主义者或乐观主义者,只不过是因为他不是彻底的现实主义者和悲观主义者。在其知名的著作《永久和平论》中,他不只研究人应该按照不受限制的实践理性的命令做些什么,而且也研究自然本身做了什么,以至于在其作用之下,人受到了它的限制而没有去做那些他应该做的事情。它(自然)并不把如此做的义务(这是自由的事情)强加在我们之上,"而是它自己做这件事,不论我们是否愿意"①。正是有赖于这种自私自利的倾向,实践上无用的、建基于理性之上的意志就和自私的人类倾向对立起来了。自然想要的是战争,不管人们喜欢或不喜欢它。没有它,人类就会"温驯得犹如自己放牧的绵羊,很难会为自己的存在赢得一种比其家畜的存在更大的价值;他们不会作为有理性的自然去填补创造就其目的而言的空白。因此,为了难以共处,为了妒忌地进行竞争的虚荣,为了无法满足的占有欲甚或统治欲,还真得感谢自然才是! 人想要和睦一致;但自然更知道什么对人类有益:它想要不和。人想生活得舒适惬意、轻松愉快;但自然却想让人超出懒惰和无所作为的心满意足,投身于工作和辛劳之中,以便反过来也找到办法,机智地重新摆脱工作和辛劳"②。而因此人们并不需要一个天使之国来在国与国之间的关系中创立起共和制的宪制。事实上,由魔鬼组成的社会也可以做到这一点,只要魔鬼有理智,那么问题就必定是可以解决的。③

我们当然不能说这是一个太过乌托邦主义的观点。康德非常清楚地知道:生命就是战争;"永久的"和平最多只不过是教堂墓地的和平;因为,正如莱布尼茨所说,"死人是不再会打仗的"。我们恰恰在逃避时间性的战争的时候,才最终失去了真正意义上的永久和平。但是永久和平并不能因其被当作一种足以引领人类朝之奋斗的远景目标而使我们怀抱希望。我们必定不能在时间中找到永久的东西;和平并不在一个单个的阶段,它不是最开端的失乐园,不是最后的复乐园,更不是人类历史中的任何一个中天高度(Mittagshöhe);事实上,它总是位于内心的内在自由之中,这种内在自由不再依赖于一切有限事物,正是这种自由,那"两件事物"(在他头上的星空和在他心中的道德法则)才使人们直接地(未经任何更为遥远的事物中介地)

---

① 第八卷,第365页。
② 《关于一种世界公民观点的普遍历史的理念》,第八卷(原文为第五卷,应有误。——译者),第21页。
③ 《永久和平论》,第八卷,第366页。

感受到它的确定性。

从最后的这个解方之中,我们看到,大多数人——不管是支持还是反对"永久和平"的人——都从他的话中读出了截然不同的意思。人们总是错误地以为,康德只有在晚年才开始处理这个问题,或者至少人们总是错误地依据1795年的文献来推测康德自己的立场——这一错误在论及永久和平的文献中随处可见,而这一错误又事实上未被人们发现。但是我们必须立马纠正这一错误。卡尔·福伦德(Karl Vorländer)对《永久和平论》这篇著作做了非常认真的编订,而他依据编订所出的那本特刊之所以具有重大意义,原因就在于他汇编了在其他的(不管是在其之前还是之后的)康德著作中可以找到的关于和平问题的论述;在《康德与国际联盟》这篇深入探讨这个问题的文献中,他加进了讲稿、私人笔记和其他更为偏僻的论证,从而在根本上完成了这种汇编,并且通过完整地呈现出这些论述,他证明了康德至少从50年代起就一再地不断在处理这个问题,并且在这个过程中,他绝没有转换他早年关于这个问题的著作中所表达的基本看法。

康德之所以对和平问题感兴趣,并不是因为革命时代涌现的无数和平主义的文献,甚至也不是因为在60年代和70年代中对他有极强影响的卢梭。如果不把自然法学家以及那些一般被看作是18世纪和平主义的经典著作算上的话,那么我们可以说,康德最早是从圣皮埃尔神父(Abbé de Saint-Pierre)的文章《永久和平的计划》(*Projet de la paix perpétuelle*)中得到灵感的。圣皮埃尔神父的这篇文章是为1712—1713年乌德勒支和平会议而写的,圣皮埃尔神父作为法国全权代表的秘书出席了这次会议。随着当时最强大的欧洲国家参与到和平谈判之中,人们自然也会提出一个问题,即是否我们真的可能不仅通过缔结和平条约来结束当前的战争,而且还可以以此来预防类似的战争在未来爆发(如果能够的话,甚至还可以预防各种战争)。这篇文章一问世即引发了轰动。作为哲学家的莱布尼茨和伏尔泰以及后来的卢梭等人自然不会完全否定圣皮埃尔神父的基本思想,然而他们也一致地认为:鉴于现实的情况(特别是只要关于战争与和平的决定仍旧由内阁做出这一情况),这种梦想绝不会有实现的可能。卢梭在1760年,从圣皮埃尔神父浩繁的作品中节选出部分出版——因为里面包含对王公贵族的尖锐攻击,所以他无法对这个节选进行补充,以至于直到卢梭死后(1782年)这本书才得以出版,而这一点尤其值得我们注意(顺便提一下,康德似乎对此并不知情)。圣皮埃尔神父的作品集绝不是空洞的思辨,而是一部透彻而又洞明事理的著作;它能存在本身已经是一件重要的事。但是,全部的难点并不在于理性基础,而是在于事实。它没有对王公贵族的真实兴趣有所洞察。即使预设了他们的善良意志,公共利益还是(依据卢梭对普遍的基本要求)一定要战胜特殊利益的总和;而这要求许多人拥有高度的智慧,并且要把尽可能多元的利益做统一的考量,以至于人们不应该寄希望于偶然,而只能寄希望于环境的促成。为了达到目的,圣皮埃尔甚至明智且精巧地设计了各种措施(仲裁法庭、国家联邦等等);但是他却依据孩子般的天真,来判断这些美好的想法是否可以付诸行动。更无保留地赞成永久和平方案的,则要么是英国的休谟(Hume)和斯威夫特(Swift),要么是杜尔哥(Turgot)、狄德罗(Diderot)等大多数在法国且为革命做准备的意见领袖,要么是像孔多塞(Condorcet)、罗伯斯庇尔(Robespierre)、佩蒂翁(Pétion)等人这样的革命领袖。

但是这些人当中没有一个人像康德那样,从经济、法律、道德、宗教、人类学、普遍的文化和历史秩序等一切重要的方面,严肃且彻底地追问这个问题。因此,他非常警惕,以至于即使对应该发生的、事实上会发生且必须发生的事情,他也绝不下草率的结论。他也绝不会轻易地相信洞见、善良意志与良心,绝不会轻易地相信人的——特别是国家中的当权者的——巨大能量和精神文化水平。他最不会盲目地反对贪婪、沽名钓誉和追求权力的冲动,虽然这些东西与一切美好的东西相对,且通常在一般人(特别是在政治生活)那里随处可见。相反地,他总是表现出一种冷峻的、不因温柔的同情而有所缓和的悲观主义。康德几乎只是在单纯地强调苦涩的困境会如何逼迫个人,如何逼着人展现出自私的本性。但是,他相信,如果人类要存在于地球之上,那么人类就必然最终对完全抛却伦理考量的、法权意义上的宪法感到满意。因为人与人之间必定不能和平相处,所以他们之间就必须极为依赖。康德甚至几乎不敢强调教育的影响,他对此谈得很少。另外,他非常强调"公开性"的效果,即坚持认为,一切同国与国之间关系相关的事情,都要尽可能地通过报章杂志广而告之;不要搞任何秘密的阴谋——这些阴谋总有一天会突然地让人卷入不开战就不能化解的复杂纠葛。在这一切之中——特别是在无情地揭露国家权力利益集团为何那么喜欢用极为伦理和文化的意图来掩饰自己时,真正起作用的并不是仅仅教导且要求人们何为正确的哲学家,不是热忱的道德说教家,而是敏锐观察、谨慎计算的通达人情者,是能够对国内外情势做出明智的预见性判断之人。

要这么说虽然真的令人感到痛苦,但却仍旧不得不如此说:尽管如此,康德还是打错了算盘,即他似乎过高地估计了长久和平的愿景。不管人类真实和长远的福祉能够多么真实地促使我们朝向法权和自由方面迈进,但是对于一般人来说,把为普遍的人类思考其自身的长远福祉看作最关键的事情则恰好是大错特错的;最具决定性的事情莫过于着眼于其自身的幸福。但是,在其中,因为激情的蒙蔽,人们会陷入短视、狭隘和懒惰的错误之中——一旦脱离了生活必需的、最为狭隘的周遭环境而行动,那么短视、狭隘和懒惰就几乎要造成最不可思议的谬误。确实,即使在魔鬼之间,类似法权宪制的东西不仅是可能的,而且在长远来看还可能是必然的,因为它们有理智。但是,不管人是天使还是魔鬼,或是某种介于两者之间的东西,通常他们——特别是作为一个群体时——都不明显地具有这种理智,或者也具有理智之外的其他特质,这种特质压抑着理智的声音,且在其行动时完全回避了理智的作用。

如果我们在这个意义上必须要说"不管怎样,被康德所坚持的、对长久和平的希望仍然基于太过善意的假设",那么我们就不会不承认,人们最通常地对它提出且继续要对它提出的指责(即指责它是一种罔顾事实的乌托邦主义,或甚至是一种由软心肠而引发的软弱[人们充其量只能把它看作老年人自然会有的怯懦])是对的。人们很难经受得住人性的考验,也很难更为清晰地看到自己在追求正确的东西和真实的东西方面是多么缺乏天赋,或者很难看到生命斗争的必要性,而这些都处处阻碍着永久和平想法的实现。不管怎样,如果康德不仅相信正确的永远是正确的,真实的永远是真实的,还相信它们最终会占上风(虽然一切与之相对的表象都站在它的反面),那么我们只能用他那朴实、直率的灵魂所焕发出的侠肝义胆和对永恒之物的不懈坚守来解释它,它源于最为深刻的、最为真实的宗教性(因为它摒弃了一切热情和迷狂)。在其中,它只不过是一种不寻求也不需要从神那里获得任何担保的信仰冒险,因为良心在发出呼声:你应该!你已经有足够的担保了。

我不想单纯引用那些以康德自己非常特别的文风表达出来的重要句子;因为这些句子浓缩了太多内容,所以太过难懂。此外,我不拘泥于这些文本出现的时间顺序,以及它们所在之著作的通篇布局,而是把各种著作中发现的最重要的句子整理出来,归纳出中心思想。

首先,只有最为痛苦的困境——而非洞见和善良意志——才会把人引向持久的和平。命运领着意志坚定的人,拖着意志薄弱的人(Fata volentem ducunt, nolentem trahunt);但是面对权利和自由,一般的人往往是意志薄弱的人,而非意志坚定的人。在《关于一种世界公民观点的普遍历史的理念》中,他指出:"自然通过战争,通过极度紧张而从不松懈的备战,通过最终每一个国家甚至在和平状态中也内在地必然感觉到的困境,推动人去做一些起初并不完善的尝试,但最终,在经过许多蹂躏、颠覆,甚至普遍内在地耗尽自己的力量之后,推动人去做即便没有如此之多的悲惨经验,理性也会告诉他们的事情,也就是说,走出野蛮人的无法状态,进入一个国际联盟;在这个联盟里,每个国家,哪怕是最小的国家,都能够不指望自己的权力或者自己的法律判决,而是只指望这个大国际联盟……,指望一种联合起来的权力,指望按照联合起来的意志的法律做出的裁决,来取得自己的安全的法权。无论这个理念看起来有多么耽于狂妄……,这却是人们彼此将对方置入的那种困境不可避免的出路。那种困境必然迫使各国做出野蛮人同样不情愿地被迫做出的同一种决定(无论它们多么令人难以接受),也就是说,放弃自己残暴的自由,并且在一种合法的宪制中寻找平静和安全。据此,一切战争都是建立新的国际关系,并通过摧毁——至少是肢解——旧的机体来形成新的机体的尝试(虽然不是在人的意图中,但毕竟是在自然的意图中),但这些新的机体或者在自身中,或者相互之间不能维持下去,因而必须承受新的、类似的革命;直到最后有一天,一方面在内部通过公民宪制的可能最佳安排,另一方面在外部通过共同的磋商和立法,建立起一种类似于一个公民共同体的状态,就像一部自动机器能够维持下去那样。"此外,他还在下文中对同一个基本观念做出了进一步的、值得关注的表述:"最后,甚至战争也逐渐地不仅成为一种如此人为的、在结局上双方都没有把握的行动,而且由于国家在一种日益加重的、无望清偿的债务压力(一项新发明)中所感受到的恶果,而成为一种如此令人担忧的行动。此际,在我们这个由于其经营而如此息息相关的大陆上,任何国家的动荡都会影响其他国家,这种影响如此显而易见,以至于这些国家虽然没有法律上的威望,但却被其自己的危险所迫,而自愿做仲裁人,并这样遥遥地为未来的一个史无前例的庞大国家机体准备一切。尽管这个国家机体目前还只是处于粗略的构思中,但是,在每一个都重视维持整体的所有成员那里,仍仿佛已经有一种情感开始流露出来;而这种情感就使人可以希望,在经历了若干次改造的革命之后,自然当作最高意图的东西,即一个普遍的世界公民状态,作为人类一切原初禀赋在其中得以发展的母腹,总有一天将实现。"[1]通过某种对类似大卫·休谟的思想做某种庸俗化的表述,他以一种不无有趣的方式说明了这个思想过程:"任何人如果就政治灾祸而言开始对人类的救赎及其向着更善的进步丧失信心,我都不会责怪他;然而,我相信休谟开出的那个可以产生迅速疗效的英雄式药方。'如果我现在,'他说,'看到各民族处在互相敌对的战争中,那就仿佛是我看到两个醉鬼在一家瓷器店里用棍棒斗殴。因为他们要长时间地治疗彼此造成的肿块还不够,事后他们还必须赔偿他们所造成的一切损失。'弗里吉亚人聪明起来已经晚了。(Sero sapiunt Phryges.)但是,当代战争的惨痛后果却能够迫使政治预言家承认,人类向着更善的转变即将来临,这种更善现在已经在望。"[2]

---

[1] 第 28 页。
[2] 《系科之争》(1798 年),结语;第七卷,第 93 页。

在众多论述（特别是涉及迄今为止出现得越来越多、从经济方面出发的对这个问题的论述）之中，有一个论述应该得到我们的特别强调："就像自然明智地把各民族分开，每个国家的意志，确切地说是根据国际法权的理由，喜欢凭借诡计或者暴力把各民族统一在自己之下一样，自然在另一方面也凭借相互的自私把世界公民法权的概念和不会确保其免遭暴行和战争的民族统一起来。这就是商贸精神。这种精神与战争无法共存，而且或迟或早将制服每个民族。也就是说，由于在隶属于国家权力的所有力量（手段）中，金钱的力量或许会是最可靠的力量，所以各国家都发现自己（当然未必就是由于道德性的动机）不得不促进高贵的和平，并且无论在世界上何处有爆发战争的威胁，都通过斡旋来防止它，就好像它们因此而有持久的盟约似的；因为按照事物的本性，为战争而有的大型联合罕有发生，更罕有成功。以这种方式，自然就凭借人的偏好的机械作用来保障永久的和平；当然这样一种安全并不足以（在理论上）预言永久和平的未来，但毕竟在实践方面是足够的，并且使得努力达成这个（并不纯然是幻觉的）目的成为义务。"①

从经济问题到宪法问题的过渡在关于理论与实践的论文中的以下这个段落中尤其明显："由各国又企图相互削弱或者征服的战争而来的急难最终也必然使得各国违心地进入一种世界公民宪制。""因为既然各国向前推进的文化，连同同时增长的以他国为代价而通过诡计或者暴力来扩张自己的倾向，必然使战争增多，并且一直（在饷金不变的情况下）扩充的、常备不懈且纪律严明的、以日益增多的军械装备起来的军队，造成了越来越高的费用；而一切必需品的价格持续增长，却无法期望表现这些价格的金属有一种与这些价格成比例的持续增长；也没有一场和平如此持久，以至于其间的节余能与下次战争的花费持平，对此发明国债虽然是一种构思巧妙的辅助手段，但这种手段最终却要毁灭自己，所以，力不从心感最终必然造成善良意志本应当去做但却未做的事情，即每一个国家都在其内部如此组织起来，使得不少真正说来不为战争付出任何代价的国家元首（因为他是以别人，亦即

---

① 《永久和平论》，第八卷，第368页。

以人民为代价来从事战争),而不是自己为战争付出代价的人民对于是否应当进行战争拥有决定权(当然,为此必须预设那个源始契约理念得到实现)。因为人民不会出自纯然地扩张或者为了仅仅口头上的所谓侮辱就使自己置身于并不关涉元首的个人匮乏的危险之中。而这样,就连后代(没有任何并非由他们所亏欠的债务被推到他们身上)也能够甚至在道德意义上一直向着更善进步,无须以对后代的爱而只须以每个时代的自爱为其原因;因为每个共同体如果没有能力以暴力来伤害另一个共同体,就只得遵守法权,并且能够有理由期望其他同样形构的共同体在这方面帮助它。"①

当然,战争一旦发生,就是没法避免的,并且它也许对文化发展的这个阶段是有益的,对此康德的头脑极为清醒。"人必须承认,"他在《人类历史揣测的开端》(1786年)中说道,"为我们招致压迫着各文明民族的那些最大灾祸,是战争,确切地说,与其说是现实的或者过去的战争,倒不如说是对于未来战争从不减弱甚至不断加强的准备。国家的一切力量,其文化的一切成果,本来能够被用于一种更为伟大的文化,却都被用到这上面;自由在如此多的地方受到严重的损害,而且国家对各个成员的母亲般的照料转变为一种无情强硬的要求,此时这种无情强硬毕竟由于对外部的危险的担忧而得到辩护。然而,如果不是那种总是令人害怕的战争本身迫使国家元首们有这种对人性的敬重,那么还会有文明存在吗?还会看到共同体的各阶层为了相互促进他们的富裕而紧密结合起来吗?还会看到人们甚至在非常严格的法律约束之下却仍然保有一定程度之自由?……因此,在人类目前所处的文明阶段,战争是推动文明进一步发展的不可或缺的手段;只有在人类完全达到文明之后(天知道是什么时候),永久和平才会对我们有益,并且唯有在完全达到文明之后,永久和平才得以可能。"②

康德也不否认在一定的情况之下,战争有某种尊严。"甚至战争,"他在

---

① 《论俗语》(1793年),第八卷,第310—311页。
② 《人类历史揣测的开端》,第八卷,第121页。

《判断力批判》①中说,"如果它是以秩序和公民权利神圣不可侵犯而进行的,本身就具有某种崇高的东西,同时也使得以这种方式进行战争的人民遭受过的危险越多,并且在其中能够勇敢地坚持下来,其思维方式就越是崇高;与此相反,一种长期的和平通常使得纯然的商贸精神——但与它一起也使得卑劣的自私自利、怯懦和软弱——流行,并降低人民的思维方式。"只要世界公民的宪法还没有订立,"因为人的荣誉欲、统治欲和占有欲,尤其是因为存在那些在手中握有暴力甚至连进行此类规划都不允许的人,所以战争……就是不可避免的;战争尽管是人们的一种无意的(由放纵的热情所激起的)尝试,即借助于各个国家的自由,即便不是建立起合法性,并由此建立起各个国家的一个道德基础的系统的统一性,也仍然为之做了准备,并且尽管有战争加给人类的种种极其可怕的劫难,以及在和平时期从不间断的备战压迫着人们的也许更大的劫难,战争仍然更多的是一种动机(在对一种人民幸福的安宁状态的希望越来越远去的时候),要把一切有利于文化的才能发展到最高程度"②。

正是因为康德不可能忽视战争的恶果,所以他给予了战争足够的荣誉。"好勇斗狠,"我们在《纯然理性界限内的宗教》中读到,"在他们看来,是他们的最高美德。即使在文明状态中,它也是受赞赏的一个对象,是那个以它为唯一功勋的阶层要求受到特别敬重的一个根据,而这在理性中也不是完全没有理由的。因为人具有某种在他看来高于自己的生命的东西(荣誉),并把它当作自己的目的,为此他放弃了一切私利,这确实证明了他的禀赋中有某种崇高。但是,从胜利者夸耀自己的丰功伟绩(毫不留情的毁灭、破坏以及诸如此类的事情)时的惬意中却可以看到,唯有他们的优越感和他们不抱有任何其他目的而能够造成的破坏,才是他们真正乐在其中的东西。"③康德在这里还继续④谈到了一点战争("这种人类种族的灾难"):"它并不像普

---

① 第五卷,第 263 页。
② 第五卷,第 432 页。
③ 第六卷,第 33 页。
④ 第 34 页注释。不要忽略这一点:这两个注释所在的章节的标题是"人天生是恶的"。

遍的独裁者坟墓(或者是一种为了不让专制制度在任何一个国家被放弃而建立的多民族联盟)那样不可救药的恶,但它毕竟像一位古人所说的那样,造出的恶人比它所消灭的恶人更多。"在北美解放战争和革命战争的时代,正面肯定战争的道德价值是完全可以理解的。黑格尔对战争所持的完全赫拉克利特式的立场也是可以理解的。但是,如果疯狂的非理性最终没有被制止,以至于这两个哲学家面对一场像我们所刚刚经历的那种战争,甚至像我们的子孙会经历的那种战争,此时他们是否会得出同样的判断,这就非常成问题了。在这样的战争中,人类的道德规定的升华不再起到任何作用。康德可以正当地单纯把它归咎于人的"极端恶"。

我们如果不考虑战争会引发的道德后果是有益的还是有害的,也不考虑纯粹事实的秩序为何,那么就会问:体现为人的本能和激情的自然限制(Naturzwang)和文化发展的必然需求,都决定了战争会一再地发生,而且只会使战争越来越扩大化、越来越可怕,而随着人们普遍遭受的苦难和毁灭越来越深重,以至于最终达到不可承受的程度,战争是否最终会被超越? 不管如何,对于康德来说,人们当然有这种超越战争的法权需求。法权就是和平,如果谁不想要和平,那么谁就不想要法权。但是,通过用人民的自决(康德把这理解为"共和制")来取代独裁,国家宪制(它不仅出于任何一种道德需求,而且本身还具有内在必然性)会导致持久的和平:因为人民本身不可能想要战争。与此同时,一旦普遍的和平被确立起来,通过一种更高秩序的国家宪制:通过一种会在事实上实现由国家组成的国家(Staat der Staaten)的世界公民权,普遍的和平就能得到确保;它是一种人类的法权体系的宪法,就像银河系把许多像太阳系一样的星系统合进一个更高的体系之中那样,它也把许多国家的宪法体系统合进一个更高的体系之中。①

在康德那里,关于和平问题的法权观是极为主要的;一切其他的考量最

---

① 康德甚至偶尔把这种比拟用于人类学的记述中(第十五卷,第607页):"小社会是由倾向所构成的,市民社会是由需求构成的,而战争国家是由战争构成的。这种增长是不可预测的,但是它对自身和人有害。最终的后果是什么呢? 国家是自由的市民社会的身体,它反过来又形成一个更大的团体,就像星系一样。"

终也从属于其下;一切的考量都只关于这样一个问题:不管遇到怎样明显的阻力,法权所要绝对追求的东西最终实现的可能性有多少?但是,令人感到奇怪的是,恰恰是这些方面,以往我们的研究最少关注,尽管康德最热切关注的正是这一点。

为什么康德如此强烈地强调对和平的需求具有的法权意义,以至于相较之下,甚至它的道德意义也显然要退居幕后?法权意义上的应当(Sollen)本身难道不只是道德意义上之应当的自然延伸?当然是这样。但是首先,对于康德来说,对和平需求的伦理证明是如此之自明,以至于他完全可以相信,他并不必须在此之上耽误太多功夫。绝对命令应该完全拒斥战争,这是如此明显的事情,以至于似乎不需要对此再做赘述。但是最重要的是,康德清楚地知道,传扬了上千年的、反驳一切形式的互相破坏的、纯粹道德的理由,恰恰最不能左右正在进行现实决策的国家强力机关,因为它们手头总是有使他们不必认真对待此类理由的借口。它们绝不能如此轻易地对法权的明显需求不屑一顾,不管这些需求最终基于何者之上。因为它们自己的认同最终所基于的恰恰是这样一个前提,即它们是法权的代表;正是由于法权本身,它们才有权对别人施加强力;而如果有一天,当人们一致认为,国家强力机关并不关注也不实际地保护和管理法权,那么在那一刻,它也就崩溃了。因此,每一个国家强力机关,无论它可能与实际地尊重和维护法权之间存在着多大的距离,都总是在口头和原则上表述它是为法权效忠的,且至少保持着履行法权的外表。此外,康德之所以援引法权原则,也是因为,在他所处的时代中,自然法的概念仍旧还具有几乎无可争议的效准,而从这一概念中可以很容易地、简单地得出要求和平的理由,并且人们早就从中追溯过这一理由了。

这个论证①正是从霍布斯的著名命题开始的:首先,人的自然状态是一切人对一切人的战争,即一种这样的状态,"在其中,每一个人自己都想是他相对于别人而拥有权利的那种东西的法官。但即使对于这种东西,他也没

---

① 《纯然理性界限内的宗教》,第三篇,第一章,第二节,第六卷,第97页。

有相对于别人的安全感,也不给予别人安全感,而是每次都只有他自己的暴力。这是一种战争状态,在其中,每一个人都必须对每一个人一刻不停地做好战备"。但是,第二个命题紧随而来,即人们必须离开这种状态,"这是因为,这种状态是对所有其他人的权利的不断损害,因为他妄想在自己的事情上当法官,而在别人的事情上又不给他们安全感,只让他们听任他自己的任性"。在这个命题中①,"道德实践理性在我们心中宣布了其不可抗拒的否决:不应当有任何战争。不仅在自然状态中的我和你之间,而且在作为虽然内部处于法律状态,但外部(在彼此关系中)却处于自然状态中的国家的我们之间,都不应当有战争;因为这不是每个人应当寻求其法权的方式。因此问题不再是永久和平究竟合乎不合乎情理,以及如果我们假设它合乎情理,我们在自己的理论判断中究竟是否在自我欺骗;而是我们必须这样行动,就好像事情就是——也许不是——致力于建立永久和平和一种看起来最适合于此的结构(也许是一切国家无一例外的共和主义),以便达到和平,结束不可救药的交战,迄今为止所有国家都毫无例外地使自己的内部结构集中在这种交战上。而且即便与这种意图的达成相关的后一点总还是一个虔诚的愿望,但我们毕竟肯定不是凭借假设为此不断努力的准则而自欺欺人;因为这个准则是义务;但是,假设我们自己心中的道德法则是骗人的,这会产生使人厌恶的愿望:宁可失去一切理性,看着自己按照自己的原理与其他动物种类一起,被抛入一种相同的机械作用之中"。但是,这种大体而言是纯粹道德的需求恰恰为法权的需求奠定了基础。"人们可以说,"康德继续说,"对和平的这种普遍而持久的创建,不只构成了纯然理性界限内的法权论的一个部分,而且是它的全部最终目的;因为唯有和平状态才是大量相互比邻的人中间'我的'和'你的'受法律保障的状态,因而这些人共同生活在一种宪制中,但宪制的规则却必须不是把迄今为止在这方面感觉最好的人的经验当作他人的规范而从中得出的,而是通过理性先天地从人们在一般公共法律之下的法权结合的理想中得出的,因为一切例证(作为例证,它们只能

---

① 《法权论》,结语,第六卷,第 354 页。

说明,但却不能证明任何东西)都有欺骗性,而这样就当然需要一种形而上学,其必要性是那些讥讽形而上学的人一不小心就要承认的,例如就像他们经常做的那样,如果他们说'最好的宪制就是其中掌权的不是人而是法律的宪制'。因为还有什么比这个理念更能够在形而上学上得到升华呢?这个理念即便按照那些人自己的主张也具有最可靠的、在现有的情况中也很容易得到阐明的客观实在性,而且唯有这个理念,如果它不是按照革命的方式,通过一个飞跃,亦即通过暴力颠覆一个迄今现存的有缺陷的宪制(因为这样一来,中间就会出现一个摧毁一切法权状态的时刻),而是通过逐渐的改革,按照确定的原理得到试验和贯彻的话,才能在不断的接近中把人引向最高的政治上的善,引向永久和平。"

如果对于康德而言,道德及其基础——和平需求的法权形而上学的论证——不仅是非常重要的,而且他还相信,他可以迫使人们承认它的"客观实在性"(无论"那些讥讽它的人"是多么"不小心地"承认这一点),那么,他就可以充分地把客观实在性用作前提,只要满足它,人们就可以对永久和平的实现——单个国家之间的"共和的"宪制——做出许诺。在《系科之争》中,他是这么说的:"一种与人的自然法权相吻合的宪法的理念,亦即服从法律的人们联合起来,同时也应当是立法者,这是一切国家形式的基础;而按照这个理念通过纯粹的理性概念所设想的,叫作一种柏拉图式理想的那种共同体(作为本体的国家[respublica noumenon]),并不是一个空洞的幻影,而是一切一般而言的公民宪制的永恒规范,并且消除一切战争。按照这个理念组织起来的一个公民社会,是这个理念按照自由法则,通过经验中的一个事例的展现(作为现象的国家[respulica phaenomenon]),而且唯有在经过各种各样的争斗和战争之后才能艰难地获得的;但是,这个社会的宪制一旦大致实现,就有资格成为一切宪制中最好的宪制,以便远离战争这个一切善的事物的摧毁者;因此,进入这样一种社会是义务,但(由于这不会很快实现)君主的义务暂时是:虽然以专制的方式统治,却以共和的方式(不是以民主的方式)治理,也就是说,按照符合自由法则精神的原则(就像具有成熟理性的人民会为自己规定的原则那样)对待人民,尽管在字面上看不会征询人民的赞同。"①

但是康德从未想过要用形而上学来改造世界。下一节紧接着对此说得非常清楚:"这种收益并不是意念的道德性的一种日益增长的量,而是意念在合乎义务的行动中的合法性之产物的增多,不管这种增多是由什么样的动机引起的;也就是说,人类向着更善的努力的收益(结果)只能被置于人们越来越多并且越来越好的善良行为之中,因而被置于人类的道德性状的现象之中。因为我们只拥有经验性的材料(经验),可以作为这种预言的根据;亦即以我们的行动的自然原因为根据,就这些行动发生,因而本身是显象而言的,却不是以其道德原因为根据,道德原因包含着关于应当发生之事的义务概念,而且唯有这个概念才能被纯粹地、先天地建立起来。渐渐地,来自强者方面的暴行将越来越少,而对法律的遵从将越来越多。部分是出自荣誉心,部分是出自得到正确理解的私人利益,在共同体中或许将更多地出现慈善,更少地出现诉讼中的争吵,更多地出现信守诺言上的可靠性,等等;而且这最终也将扩展到各国人民互相之间的外部关系上,直到世界公民社会,而人类中的道德基础在这时却不必有丝毫的扩大;要做到这一点,还需要一种新的创造(超自然的影响)……因为在人们向着更善的进步方面,我们也必须不对人们期待过多,以免遭到政治家有理由的嘲弄,政治家喜欢把这种进步的希望视为一个偏激的头脑的梦幻。"

我现在梗概地呈现出在主要的章节中他如何进行相关的论述。这一章的标题叫作"永久和平的第一条确定条款":"每个国家中的公民宪制应当是共和制的。"②接下来,他进一步地解释,唯一的宪制"是由源始契约的理念所产生的、一个民族的一切法权立法都必须建立于其上的,是共和制的宪制。因此,就法权来说,这种宪制本身就是原初作为一切种类的公民制度之基础的宪制;而现在问题只是:它是否也是唯一能够导向永久和平的宪制?但现在,共和制宪制除了其起源的纯正,即产生自法权概念的纯粹源泉之外,还有指望达到其所期望的后果,即永久和平。其理由如下。如果(在这

---

① 第七卷,第 90—91 页。
② 第八卷,第 349 页及以下。

种宪制中只能如此)为了决定是否应当开战,需要有国家公民的赞同,那么,再自然不过的是,既然他们必须为自己战争的一切苦难(诸如自己去战斗,从其自己的财产中提供战争的费用;艰苦地去改善战争遗留下来的破坏;最后,再不幸不过的是还要自己承担一笔使和平本身变得苦涩、由于紧贴着的邻近国家总是发生的新战争而绝无法清偿的债务)做出决定,他们将为开始一场如此糟糕的游戏而思虑再三。与此相反,在一种臣民不是国家公民,因此并非共和制的宪制中,开战是世界上最毫不迟疑的事情,因为元首不是国家的合伙人,而是国家的所有者,不因战争而在其宴席、狩猎、度假行宫、宫廷节庆方面有丝毫损失;因此,他可能出自毫不起眼的原因而开战,例如举办一次娱乐聚会,并且为了体面起见,毫不在意地让随时待命的外交使团为这场战争辩护"。

"第二条确定条款"依据明确的逻辑顺序紧随其后①:"国际法权应当建立在自由国家的一种联盟制之上。"为什么只是"联盟制"(Föderalismus),亦即只是国际联盟(Völkerbund),而不是国际国(Völkerstaat)？康德所给出的论证并不具有说服力:在这里有一个矛盾,即每个国家都包含了上司(立法者)与下属(服从的人,即人民)之间的关系,但是在一个国家中,许多民族只能构成一个民族,而这与前提相矛盾。一个国家构成的联盟完全可以本身是一个国家,即一个联邦国家,就像瑞士和德意志国家一样。康德自身还继续写了几页:"对于处在相互关系之中的国家来说,在理性看来,没有任何别的办法来摆脱所包含的全然是战争的无法状态,除非它们如同单个的人一样,放弃其野蛮的(无法的)自由,顺从公共的强制性法律,并这样形成一个最终会把地球上所有民族都包括在内的(当然一直增长着的)国际国(civitas gentium)。"只要"既然这些国家按照它们的国际法权理念完全无意于此"(因为没有任何独立地组建起来的国家允许其屈服于一个对其具有主权的更为高级的国家暴力),那么康德就把"世界共和国的积极理念"替代为一个自由和平联盟——但只能是一个"消极替代物",后者并不保障在一切情

---

① 第355—356页。

况之下都会维持和平,但是会"遏制惧怕法权的、敌意的偏好的潮流"。

如果人们能到这里对最终的后果产生畏惧,那么康德在仅仅两年之前发表的关于理论与实践的著作①中就相当坦率地说出了同样的问题:"人的本性表现得不可爱,莫过于在整个民族相互敌对的关系中。没有任何国家面对其他国家时能在其独立或者财产方面得到片刻的保障。相互征服或者削弱国力的意志随时存在;而且为卫国而采取的行动往往使得和平甚至比战争还更具有压迫性,对于内部福祉更具有摧毁性的备战绝不可松懈。现在,为了对付这种情况,除了一种建立在伴有权力的、每个国家都必须服从的公共法律之上的国际法权(类似于单个人的公民法权或者国家法权),不可能有任何别的办法;因为凭借所谓的欧洲诸强平衡而有的一种持久的普遍和平,纯属幻觉,就像斯威夫特之房,它由一位建筑师按照一切平衡法则建造得如此完美,以至于只要一只麻雀落在上面,它就立刻倒塌。但是,有人将说,各国绝不会服从这样的强制性法律;而且组建一个普遍的国际国,所有各国都应自愿地顺从它的强制力,服从它的法律,此建议虽然在诸如圣皮埃尔神父或者卢梭的理论中听起来那样优美,但它对实践无效;就像它也被大政治家们——但更多的是被国家元首们——在任何时候都嘲笑为一种出自学校的迂腐、幼稚的理念一样。与此相反,在我这方面,我却信赖这样一种理论,它从人与人和国与国之间的关系应当是怎样的法权原则出发,并且向尘世诸神宣扬如下准则:在自己的争执中的任何时候都如此行事,即由此开创一个普遍的国际国,并且因此而假定这个国际国是可能的(在实践上[in praxi]),以及它能够存在;但同时我也(辅助性地[in subsidium])信赖事物的本性,它迫使人们走向自己不乐意去的地方。于是就事物的本性而言,人的本性也被一并考虑:既然在人的本性中,总是还有对法权和义务的敬重生气勃勃,我就不能或者不愿把人的本性视为沉沦于恶之中,以至于道德上的实践理性不会在经历多次失败的尝试之后最终战胜恶,并且也展示出人的本性是可爱的。因此,即便在世界主义的角度,我也还是主张:出自理性

---

① 第八卷,第 312—313 页。

根据对理论有效的，也对实践有效。"

康德在《永久和平论》①中也谈道："法权这个词并不能因为迂腐而被完全逐出战争政治，而且还没有一个国家敢于公开宣布赞同上述意见……毕竟每个国家对法权概念（至少在语词上）表示的敬意证明，在人的内心可以发现一种更重大的、虽然此时沉睡着的道德禀赋，有朝一日将主宰他内心的邪恶原则（他无法否认这一点），并且希望别人也这样；因为若不然，法权这个词就绝不会出自想要互相攻击的各国之口，除非只是为了借此来嘲讽……"但是现在"理性从其最高的道德立法权力的宝座上走下来，绝对诅咒以战争为诉讼程序，反之使和平状态成为直接的义务，……所以，必须有一种特殊的联盟，人们可以称之为和平联盟，它与和约的区别在于，后者仅仅试图终结一场战争，但前者却试图永远终结一切战争……这个应当逐渐地扩展到所有国家并且就这样导向永久和平的联盟制理念，其可行性（客观实在性）是可以展示的。因为如果命运如此安排，让一个强大而且已受到启蒙的民族能够形成一个共和国（它在本性上必然倾向于永久和平），那么这个共和国就为其他各国提供了一个联盟统一的中心，以便它们加入其中，并这样依照国际法权的理念来保障各国的自由状态，且通过更多的这类联合来逐渐地越来越扩展至更远的地方"。

他这篇文章的附录中再一次极为生动地表达了世界政治的日常经验是多么明显地与一切理论需求和一切诉诸人类中更善倾向的、谄媚的希望背道而驰。但是在此之后，他还是给出了令人欣慰的结论："当然，如果没有自由以及建立在它之上的道德法则，而一切发生的或者能够发生的事情都纯然是自然的机械作用，那么，政治（作为利用这些机械作用来治理人们的艺术）就是全部的实践智慧，法权概念就是空洞无物的思想。但是，如果人们认为绝对有必要把法权概念与政治结合，甚至把它干脆提升为政治的限制性条件，那么，就必须承认二者的可统一性。"②"在这种情况下就可以说：'先追求纯粹实践理性的王国及其正义，然后你们的目的（永久和平的好事）

---

① 第八卷，第 355—356 页。
② 第八卷，第 372 页。

就将自行归于你们。'因为这是道德自身具有的独特之处,确切地说是在公共法权的原理方面(因而与一种可先天地认识的政治相关),它越少地使行为取决于预定的目的,即预期的好处,不论它是自然的还是道德的,它就反而越多地与这个目的大体上相吻合;这种情况之所以发生,乃是因为唯一规定什么是在人们中间合乎法权的,恰恰是先天地被给予的普遍意志(在一个民族中,或者在不同民族的相互关系中);但是,只要在实施时一以贯之地行事,所有人的意志的这种联合也能够按照自然的机械作用同时成为原因,产生所企求的结果,并使法权概念具有效果……无论政治的道德家对一个进入社会的人群使上述原理失效并使其意图破灭的自然机械作用做出多少理性思考,或者还通过古代和近代拙劣的宪制的例子来试图证明他们的相反主张,他们的话都不值一听;尤其是因为这样一种败坏的理论甚至自身就造成它所预言的灾祸,它把人和其余有生命的机器归于一类,要使这些机器在其自己的判断中成为一切世间存在者中最可怜的存在者,只需它们意识到自己不是自由的存在者。"即使世界毁灭,也要让正义得到伸张(Fiat iustitia, pereat mundus),"这个命题所要说的无非是:政治准则不得从每一个国家因遵循它们而可期待的繁荣和幸福出发,因而不得不以每一个国家使之成为其对象的目的(意愿)为治国智慧的最高的(但是经验性的)原则而从它出发,而是必须从法权义务的纯粹概念(从纯粹理性先天地给予其原则的应当)出发,不管由此会产生什么样的自然后果。世界绝不会因恶人减少而毁灭。道德上的恶所具有的与其本性不可分割的特性就是,它在自己的意图中(尤其是在对其他心志相同者的关系中)与自己相抵触,并且毁灭自己,并这样为善的(道德)原则腾出地盘,尽管是经过缓慢的进步"①。

这篇文章以此作结:"如果实现一种公共法权的状态,哪怕只是无穷进步地接近它,若同时是有根据的希望,则就是义务,那么,继迄今被如此误称的和约缔结(真正说来是停火)而至的永久和平就不是一个空洞的理念,而是一项逐步得到解决而不断接近其目标(因而迈出同样步骤的时间可望越

---

① 第378页。

来越短)的任务。"①在《人类学》中,康德更加小心地把"世界公民的社会"或世界主义称作是一种"自在地不可达到的理念",从而是在最为生动的作用与反作用中期待存在着和平的一种"非构成性的原则",但却是一个"范导性的理念:若没有对指向它的一个自然倾向做出有理有据的推测,则不把其作为人类的使命而不懈追求"。②

最后我们看到,康德似乎把教养放到了整体问题中一个极不重要的位置。康德在为《人类学》所做的手写笔记中写道"最终的完满性:国际联盟";并且进一步写道:"如何改善? 1.国际联盟。2.社会契约。3.教育。"③沃兰德(Vörlander)对这个次序感到奇怪;他原本以为,这个次序应该是反过来才对。④ 但是康德早就知道,如果没有外在组织的强制的话,那么一种普遍的道德改善就绝无可能。国际联盟将会移除通往普遍道德进步路上的阻碍(即战争)。但是只有在其联盟之中的国家根据社会契约的原则——比如永久和平的"第一条确定条款"的要求——组织起来的时候,这才会发生且保持下去。只有这样,公共教育也才会致力于内在地、在每个人心中建立起各个国家和由诸多国家组成的国家的自由宪制。康德太过清楚地知道,教育太过依赖于经济和政治因素,因为只有通过这些因素,普遍的提升才有可能真正产生。也正是从这个意义上说,他绝不是一个乌托邦主义者。

《系科之争》中的一段表述与这个观点非常相近,⑤在那里,关于"唯有在什么样的秩序中才能够期待向着更善的进步?"这个问题的回答是:"不是通过事物自下而上的进程,而是通过事物自上而下的进程。期待通过在家庭传授中,继而在从低级直到最高级的学校里,在经过宗教学说强化的精神陶冶和道德陶冶中对去年的教育,最终将达到不是仅仅教育出好的国家公民,而是把他们教育成为永远继续进步并维持下去的善,这是一个很难让人

---

① 第386页。
② 第七卷,第331页。
③ 第十五卷,第783—784页。
④ 《康德和国际联盟的思想》,第17页。
⑤ 第七卷,第92—93页。

希望如愿成功的计划。"因为人民会把对此的责任推给国家,但是国家——就像现在的国家一样——却没有余钱,因为它需要把所有钱都投入到战争中去。但是,这终究是国家的责任,因为"这种教育的整个机制如果不按照国家最高权力的一项深思熟虑的计划,且按照它的这种意图来设计和运行,并且也始终如一地保持这种状态中,它就不具有任何连贯性"。而要做到这一点的最初前提是,"国家时而改良自己,尝试进化而不是革命,不断地向着更善进步"。但是反过来说,就与人相关而言,"则只能期待消极的智慧来促进这个目的了,也就是说,人们将被迫使得道德的最大障碍,亦即总是使这个目的落空的战争,首先逐渐变得更加符合人性,然后变得更加稀少,最后作为侵略战争完全消失,以便选择一种依照其本性毫不减弱地建立在法权原则之上,能够坚持不懈地向着更善进步的宪制"。

在关于人类学的一个早期的反思录中,康德的进路似乎与之相反:权威的和其他外在的强制会妨碍道德的进步,"会在思维方式之前得到普遍的提升"①。在这里,他以一种不同的方式"从上到下地"理解这种进路:"哲学家们通过他们的工作,已经最大可能地独立于法规。他们必须使真正的原则具有普遍性。神职人员——他们的学生——不得不相应地改造宗教和对君主们的教育。君主们会寻求构建世界的和平——其后是对自由、法律和暴力的内在安排——然后教育也会出现在普通人的面前。"之前谈到的"国际联盟—社会契约—教育"这个次序应该会相应地得到理解。

由此我来到了结论。正是因为具有惊人的远见卓识,所以康德知道如何把像线球一样互相纠缠的和平问题重新连接在一起,并且在几乎每一个方向都给出了独特而又有意义的教导。但是尽管如此,仍有不少的疑问。康德还没有令人信服地证明,永恒的战争状态使人陷入的内外交困如何必然导致永久和平。人并不总是去做真正对自己有好处的事,或者说,如果人们不能做到这一点,并因此受到了伤害,他们也不会去反思并据此修正自己

---

① 第十五卷,第 606 页。

的行为。人类从过去艰难的经历中可以学到什么？人又何曾从中学到什么？人们总是只能直到一切为时已晚之时才会知道亡羊补牢，不亦悲夫？最重要的是，康德和他所处的那一整个相信理性的时代一样，显然错误地以为作为一个整体的人民，一旦获得了依照自己的意志而塑造自己之命运的自由，就会选择按照法律与和平来互相共处，而不愿屈居于来自个人或像柏拉图所说的一个受良好教育和规训的阶层的专制胁迫。相比较而言，把大量互相独立的个人意志统合成一个共同的意志明显是一件难事，而个别统治者或阶级因为高瞻远瞩而无私地行使暴力则容易得多。康德时代所看到的那条通往内外部和平的稳妥道路是，所有人至少通过选票大规模地参与国家责任的、国家间的"共和"宪制，因而看起来是一种真正的人民自觉替代了享有最终决策权而又不被追责的单个统治者之下的秘密内阁的操纵。而这在今天几乎已经完全实现了。但是，世界真的因此更加接近于普遍安全的法律与和平状态吗？有些人似乎相信如此，而我可不敢毫无保留地作如是观。

但是我们可以更为一般地说：虽然康德深信人性的极端恶（我们会更喜欢把它说成是心胸狭窄、精神软弱和性格懦弱），但是他还是没有足够重视不受一切束缚的放纵激情、野心、贪婪、权力欲，以及各种不断被光辉诱人的"文化"激发出来的、几乎被神圣化的自私自利，到底有多么危险。康德还没有像我们那样，看到资本主义经济——它从一开始就不过是一场不事修饰的持久战争——早已不仅祸害了发育最早的高度工业化的国家，而且几乎来到了地球上最黑暗的角落，对人的肉体、心灵和精神造成了可怕的破坏，并且几乎断绝了一切可能治愈的希望。在康德的时代，人们还没有如此直接地面临技术以各种方式破坏"自然"——尤其是人对自然的破坏——的危险，而在今天这些危险都已经迫在眉睫。因此，他还可以指望人性中还残余着些许善。他也就像卢梭那样，已经睁眼看到文化发展过程中潜藏的危险，以至于并不把文化发展看作是纯粹道德上善的东西，但是他仍旧最终还希望承认一种关于"自然""最高的智慧"或"神意"的富有教益的"愿望"。而可悲的是，我们只看到文化其实越来越败落了。在他那个时代，人们可能还无法认识到，对自然力量的"人的统治"如果推进得太过广泛、太过迅速，那么它会如何释放出不可思议的诱惑性的魅力。而这仅仅是其中一件令人疑惑的事情。"因为你应该，所以你可以"，这是当时人们的说法；而在今天，太多人都已经无法抗拒相反的格言："因为你可以，所以你应该。"而一些人可能已经被焦虑的梦想所征服。如果人类把炸毁地球的可能性握在手中，那么他们会这么做，尽管只是为了享受这个过程中可能产生的自豪感。无论如何，正是因为文化达到了惊人的高度，以至于它已经使地球上数量众多且越来越多的人堕入地狱，所以人们开始担心，这个备受赞誉的"发展"的进程会出现最坏的情况。即使最为崇高的理智和意志的力量——本来它也已经在明显消退——在面对它时也最终一定不会起作用。正如我所说的那样，在塑造人方面，教育绝不是一个独立的要素，而是一切要素中最依赖其他要素的一个。对于个人而言，在今天，他可能还可以做些自救，但是对整体来说，人们几乎已经没有了任何救赎的希望。

因此，总而言之，连如此具有批判精神的康德都没有完全放弃的对人类进步的信仰，在今天几乎已经消失得无影无踪。看起来，今天的人类还值得尊重的东西，几乎仅仅是那些对更好的时代之遗产的残余，而这也在日渐消逝。朝向更坏的方向演变似乎是不可逆转的趋势；朝向分裂似乎是不可阻挡的趋势，这种分裂似乎会被终结，除非来到像佛教寓言中的刀锋时代（Messerstichzeitalter），或者极为可怕的状态，在这种可怕的状态之中——就像陀思妥耶夫斯基所描绘的凄惨梦幻那样——那些天真无邪的幸福岛居民天堂般的生活经历与我们所谓的"文明"首次接触而被毒害，并且不得不随之沉沦。

最后，康德的根本错误在于，尽管他认为应当比意志更加重要，理念比可以经验的现实更加重要，但是他不能完全地无视这个问题：对于人类的未来而言，我们可以希望什么？他不能完全放弃哲学上的"千禧年"（Chiliasmus），①即它期待在那些遥远的目标上得到救赎，如果我们不能在

---

① 第八卷，第27页。

我们行进和站立之处经验到它,且不能在自己身上实现它,那么它就什么也不是。因此,我们难道不是使我们重新陷入了康德的第一部伟大著作已经努力使我们摆脱出来的那种"对有限事物的依赖"之中吗?"不能向外求……这是你内心永远的产物",我们总是处于忘记这一点的危险之中!

  一言以蔽之:哲学不是预言。头上的星空不应该是引诱我们对未来做占星学诠释的东西,不论是世俗的还是超世俗的人类命运,都应该来自我们对公认的世界发展规律的理解;我们心中的道德律也不可以使我们沉浸在人类心中的"善的原则会在战胜恶的原则"的迷梦中。这就是"神正论的歧途"①,它总是回到一种方法上站不住脚的"构成性"(konstitutiv)的目的论;但是,康德的一篇严肃而又漂亮的论文恰恰想要说服我们这必然失败。我们不要再到遥远的地方去寻求救赎了,让我们按照康德频繁做出的急切的告诫,留在近处,留在我们紧挨着的地方,留在我们眼前的、自己可以清楚说明的地方吧!让我们——特别是在实践中——时时谨记大师埃克哈特(Eckhart)的金句"把爱给予邻人"(Nächste, das Liebe gebeu)。那么,天堂就会在我们的心中升起——天堂或许也是地狱。但是我们在它面前也不会怕得发抖、退却,因为人类的所有救世主都已经从地狱中带出了天堂,从死亡中带出了死亡!于是,所有的恐惧都驱散了,因为我们在天堂中,并且可以自信地对我们的兄弟说:明天你会和我在一起,我会和你在天堂相伴。

  但是这种对自我本身的回归和对外在世界的蔑视,并不意味着要从共同体、公众、兄弟(这里的兄弟不仅仅包括人的兄弟,而且还包括一切在我们身边、我们之上、我们中间的兄弟)之情中退出。相反地,我们恰恰是要展示共同体最深刻且最后的根源。因为这种自身的根源同样存在于一切的一切之中,不管它离人是远是近。因为这一点是我们应该知道且始终坚持的:绝对不会万籁俱灭;生命的源泉生活于一切的一切之中。它首先在一切的一切之中显现。如果它首先在我们自身中显现,在我们自身的最深处中显现,那么它之后也会在他者那里显现(我们还会是什么呢?),但是在与它构成的

---

① 作为"自然的一个隐秘计划的实施"的人类的历史,见第八卷,第 27 页;为自然所做的辩解,或者不如说是神意,见第 30 页。

共同体中,我们自身只会以一种更为纯粹的、更为确定的方式被认识到。然后我们就会回到家中,再也不会要求出去,偏离源始的、切近的、完全原初的,因而是由原初和包含万有的生命之物构成的、牢不可破的共同体,不管人们叫它什么,或者人们是否愿意让它完全没有名字,因为对它来说,任何名字都不够伟大。我们只要知道,我们在自己内心中获得确证,就足够了!

于是,一切内部的和外部的战争就会消停了。于是,我们就获得了和平——它不是世界给予我们的。

出自义务而行动(《道德形而上学奠基》397—401疏解)[*]

马西娅·巴伦[**] 著

潘麒羽[***] 译

一

康德对出自义务而行动的讨论与他关于道德价值的评论经常被解读和教授给学生们,就好像它们只是恰好发表在《道德形而上学奠基》[①]中其所处的地方(甚至只是恰好发表在《奠基》中)。因此在解读时,看起来讨论的全部要点在于提出一个针对诸行为的道德价值的检验。此种误解助长了这样一种看法,即康德的伦理学具有令人讨厌的道德说教性。有人会问:"为什么我们会想要对诸行为的道德价值进行检验呢?兴许正确,但道德价值何在?"[②]可以说,只有那些渴望在邻居身上保持道德好感或者(认识到或许

---

[*] Marcia Baron, "Acting from Duty (GMS, 397-401)", in *Groundwork for the Metaphysics of Morals*, ed. by C. Hornand and D. Schönecker, Walter de Gruyter, 2006. pp.72-92.

[**] 马西娅·巴伦(Marcia Baron),印第安纳大学布卢明顿分校哲学系教授,主要研究领域为道德哲学、道德心理学与法哲学,撰写多篇有关康德伦理学的研究论文。感谢巴伦教授对本文翻译及发表的授权。

[***] 潘麒羽,黑龙江大学哲学学院讲师,主要研究领域为应用伦理学。

① 下文简称为《奠基》。——译者

② 感谢范恩·麦吉(Vann McGee)在1977年左右和我交谈时提出这个问题,当时我们是教堂山的北卡罗来纳大学的研究生。

他们并不知道他们邻居的——甚至他们自己的——种种动因[motives]足以适用这种检验)梦想成为天堂看守的人会对这样的检验感兴趣。不是每个人都对康德提出的有关诸行为道德价值的检验这一(假设的)事实感到困惑。但是,那些不困惑为什么有关道德价值的检验是我们所需之物的人,经常困扰于表面性检验的内容。道德价值似乎被错误地展示出来。①

在很大程度上,这些疑虑的产生是因为将《奠基》397—401 与第一章的其他地方分开解读。为了理解《奠基》397—401 的内涵,我们需要注意康德所公开宣称的讨论"出自义务而行动"的目的。他在介绍这个讨论时说,为了发展一个善的意志的概念,他将会把义务的概念摆在我们面前,"包含着一个善的意志的概念,尽管有某些主观的限制和障碍。但是,这些限制和障碍绝对不会遮蔽这个概念而使它不可认识,反而会彰显它,使它表现得更为鲜明"(《奠基》397)。在讨论的结尾部分也要牢记:它引出了康德关于定言命令式的第一个陈述。通过对什么是出自义务而行动的讨论,他提问何种原则可以引导一个善的意志。而答案告诉我们,如果存在一个道德性的最高原则,那么它就是可以引导善的意志的原则。正如他在前言中所说的,"目前的《奠基》……无非是找出并且确立道德性的最高原则"(《奠基》392)。

哈拉尔德·克尔(Harald Köhl)提供了对《奠基》402—406 的论述,因此我不会列举我们从出自义务而行动过渡到定言命令式的诸步骤。但是我们需要记住,关于出自义务而行动的讨论与关于道德价值的讨论并不是孤立的。它将我们从一个善的意志的理念引向一个道德性的最高原则(如果存在的话)应该是什么的解释。

二

我现在来谈谈康德关于出自义务而行动的讨论的种种细节。康德说他

---

① 这个想法是,出自令人钦佩之感而做出的诸行为在道德上更具价值,或者至少在道德上是有价值的,就像出自义务而做出的诸行为那样。许多人都如此评价:Annas 1984;Blum 1980;Oakley 1992;Sidgwick 1981,第 223 页;Stocker 1976。

忽略了"一些行为尽管在这种或者那种意图中可能是有用的,但已被认识到是反义务的;既然它们甚至是违背义务的,所以,它们根本不会有是否出自义务的问题"。看起来他是在说,不能出自义务而做出违背义务的种种行为。那会是一种奇怪的说法:为什么我不能错误地认为 X 是我的义务,并在它实际违背义务时采取相应的行动?但基于他所谓"已被认识到"("schon [...] erkannt"),就没有必要认为康德排除了这种可能性。① 虽然这并不明确,但是可以合理地假设,他所谓"已被认识到"是指已经被行为主体(agent)认识到是违背义务的行为(也可能是被我们中那些考虑何种行为可能出自义务的人认识到)。② 当然,如果行为主体认识到该行为是违背义务的,她就不能做出这种出自义务的行为。

康德也把出于自身利益而做出的诸行为搁置一旁,也就是"人们对它们直接地来说并无任何偏好,而是因为被另一种偏好所驱使来实施它们的"诸行为。为何将它们搁置一旁呢?他解释说,在这种情况下它"可以轻而易举地分辨……行为之所以发生,是出自义务,还是出自自私的意图"。相比之下,"在行为是合乎义务的,而且主体除此之外还对它有直接的偏好时,要看出这种区别就困难得多了"③。康德到底在说什么呢?很清楚的是:就他的目的而言,他认为后一类行为更值得注意。但很多方面并不清楚。这些困惑包括以下内容:

(1) 为什么后一类行为——那些符合义务并且行为主体对其有直接的偏好的行为——值得被如此关注?

---

① 我很感谢马克·蒂蒙斯(Mark Timmons)引起我对康德"已被认识到"的注意。
② 我认为这是合理的,但并不意味着暗示"已被认识到"的确是指"已被行为主体(也可能是其他人)认识到"。这里存在合理分歧的余地。事实上,康德似乎的确认为很容易"分辨什么是善、什么是恶,什么是合乎义务的、什么是违背义务的"(《奠基》404)。尽管如此,他并没有声称诚实的错误是不可能的。在没有必要的情况下,将这种观点归咎于他过于严苛。
③ 关于"偏好"(Neigung)的评价是恰当的。这是否应该被狭隘地理解为,仅仅指特定的一种欲望或者更为一般的欲望?在《奠基》413 的脚注中,康德写道,"欲求能力对感觉的依赖性就叫作偏好,因此,偏好在任何时候都表现出一种需要"。严格来说,偏好只是一种欲望。但是,我跟随亨利·艾利森(Henry Allison)认为康德在这次讨论中给予"偏好"广泛的内涵,正如艾利森所说的那样,包括"一时的欲望、本能、激情、恐惧和厌恶",更一般地说,"对行动的任何刺激都源于我们的感官,而不是我们的理性本性"(Allison 1990,第 108 页)。《奠基》397—399 中示例的各种内容证实了这一点,这些内容在"直接偏好"的主题下被粗略地分类。

（2）康德比较了（a）出于自身利益而做出的诸行为与（b）行为主体有直接的偏好的诸行为，为何二者是不对称的呢？为何后者不是"出自偏好而做出的"（或者为何前者不是"行为主体出于自身利益的动因而采取行动"）？如果答案是"没有理由；这种不对称是微不足道的"，那么划分出自偏好（aus Neigung）与伴随偏好（mit Neigung）而行动的当代评论者（包括我自己）都被误导了。因为按照这种理解，康德不会观察到任何这类区别。

（3）看出来就困难得多了的到底是什么？

我在本节的重点是将是（3），尽管因为不对称导致弄清楚什么是"看出来就困难得多了"的挑战，（2）也会进入讨论。我会假设康德的意思是他所声称的那种比较，因此将保持这种不对称性①。一种对（1）的回答将呈现在本节讨论之中，用来支持一种替代性回答的证据将在第三节和第四节进行评估。

康德声称"要看出这种区别就困难得多了"，即"行为主体对当前讨论的行为有一种直接的偏好"与"行为主体被另一种偏好'驱使'（getrieben）来实施行为"之间的区别。"这种区别"是指他的断言，即"可以轻而易举地分辨，合乎义务的行为之所以发生，是出自义务，还是出自自私的意图"②。

让我先阐述一种我认为是错误的解释，尽管它是一种很自然的解读（尤其是分开阅读语句的时候）。根据这种解读，康德表明：很容易看出，对于任何符合义务和出于自身利益的行为来说，做出这种行为确实是出自自私的目的而不是出自义务；如果是行为主体对其有偏好的行为，就比较难看出这一点。根据这种解读，比较困难（或比较容易）看出的是行为主体的真实动

---

① 我假设的一个原因是，他在《奠基》400 中清楚区分出自偏好与伴随偏好，他在那里写道，"唯有仅仅作为根据但决不作为结果而与我的意志相联结的东西，不为我的偏好服务而是胜过它、至少在选择时把它完全排除在估量之外的东西，因而纯然的法则本身，才能是敬重的对象，从而是一条诫命"（强调是我所添加的）。我用着重号表示的部分允许偏好的可能性（尽管不一定是支撑偏好）在场，但不能影响决定。

② 令人困惑的是，康德似乎以此将所有出自直接的偏好而做出的行为都视为出自自私的意图。在此，我不会参与这样一个争论，即康德在有关一切出自义务的行动方面是否是一个心理享乐主义者。关于这个问题的讨论，参见 Reath 1989；Herman 2001；Kerstein 2002。

因。当康德声称比较难看出"这种区别"时,他的意思是,尽管很容易分辨出"如果一个行为是出于自身利益而做出的,那么做出这种行为实际上是出于自身利益而不是出自义务",但很难确定"如果一个行为是行为主体对其有偏好的,它是否是出自义务而做出的"。

存在三个理由使这种解读令人难以置信。首先,它与康德在第二章开头(《奠基》407)的讨论有些矛盾,他在那里强调不可能确切知道我们的真实动因。其次,即使撇开《奠基》407不谈,把一个如此愚蠢的观点归咎于康德是过于严苛的(也是令人难以置信的),因为很容易发现有人是出于自身利益而行动的。最后,它不符合康德在这段文本中的目的。当我们将注意力移到整体文段及其发生的语境中时,会清楚地看到他在那里并不关心探明行为主体的真实动因有多困难或有多容易。

我认为康德的"要看出这种区别困难得多了"是关于区分诸概念的比较性困难,而不是辨别诸动因的比较性困难。这种说法意味着,与某人对一个行为有直接的偏好相比,出自义务而行动更容易与出于自身利益而行动区别开来。① 我们并不是从"一个行为是符合义务而做出的"这一事实推断它必须是出自义务而做出的——如果该行为是行为主体对其怀有(并且我们看到该行为主体对其怀有)自身利益的强烈动因的,情况就并非如此。"因此,人们得到诚实的服务;但是,这远远不足以使人因此相信,商人是出自义务和诚实的原理这样行事的;他的利益要求他这样做"(《奠基》397)。与此相反,当我们感觉行为主体偏好这种行为时,我们很可能得出这个推论(尽管它是无效的)。

康德表达出了我上一句话中的观点吗?答案是否定的;当他在下一段以"与此相反"开头时,他并没有解释打算对比的是什么。我认为它是这样的:虽然如果我们看到行为主体被自身利益所"驱使"去做X,我们根本不会

---

① 我不会一直重复"直接的";这个想法只是一个人有偏好地做出当前讨论的行为,而"直接的"则用来与出于自身利益而行动(或如康德指出的,间接的偏好)相对照。另外请注意,我的笨拙措辞至少部分归咎于我为保持上文引述的"不对称"所做的努力。否则,我会写道:"与出自直接的偏好而行动相比,出自义务而行动更容易与出于自身利益而行动区别开来。"

倾向于从 X 符合义务的事实推测它是出自义务而做出的,但在我们确实看不到自身利益的动因,却感觉行为主体偏好做 X 的时候,情况就不同了。如果我们确实看不到任何自身利益的动因,我们也许会同样从行为主体按照义务而行动的事实中推断它是出自义务而行动的,并且即使我们看到对当前讨论的行为有强烈的偏好,我们也可能这样做。

这种说法有一定直观上的合理性。情况似乎的确如此,我们有某种倾向把出自义务而行动与出自偏好而行动混为一谈(假设该行为是符合义务的),而同时我们将它们二者看作与出于自身利益而行动截然不同。从怀有不明动因而做事和我们所说的"为自身利益"而做事的鲜明对比中可以看出这一点。值得注意的是,"为自身利益而做事"涵盖了一系列的可能性,它们大致可归入"出自义务而行动"和"出自偏好而行动"的名下:做这件事是因为它值得做或者因为某人应该做——大致来说,出自义务而做它——并且做这件事是因为它令人愉快,或是因为某人喜欢它。"为自身利益而做事"明显排除了出自一些不明动因而做事。

因此正如康德声称的那般,与出自偏好而行动相比,出自义务而行动更明显地区别于出于自身利益而行动——这是有道理的。

因为出自义务而行动很容易与出自偏好而行动混为一谈,康德需要整理思路来解释出自义务而行动与出自偏好而行动之间的差异。重要的是让他的读者们清楚这种差异,否则他们将不会理解什么是无条件的善的意志(也许会认为它比较像仁爱),并且很可能在思考什么样的原则引导这样一个意志的过程中完全走错了路。如果没有明确理解出自义务而行动与出自偏好而行动之间的差异,他们也许会认为一个善的意志能够被一条他律性的原则所决定。①

为什么与出于自身利益而做出的诸行为相比,康德会如此关注出自偏好而做出的诸行为? 我对《奠基》397 的解释为此问题提供了这样一种回答。答案就是,他认为,很少有人会弄混出于自身利益而行动与出自义务而行动这两种观念,而在他的读者们的心目中,出自偏好而行动与出自义务而

---

① 有关另一种解释,参见 Wood 1999,第 1 章。

行动没有那么明显的区别。

需要提出一种不同的解释。关于这种替代性的解释,康德再次指出我们实际上是错误的,尽管是以一种与我上文中所认为的大为不同的方式。根据这种替代性的解释,错误就在于没有意识到出自义务而做 X 与同时偏好于做 X 是不相容的。根据这种解读,康德竭力强调出自义务而做 X 与偏好于做 X 之间的不相容性。这种解读十分重要并且需要详加阐述,因为它是对康德产生极大反感的源头所在。由于出自义务而做出的诸行为(并且只有出自义务而做出的诸行为)拥有道德价值,所以根据这种解读,拥有做 X 的偏好会阻止一个行为拥有道德价值。这似乎令人感到困惑。为什么一个人有做 X 的偏好会妨碍他在做 X 的过程中拥有道德价值呢?

根据我的解释,康德如此密切关注行为主体缺乏任何(间接的或直接的)偏好的诸行为的理由是,清楚说明出自义务而行动与出自偏好而行动之间的差异,它不如出自义务而行动与出于自身利益而行动的差异明显——这种差异是为了理解一个无条件的善的意志的理念以及"只有一般行为的普遍合法则性"能够"充任意志的原则"(《奠基》402)。但是很容易认为,康德反过来是意在说服我们,如果一个人同样心怀偏好而行动,那么就不能把这个行为看作是出自义务而做出的。我会在下一节专门评价被认为是支持那种解读的证据。

三

康德是否主张,某人具有直接的偏好的一个行为因此不能看作是"出自义务而做出"的(也就没有道德价值)?

在我们讨论这个问题之前,应该先澄清一下。这个问题不应该与以下内容相混淆:康德是否主张,一个出自偏好而做出的行为不能同时出自义务而做出? 也就是说,是否一个行为是出自偏好而做出的这个事实就排除了它同时是出自义务而做出的? 我认为对这一问题的回答为"是",但对前一个问题(上一段提出的)的回答为"否"。一个人可以在出自义务而行动时伴随着偏好(mit Neigung),但却不能同时出自义务和偏好(aus Pflicht und

Neigung)而行动。① 有些人反对区分(a)出自义务而行动——在这种情况下一个人也怀有偏好去做我们所讨论的行为——和(b)同时出自义务和偏好而行动。他们主张：根据定义，拥有偏好是被推动的（至少是一点点），从而做出相应的行动。他们争论道，在这种状况中，在没有至少部分地出自偏好而做 X 的情况下，一个人不可能偏好于做 X 进而做 X。但是这种"定义性的"主张并不是康德会（或者能够）同意的。它预先假定了一种与他所持有的能动性(agency)观点不同（也不那么稳健）的观点。他的图景不是一幅推动我们做出行动的内部动力的机械图景；所以根据他的能动性理论，在行为或动因的本质上，没有任何东西会使下述观点变得荒谬，即某人可以拥有做 X 的偏好而事实上没有被那种偏好推动而（出自义务）做 X。②

现在回到我在这一节开头提到的问题：康德是否主张，某人具有直接的偏好的一个行为因此不能看作是"出自义务而做出"的？我将首先指出认为答案为"是"的一些不充分的依据。

康德在《奠基》第一章中对于出自义务而做出诸行为的所有说明，都是行为主体并不偏好的诸行为（并且在一些情况下，行为主体非常不愿意采取这些行为）。这已经被一些人看作是有力的证据来表明：康德主张，如果行

---

① 正如我在 Baron 1995，第 5 章以及最近的《过度决定行为与不完全义务》(*Overdetermined Actions and Imperfect Duties*)（即将出版）中所解释的那样，我并不认为这对康德及其辩护者来说是一种尴尬的情况。我认为，如果从"出自义务而做 X"来看，"一个人实际上不能同时出自义务和偏好而做出 X"是正确的，我的意思是这样做是因为它在道德上是必需的。我还注意到艾伦·伍德(Allen Wood)对"超决定的行为"的建议（主要是通过电子邮件和谈话，但在 Wood 1999，第 44 页中简要指出），应该更广泛地理解出自义务而行动，不仅包括做 X 是因为它在道德上是必需的，而且包括任何通过道德考虑后因自我约束而产生的行为。如此理解，出自义务和偏好而行动也许的确是可能的。然而基于我在那篇文章中简要指出的种种理由，我并不认为这种自我约束的概念是康德的。

② 当然，很难知道一个人确实没有出自那种偏好而行动，但那是另一回事。（而且显而易见的是，没有理由从"我不能在我做 X 的时候分辨出我是否已经出自一个我拥有的动因而行动"的事实，推断出我一定已经这样做了。）

想要了解更多有关伴随偏好而行动与出自偏好而行动的区别，可以参见我的《自由、脆弱性与不纯正》("Freedom, Frailty, and Impurity"，1993)。这是一篇对艾利森《康德的自由理论》(*Kant's Theory of Freedom*，1990)中一些问题的讨论文章。在重印于 1996 年的艾利森的文章中，艾利森回复了同样的问题。还可以参见 Baron 1995，第 151—152 页。至于一场有关"没必要假设一个人在没有出自偏好而行动的情况下，能够伴随偏好而行动"的持续争论（我不能在这里详述），参见 Latham 1994。

为主体偏好于这样去行动,那么一个行为就不能被看作是出自义务而做出的(并因此被看作是道德上有价值的)。但这不是有力的证据,因为在他的例子中这个特点还有另一种解释。康德需要提供出自义务而做出的诸行为的种种例子,并且让读者们清楚这些行为确实是出自义务而做出的。如果没有其他有效的解释,那么很明显他们是出自义务而做出的。因此,他故意描述了行为主体并不倾向的举止(conduct)。

出自义务而行动并且不带任何偏好去这样行动的种种例子,同样服务于另一个目的。他所关心的是让读者相信,出自义务而做出的诸行为并不需要偏好的协助——的确,某人可以违背所有感觉偏好,甚至违背他自己的利益去行动。因此,他举出一些在没有任何偏好协助的情况下出自义务而行动的例子。

上文所论述的内容并不旨在表明,康德实际上确实主张某人可以在出自义务而做 X 的同时也偏好于做 X;它的目的只是表明,被引用作为反对这一观点的证据的段落,事实上并不是反对这一观点的证据。他的种种例子是关于行为主体没有偏好的(或总的来说是不情愿的)诸行为,它们与这两种观点是兼容的:一个出自义务而做出的行为排除了偏好,以及它与行为主体偏好于这样去行动相一致。(它也与这样一种观点兼容,即一个行为可以同时出自义务和偏好而做出,尽管事实上我确实认为康德是不可能这样主张的。)①

---

① 《奠基》400 提供了有力证据表明康德认为这是不可能的:"一个出自义务的行为应当完全(排除[absondern])偏好的影响。"这个证据虽然有力但并不是决定性的。有点不清楚"排除"在这里意味着什么,因此这证据不是决定性的,但很难想象"排除"在任何含义上不会导致康德认为一个行为不能同时出自义务和偏好而做出。就在《奠基》402 前面出现一些额外的证据:"不是别的任何东西,而是当然仅仅发生在理性的存在者里面的法则的表象自身,就它而非预期的结果是意志的规定根据而言,构成了我们在道德上所说的如此优越的善。"如果我们假设"我们在道德上所说的如此优越的善"等同于道德价值,并且记住当且仅当一个行为是出自义务而完成时它才具有道德价值(《奠基》398),那么这段话的相关性就是很明显的。另外的证据来自认识到对于康德来说出自义务而行动意味着什么,更一般地说,基于康德对能动性的看法,诸动机和行为之间的关系是什么。由于动机并不是作为一种机械性的力量,而是作为一种理性来阐明,"某人同时出自义务和 X 而行动"就是表明义务自身不是他行动的唯一原因。但这里需要一些解释来说明为何它不是唯一原因,而且我可以想到没有任何解释能够避免导出行为主体不能充分考虑到"当前讨论的行动是某人的义务"这一事实。出自义务而行动与出自欲望而行动是不相容的,因为后者所涉及的义务不是一个具有决定性的考虑。我在 Baron 1995,第 5 章和 Baron(即将出版)中更全面地解释了这一点。也可以参见 Allison 1990,第 6 章。

让我来进一步解释,为何康德对种种例子的选择并没有表明他相信出自义务的行为排除了偏好。① 想想他是如何建立起他的例子的。首先,他谈到人们"富有同情心,即便没有虚荣或者利己的其他动因",他们"也对在周围传播愉快而感到一种内在的喜悦,如果别人的满足是他们引起的,他们也会为之感到高兴"。他认为"在这种场合","诸如此类的行为……不具有真正的道德价值",因为它的准则"缺乏道德内容"(《奠基》398)。接下来,他让我们想象"那位慈善家的心灵被他自己的悲痛所笼罩,这种悲痛消解了对他人命运的一切同情",从而强调以前对他适用的种种动因现在不再适用于他了。我们被要求假设"现在,在没有任何偏好再鼓动他去施惠的时候,他却从这种死一般的麻木中挣脱出来,没有任何偏好地、仅仅出自义务地做出这个行为;在这种情况下,这个行为才首次具有其真正的道德价值"(《奠基》398)。这个例子突出地表明,无论行为多么有益、偏好多么亲切,除非他出自义务而行动,否则他的行为就缺少道德价值。(它还旨在消除关于下述情况的任何疑问,即我们拥有这种动机[incentive]——义务的动因——并且即使在缺乏相伴随的偏好的情况下,它也是有效的。)

持不同意见的人们——那些声称康德主张某人不能出自伴随偏好的义务而行动的人——刚刚引用的句子中"首次"的强调清楚地表明,康德所说的是,除非他没有偏好,否则这个人的行为就缺乏道德价值。他们声称,绕过这一点的唯一方法就是在命题中自由加入"我们首次能够知道一个行为具有道德价值的资格"(Baker 1986,第 460 页)。② 但正如芭芭拉·赫尔曼(Barbara Herman)所指出的,重要的是康德在他例子的结尾(在《奠基》398,5—13)并没有说一个与前面例子中的描述不同的人。他不是在比较这两种人:一种出自偏好而行动,另一种缺乏偏好并且出自义务而行动。他是在说明,某个以前是出自偏好而不是出自义务为了别人利益而行动的人,现在只有当他没有为了别人利益而行动的偏好时,他帮助别人的行为才具有道德价值。赫尔曼解释说:"对他……来说:只有当没有帮助别人的偏好时,他的

---

① 本段和接下来的两段与 Baron 1995,第 148—149 页重复。
② 也可以参见 Henson 1979。

帮助行为才具有道德价值。对他来说,当他有这种偏好时,他并不是出自义务的动因而行动。"(Herman 1993,第 18—19 页)康德对"首次"的使用并不意味着,只有当一个人没有偏好地行动时,这个人的行动才具有道德价值。他是在说明,当某个人伴随偏好而行动时,他并不是出自义务;而只有当他缺乏帮助别人的偏好时,他的帮助行为才具有道德价值,因为只有这样,他才确实是出自义务而行动的。因此,批评者错误地宣称,假如我们要拒绝"如果拥有偏好,就没有道德价值"的解释,我们必须加上一个条件,也就是只有在那时,我们才能知道一个行为具有道德价值。

但怎么看待《奠基》398 的结尾呢?康德在那里写道:"即使自然在根本上很少把同情置入某人心中……他难道就不会在自身里面还发现一个源泉,赋予他自己一种比善良的气质所可能具有的价值高得多的价值吗?"对于我们这些希望避免"如果有偏好,就没有道德价值"这种解释的人来说,这看起来是糟糕的。因为不是康德在此处所说的,那些缺乏同情心的人能够赋予自己比大自然已经赋予的高得多的同情心吗? 很明显,这种想法是只有缺乏同情心或真切偏好的帮助别人的人,才能出自义务而行动。席勒(Schiller)著名的(备受争议的)批评似乎并不那么明显缺乏根据。康德似乎在说,那些拥有同感心(fellow-feeling)的人无法获得那些"在气质上是冷漠的,对他人的不幸漠不关心"的人所得到的道德价值。也许席勒是正确的:如果一个人想在道德上有价值,他唯一的选择就是努力摆脱同感心。①

如果只看那段措辞,这种解读是足够可信的。但如果认为同感心的存在会使一个人无法出自义务而行动,它就会与康德的自由理论相冲突。康

---

① 我只是略微修改席勒的观点。它原本是这样的(Schiller 1981,第 221 页):

良心的顾忌
我喜欢为我的朋友服务,但不幸的是我伴随偏好去完成它
因此,我常常被"我是不道德的"这种想法所困扰。
决断
除此之外别无他法! 你必须设法轻视它们,
并且伴随义务所要求的反感去做。

我所使用的是艾伦·伍德对这段的翻译,只是略有改动。详见 Wood 1999,第 28 页。关于席勒在义务和偏好上与康德之间的差异的讨论,可参见 Reiner 1983。

德认为,无论我们的偏好是什么,我们总是能够出自义务而行动。① 幸运的是,对此段非康德主义式的解读并不是唯一可行的。简单地说,一种更为康德主义式的解读是,在出自义务而行动的过程中,那个人会比从来不出自义务而行动的人(有"善良的气质"的人)赋予自己更高的道德价值。后者可以出自义务而行动,但他并不这样做。前者出自义务而行动,因此与后者相比赋予他自己更高的价值。

可以在康德强调从经验中分离出纯粹的重要性的许多段落中进一步支持理解《奠基》398—399,而不是排除出自伴随偏好的义务而行动的可能性。这些段落阐明了选择种种例子的动机,在这些例子中,行为主体的偏好是出自他的或她的义务而做事的障碍。参见《奠基》388—389,并且回看《奠基》397,康德在那里解释道,他想以下述方式阐明善的意志的概念:"我们就要提出义务的概念,这个概念包含着一个善的意志的概念,尽管有某些主观的限制和障碍。但是,这些限制和障碍绝不会遮掩这个概念而使它不可被认识,反而彰显它,使它表现得更为鲜明。"这些限制和障碍——与义务相冲突的诸偏好——更加彰显了善的意志。因此毫不奇怪的是,在康德的每一个例子中,行为主体的诸偏好阻碍而不是帮助行为主体按照道德性的要求去行动。在康德看来,他们那样做不应该被认为是诸偏好的必然结果和一般性的影响,而总是或通常是道德的种种阻碍。②

康德在《实践理性批判》③中对一种分离方法(a method of isolation)的讨论和赞扬进一步支持了他在每一个例子中对履行某人义务的"主观障碍"的解释。他将这种"把道德的(纯粹的)规定根据与经验性的规定根据区别开来"的哲学家比作化学家(《实批》92)。接下来他在同一部作品中写道:"道德原理的纯粹性……唯有通过把人们只要能够归给幸福的一切都从行

---

① 有人可能会主张:康德的观点是,某人总是能够履行他的义务,而不是某人总是能够出自义务而行动。我不会试图在此处理这种可能性。
② 我在 Baron 1995,第 6 章中讨论了关于康德伦理学中是否存在任何积极作用的一系列问题。劳拉·丹尼斯(Lara Denis)在 Baron 2000 中就我的一些观点为康德辩护。也可参见 Guyer 1993 和 Sherman 1990。
③ 下文简称为《实批》。——译者

动的动机中除去,才能够被相当引人注目地表现出来。"(《实批》156)

四

到目前为止所提出的论点削弱了康德的这样一个主张,即康德认为如果行为主体偏好于这样行动,那么一个行为就不能是出自义务而做出的(并因此不能具有道德价值)。我们能提出更好的主张吗?是否有证据表明:康德事实上确实认为,即使行为主体偏好于这样行动,这个行为也可以是出自义务而做出的?我相信《奠基》397 提供了非常有力的证据,尽管它不像我以前认为的那样具有决定性。在表述完这样一段话之后,即在一个行为是行为主体对其没有直接偏好而是"被另一种偏好所驱使……"的情况下,"可以轻而易举地分辨,合乎义务的行为之所以发生,是出自义务,还是出自自私的意图",康德表明在"行为是合乎义务的,而且主体除此之外还对它有直接的偏好时,要看出这种区别就困难得多了"。我的理由是:如果对这个行为来说,缺乏偏好是出自义务而做出一个行为的必要条件,那么就不难知道一个行为主体对其有偏好的行为是否是出自义务而做出的。很明显,它并不是出自义务而做出的。由于康德非常明确地说它是不清晰的,所以缺乏关于 X 的偏好对于将 X 定性为一个出自义务而做出的行为来说不会是必要的。①

现在我认为,证据虽然有力,但不是决定性的。只有基于(合理的)假设时,它看起来才是决定性的,也就是当康德说"要看出这种区别就困难得多了……"的时候,他的意思不仅仅是我们中的许多人发现更难注意到它,而是真的很难注意到它。毕竟,如果这种想法只是我们中的许多人发现它很难,那就与"缺乏偏好对于将一个行为定性为一个出自义务而做出的是必要的"这种情况相一致。换句话说,也许它不应该更难,然而(对我们许多人来

---

① 这是我在 Baron 1995,第 6 章所写的。亨利·艾利森以这种方式独立解释此段落,这增加了我正确解读此段落的信心。详见 Allison 1990,第 111 页。当我在为艾伦·伍德出版的《奠基》编写"出自义务而行动"并重新审视此事时,我表达了一些疑惑(Baron 2002,脚注 4)。

说)结果是:虽然事实上一个行为主体偏好于做 X 与她出自义务而做 X 是不相容的,但我们没有意识到这一点。因此,康德的观点也许与《奠基》397相一致,正如我在第二节结尾处描述的:虽然我们足够清楚地看到,如果一个行为是出于自身利益而做出的,那么它就不能是出自义务而做出的,但我们并没有那么快地看到,如果某人偏好于做 X(其中 X 与义务相一致),那么他就不可能是出自义务而做 X 的。事实上(根据这种替代性的解读),如果一个人无论如何都偏好于实施这个行为,那它就不能是出自义务而做出的,但我们大多数(或许多)人并没有意识到这一点——这正是康德需要说服我们的。出于这个原因,正是在这种可能的解读中,他详细讨论了出自偏好的诸行为,并将它们与出自义务的诸行为相对比。

我并不主张这种对"很难看出"的解读是可信的。正如小托马斯·E.希尔(Thomas E. Hill, Jr.)提出的,康德在《奠基》第一章"暂时假设,然后分析和阐明普通人(只要是理性的)对道德的知识"(Hill 2002,第 39 页)。假如在谈到"看出这种区别就困难得多了"时,康德的意思是"它困难得多,尽管不应该如此",那将是令人惊讶的。人们会期望《奠基》第一章清楚地对比"我们确实发现的困难"与"我们应该发现的困难",而不是模糊地暗示。

总之,尽管它并不是决定性的,但在康德看来,支持"出自伴随偏好的义务而行动的确是可能的"这一观点的论据是非常有力的。① 与之相冲突的证据仅仅来自对《奠基》398—399 的解读。而正如上面解释过的种种原因,它在某种程度上是不必要的,而且还与康德的自由理论处于紧张状态。

五

假设我正确地说明了"出自义务而行动"与"偏好这样去行动"是相容

---

① 其他证据可以在《德行论》(*Tugendlehre*)中找到。由于康德在那部作品中强调培养各种情感的重要性,所以如果他认为,假如我们有支持去做事实上是我们义务之事的各种情感(这些情感会使一个人偏好去这样行动),那么我们不能出自义务而行动——这会是很奇怪的。

的，但它与"出自偏好而行动"并不相容，然而对于到底什么是"出自义务而行动"，仍然存在一些疑问。可以将下列行为看作是出自义务而做出的行为吗？

（1）一个被允许的但并非义务性的行为。让我们假设，如果行为主体认为它是不被允许的，她就不会实施这个行为。因此，她在实施行动前会反思这样行动是否是被允许的。

（2）一个通过发展自己的天赋帮助他人或做某事的行动（练习小提琴，安排上小提琴课程，给小提琴购买新琴弦）。让我们假设，行为主体选择练习小提琴（或安排上小提琴课程）的部分原因是她认识到发展自己天赋的义务，而且她帮助别人是因为她认识到别人的需求对她（也对其他任何人）具有道德上的要求。

显然，仅仅被允许的行为不具有资格。① 某人不能只是出自义务而实施一个仅仅被允许的行为；只有在它是某人义务的情况下，某人才能出自义务而做 X，并且一个不被需要的、仅仅被允许的行为，也就不是某人的义务。有人可能会反驳："如果它是在这种情况下唯一被允许的行为呢？"那么，它就不是仅仅被允许的。我用"仅仅"来表示除被允许之外，它在道德上是不被要求甚至不被推荐的。另一种可能的反驳是："如果某人所做的是仅仅被允许的，而在这种情况下只有少数可允许的行为对他开放呢？既然某人已经下定决心不去做不被允许的事，并且已经出自义务而如是做了，那么他在实施这种行为的时候难道不是出自义务而行动吗？"在这里，似乎正确的说法是：某人出自义务所做的事情是克制自己不去实施不被允许的事情。某人在选择这一特定被允许的行为时，并非出自义务的。

那么，怎么看待（2）呢？很容易说明的是：一个帮助别人的行动也并不是某人的义务。事实上，此时此地帮助别人或者此时此地练习小提琴，都永远不是一个义务。我可以学习不同的乐器或者以完全不同的方式发展我的天赋，诸如学习一门新的外语或者提升我生疏的德语水平，重读三十年来没

---

① 除非，一个人可能错误地认为这在道德上是必需的；但我不会在此考虑这种可能性。

有读过的伟大小说，每天慢跑，上天文课程，等等。如果不能出自义务而完成被允许的诸行为，那么诸如帮助别人或者发展某人的天赋等个别的诸行动似乎也是如此。

这类行为是有趣的。在很一般的情况下，每一个这样的行为都是必需的类型，但该行为本身并不是必需的。① 道德上并不要求我抓住每一个机会提供帮助，也不要求我尽可能多地或经常地发挥我的天赋——更不要求对我已经拥有的或可能通过努力获得的每一种天赋都这样做。（2）中描述的行为不是严格要求的，但也不是仅仅被允许的。它们属于不完全义务的诸原则。康德因此将它们归类到《奠基》中，尽管他直到后来的《道德形而上学》才解释完全义务和不完全义务之间的区别。从《奠基》中可以清楚地看出，当时（以及后来）他把诸如帮助他人的行为看作是严格要求的分离性（isolated）行为。我们被要求去帮助别人以及发展我们的天赋，但具体到怎样的程度（以及如何完成）是无法确定的。② 以下表述是不同的：帮助别人和完善我们自己的诸准则是义务性的，并且如果不采用一些更具体的准则来实例化那些非常普遍的准则，我们就不可能拥有这些准则；但在采用哪些特定的准则的问题上，我们有相当大的自由度。

由于它们不是被严格要求的，所以很难理解它们怎么可能被定性为出自义务而做出的种种行为。然而我们从《奠基》398处得知，康德的确认为"出自义务而帮助别人"是可能的。最好的解释是：对于康德来说，就行为主体是出自义务而采取帮助别人的一条准则而言，帮助另一个人的种种行动是出自义务而做出的。附属的诸准则（将这一准则实例化的诸准则）也是出自义务而被采纳的，因此如果一个人帮助S不是为了施以援手的快乐，或是因为一个人喜欢和S在一起，而是因为我们在道德上有责任互相帮助，那么

---

① 我在这里忽略了我所认为的例外情况（尽管康德并没有说它们是这样的）：在需求严重的情况下提供帮助，并且对行为主体来说提供帮助是很容易的。参见 Baron（即将出版）。
② 根据他在《奠基》421处的评论以及"定言命令式对完全义务的适用不同于对不完全义务的适用"这个事实，可以清楚地看出这一点。有关进一步的讨论，请参见 Baron 1995，Baron（即将出版），Hill 1971 和 Hill 2002。

帮助 S 就被视为一个出自义务的行为。

另一种解释是这样的：帮助别人的行为不是道德上要求的，但因为它们是道德上要求的一种类型，因此某人可以出自义务而帮助别人。（安排上小提琴课程、练习小提琴等等也是如此。）在这种方式下，它们完全不同于仅仅被允许的诸行为，并且至少相当类似于一些完全的义务。我有义务不对别人说谎，但在某种程度上，我如何实现这一点取决于我自己。正如可以通过多种方式来履行我帮助别人的义务一样，也可以通过多种方式来履行我不对别人说谎的义务。诚然，它并不完全相同：后者的自由度比前者小；但差别并不像有时认为的那么大。① 我可能会通过说实话的方式履行不说谎的义务（尽管如果这种方式需要泄露别人秘密的话，我可能不会接受），以及通过巧妙地改变话题，或者在恰当的时间说一些反常的言语以分散或消除对话者的注意力，或者更直接地表明我不想讨论这个话题（尽管如果时机不太合适也可能会泄露答案，但这也许是我不得不做的事情）。

但它们真的如此不同于仅仅被允许的诸行为吗？这种情况似乎相当类似于只有少数被允许的行为的特定情况；我有义务选择其中一种行为来避免做出不被允许的事情。差别之处在于：仅仅被允许的诸行为准则并不是一个普遍准则的实例化（除非在极其抽象的层面：不要做不被允许的事情）。它们的共同点仅仅是"它们并非不被允许的"。与帮助别人或者发展自己的天赋的种种行动不同，它们并不依附一个义务性的目的。

六

对这类情况的反思导致了这样一种想法：在询问一个行为是否出自义务时，也许有些问题是错误的。尽管康德确实使用了"行为"（Handlung）这

---

① 我强调了相似之处，以便确定我所采取的是康德的立场（只要他有明确的立场）。在我的《过度决定行为》（即将出版，第 5 节）中，我强调了这些差异以表明为什么我认为应该采取不同的立场，也就是说某人可以接受一项从义务中获益的准则，但在任何特定情况下都不能出自义务而提供帮助（除非援助实际上是义务性的，因为它是迫切需要的，而且很容易被提供）。

个词（它指个别的诸行为），但出自义务而行动实际上是以某种方式行动，而不是出自这种动因而实施这个行为。它关注的是随着时间的推移以特定准则为指导的行为。同样，道德价值似乎并不主要存在于个别的诸行为之中，而是存在于举止之中——更具体地说，存在于构成一个人生活的种种准则或原则之中。

道德价值似乎并不主要存在于个别的诸行为之中，这在康德的"第二个命题"中是显而易见的："一个出自义务的行为具有自己的道德价值，不在于由此应当实现的意图，而是在于该行为被决定时所遵循的准则"，即"依赖该行为……所遵循的意欲的原则"（《奠基》400）。我试图将注意力从消极的方面移开；我认为康德的读者们一般都清楚，道德价值并不在于意图或者预期的结果。这一断言的积极部分似乎没有得到足够的注意。道德价值存在于准则之中。这表明有两件事情没有得到足够的重视（尤其是康德的批评者，但有时也包括他的捍卫者）。首先，由于准则引导举止（而不仅仅是个别的诸行为），因此与分离性的诸行为相比，道德价值很自然地归于举止。其次，尽管康德的观点经常被概括为"一个行为的道德价值在于它的动因"，但那并不真正准确。它存在于准则之中。这种认为道德价值在于动因的误解是有害的，因为"动因"这个词带有一些理论性的（大致上就是经验主义者的）包袱：它暗示一种推动行为主体如此行动的动力。当然，这与康德关于能动性的观点相去甚远，但即使是我们中那些完全意识到这一点的人，在我们谈到"出自义务而行动"（或者特别是"出自义务的动因而行动"）的时候，也可能仍在努力塑造扭曲的想象。如果是这样的，那么"道德价值存在于动因之中"的断言就更容易引起误解。认识到道德价值存在于准则之中会改变这个局面。

与具有道德价值或缺乏道德价值的诸分离性行为相比，康德更关心性格（character）和长期的行为——我在其他地方讨论过（Baron，1995），这尤其集中在其后期的作品中（《道德形而上学》和《纯然理性界限内的宗教》）。但即使我们将注意力限制在《奠基》397—401上，也很难坚持认为康德在解释个别的诸行为的道德价值。首先，他事实上从"诸行为"的道德价值转向了"性格"的道德价值（在《奠基》398 的结尾，以及《奠基》399 的开头），而后（在接近《奠基》399 的结尾）谈到具有道德价值的"举止"（Verhalten）。如果他注重于说明行为的道德价值，我们就难以期待这种转变（特别是从行为到性格）。其次，如前所述，道德价值存在于准则之中的事实表明，价值存在于某人自身举止的原则，而不存在于个别的诸行为，评估个别的诸行为的道德价值（除认知问题外）是误导人的。

尽管如此，康德谈到附属于一个"行为"（Handlung）的道德价值之时还是有些令人困惑（除非德语 Handlung 在 18 世纪末可以意指举止，而不是仅仅指行为）。但是，如果我们牢记关于诸行为道德价值的讨论在康德发展一个道德性的最高原则（排除任何经验性的东西）的观念中所起的作用，就有助于理解这一点。为了阐明善的意志，并从中发现为善的意志所引导的原则，他需要专注于出自义务而做出的诸行为的善，以便得出以下结论：(a) 它们的善仅仅来自意志自身；以及 (b) 一个善的意志的原则是"一般行为的普遍合法则性"，即"我决不应当以别的方式行事，除非我也能够希望我的准则应当成为一个普遍的法则"（《奠基》402）。

七

在这篇论文中，我集中讨论了两个解释性的问题。第一个问题非常具体：在《奠基》397 中，什么是"看出来就困难得多了的"？康德做出的是怎样的对比？我的回答是：康德所谓"要看出这种区别就困难得多了"与区分概念方面的比较性困难有关，而与辨别诸动因无关。与一个某人对其直接偏好的行为相比，出自义务而行动更容易与出于自身利益而行动区别开来。第二个问题更普遍并涵盖语境下的更多内容，而且对它的回答也为第一个问题提供了背景。第二个问题是：为什么在康德出自义务而行动的讨论中，与义务相符合以及行为主体对其直接偏好的诸行为会受到如此多的关注？我曾强调这并不是因为康德试图证明无法出自义务而做出这类行为，尽管表面上他的确那样强调。相反，观点是这样的：为了阐明一个善的意志的概念,并最终找到引导这样一个意志的原则,康德试图解释什么是出自义务去行动。为了明确什么是出自义务去行动,有必要将出自义务而行动和可能与之混淆的举止分离开来。我们和行为主体认识到,不存在将出自义务而做出的诸行为误认成违背义务的,因此没有必要讨论那些被识别是违背义务的诸行为,也不存在混淆出自义务的诸行为与出于自身利益的诸行为的风险。但是,行为主体有直接偏好的诸行为——行为主体对此确实不是出自义务而行动——可能会与出自义务而做出的诸行为相混淆。因此,需要讨论行为主体有直接偏好的诸行为。康德接下来举出两类行为的种种例子:一类是行为主体有直接偏好的诸行为,即行为主体出自这种偏好而行动;另一类是我们可以看出并非出自偏好而是出自义务做出的诸行为。所以很明显,如果这类行为真的是出自义务而做出的,康德将其视作行为主体并不偏好如此行动。

出自义务而做出的诸行为不同于其他与之相似的种种行为,因为前者的准则中包含道德内容。确切地说,这指的是在《奠基》中没有说清楚的问题,而对这个问题感兴趣的读者最好读一读《纯然理性界限内的宗教》的第一部分。① 但很清楚的是,它们之间的区别不在于,出自偏好的诸行为源于一种动因,而出自义务的诸行为源于另一种;② 相反,这种观点认为,只有出自义务的诸行为才会受到承诺按照道德性要求做事的指导。③ 正如"知性、机智、判断力及其他能够被称为精神的才能的东西"尽管是"善的和值得期望的",它们也同样会成为"恶的……如果应当应用……(它们)的意志不是善的"(《奠基》393),像同感心这类偏好需要被一种做正当之事的承诺所指导。④

---

① 尤其要阅读《纯然理性界限内的宗教》29—30 和 36。
② 参见 Korsgaard 1989。
③ 进一步讨论见 Baron 1995,第 5 章。
④ 本文的草稿于 2004 年 7 月在波恩提交,作为在莱茵弗里德里希·威廉大学(Rheinische Friedrich-Wilhelms-Universität)举行的有关康德《奠基》会议的一部分。我感谢大会组织者和与会者的有益讨论,感谢劳拉·丹尼斯、迪特尔·舍内克尔(Dieter Schönecker)和艾伦·伍德的书面评论,感谢伊丽莎白·特罗普曼(Elizabeth Tropman)的编辑协助。

参考文献

康德的著作

康德的著作将根据 *Kants gesammelte Schriften*，Akademie Ausgabe（Berlin：deGruyter，1902—）的页码来引用。

GMS　*Grundlegung zur Metaphysik der Sitten*，AA，IV
　　　Groundwork for the Metaphysics of Morals（2002），Wood, Allen W.（ed., trans.），New Haven, Yale University Press.

KpV　*Kritik der praktischen Vernunft*，AA，V
　　　The Critique of Practical Reason（1956；3rd ed. 1993），Beck, Lewis White（ed., trans.），New York, Macmillan Publishing Co.

MdST　*Die Metaphysik der Sitten. Metaphysische Anfangsgründe der Tugendlehre*，AA，VI
　　　The Metaphysics of Morals, Part II（1996）in Gregor, Mary J.（ed., trans.）：*Immanuel Kant: Practical Philosophy*，Cambridge, Cambridge University Press.

RGV　*Die Religion innerhalb der Grenzen der blossen Vernunft*，AA，VI
　　　Religion within the Boundaries of Mere Reason（1998）in Wood, Allen/di Giovanni, George（eds., trans.）：*Religion within the Boundaries of Mere Reason and Other Writings*，Cambridge, Cambridge University Press.

其他作品

Allison, Henry E.（1990）：*Kant's Theory of Freedom*，New York, Cambridge University Press.

Allison, Henry E.（1996）：*Idealism and Freedom: Essays on Kant's Theoretical and Practical Philosophy*，New York, Cambridge University Press.

Allison, Henry E.（2001）："Ethics, Evil, and Anthropology in Kant：

Remarks on Allen Wood's *Kant's Ethical Thought*," *Ethics* 111, 594-613.

Annas, Julia (1984): "Personal Love and Kantian Ethics in Effi Briest," *Philosophy and Literature* 8, 15-31, reprinted in Badhwar, Neera Kapur (ed.) (1993): *Friendship: A Philosophical Reader*, Ithaca, Cornell University Press.

Baker, Judith (1986): "Do One's Motives Have to Be Pure?" in Grandy, Richard/Warner, Richard (eds.): *Philosophical Grounds of Rationality*, London, Oxford University Press.

Baron, Marcia (1993): "Freedom, Frailty, and Impurity," *Inquiry* 36, 431-441.

Baron, Marcia (1995): *Kantian Ethics Almost without Apology*, Ithaca, Cornell University Press.

Baron, Marcia (2002): "Acting from Duty," in Wood, Allen W. (ed.): *Groundwork for the Metaphysics of Morals*, New Haven, Yale University Press, 92-110, published (2004) in German as "Handeln aus Pflicht," in Ameriks, Karl/Sturma, Dieter (eds.): *Kants Ethik*, Paderborn, Mentis Verlag, 80-97.

Baron, Marcia (forthcoming): "Overdetermined Actions, Imperfect Duties, and Moral Worth," in Klemme, Heiner F./Kühn, Manfred/Schönecker, Dieter (eds.): *Moralische Motivation. Kant und die Alternativen*, Hamburg, Felix Meiner Verlag.

Blum, Lawrence (1980): *Friendship, Altruism, and Morality*, London, Routledge and Kegan Paul.

Denis, Lara (2000): "Kant's Cold Sage and the Sublimity of Apathy," *Kantian Review* 4, 48-73.

Guyer, Paul (1993): *Kant and the Experience of Freedom: Essays on Aesthetics and Morality*, Cambridge, Cambridge University Press.

Henson, Richard G. (1979): "What Kant Might Have Said: Moral Worth and the Overdetermination of Dutiful Action," *Philosophical Review* 88,

39-54.

Herman, Barbara (1993): *The Practice of Moral Judgment*, Cambridge, Harvard University Press.

Herman, Barbara (2001): "Rethinking Kant's Hedonism," in Byrne, Alex/Stalnaker, Robert/Wedgwood, Ralph (eds.): *Fact and Value: Essays on Ethics and Metaphysics for Judith Jarvis Thomson*, Cambridge, MA, MIT Press.

Hill, Thomas E., Jr. (1971): "Kant on Imperfect Duty and Supererogation," *Kant-Studien* 62, 55-76, reprinted in Hill (1992): *Dignity and Practical Reason in Kant's Moral Theory*, Ithaca, Cornell University Press.

Hill, Thomas E., Jr. (2002): *Human Welfare and Moral Worth: Kantian Perspectives*, Oxford, Oxford University Press.

Kerstein, Samuel J. (2002): *Kant's Search for the Supreme Principle of Morality*, Cambridge, Cambridge University Press.

Korsgaard, Christine M. (1989): "Kant's Analysis of Obligation: The Argument of Foundations I," The Monist 72, 311-340, reprinted in Korsgaard (1996): *Creating the Kingdom of Ends*, New York, Cambridge University Press.

Latham, Noa (1994): "Causally Irrelevant Reasons and Action Solely from the Motive of Duty," *Journal of Philosophy* 94, 599-618.

Oakley, Justin (1992): *Morality and the Emotions*, New York, Routledge.

Reath, Andrews (1989): "Hedonism, Heteronomy, and Kant's Principle of Happiness," *Pacific Philosophical Quarterly* 70, 42-72.

Reiner, Hans (1983): *Duty and Inclination: The Fundamentals of Morality Discussed and Redefined with Special Regard to Kant and Schiller*, Santos, Mark (trans), The Hague, Martinus Nijhoff Publishers.

Schiller, Friedrich (1981): "Xenien," in Trunz, Erich (ed.): *Goethes Werke*, vol. 1, Munich, Beck, 208-234.

Sherman, Nancy (1990): "The Place of Emotion in Kantian Morality," in

Flanagan, Owen/Rorty, Amelie Oksenberg (eds.): *Identity, Character, and Morality*, Cambridge, MA, MIT Press, 149-170.

Sidgwick, Henry (1981): *The Methods of Ethics*, Indianapolis, Hackett.

Stocker, Michael (1976): "The Schizophrenia of Modern Ethical Theories," *Journal of Philosophy* 68, 453-466.

Wood, Allen W. (1999): *Kant's Ethical Thought*, Cambridge, Cambridge University Press.

Wood, Allen W. (2003): "The Good Will," *Philosophical Topics*, 457-484.

访 谈

专访亚瑟·李普斯坦：
康德的法哲学与政治哲学

亚瑟·李普斯坦[*]　受访

孙子豪[**]　采访

孙子豪　徐晗[***]　译

一

孙子豪：

李普斯坦教授您好，感谢您接受我的专访。您在 2021 年可谓是收获颇

---

[*] 亚瑟·李普斯坦（Arthur Ripstein），多伦多大学法学院和哲学系教授，法学院目前仅有的四位资深教授（University Professor）之一（资深教授是多伦多大学为不超过 2% 的长聘教师保留的特殊职位）。他在匹兹堡大学获得哲学博士学位，1996 年在多伦多大学晋升为教授，2016 年被聘为资深教授。他曾担任多伦多大学哲学系主任（2011—2014）及代理主任（2018—2019），并担任《哲学与公共事务》（*Philosophy & Public Affairs*）杂志副主编长达 15 年。因在人文科学方面的贡献，他于 2021 年被加拿大艺术委员会（the Canada Council for the Arts）授予基拉姆奖（Killam Prize）。他的主要作品有：《康德与战争法》（*Kant and the Law of War*，Oxford University Press，2021）、《侵权行为》（*Private Wrongs*，Harvard University Press，2016）、《强力与自由：康德的法哲学与政治哲学》（*Force and Freedom: Kant's Legal and Political Philosophy*，Harvard University Press，2009）。本文为笔者于多伦多大学法学院访学期间对李普斯坦的专访，感谢中国国家留学基金对笔者此次访学的支持。另外，在采访过程中，笔者参考了李普斯坦著作的中译本，即李普斯坦：《强力与自由：康德的法哲学与政治哲学》，毛安翼译，知识产权出版社 2016 年版。

[**] 孙子豪，中共北京市委党校（北京行政学院）马克思主义学院讲师，曾在清华大学读博期间前往多伦多大学法学院开展博士生联合培养，研究方向为马克思主义哲学、财产权理论。

[***] 徐晗，清华大学人文学院哲学系博士生，主要研究方向为马克思主义哲学、德国古典哲学。

丰，在这一年中，不仅您的新书《康德与战争法》正式出版，而且因在人文科学方面的贡献，您被加拿大艺术委员会授予基拉姆奖。在此我向您表示祝贺！您能向我们介绍一下您的这一新作和您所获得的这一奖项吗？

李普斯坦：

我的新书《康德与战争法》，阐述并捍卫了康德对支配着国家之间战争冲突的道德和法律原则的解释。贯穿这本书的中心思想是，战争在根本上是野蛮的，因为它是由强力（force）所决定的状态。战争状态不同于法的状态，在法的状态中发生的任何冲突都可以经由规则、程序以及至少是在理想状况下的讨论而加以解决。在当今世界，没有人会认为战争的胜利就意味着获胜者在导致战争的冲突中是正当方，即使在事后，获胜者表现得好像他们的胜利证明了这样的事情。康德的方法否定了强力即公理的观念；他的其他说明旨在引出这一观念的影响，并基于和平的优先性，即进入或停留在其中强力使用受法律约束的状态的优先性，发展出一套对战争的体系化解释。和平的优先性对每个开战的理由、战争的进行以及战后所发生的事情都有根本的影响。它们中的每一个在当代文献中都有一个优雅的拉丁文名字，也就是诉诸战争权（ius ad bellum）、战时法（ius in bello）以及战后法（ius post bellum），即使这些名字实际上在20世纪才开始使用。康德的看法是，发起战争的唯一合法理由是国防（national defence），也就是保持一种和平状态。进行一场战争的唯一合法手段是那些与一种未来和平的可能性相契合的手段。关于规则的当代文献大多关注的是通常被称为区分原则（the principle of distinction）的内容，该原则将战斗人员和平民区分开来并禁止针对平民发起攻击。我所捍卫的康德的解释将区分原则视为一种根本原则，但这一原则是根据和平和战争之间更为基本的差异来加以说明的；它的意义可以通过考虑一种不同的但在历史上更重要的以及同样根本的战争行为原则加以呈现，这一根本原则即禁止背信弃义，其核心例子是虚假投降（false surrender）和虚假谈判（false negotiation）。背信弃义这种策略的问题是它们否定了保障和平的唯一手段；它们利用和平的可能性作为战争的武器，因此只留下了战争；用康德的名言来说，战争"把一切都交给了野蛮的暴力"，而背信弃义使得野蛮的暴力成为一切事物的永恒原则，因为通过把和平的前景转变为一种战争的武器，它除了强力的持续使用之外别无选择。背信弃义没有摆脱战争的出路，而且这里也没有办法摆脱这一并无出路的事实。这种对背信弃义的禁止不是经验上的禁止；康德的主张不是说信任会以某种方式被破坏（尽管这一般来说是真的），而是说虚假投降和虚假谈判本身就是错误的，因为它们使用了否定和平可能性的手段。我认为区分原则具有同样根本的依据：未来和平的可能性要求这里有这样一种状态，即假定每个人都不处在战争状态之中。这必须是任何人都能通过投降或和平的行为（但不是通过背信弃义地假装和平的行为）来重回这种状态。如果可以对那些不参与冲突的人使用强力，那么和平将是不可能的。我也解释了为何这些规范能够适用于冲突双方。康德的观点还说明了为何真正地结束一场战争意味着回到战前状态（the pre-war condition），以及为何过去战争的结果不能被强行推翻。他的叙述也表明战争从根本上来说是公共的，可以将和平的可能性追溯到一种公共法律秩序的存在。我在这本书的最后讨论了这种和平的结构。

我很高兴能够获得基拉姆奖。加拿大艺术委员会每年分别在自然科学、工程、医学、社会科学和人文科学领域各授予一位学者基拉姆奖。

二

孙子豪：

在您看来，康德的《道德形而上学》的第一部分《法权学说》是"一部政治哲学著作"且对当代政治哲学的发展影响深远。我们该如何看待康德对当代政治哲学的这种直接的影响？

李普斯坦：

康德的政治哲学对当代政治哲学有许多间接的影响，包括我下面谈到的对约翰·罗尔斯的正义理论的影响。关于康德的直接影响,我认为最好的说法是,这是一项正在进行的事业。但是,康德的政治哲学拥有使我们理解所处社会和政治世界诸多特征的概念资源,而不致陷入关于事情发生方式的各种微不足道的护教学之中。它让我们明白了政府的一些基本原则,例如立法、行政和司法部门之间的关系。它也提供了一种关于法治的根本原则的强有力的解释,在康德的词典里,这一原则是指私人能够自由地做他们所喜欢的事,并且追求他们所选择的任何目的,而这仅受限于其他私人的权利和公法的明文禁止。与之相反,公职人员不允许出于他们自己的私人利益而行事,并且事实上,他们不允许做除法律明确许可以外的任何事情。这一区分有助于说明,为何作为一个私人,即使其他人从中获益更多,你也可以自由地邀请任何你喜欢的人共进晚餐,向你的朋友赠送礼物或给以哲学论文草稿的评论,但一个公职人员却不允许有所偏爱。一旦人们理解了这种康德式的法治原则,即使在许多社会的众多情形中,人们会违背这一原则,也会发现它几乎无处不在。我们可以用一个词来形容对这一原则的违背:当人们将公职用于私人目的时,我们将其称为腐败(corrupt)。

三

孙子豪:

2021年是《正义论》出版50周年,也是该书作者约翰·罗尔斯100周年诞辰。您一方面认为罗尔斯的正义理论发展了"广义的康德式的政治哲学",另一方面又认为他"更多是经验主义和功利主义传统而非康德传统"。您为何会有这种看法?

李普斯坦:

我有许多理由认为罗尔斯的一般哲学取向,尤其在《正义论》中更多是基于经验主义和功利主义传统,而非康德传统。其中一个理由是基于单纯传记性的:非常了解罗尔斯的塞缪尔·弗雷曼(Samuel Freeman)在他关于罗尔斯及其正义理论的书中指出,罗尔斯只是在其观点发展后期才对康德产生兴趣。① 但是更系统的原因是,罗尔斯用利益(benefits)和负担(burdens)这样的词汇阐述了他的整个理论。在阐发其论证的每个阶段,他都设想了处于"原初状态"(original position)的各方会推断他们的优势,并且当他在书的后面部分考虑非理想化(non-ideal)理论的各种问题时,他认为原初状态的各方可能会看到例如接受更大的国家权力的优势,这尤为明显地包括拒斥无罪推定,以换取更大的个人安全。这种手段—目的式的推理与康德的方法截然有别。同样,罗尔斯为了解释不同的贡献义务,也诉诸了H. L. A.哈特的"公平原则",所有这些都是基于这一个事实,即那些被要求为某种社会秩序做贡献的人得到了相应的利益作为回报。这非常不同于康德的看法,在康德看来,这种私人之间的互动和公共法权的基本结构之间存在根本性的差异:在私人之间的互动中人们可以自由地寻求他们的利益,只受限于强加给他们的法律要求;而在公共法权的基本结构中,人们被迫为创建和维护人类自由的基本条件做贡献。即使当罗尔斯确实讨论了康德时,例如在他称为"原初状态的康德式构想"(Kantian conception of the original position)的处理中,他在很大程度上仍然是在聚焦于利益和负担的观点框架下从事研究,而不是通过任何平等的、自由的关系性概念来研究。在解释了为何我不认为罗尔斯的作品完全是康德式的之后,我应该补充一点,那就是较之通常阅读他的方式而言,我认为能够以更康德式的方式来阅读他,而且可能是较之打算阅读他的方式而言更康德式的。他的作为"通用工具"(all-purpose means)的"基本善"(primary goods)概念提供了一种思考其正义理论的方式,也就是将之理解为致力于构建一种康德式的平等的自由体系。同样,在被视为一个整体的公民和对他们自己的生活负有特殊责任的每个

---

① 经询问李普斯坦教授并查阅相关资料,塞缪尔·弗雷曼的这一看法出现在《罗尔斯》一书中。塞缪尔·弗雷曼指出,"康德对罗尔斯在20世纪50年代和60年代的《正义论》初稿(前六章大部分内容以及讨论正义感的第八章)没有产生直接影响","《正义论》发表之后,罗尔斯越来越受到康德的影响"。参见 Samuel Freeman, *Rawls*, Routledge Taylor & Francis Group, 2007, pp. 21-22;塞缪尔·弗雷曼:《罗尔斯》,张国清译,华夏出版社2013年版,第23页。——译者

人之间的"责任分配"(division of responsibility)概念也是如此。但是,所有这些都是可以从他的作品中解读出来的,而不是罗尔斯本人的核心动机。

四

孙子豪：

您曾指出,自由在康德的法哲学和政治哲学中居于核心地位。而您主要是从独立性(independence)的角度来理解康德式的自由的,即"自由就是独立于他人的任意"。不仅如此,您还强调了这种独立性是"关系性的"(relational),并且是一种"个体间的关系"(relations between persons)而不是一种"自我关系"(self-relation),这种独立性确保了"平等的自由"(equal freedom)。您能否详细谈一下康德在法哲学与政治哲学中所讲的自由和独立性？

李普斯坦：

这一问题需要我另外写本书才能给出一个详细的回答,但是我想我可以给出一个简要的答复：我的基本看法是,作为独立性的自由的概念在根本上是关系性的(relational),也就是说每个人的自由的法权都不能被还原为任何一元的,即非关系性的属性。这里有一个例子可以用来说明这一结构：假设在我的桌子上有两个蓝色的物品,比如一支笔和一本书,我们可以问,哪种物的蓝色的色度更浅一点,哪种物的蓝色的色度更深一点。在问这样一个问题时,不管是哪一种蓝色色度,笔和书之间都不会相互干涉。接着,我们可以将这两个一元属性——这种蓝色色度和那种蓝色色度——进行比较。与之相反,如果我说笔在书的上面,那么笔或书在任何情况下都不在上面或下面,除非它们是彼此相关的。我们不会把两个一元属性拿出来并以某种方式比较或组合它们；笔在书的上面只意味着书在笔的下面。这种一物在另一物之下的观念提供了一种关于支配(domination)的形式化模式,即一个人选择的权力服从于另一个人选择的权力。一个人支配另一个人的不法不在于前者较之后者有更多的选择,或者更多的权力,或者实际上更多地沿着任意某种一元或比较维度的一切事物。与之相反,它只包括一个人的选择权从属于另一个人的选择权。

这里有一个例子:如果我攻击你,或从你手中夺取某物,我便使你的选择权,也就是首先由你而不是由我来决定你的身体发生什么的资格,受制于我。康德的解释发展了这种形式的思想,以便解释私人权利的所有结构性特征,即当一个人控制另一个人的事务的某些方面时出现的财产法、契约和特殊责任,这包括从我修理你的自行车到一个医生对一个无意识的病人的照料,再到父母与他们未成年子女的关系的各种情形。在每一情形中,所有这些概念都是关系性的。

五

孙子豪:

正如您所说,"独立性是法权的基本原则",而康德在《法权学说》中是从内在法权、私人法权和公共法权这三个阶段来展开这种独立性的。我们如何看待这三个阶段的区别与联系?

李普斯坦:

对于这一问题,我无法给出一个足够简要的答复,因此我所能做的仅仅是勾勒式的回应。我的基本想法是,在我们自己人身中的人性的内在法权(the innate right of humanity),指每个人都有不受其他人决定性选择的影响的法权,这一法权规定了一个人选择的权力可以强制另一个人的条件。在内在法权的层面上,产生了对一个人干涉另一个人的消极性禁止。康德关于私人法权的讨论所采用的方法是将内在法权的上述分析结构扩展到康德称之为"外在选择对象"(external objects of choice)的情形中,即物受制于一个人的选择而不是他们自己的人身。在我不能干涉你的财产或我履行和你签订的契约上,你是具有法权的,这并不是你的法权对你自己人身的直接作用,因此需要进一步加以说明——用康德的话来说是"演绎"(deduction),即对拥有这些法权的人在何种情况下能够与每一个人的自由保持一致的"演绎",康德同样也解释了获得这些法权的方式。取得理论(the theory of acquisition)在某种程度上是简单的,但它为了这样的事实——例如,取得这支笔为你有资格阻止我使用或干涉它提供了依据——必须有深层的规范结构。其中一个条件是一种正当的公共法律秩序的存在,正如我在回答你早前的一个问题时所指出的,这事关公职的建立负有为真正公共的而非私人目的的行事的职责。公共法律秩序具有私人所没有的权力,包括诸如征税权、对争端施加有约束力的决议的权力以及指派人们为促进解决公共问题而尽自己一份力的权力。

六

孙子豪:

莫里斯·科恩(Morris Cohen)在《财产与主权》[①]一文中将财产权视为主权和权力而非权利,但您对此有不同的理解。您一方面认为财产权本质上属于私人法权而非公共法权,另一方面又认为财产权必须有"公共法权这个更为宏大的背景"。我们该如何理解财产权与主权或权力的复杂关系?

李普斯坦:

这同样很难给出一个简短的回答。我在几年前发表了一篇论文,名为《财产与主权:如何区分它们之间的差异》("Property and Sovereignty: How to Tell the Difference")[②],在这篇论文中我更加详细地探讨了这一问题。我

[①] 参见 Morris R. Cohen:《财产与主权》,龚思涵、李凤章译,载李凤章主编:《产权法治研究》第 5 卷第 1 辑,上海大学出版社 2019 年版。——译者

[②] 参见 Arthur Ripstein, "Property and Sovereignty: How to Tell the Difference," 18 *Theoretical Inquiries L*. 243 (2017)。——译者

的基本观点是,财产和主权,二者都可以从某种排他性(exclusivity)的关系性的概念上来加以理解。一个财产的所有者有权将其他人排除在该财产之外,也就是说其他人无权决定如何使用该财产或干涉其状态。一个财产的所有者有权决定如何使用该财产,以及有权决定其他人是否能获取或使用该财产。主权具有一种根本不同的结构,正如我在上面所解释的,主权具有一种公共法律秩序的特征。虽然每一种公共法律秩序有权排除其他公共法律秩序的干扰,但是这种关系是纯粹外在的且没有给任何法律秩序留下像个人对待他们的财产的那种自由。主权根本不同于财产,主权具有一种为其居民(inhabitants)提供合法权的状态的强制性的内在目的。正如康德所言,主权者不是国家的所有者。与之相反,主权者有责任代表国家的居民而行事。

七

孙子豪:

A. M. 奥诺雷(A. M. Honoré)在《所有权》("Ownership")一文中将财产视为一种"权利束",而您认为权利束的说法是不适用于财产理论的,这是为何?

李普斯坦:

可以用许多不同的方式来呈现权利束理论的困境,但是我认为其中最直接的方式是,只有在某物不具有统一性(unity)的内在原则时,某物才能被视为权利束。与之相反,财产及其事件(incidents)确实具有一种统一性的内在原则:财产权在某个对象方面将一个人的选择权与所有其他人的选择权关联了起来。奥诺雷在权利束理论中描述的大多数但并不是全部的所谓权利束中的"分支"(sticks)都是可以解释的。奥诺雷在谈论"完全自由的财产权"时含蓄地承认了这一点,并且指出法律体系有向"完全自由的财产权"靠拢的强烈趋势。统一性的原则来自于这一事实,即所有者有权排他地占有。所有者确实没有使用该物的独立的权利(尽管这是奥诺雷的"事件"之一）。与之相反,所有者有使用这些物的自由,任何其他私人不能限制所有者以任何特定的方式使用这些物,除非是为了防止那些干扰其他一些人对人身或财产之权利的使用。权利束清单上的另一个组成部分(element),即转让的权利,源于这样一个事实,即只有所有者才有权决定使用财产的方式。这一点也适用于权利束清单上的另一项内容,即针对财产的收益(profits)的权利;所有者排斥其他人的权利意味着所有者可以对任何其他人使用该物的方式附加条件,并且,如果其他一些人未经所有者的允许便使用该物,所有者将对其不当得利(的行为)并同样对该使用所得的收益提起诉讼,而这完全是基于这一事实,即未经授权便使用该物是非法的。清单上的其他一些事件更加难以解释,但它们(例如"资本的权利")根本不属于财产法。这里也有其他反对权利束理论的论证,其中值得特别一提的是詹姆斯·彭纳(James Penner)的讨论,该论点主要在他最近也就是2020年出版的书[1]中得到了详尽阐述,其目的在于明确权利束理论事实上无法说明财产权如何能被转让。

八

孙子豪：

您将洛克与黑格尔的财产权理论视为财产权的"守护神"理论,认为这种理论仅侧重于"如何获得财产"。在您看来,洛克与黑格尔的财产权理论是存在问题的,其无法对"其他人的行为构成约束"。那么康德的财产权理论较之洛克和黑格尔的财产权理论有何优势？

李普斯坦：

财产使一个人与另一个人就物而言发生关联；它不要求一个人承认或接受另一个人与物已经建立起来的道德关系。洛克对财产的解释聚焦于所

---

[1] 参见 James Penner, *Property Rights: A Re-Examination*, Oxford University Press, 2020。——译者

有者为了取得某物而必须对它加以改善这一方式;正如康德所解释的,这样一种说明以所有权为前提,因为改善你并未拥有的某物必然总是可能的,但如果你这样做了,你并没有取得该物,而只是白费了自己的力气。与之相反,财产法的基本信条,以及我们能够将取得理解为法权事实的唯一方式,必须是形式化的(formal),因此以法权的方式取得占有(且与公法的要求一致)对取得而言才是充分的。黑格尔的解释似乎更具前景,因为它聚焦于人通过将他们的意志置于物之中来取得该物,且在这一重要方面是如此形式化,以至于可以将其与洛克的看法区分开来。但根据康德的解释,将你的意志置于物之中仅仅是一种单方面的行动,而诸如此类的行动无法将物纳入作为自由的相互限制的法权体系之中。在《社会契约论》中,卢梭先发制人地拒斥了黑格尔的说明,他设想第一个试图通过围栏而把土地私有化的人会遭到周围邻居的质问,即为何他们要考虑一些人做了其他人没有要求他去做的事情这一事实;卢梭的建议是,一个人经由这种单方面的行动不能成为一个所有者而只能成为一个僭取者。反之,为了理解一种单方面的取得行动如何对其他人产生约束,我们需要将其纳入公共法权的理念之下。只有这样,我们才能理解某人是如何与其他人建立法权关系的,在这种法权关系中,其他人干涉某人已经取得的物将是对这个人的侵犯。有时黑格尔解释的捍卫者会指出,黑格尔要求将交换视为固定财产权的先决条件。然而类似这种呼吁的困难在于,可以用两种不同的方式来理解交换,一种方式不能解决这一问题,而另一种方式以康德解释的一个版本为前提。第一种方式设想了交换是人与人之间的纯粹双边交易。这是黑格尔在《法哲学原理》的"抽象法"部分中所提出的交换。然而,这一解释无法说明一种双方的交换如何使得财产权对包括那些还没出生的,甚至那些不在交易现场的人在内的所有人都具有约束力。契约式交换的一个根本结构特征在于双方经由交换只改变了他们自己的相互法律关系。你和我签订的契约不能使其他人承担一种新的义务或以任何方式限制其他人的权利。既然财产权限制了第三方获准处理法权对象的方式,如果取得不能构成对第三方的法权约束,那么在取得该物的人与一些其他人之间的这种双边交易便不可能改变这一情形。正如康德所说,一种交互双方的意志对除当事双方以外的任何其他人而言仍是单方的。另外,一个人可能尝试指出,可能存在的交换使得财产权成为恰当地全方位的,即对每一个人产生约束。不幸的是,在抽象意义上理解的这种可能的交换,似乎预设了一些关于每个人都是其成员的一种公共法律秩序的描述,因此预设了这种可能的交易方有法律权力去相互建立法律关系,以便转让财产权。但反过来,这意味着他们必须成为一种公共法律秩序的成员;因此,在这第二种解释中,黑格尔的说明以康德的说明为前提,并且这种可能的交换的观念没有为财产权增加任何内容。

九

孙子豪:

无论在《强力与自由:康德的法哲学与政治哲学》还是在《康德与战争法》的序言中,您都提到了您的阅读和研究方法。比如您与其他老师、学生一起开展的长达数十年的研讨班以及以"蜗牛般"的速度来阅读康德原著。您能详细介绍一下您的阅读和研究方法吗?这种以"蜗牛般"的速度来阅读康德原著的方法的优势是什么?

李普斯坦:

在我们的读书会中,有一条严格的规则,即为了推进我们所阅读的文本,必须征求每个人的同意,但任何人都可以单方面要求我们返回我们已经阅读和讨论的文本。这种读书方式的优势在于你不得不对文本进行仔细而全面的充分考虑,根据论点回顾早期的部分,对这些论点来说,一些你认为已经理解的早前段落原来扮演着前提的角色。一般来说,我的看法是,要想写一部哲学史方面的著作,你需要反复阅读、仔细思考,并讨论其中的所有部分。在多伦多大学教书的一大乐趣是,我有足够的机会年复一年地和各种不同的学生群体一起以这样的方式通过读书来做研究。澄清我自己的想法的最好方式是,我需要向一屋子的没有像我一样经常或仔细地阅读文本的聪明人解释我正在写的文本。

十

孙子豪：

您在哲学和法学研究领域都取得了成就，您认为我们该如何更有效地从事交叉学科研究？

李普斯坦：

交叉学科研究是极其有意义的，但总是伴随着风险。交叉学科研究最大的风险是将其变为一种进出口业务，你告知第一个学科的研究者另一个学科的发展情况，再向另一个学科的研究者介绍第一个学科的进展。我个人的看法是，从事交叉学科研究的最佳方式是确保你完全专注于两个学科的核心部分。我不确信这是否能推广到我所从事的这两个学科以外的领域。在哲学和法学中，如果你主要聚焦于属于核心课程的事物，那么你便能够拥有一个成功的研究生涯。在教授了多年法学院学生第一年必修的侵权法课程后，2016年我出版了一部关于侵权法的哲学著作。[①] 在哲学系，除了政治哲学方面的课程外，我很幸运地能够教授康德的《纯粹理性批判》。通过使自己全身心投入这两个学科，我在它们交汇点上的研究能力得到了提高。这样做需要投入大量的时间和精力，并且需要阅读如此多的文献，以至于留给写作的时间似乎更少。但在我看来，这似乎是真正去解决难题的最佳方式。

---

① 参见 Arthur Ripstein, *Private Wrongs*, Harvard University Press, 2016。——译者

经典文献

政治伦理学讲义

杜威 著
周帅[*] 译

编者导言

讲义的重要性

《政治伦理学讲义》的主题是学术知识探究中独立和对立的领域,这些领域通常被称为政治学、经济学和伦理学。在这些讲义发表百年之后,我们依旧还在阅读它们,我们的这种关注就像研究杜威思想的专家一般。与《伦理学逻辑讲义》一样,这些讲义提出的问题是抽象的,似乎和今天的关注点脱节。作为当代的伦理学学者,我们的直接关注点可能是诸如:应该如何处理犯罪问题和城市中教育率下降问题;对于联邦政府干预性和低效率的断言,什么样的道德反应才是正确的;或者如何制定有关主动、自愿的安乐死和医助自杀相关法律政策;等等。作为学者,我们的任务就是为这些困难问题提供道德答案,但是接下来发生的事情就不在我们的掌握之中了:我们的道德性建议是否会被采纳,是政治理论家们的事情,他们负责解释实际政治;构成经济过程的企业是否会致力于或至少容忍我们的伦理建议变成现

---

[*] 周帅,上海师范大学硕士研究生,主要研究方向为政治哲学。

实也是个单独的问题,经济学理论被用于解释企业家的行为,作为道德哲学家,关注这样的经济事务不是我们的责任。

刚刚提到的场景表明,有关道德关切的具体事项的讨论是如何发生逆转的。我们最初的兴趣往往是务实的:找到可行的道德解决方案,即应该做什么。但是由于没有说明拟议的"有效的道德解决方案"是如何在现有的政治和经济进程中实现的,我们自诩的现实关切被抛弃了。道德探究现在变成了"纯理论",它有自己探究和思考模式,作为理论,探究者创造了一个关于它独特的题材、方式、衡量成功和失败的规则的方法,无论是否有人"遵循"以其名义提出的建议,这种方法是独立的。同时,实际的政治和经济活动涉及不同的主题事项,政治学关涉权力;经济学关涉理性的、自利的人类活动,这包括企业家和消费者在内。

在最近的一本书《现代经济思想中的视野危机》(*The Crisis of Vision in Modern Economic Thought*)中,这种状况得到了惊人的证实,作者罗伯特·海尔布隆纳(Robert Heilbroner)和威廉·米尔博格(William Milberg)在寻求新的"典型情况"(classical situation)或经济学理论中被广泛接受的共识,以回应当代的社会问题。但是理论经济学家们已经将自己从任何获得政治影响的努力中剔除出去,然而实际上,日常的商业生活被对无限资本积累的需求所支配的。这些作为经济学家的作者对于低收入人口日益增长的贫困和全球环境破坏,无法提供合理的道德改革依据。从他们的观点来看,道德考虑是"未经分析的"。作者也没有做任何事情来消除被广泛接受的观点,正如经济中的"公共部门"展现的那样,政治"以一种没有内在理性的声音说话,并且从头至尾都与各种不同形式的压制有关"。

所以杜威关于政治学、经济学和伦理学的内在联系的关切具有现实意义。如果前面由学者们提出的设想是正确的,那么我们的社会生活,也就是说我们的活动、人际关系和与他人的互动,似乎是在自我分裂。作为经济人,我们是自利的,但是没有政治权力;作为政治人,我们追求这种权力,或者至少对它有影响;然而作为伦理人,我们谴责利己主义和对权力的追求,而不顾及我们在经济和政治过程中所扮演的角色。

这种状况是参与社会过程的个人活动的反映吗？还是表明我们的理论范畴存在着严重缺陷呢？这些讲义采取了后一种立场，它们是杜威试图找出探究过程中产生而后被认为是二元论的背后差别的努力的延续。在政治学探究中，主权理论或者说至高政治权力理论导致权力的表达和作为道德意志表达的正当性之间的二元论；经济学理论的发展添加了第三要素，即个人不变的自利性，这是生活的经济方面的本质。总而言之，政治权力是与道德意志的正当表达相脱离的，而经济利己主义既与追求政治权力又与追求道德是分离的。

本讲义通过拓展在《伦理学逻辑讲义》中所发展出来的逻辑来处理这些分离问题。用黑格尔的话来说，它们把探究从最抽象的阶段，即所有判断采取主语—联结词—谓语形式的共同特征，带到特定个体的具体生活，因为它发生在社会环境和政治机构中；用杜威的话来说，生命过程的这个社会方面完成了构成经验的有机循环，通过提供持续的刺激，这种刺激因素允许经验的连贯性及其偶尔的困难。

此外，这些讲义还解开了我们理解杜威后期的（mature）社会探究理论的重大逻辑障碍。为了说明这一点，我们需要提出如下假设：总体上，杜威对探究的论述，特别是对社会探究的论述，从早期到晚期，构成了一个循序渐进、不断发展的连续过程。连续体通常被定义为一个整体，除非是专横的分割，否则其中的任何部分都不能与相邻的部分分离开来。如果我们把这一定义应用到杜威的社会探究的论述中，它将表明，尽管我们必须从连续统一体中的某个"任意部分"开始，如果我们要理解"整体"的话，也必须理解连续统一体本身，因为它是整体。但是后面这一任务不可能在简短的介绍中完成，我们只能说明如何理解连续体中的"部分"（特别是在他1938年的著作《逻辑：探究的理论》[*Logic: The Theory of Inquiry*]中对社会探究的论述）可以受益于早期这些讲义中提出的部分。

我们在《逻辑：探究的理论》第24章中发现，重大的社会难题倾向于被以道德概念来理解"……如同在物理探究中一样，实际困难的存在应作为一种智力刺激和挑战来进一步应用"。"在探究问题出现之前，社会矛盾和困

惑实际上就已经存在了",那么:

> 如果问题符合科学方法的条件,则它们必须:(1)是从现实的社会张力、需要、"难题"中产生出来的;(2)它们的主题是由促成统一局面的物质手段的条件所决定的;(3)与某种假说相关联,而这种假说是针对冲突性的社会情境进行实存性地解决的一种计划和对策。

这项任务涉及"分析性甄别的工作,这一工作对于将问题情境转换一组可以构成确定性问题的条件来讲是十分必要的",这就要求"对条件进行客观的智力表述;而这种表述形式反过来则要求完全抽离出罪恶和正义、恶意的动机和善良的动机这些很容易被归因于个人、群体、阶级和国家的性质"。这种"根据道德上的谴责与认可或根据邪恶和公正来解决人类问题,或许是今天社会主题领域要形成正确方法所面临的一个最大障碍"。

但是如果不阐明什么是正义的、什么是邪恶的,我们又怎能在道德的基础上进行社会探究呢?我们需要关于"逻辑概念"和"逻辑条件"的新理论。"所有有效命题和正当性判断都必须建基在最终所引起的某种实存性的重构上。"

> 物理探究方法在逻辑上给予社会探究的特别教导是:社会探究之为探究,包含着操作的必要性,这些操作在实存性上修改现实性条件;当这些条件存在时,就是真正探究的契机,并提供了它的主题……这种教训就是经验方法的逻辑含义。

社会探究反映了"经验的连续性和探究的连续性"。从长远来看,它反映了"科学探究的自我发展和自我修正的性质"。

杜威的言论是什么意思呢?这些言论会将我们引向何处?总而言之,假设我们接受了这些言论,我们下一步应该做什么?如前所述,经济理论家认为社会活动由自利支配,政治理论家会说重要的是权力。支配政治生活的权力和支配经济生活的利己主义之间的关系是不明朗的,同时,道德理论家提醒人们,他们应该忽视权力和自利,并有道德地行事,但是一旦我们承认权力和利己主义是社会生活的主要动力,道德就似乎没有办法实现它的目的了。

如果我们承认这些不同理论的结论,杜威对社会问题的"科学探究"的呼吁就不会被当作进一步的、更具体的探究的起点。因为,有人会说,任何拟议的科学活动都只能为政治学、经济学和伦理学这三门对立学科所追求的活动服务,它不是第一位的。那么,作为在"各种批判模式中具有其独特地位的普遍性"的哲学,该如何处理这个问题呢?我们如何发展一种科学的社会探究处理方法,来处理"现代生活中最深刻的问题",恢复科学家所探究的"人类对其所生活的世界的信仰"的"整合",以及"指导其行动的价值和目的"?我们如何将通过科学和技术探索所产生的手段与拟议的人类目的联系起来?

重构主权理论

1895年《伦理学逻辑讲义》已经对这些问题做出了初步回答。对科学判断和道德判断进行区分是为了定位和处理造成问题的事,这两种判断的共同之处在于,它们都是对问题的反应,反映了我们控制经验的努力,就人类的问题是需要假设来处理的反应而言,它们已经是科学问题了,而并不是说,我们首先遭遇到人类的问题,后来在某个时候,再引入科学探究来解决它。就探究需要一个假设,当假设通过我们的经验成功验证后将解决问题的意义上看,所有探究的出发点都是科学的。

然而,我们如何将这种一般的方法应用到社会问题的探究中呢?正如我们已经看到的,这种探究的直接障碍是政治学、伦理学和经济学的分离。作为对问题的回应的探究概念"跨越"这一障碍,因此,这些明显独立的探究可以被视为在这一回应中做出的差别。杜威是如何解决这个问题的呢?

该论点试图处理杜威在其1894年的文章《奥斯丁的主权论》("Austin's Theory of Sovereignty")结尾处设置的问题。

主权的实际问题,以及理论的问题,或许公正地说来是这样的:统一被刘易斯、卢梭和奥斯丁所割裂开来的三个要素……力量,或有效性[政治学];普遍性,或涉及作为一个整体的社会利益和活动[伦理学];以及确定性,或特定的运作模式——明确的表达器官[经济学]。

在杜威提议的重建中,

(1)经济方面是个人相互刺激和控制彼此的机制的问题。当我们问及个人如何刺激和控制时,我们就面对一个经济学问题。(2)如果我们问及关于这个有机体的结构,我们的相互关系和反作用在这种结构中运转,以及我们的意识价值在这种结构中进行调节,我们就面对政治学问题。(3)伦理学问题是目的问题,经济学问题是手段问题,政治是两者的调节问题,或者说是技巧问题。伦理学给出了自由的概念,即社会活动的价值总量。

在经济学方面,这种价值是需求。在政治学方面是个人和机构的假定权利,这种价值是善、权力和要求。在重新调节方面,伦理学赋予我们责任,经济学赋予我们供给,政治学赋予我们义务。社会意识的组织是保持自由与责任、需求与供给、权利与义务之间的平衡。(第75、76段)

换句话说,如果我们从社会生活中出现的问题情境出发,这三门学科反映了为处理问题而在探究中做出的区分,而不是单独的探究领域。

杜威是如何得出这种结论的呢?政治主权的经典问题是关于作为社会控制基础的至高政治权力的归属问题,19世纪的政治学家和法学理论家约翰·奥斯丁认为政治主权是绝对的,然而他无法解释这种绝对的力量究竟是如何运作以使每个人都能服从;相比之下,卢梭认为存在公意,但是他无法解释公意的表达机构(organs of expression)。因此,杜威问道:

> 现在这两种思想是否竭尽了代替方案？普遍与特殊、有机体与其各器官之间的古老问题又出现了。这种两难境地是自我招致的，它不是由事物的性质引起的，而是由将部分与整体对立起来造成的。（第98段）

这里的困难证明了杜威在1901年的《社会伦理学讲义》中的断言："基本的伦理学问题就是特殊性与普遍性的关系问题。"这个问题既是理论的，又是实践的。诚然，我们倾向于把工具主义的观点看作对生物有机体产生变异的进步论观点的重建。如果确实如此，人类可以而且确实利用创造性的理智来描述和解决他们自己的问题，并且所有的探究都是特殊的；那么，哪里有考虑"整体"的余地呢（"整体"在这里指的是整个的社会进程）？无论如何，我们不能忽视整体，因为我们是其中的参与者并受其影响。

在早期文章《理性的情感》（"The Seniment of Rationality"，1879）中，威廉·詹姆斯（William James）将通过表明"混乱的事实是一个单一的基本事实的表达"来寻求简化的人与其的"姊妹激情，在某些人的头脑中……是它的对手，……差别的激情，……熟悉部分而不是理解整体的冲动"进行了比较。我们夹在这两种倾向之间。因此：

> 我们所有的推测都是不尽如人意的，一方面，只要它们的术语中保留了任何多元性，它们就不能使我们走出经验性的沙堆世界；另一方面，只要它们消除了多元性，实践者就会鄙视它们的空洞和贫瘠。他们最多只能说世界上的元素是其所是，而且每一种元素的自身定义与如何被发现无关。

一旦我们把那些偏向于熟悉这些"元素"的理论家视为实用主义者，那么，在这个意义上，许多当代理论都是实用主义的。例如，本导言第一段中提到的道德哲学家关注的是犯罪和教育的失败，然而，这些道德哲学家忽略了或者至少淡化了"整体"的科学或事实方面，而集中关注与道德有关的"部分"。而实践的个体也可能淡化作为一门关于道德生活的综合学科的伦理理论,以便处理在整个社会进程中出现的、占据我们兴趣的具体的、现实的道德问题。同时,经济学家忽略了整体的道德层面,不断在理性的、自利的企业家和消费者的假设基础上发展综合理论。然而,对许多经济学家来说,这个理论框架只是一个背景,它用于调查某个特定市场的价格变动、兼并对价格和质量的影响,或对经济特定方面的预测。同时,一些政治理论家拿起柏拉图、霍布斯、洛克和赫伯特·斯宾塞的包罗万象的理论,而另一些人则对整体理论不屑一顾,踏踏实实地处理具体问题。

总之,为了表达整个过程(在复杂的当代社会过程中所发生的一切)所需要的抽象化很可能导致一种——用詹姆斯的话说就是——无法结出实际果实的"空洞的、贫瘠的"理论,我们的代替选择是坚持詹姆斯的"实践者"所追求的具体方面的调查。但是,如果"整体"影响到实际问题并与之相关,那么实践者接下来会做什么?伦理理论整体与特定的道德决定有关;同样,政治理论整体与特定的政治问题有关,正如经济理论整体与特定的经济解释有关一样。更进一步,所有这些理论的主题构成了一个整体,影响着个体做出实际决定。我们如何找到一种从困境中拯救整体,将这三个对立部分变成手段的方法?

杜威对问题的定位

我们一直在讨论的两个问题体现了同一个硬币的不同侧面。关于部分与整体的关系问题,通过突破政治主权可以使具有单一归属的传统观点得到了表达,相反,主权存在于整个社会进程的具体运作中,各部分之间或者我们指定为伦理学、政治学和经济学的具体内容之间的不和谐,以及我们以它们的名义进行的更具体的实际探究之间的不和谐,提出了关于这些部分与整个过程或社会有机体的关系问题。

所谓的"同一枚硬币"就是问题情境,它作为一种工具性的装置,起到了定位问题的作用。以整个社会过程中发生的任何问题情境为起点,这三种探究反映了在这个过程中为了处理问题而做出的区分。这些区分是随着社会从比较原始的状态到比较复杂和进步的状态,以及随着科学活动及其技术的发展改变我们的生活而构建的装置或工具,这些装置反映了我们在人类历史上社会发展过程中为处理日益复杂的情境所做的努力。

尤其是,道德和道德控制的发展处于社会过程之中,它不像卢梭的公意理论所表达的那样,公意的运作与具体的、正在进行的生命活动无关,处于社会过程之外,我们也不能把这些活动仅仅看作是事实性的,因此并无道德或不道德之分。如果这种观点看起来很奇怪、不可能或者明显不正确,那么也许是因为我们所持有的整个社会进程和其中的个人活动的形象或图景不允许我们接受杜威的立场。我们认为道德高于或先于个人活动和群体活动;我们认为权力——无论是一个人对另一个人的控制,还是一个组织对一个人的控制——都是无关道德的或道德上中立的东西。然而,我们在讨论《伦理学逻辑讲义》时已经看到,道德和事实是针对问题而做出反应的区分,反应的概念意味着权力与控制和思想与行动的结合,还有待观察的是这种反应如何承载道德性质。

我们将从有机循环的概念着手,并将个人和社会之间的互动看作社会控制的根源。在《经验与教育》(*Experience and Education*,1938)的第 4 章中,以儿童在课间或放学后参加棒球比赛为例,用更简单的概念重述了这些讲义中以术语阐述的观点。杜威指出,"游戏不是胡乱进行的,也不是靠一连串的即兴表演",因为"没有规则,不成游戏"。此外,"如果出现争议,可以向裁判申诉,或者通过讨论和仲裁来做出决定;否则,比赛就会中断并结束"。杜威接着指出了三个"在这种情境下明显的控制性特征"。

> 首先,规则是游戏的一部分,它们不在其外,没有规则,不成游戏。不同的规则,就有不同的游戏。只要游戏有合理的稳定性,玩家就不会觉得他们是在屈从于外在性的强加,而是在玩这个游戏。其次,一个人有时可能会觉得某个决定不公平,他甚至会生气,但他反对的不是一条规则,而是他所声称的对规则的违反,反对一些片面和不公平的行动。最后,游戏规则以及游戏的进行是相当标准化的,这些规则得到了传统和先例的认可。

杜威用这个例子来说明一个"一般原则",他断言:"在所有类似情境下,建立秩序的不是任何一个人的意志或愿望,而是整个团体的倡导。控制是社会性的,但个人是社会的一部分,并不在社会之外。"这是这些讲义中抽象阐述的立场的一个具体例子。

自我是社会进程中的一个"渐进综合体",而不是一个脱离该进程而存在的"灵魂"或"固定实体"。社会学所探究的社会进程并不是试图约束个人行动的自我"之上的桥梁",而是包括各种自我的功能关系的"有共同起源的统一体","不同的[社会]科学就是从这个统一体中区分出来的"(第7—8段)。那么,"事实"是如何被区分为伦理学、政治学和经济学的呢?

> 第一,我们必须确定相同起源的统一体或者开端;第二,它指向功能性统一体。一门新科学不是累积性的,而是代表一种新的视角,并且必须在其他科学的基础上重构范畴……这样一来,社会要么是要么不是有机体,如果是,这会影响所有这些伦理学和经济学事实,它不是这些事实之外的东西。(第8段)

杜威批评E.A.罗斯(E.A. Ross)的社会学观点,因为杜威认为:

> 这时的心理学认为人的灵魂是区别于其他人的特殊财产,但当时有机社会并未被纳入考虑。有机社会的概念是形成新心理学的同一时代的精神产物,如果你谱写新社会学,你就必须使用新的心理学。(第9段)

具体来说,个体是一种器官,它可以作为一种社会过程,以有机体的功能相互作用为特征,个体间的互动是发生在有机体中的。个人要么是作为家庭、公司这样的组织的一个成员,要么是作为工会这样的自愿组织的一个成员,与其他组织的成员互动(有时会发生冲突)。个人本身和社会本身之间没有冲突(第49段)。

问题情境存在于整个有机过程之中，而不是存在于一个固定的、现成的、假定为自利的个人和其他一些从总体上理解的、被称为"社会"的过程之间。如果杜威在这一点上是正确的，那么关于"人的问题"的整个探究重点就从寻找"伦理学"所提供的道德控制的外在性来源或"政治学"所提供的社会控制的说明中转移了。差别和分化是存在的，但它们是进步过程的一部分，正如我们在《伦理学逻辑讲义》中已经看到的，一个句子的谓项代表可变因素，而不是一个固定的实体。对分化的追求是进步的，它"属于手段和目的的范畴"（第 14 段）。

> 有机体是通过能量的集约化和定向性而被集中和被替代的物质，整个进步过程是所有物质的整合。从这个角度来看，活的有机体代表了一种特殊的集中。"被替代"的意思很明显：这是一个回路的思想，是重新复苏并通过它所做的事情修复自己所破坏的东西。（第 15 段）

总之，进步过程和通过生物机体修复破坏物这两个概念与人类的创造性理智之间存在连续性。不存在从进步的有机过程之外引入的道德因素。

"回路"的概念把我们引向杜威在恢复有机体的连续性中刺激和反应概念的独特解释。在他 1896 年——大约在形成这些讲义的同一时间——发表的重要文章《心理学中的反射弧概念》（"The Reflex Arc Concept in Psychology"）中，他断言：

> 刺激是形成协调的阶段，它代表了使协调成功而必须面对的条件；反应是形成同一协调的另一个阶段，它是处理上述条件的关键，是成功实现协调的工具。

在这些讲义的话语中，刺激因素不是让人们保持一致的外在性因素。它是"形成协调"内在性的要素，是形成协调的社会环境。反应，或者说协调中的积极因素，并不是一个超越社会环境因素的影响下努力实现自身的固定的自我。它是一个积极的、形成中的、重构中的自我,通过使用创造性的理智寻求恢复连续性的自我。

当个人发现有必要考虑自己的活动时,意识中就会产生个人和他所进行活动的相对对立,也就是控制的刺激和控制的规范。当这种表面上的对立被认为是绝对对立,而历史性价值被认为是固有价值时,就会出现谬误。(第45段)

社会组织的总问题是一个组织刺激和反作用的问题。在个人方面,A就是对个人的刺激的问题。在社会方面,这个问题是刺激的渠道多大程度上被组织起来,以便它们对特殊刺激做出反应,以控制它和重新刺激它,也就是说,给个体活动在整体中一个明确的位置。社会的所有机制不是那么不同的事情,而是解决一个问题的各种模式;也就是说,社会的一切过程和活动从根本上说,都要以它们在构成社会感觉中所起的作用来看待。社会感觉器官是对社会群体中各种个体的刺激和反应的组织。(第71段)

现在,杜威对我们的探究方法中的各种二元论的重构几乎已经完成。"社会感觉器官"(social sensorium)包括社会中所有的因素,这些因素的作用是刺激个人,使他或她在整个社会中占有一席之地。感觉器官包括报纸,以及竞争过程和教育过程。

政治、经济和道德之间的区分问题已经解决了,剩下的就是要确定这三个方面中的每一个在整体社会有机体中的积极作用。

三方面(政治、经济和道德)的积极作用

整体社会进程

经济学。杜威对社会有机体的经济方面的解释是独特的,他不理睬那种认为推动经济竞争的是个体企业家和顾客的给定的自我利益的传统观

点。成功是通过使用凭借社会感觉器官获得的信息，对产品进行市场定位的理智的功能之一。

> 如果存在分工，就必须有一些分工的原则，也就是说，共同体中每个人的活动都必须受到整个共同体的要求和其他人的要求的控制。这意味着必须得有社会感觉器官。（第150段）

> 重点是要如何维持供需关系呢？斯宾塞认为竞争能做到这一点。心脏、肺等器官没有为自己吸收所有（营养）的原因是有神经系统充当裁判，这就是为什么能建立起有效平衡，为什么一个人不会为共同体制造太多或太少的犁，因为个人通过感受社会的需求来控制自己的生产。（第151段）

> 工业系统分配的控制力总是现存社会的社会感觉器官。（第152段）

总而言之，竞争的成功不能用固定的自我利益的运作来解释。

政治学。在社会进程的政治方面，不存在单一权威。惯例指导着日常活动，而最终惯例会凝固进法律。正如《经验与教育》中棒球的例子所提示的，政府扮演着裁判的角色。

> 每个制度都是习惯，因此作为整体的主权是在法律中被定义的，也就是说法律是习惯的功能定向。法律一方面在权利中被定义，也就是说与习惯的施行有关的刺激；另一方面在义务中被定义，即习惯运作中的抑制和控制。（第84段）

> 将主权解释为力量本身的谬误由此产生。所有的意志都具有力量性，意志意味着为实现自己的理想而奋斗。随着社会的发展，人们发现规范这种力量是可行的……一个器官为经济考量而被区分出来做控制

工作,例如,就像比赛中的裁判一样。(第86段)

此刻,提出杜威在"原始时代"和传统社会与进步社会之间的对比是有帮助的。在原始社会或习惯社会,个人体现了他或她的社会地位,而没有个人权利(第53节),"法律只是习惯的结晶"(第97段)。"大部分冲突都会在习惯的基础上得到解决",就像在罗马帝国一样(第100段)。那么个人的社会意识"标志着社会进步的结点"——进步的社会,或者说自我是"渐进的综合体"(第7段)的社会又如何?(第33段)"它代表了社会意识的逐步变化。"(第33段)为什么会有对这种变化的需求?因为"太多的习惯相互不适应,必然发生冲突"(第101段)。此外,"在每一个进步的社会中,权利的冲突都必然出现……理论上,稳定的社会中不需要有冲突"(第127段)。

伦理学。在伦理方面,存在着权利和义务,并且在重构道德生活方面,存在着智力发挥作用的位置。

> 权利和义务体系是这样一个结构,在这个结构中,社会有机体成员相互刺激和控制彼此的行为,并且在这种结构中,想要把观念和机制分开是不可能的。一个人不能直接刺激另一个人,必须有某种交互媒介。(第124段)

> 伦理问题是各种活动被转化为有意识价值的程度和方式的问题,重点不在于这种控制运作的特定机制,也不在于这种机制的中心结构,而在于这些活动在多大程度上以何种方式进入意识,以及它们以何种方式作为有意识的价值存在……道德价值只有在意识中才存在,因此将任何价值视为价值就是提出伦理问题。(第73、74段)

提到"活动在多大程度上和以何种方式进入意识"时,使用了观念主义的话语来表达用理智构想假设以处理道德上的问题的活动。在这些讲义之后,杜威的大部分道德哲学都致力于对这一过程进行解释。

重建的任务

回到犯罪和教育、所谓的联邦政府侵扰性,以及制定有关主动安乐死的政策的努力,这些都是我们现在所关注的具有代表性的问题。杜威对这些问题可能会有什么看法呢?就《伦理学逻辑讲义》的编者导言中讨论的思考的"五个逻辑步骤"来看,杜威会认为它们是"感觉上的困难"而至少在最初阶段不是道德问题。每个人都被视为各种团体和协会的成员,已经具有经济、政治和道德的一面。这些问题毕竟是关于犯罪和教育的失败,关于对许多人来说似乎很遥远的联邦政府,以及处理有严重痛苦的情境下死亡问题的必要性。生活中现有的经济、政治和道德方面往往是问题的障碍,也是解决问题唯一可用的素材。每个方面都是需要定位的问题的一个条件,这些条件中的一个或多个需要被重新构建。之后,回到之前从杜威的1938年《逻辑:探究的理论》中给出的描述,拟议的重建采取假设的形式,一旦被试行,就会解决问题。理智的任务是形成这些假说。

这个纲要为杜威1896年的社会思想提供了总体背景,并可作为理解他后来的社会思想的工具。讲义的读者可能会不赞同杜威在第57段中的论点,即社会冲突带来的解体只是"形成更全面统一体的消极方面"。这一断言似乎太过乐观,甚至可能是"黑格尔式"的,因为它隐约地暗示这种统一性在某种程度上已经被证明了;读者也可能质疑讲义中所反映的、在1898年《政治伦理学讲义》和1901年《社会伦理学讲义》中更详细地阐述的观点,即社会冲突主要发生在社会功能之间(例如劳工和管理部门),而不是个人和国家之间。杜威认为,政府是解决这些冲突的社会器官,这一观点似乎过于简单化。也许,正如他后来在《公众及其问题》(1927,《杜威全集》第二卷)中所论述的那样,需要形成新的公众来处理新的问题。也许目前的情境需要对我们的社会生活进行新的和尚未预见的重构。

结论:杜威对进步逻辑的论述

人类进步的信念是19世纪政治和社会讨论的主要内容之一,在今天,我们对此并不那么确信。对进步概念的讨论本身并不能告诉我们人类是否在进步,然而,它的意义在于,我们对进步概念的讨论规范了我们以进步的名义进行的具体探究。杜威对进步的论述可以被称为反应取向理论,其中摩擦或张力引发了探究,行动的条件是探究的控制因素,而进步在于产生有效的回应。这与传统的以外在性目的为导向的进步论述形成鲜明对比,前者认为,探究的任务是证明那些在特定问题情境中产生的摩擦之外的目的,在后一种情境下,合理的目的成为进步或非进步的标准,因为我们要么接近它,要么远离它。

杜威的进步论是在他的探究理论中阐发的,因为它产生于《伦理学逻辑讲义》,而在《政治伦理学讲义》中得到运用。他显然是在 19 世纪 90 年代初开始对进步理论感兴趣的,这可能是由于受到塞缪尔·亚历山大(Samuel Alexander)的《道德秩序与进步》(1889)的影响。在《对伦理的考察:纲要》(*The Study of Ethics: A Syllabus*, 1894)中,杜威批评了"抽象观念论的理论",或者说是为经验设定外在性固定标准的观念,"无法为道德观念的发展——积极的道德进步提供基础。道德观念是一劳永逸的,只是离它的距离远近的问题"。杜威关于进步的另一种理论的最早陈述载于 1893 年密歇根大学政治哲学课程的一套讲义。

进步的理论比秩序(order)的理论更难。后者的材料在法律上是相当完善的。进步的理论却没有确定的法律。

进步等同于进步的意识。它就是意识!它就在那儿而不在其他地方,其他的变化只是再次区分。除了在意识中,没有高级和低级的区分;除了在意识方面,没有任何理由说明复杂性比简单性好,有生命比无生命好(protoplasm than rock)。价值意味着意识。我们可以得出结论:

1. 不存在绝对的进步,就像从一个固定的起点到一个固定的终点。

2. 在讨论任何历史事实或机构的价值时,我们必须着眼的不是它本身是什么，而是它在什么方面影响了意识，这是相对于所考虑的特定的过去和未来而言的。当我们把一个事物当作手段或部分时，它是低级的，当我们把它看作是目的或整体时，它是高级的。因此，这涉及好坏评价，除了相对而言，事物就是它本身，只看本身的话，每个时代并不比其他时代好或坏；幸福总数都是一样的。任何对旧问题的解决都会产生新问题。

  3. 我们无法比较好、更好和最好。好的和最好的都是一样的。

  4. 将早期的国家视为本身就是比较低级的国家是一种历史谬误。我们首先把以前的状态作为它的原貌，然后把我们现在的意识放入其中，我们才能称它为低级或更差。

  5. 未来将比现在高，只是因为它将有新的目的。

  杜威所说的"进步等同于进步的意识"是什么意思？这句话在《伦理学逻辑讲义》中被重复为"除了进步的意识，没有任何进步"。然后他又说：

> 如果确实如此，为了获得意识，你必须承受张力或冲突……如果被唤起的冲动之间不存在紧张关系，[这样]我们可以立刻拥有我们想要的一切，那么是否有任何依据来确定这些冲动的各自价值呢？你能有意识地说它们中的任何一个都是好的吗？除非你在各自的冲动之间有一些冲突，否则你根本无法比较它们。

  很显然，新的进步需求是从冲突开始的，并寻求解决冲突。这使我们回到了杜威在《伦理学逻辑讲义》中早先对目的的描述。

> 目的和立场一样，都是局部和暂时的。"目的"的概念也是相对的，或历史的，就像立场一样。现实是整个过程，是不断产生歧视的活动，并再次导致了统一的经验……"目的"这个概念也是暂时的。没有绝对的目的，我们不断创造目的。因此，不仅内心的目的是相对的，而且"完

美"的目的也是如此。我们不断地设立新的目的或目标,不是因为过去目的的失败,而是因为过去目的的成功达成。

这种对目的概念的描述似乎是在邀请个人为解决问题而不择手段,即使以牺牲他人利益为代价。我们稍后会回到这一点上,但首先让我们具体谈论杜威的进步概念。

进步发生在两个依情况而定的时刻,即困难的发生和解决困难的拟议观念。另一种观点正如许多传统伦理理论所表达的那样,是设定一些固定的善或义务的标准,这些标准是外在于个人情境的。比如说,快乐是善;按照功利主义的观点,我们的义务是将这种善最大化。假设一下,我们可以将快乐构想为一种感觉质量,这种感觉可以独立于个人体验而描述它(大概是以计量单位或数量来描述);那么个人就能寻求越来越多的快乐,那就是善。赫伯特·斯宾塞认为,"绝对的权利"是由"带来快乐的行为,而且只是快乐的行动"设定的(《伦理学逻辑讲义》)。再比如,康德主义者和其他一些人认为,某种意义上存在一些道德原则,独立于它们所适用的那些个人的各自情境,这些道德原则依旧是正确的,那么我们就可以说每个人都有义务遵循某些道德原则。就此而言,衡量进步的标准就是人们在遵循这些原则方面接近完美的程度。

杜威将进步视为意识或经验中的活动,是对上述传统观点的否定。正如我们在前面的讨论中所指出的,我们起初倾向于质疑他,因为我们认为他的观点导致了个人的进步和其他人的进步之间的根本冲突。但我们如何解释这种冲突,是作为行为控制因素的行动条件的功能。

在《政治伦理学讲义》中,杜威解释说,个人的利益和社会的利益之间的冲突是经验过程中的一个阶段,而不是根本的冲突。因此,在《政治伦理学讲义》开始的部分,他就断言:

> 在分歧中,有机体将自己定位为与环境相对抗的个体。直接因素和间接因素因为两者都未经过重新调节而不能目标趋同时,即当间接因素不得不重新调节以达到目的时,就会出现有机体和环境之间的相

对对立。变化总是从某个方面来解释,但实际上是整体的变化。原有环境和有机体的调节解释了情境的变化。从环境的角度来看,情境是整体;从有机体的角度来看,功能是整体。(第20段)

从某种意义上说,《政治伦理学讲义》的其余部分是对这一观点在社会进程方面的阐述。举例来说:

> 到目前为止,我们所看到的是,个人可以被视为是一个聚焦的情境,以及已经适应的个人标志着节奏过程的一个范围。另一种情况是,情境反射性地反应到意识中,作为其进一步的发展的工具……将个人与社会绝对对立的谬见忽略了这样一个事实,即个人对过去的习惯持否定态度,只是社会进步的工具。这使得个人与社会之间有了最为密切的关系。也就是说,社会进步总是不稳定的,除非它从内容中抽象出来,成为个人意识中的一种方法。(第47段)

最后一句话总结了《政治伦理学讲义》和《伦理学逻辑讲义》所提出的基本观点。

第一章 课程性质的总体谋划: 政治、伦理与经济之间的对立

[1] 政治哲学是关于社会意识的理论,当社会意识被运用于其他社会科学的时候,它或许被称为社会心理学。社会意识的这一概念还非常新颖,因此存在着许多问题。我们必须首先要询问:有所谓的社会意识吗?

[2] 当前,我们有三门不同的、或多或少对立的社会现象领域:(1)政治学;(2)伦理学;(3)经济学。① 按照这种划分,伦理学应该对政治学或者经

---

① 杜威对于这种对立的重构,见第75段和第118段。

济学进行选择,要么是对利他主义的一种说明,要么是对形而上学的善以及人们想要达到善的企图的描述。

[3] 在经济学中,我们是利己主义的,这与利他主义作为行为意图(motive)①不同。一方面,如何以最小的损失获取最大的收益,这在伦理方面与享乐主义关联在一起。另一方面,经济学中存在一个静态的、给定的个人概念对抗伦理学中形而上的自我,经济学上的自我有着非常明确的内容,然而形而上学的自我就像在格林那里一样空洞。但与此同时,它(经济学的自我)也是一种抽象的概念,自我已经被创造出来给予你,它不是在构建或理解的过程中,而是已存在,经济过程在意识中的反作用被忽视了。在我们对待意识的方式中,似乎个人是现成的,自我意识中经济反应部分所起的作用被忽略了。这在经济价值论中体现出来,个人的形象呈现为给定的,就需求方面来说,需求呈现为已经给定的,需求已经被给予,个人想要的只是满足那些需求。

[4] 采取另外一种视角也是可能的,即经济过程制造了需求并使人们意识到这些需求。所以在伦理学中,与经济学的新视角同时发生的是自我概念的变化,自我是要被构建的,在当前的观念中它已经被完成了;此外,经济学以固定的性质为前提,自然商品的进步过程,对自然的利用被忽略了。② 经济体想要的是从自然中获取它能获得的一切,而没有关注到自然本身已经通过这些过程得到了如此之多的发展,这一经济思想是意识被当成神奇地注入的时代的遗迹。没有意识存在,这个世界就是世界本身,意识就像意识在其他任何世界中形成的那样,这是关于意识的纯粹外在性理论。③ 如果我们把政治作为第三种不同的社会领域,那是试图从这两者的混合中得到具体的真理,即一个本质利己的人必须调节这些过程,以便获得社会权利的承认。政府的观念隐含了:一方面,我们对自利主义倾向进行了

---

① 此处翻译为意图而非动机,在法律上意图和动机存在区别,在后文中,杜威对意图和动机做出了区别。
② 有关共同体进化的更多内容,请参见第 142—143 段。
③ 意识的外在性理论就是说意识是外在于经济过程的。

调节,从而不会伤害社会;或者,另一方面,政府(应该)促进个人的社会倾向。

[5] 这种三位布局的逻辑是:首先,伦理学处理的是形而上的自我;(其次,)经济学处理的是给定的自我;(最后,)政治学是一张协调的手段。它们都是前进步的,因此也是前科学的。它们是在18世纪形成的,并且先于历史进步论的观点。当涉及进步的观点时,必须进行重构或补充。当下并不存在非社会的人,科学的发展迫使人们重建部分区分人和社会的逻辑。另外,由于科学本身现状不尽如人意,科学本身也在重构中,起初,社会学就是为了应对这种需要的一种更加交往的(在这三个部分中被分裂)理论来打破这种区分的反应。

[6] 伦理学遗漏了两点。一点是,当伦理学因此被区分出来的时候,它总是建立在自由意志理论之上,个人的决定性内容已从它身上拿走,放在了经济学和政治学中,只留下某种形式的意志。另一点是,当伦理学被这样定义时,依赖于对灵魂的心理学定义,它将灵魂设置为一个固定的实体。

[7] 返回到我们上面离开的地方:伴随着新的心理学观念的出现,必然在伦理学内部产生压力。当自我被认为是渐进的综合体时,灵魂不再是一个固定的实体,所有学派都认同心理学和社会学之间存在密切联系。对社会学的真实看法并不是说社会学是(各学科之间的)一座桥梁,而是说它是一个有共同起源的统一体,各个学科是从这个统一体中分化出来的。综合社会科学必须面对如何区分不同的事实以及如何将已经区分的不同事实联系起来的问题。

[8] 这表明我们需要一些基本范畴和方法,来弄明白伦理学、政治学和经济学是如何相互区分的。第一,我们必须确定相同起源的统一体或者开端;第二,它指向功能性统一体。一门新科学不是累积性的[①],而是代表一种新的视角,并且必须在其他科学的基础上重构范畴。这显示了一个新的视角历史性崛起的必要性,并且进一步需要一种新的学术观点与现实相符

---

① 可能指的是第5段中的"进步论的观点"。

合。社会有机论的概念最常用于重建工作,一些作者简单地使用社会有机体的概念,认为它不过是比生物有机体更大的有机体,这种社会有机体的概念也被用作仅仅是区别于伦理学、政治学的简单补充。这样一来,社会要么是要么不是有机体,如果是,这会影响所有这些伦理学和经济学事实,它不是这些事实之外的东西。

[9] 比较一下《美国社会学杂志》(American Journal of Sociology)中有关上述讨论的两种观点:第一篇和最后一篇。第一篇是罗斯写的关于"社会控制"的文章:社会学事实被视为是累积性的。罗斯的假设是,个人仅仅是个体的,而非社会的;重点在于看看人是怎样被迫偏离自己的方向的。任何这样的理论都涉及一种心理学抽象。将世界的经济和政治纳入考虑后,一个人不可能再是这种抽象的个体。正是在这个过程中,新的需求发展起来。罗斯也使人的意志完全不同于感觉和判断。需要批判的重点在于,社会学是建立在18世纪的心理学基础上的,这时的心理学认为人的灵魂是区别于其他人的特殊财产,但当时有机社会并未被纳入考虑。有机社会的概念是形成新心理学的同一时代精神的产物,如果你谱写新社会学,你就必须使用新的心理学。

[10] 沃德(Ward)的文章也可能遭遇同样的批评。对快乐和痛苦的感觉被认为是采取行动的唯一原因,这样的观点在生物学上是无法证明的。动植物的一切行动,绝非单凭快乐和痛苦的感觉,这是关于个人的预设。

[11] 另一点是他对自然目的和社会目的的区别,自然的目的是功能或生命的建构,而社会以感觉为目的,感觉和功能是截然不同的。生物的目的是感觉,自然不需要感觉,却意外地闯入感觉:个人的目的是快乐的感觉,但在寻求快感的过程中,他制造了工具并改变了他的环境,而这些变化保存了下来。所以我们有三类事物:自然的目的是功能;人的目的是幸福;进步的目的是有组织活动。所有这些都彼此相异。既然自然除了从进步的角度看毫无意义可言,那又怎能创造出自然和进步的不同目的呢?沃德在细节上自相矛盾,他在某处表明自然不需要感觉,却又说感觉是一种有助于自然的功能运作的手段,并且这种用法源于生物学。现在考察第三个陈述,即进步

的目的是有组织的活动,就是说自然和人在获得快乐的过程中进行了活动并导致进步。这只是说明了,在上面的叙说中被忽略的东西在这里也被作为目的了,也就是活动。在你获得功能或快乐之前,活动在自然界和个体中都已经是预设的。这三者放在一起是一个很好的定义,但分为三个部分,那就是空想。

第二章 将二元对立视为区分：社会/自然、主语/谓语、有机体/环境

［12］上述批判向我们很好地展示了社会学的基本难题,社会学是个体组成的群体的科学。现在的问题是:社会哲学与自然的关系是什么？这包括是否存在任何关系的问题？答案最终是显而易见的。

［13］自然和社会应该是不存在有机联系的两样不同的东西,这种看法的前提是认为自然仅仅是主观的,这就提出了主客观的老问题。我们必须采取差别的观点①,还是我们必须将社会归并到客观的、自然的范畴？或者是否存在向我们敞开的第三种方式展示它们之间的有机关系？物理科学或广义宇宙学的观念是用物质和运动或质量与能量的再分配来解释一切。人们曾经试图用各种各样的方式将这种质量和能量的二元性对立简化为统一体,笛卡尔尝试用质量来解释能量,莱布尼茨试图用能量来解释质量。

［14］这些尝试都没有成功,我们之所以只能用一个去解释另一个,是因为我们思维的结构——主语和谓语。不存在简单的相互依赖关系,但是我们相应地从任一观点即根据我们的兴趣和注意力来看完全相同的一组事实。一个(即主语)代表永恒性,另一个(即谓语)代表可变性。事实就是如此,根据兴趣的这两种转变表明这种差别是目的论的,也就是说,差别属于手段和目的的范畴。将自然定义为进步的,或者说自然法则是进步的,仅仅是注意到了质量和能量的相互依赖。这个原则是我们在科学探究中经常使

---

① 也就是二元对立。

用的。当我们以旧的方式陈述变化时,我们称之为因果;但是当我们认识到永恒性和可变性并非不同,而是相同性的不同方面时,就变成了分化的问题,这是进步性质的。我们不再认为某些事物是静态的,然后再询问运动是如何产生的,例如上帝推动了这个世界。固定的和可变的现在是一样了,只是从不同的角度来看。我们可以在斯宾塞的"同质性中的一致性"中发现这一点。

[15] 同一性的分化过程没有特定的方式,但是有明确的规律。可以说,有机体是通过能量的集约化(intensification)和定向性(direction)而被集中和替代的物质,整个进步过程是所有物质的整合。从这个角度来看,活的有机体代表了一种特殊的集中。"被替代"的意思很明显:这是一个回路的思想,是重新复苏并通过它所做的事情修复自己所破坏的东西,这是它保持活力的原因。我们从研究有机体中得到的主要观点是,能量的增强对于更具复杂性的有机体来说是必要的。有机体不能代表所有,而只能代表自然过程中的某个方面。这样,我们就打破了无生命的自然和有机的自然之间的固定界线。

[16] 如果有机体最终还有生命力,它就经历了完整的调节。在斯宾塞理论看来,有机体是固定不变的。现在不是单一部分而是整体都在进步,我们可以将这一过程描述为环境和有机体之间日益增长的复杂性和相互关联。上述思想对于社会哲学的作用,就在于对独立于宇宙之外的个体的定义。另一个问题将进一步发展这一点:意志或观念,以及力量。另一范畴的二元对立在这里表现出来了,考虑到意志是纯粹的精神范畴,力量是意志之外的某种东西。从某种角度来看,有机体代表着对自然力量的某种定义或是自然力量的聚焦,代表着环境力量达成的某种平衡。除开有机体自己的立场,它还是环境的一部分。

[17] 有机体和环境之间存在相对的差别,若这个差别是我们(人为)造成的,那么这种差别有何科学价值呢?首先,差别必须由一个有意识的存在来做出。无意识动物的生长是物质和运动的简单再分配;只有我们主动设定了一个要达成的目的,才会存在目的。所以生物和环境之间的差别不能

从物理学的角度出发,也就是说,不能从没有预设目的的角度出发。我们给植物和动物设定目的的原因是,客观上,我们看到它们达成了这些目的。是我们对植物进行了区别,而有意识的存在对他自己的区别。这种区别是目的论的,也就是说,是根据目的来区别的。它是在我们发现某种结果之后描绘出来的,在回顾的时候,我们说我们看到的结果是有目的(result)的,我们称它为有机体(organism);其余的我们称之为环境(environment)。

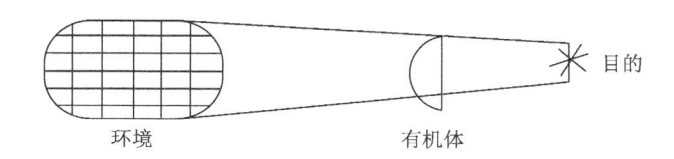

环境　　　　有机体　　　目的

考虑一下有意识的动物,它想保存自身。所有直接倾向于达到这一目的的事物,我们称之为"有机体",它们不是靠它们自己而存在的。那些修正直接活动的其他元素,我们称之为"环境"。差别再次基于此:直接的活动被称为有机体,间接的活动被称为环境。

[18] 为了完成分析,还有一点是必要的。除非达成目的过程中遇到一些阻碍的情况,否则我们既不会为他人也不会为自己做这种区分。倘若过程顺利进行,我们就无须在有机体和环境之间划清界限,例如散步。如果不是为了生存而斗争,我们是不会进行区分的。我们为什么不在酸或者金属上做区分呢?因为我们没有为这种区分设定目的。想想制作布的过程吧,如果我们认为制布是其他事件的结果并且其他事件对制布的相关程度是一致的,那么我们就无须进行区分。但是,如果我们把自己与制造商联系在一起,我们就会做出区分,制造业是有机体。然而再考虑一下棉花的种植者,在他的视角看来,棉花种植就是有机体,制造业则是环境的一部分。

[19] 这种区分包含以下三个基本原理。(1)有机体是指向某一目的的变化物。(2)在这个过程中,某些因素直接趋向于这个目的。(3)直接与间接之间存在一定的相对冲突,这是为了达成目的而需要调节的部分。我们可以用"共同适应"这个概念来代替相较于一者对于另一者的"适应"概念:有机体和环境对功能或目的的相互适应。

[20] 要向个体性转变,更需要考虑到另一点:这里总是出现分歧,也就是说,直接活动发现必须经过斗争才能达到目的。接下来会发生什么呢?间接方面萎缩了。直接活动将自己视为目的的一部分,并将环境视为威胁。在分歧中,有机体将自己定位为与环境相对抗的个体。当因为直接因素和间接因素两者都未经过重新调节而不能目标趋同时,即当间接因素不得不重新调节以达到目的时,就会出现有机体和环境之间的相对对立。变化总是从某个方面来解释,但实际上是整体的变化。原有环境和有机体的调节解释了情境的变化。从环境的角度来看,情境是整体;从有机体的角度来看,功能是整体。

第三章　个体性与宇宙过程:
将客体转化为刺激工具的意识

[21] 情境和功能运作代表整个过程。单纯的有机体和单纯的环境都不能代表整体。在任何重新适应或重新调节的情形中,旧环境和旧有机体都必须适应新环境。这就好比山体滑坡中的植物,我们将植物已经发挥的功能称为习惯。一方面,习惯是持续存在的,它们必须维持下去,否则植物就会死。另一方面,这些习惯必须发生变化。这里就是我们可能称之为功能内在性冲突或者环境内在性冲突的根源,这是恒定与可变之间、习惯与改变环境之间的冲突,在这种环境下,习惯必定得到锻炼。可变的习惯一定是产生于旧习惯,旧习惯导致新情境这一点在社会学和生物学方面都经常被忽视。

[22] 这种变化只能被描述为旧习惯的调节,如果我们注意到调节,我们将避免陷入哲学思考似乎固有的许多矛盾中。"调节"是指旧活动继续进行,并在旧事物中呈现新的方面[①]。如果不理解调节,就会陷入斯宾塞和奥古斯特·魏斯曼(August Weismann)这两种进步学派的观点,要么自发地摆

---

① 这里的旧事物也可能指的是所有事物。

脱自然，要么完全被环境控制。旧功能引入了新的变化，从适应旧环境到适应新环境；它将元素相互调节。从功能方面讲，适应问题是有机体与环境的共同适应问题。这是一个功能是否可以承担其自身活动的后果并加以利用的问题。将意识给予必须面对这个问题的存在，让新的协调的必要性产生，这个有意识的存在就会认同已经形成的习惯。有机体会说："现在有问题的是我。"新的因素或元素将被抛到自我之外。这是功能内在性的差别，而不是外在性的差别。这些手头上的东西，个人已经拥有的东西，他称之为自己；而这些他尚未掌握的、必须处理的其他事物，则被视为非我。当前社会写作的谬误在于，这两者被认定为事实，而适应的问题存在于这两者之间。自我与非我之间的差别是在行动的意识中产生的，并且与行动关系密切。当涉及行动问题时，个人必须将两者抽象出来并加以解决；但重点就是，对自我和非我的划分是在反思层面上，在行动划分和为行动而划分。

[23] 我们不能只说自我与已完成的部分是等同的。在进行这种抽象行为时，自我很少成为目的，相反，自我成为你所看到的东西。换句话说，除非从两个角度考虑自我，否则就无法定义有意识的行为，必须有工具自我和投射自我，当自我被投射出来时，环境就变成了它必须达到的、实现自我的手段，然后对象变成向导，等等。这种关系就是注意，虽然物质是活动的刺激物，但它们并不存在于意识中。有意识的刺激是可以实现的，它们是我们所追求的，而不是我们所拥有的。街道的拐角处充当了要转弯的无意识的刺激物，如果我们迷路了，它们就变成了有意识的刺激物，也就是说，我们试图将客体转变为刺激物，以便找准自己的位置。客体只有在有意识的目的下才成为刺激物。

[24] 意识在发展中意味着什么？它是一种把阻碍自我的东西转变为自我优势的刺激的工具；它是导致协调瓦解的情境中的摩擦力，致使有机体将自己定义为个体的。在那种张力中，个体代表了旧活动中努力坚持的那个方面，而有机体则代表了个体无法应对的对象，抵抗也是如此。通过这种方式，自我被投射为理想。那么，问题就在于如何将这些反对转化为实现理想自我的手段。

```
旧习惯 ────────→ 理想或目的
      ╲    ╱
       ╲  ╱
        ╲╱
        ╱╲
       ╱  ╲
      ╱    ╲
新条件 ────────→ 刺激物
```

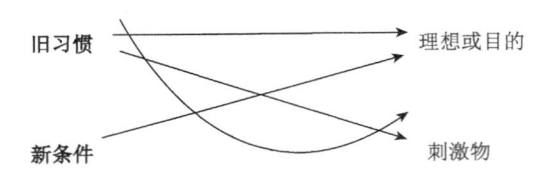

从生物学的角度来看,我们拥有意识的优势。意识是使原本不利于功能的条件成为刺激物,从而成为功能运作的附属品。意识代表了预测的能力,因此就威胁性的环境而言,也代表了解释符号的能力。将条件转换为刺激的变化是一种符号活动。

[25] 题外话:空间和时间。可以说,当个体将自己置于环境中时,空间就会产生。如果你想到黑板的空间关系,它与你自己有关。也就是说,你把自己定位在空间中,让自己成为环境的一部分。空间世界是将代理体视为环境的一部分,然后询问让自己置身其中的环境是什么样的。当环境被有机体所抛弃,即是说,成为你自己活动的一个方面时,时间就出现了。我们的经验之所以以空间和时间关系的形式呈现,是因为我们必须同时做这两件事。

[26] 我们无法分辨我们必须使用什么手段,直到我们将自己置于环境中。心神不定只是无法从自己的主观状态中抽象出来,无法将自己视为众多人中的一员,就像在棋盘上一样。这种客观的态度对所有实际活动都是重要的。为什么一个人从有机体的角度瞥见(throw)①环境呢?这是定义目的一面,而另一面则是手段。根据不同的目的,我们将以非常不同的方式感知它。如果我们仅根据目的来定义手段,那么空间和时间是相关的,只能根据时间定义空间,反之亦然。当你根据你住的房子来定位大学时会发生什么?你,在这个房间里,你把[你自己]放在一边,房子在另一边。在时间观念中,人们假设客体是相互差别的,在空间观念中则认为它们会聚成一个统一体。

[27] 回到与整个宇宙过程相关的个体性的本质,我们发现个体性有两

---

① 杜威的意思可能是"从有机体的角度形成环境"就像当一个陶艺师看到(throws)一个陶罐时那样。

个方面。一方面,我们认为个人是被调节过的,某种力量的平衡,一种完成的调整,换句话说就是,宇宙聚焦,个人是非常浓缩的宇宙;这种个人与根据习惯和无意识行动相一致;只要个人发现自己所处的环境与自己相抵触,这可以被称为客观的个体,他与所处的环境格格不入。这是所有发展中的有节奏的过程,代表相对于变量的常数因子。我们也可以称之为功能性个体或者结构性个体①。

[28] 如果我们考虑重建方面的问题,我们得到的是存在张力的个体,而不是结构(功能的)个体。存在张力的个体是可变的,而结构性的个体是不变的。存在张力的个体是过渡物种,这就是我们发现过渡物种在自然进步中消失的原因。它们是重构的部分,因此代表了一个过程,不应被视为客观产物。寻求绝对连续性是矛盾的,无论你在哪里看到自然,它都是一些特殊的事实,而不是过程,该过程是连续的,但产品必须是离散的。这并不意味着存在两个个体,而是当我们反思个体性的过程时,它会分成这两个方面。

[29]1. 首先,就意识而言,考察具有两种价值的对象。第一个是饱和值(saturation value),个人与该值的关系是吸收[与被吸收]的关系,从结构形式上讲,客体具有这种饱和的价值,它是先前意识发展的总结。通俗地说,我们称之为知识氛围或时代精神。每个人都出生在一个已有知识氛围的世界,某些特征或多或少对所有人来说都是共同的,因为它们是从前人类时代继承下来的。如果我们接受进步论,我们就会注意到人们曾经没有相同的价值,他们曾经具有指示值(indicative value),而不是饱和价值。

[30]2. 第二个是指标或指向函数,称为指示值。也就是说,它们是动物应该做出的某种反应的迹象,即使对我们来说,味道和气味以及物质的质量可以作为行动的刺激物,那么在动物身上,可以想象它可能只是那样,所以它们仅仅具有指示的价值。在进步的基础上无法解释智力和审美品质的

---

① 很明显,功能性或者结构性个体是一个"有节奏的过程",习惯性的个体是"已经完成调节的"或者"宇宙聚焦的"个体,而客观的个体是"易变的"因素。

起源和选择，除非基于它们曾经不仅仅是智力和审美的而且是具有行动刺激的指示特征的理论。

　　[31]饱和价值对应与适应的个体及其所处环境，没有张力存在。个人所要做的就是吸收它。只要个人必须重构环境并从旧环境中制造新环境，他就会从环境中抽象自己，以客体为指示。饱和值是直接值，指示值是间接值。饱和值维持了在任何给定时间的社会意识的水平，这些价值的数量和质量决定了个人的心理环境，也就是说，它们决定个人行动的水平。我们认为饱和方面是前时代的遗传精神产物：他的感官品质，如眼睛、耳朵等。

　　[32]进一步(在有机发展中)是语言，个人是通过语言媒介接受对这些价值观的某种看法，这是个体意识的起点。对此的探究构成伦理静力学①，也就是说，那个水平是关于个体发生变化的静态。静力学在这里并不表示固定的东西，静力学作为一个范畴，毋宁是指作为进一步运作的基础而达到的组织。如果我们从鲍德温(Baldwin)的模仿观点来看，那就是个人吸收或同化态度的方面。仅仅因为我们假定这些饱和值是个人从生命之初就无意识地生长，这样很难了解它的重要性。任何一个个体与这个饱和水平的关系，几乎就像特定植物与整个物理环境之间的关系，因此它倾向于被当作变量。因为个人意识在很大程度上是一种既定的或假定的事物，它将社会意识的水平确定为现实，而不仅仅是隐喻(也参见 Grote's Hist. Greece, Syll. of Ethics)。

第四章　将内容置于社会意识中：
指示性（有机体）或占有性（工具）的客体

　　[33]正如当今某些关于社会意识的争辩所述，如果存在社会意识，它就必须在个人身上而不是他处被发现。现在问题来了：我们如何处理重构

---

① "伦理静力学"指的是已经建立起来的道德秩序，这种秩序看起来就像时间已经停止而不会再演化了一样，第39—41段讨论了社会静态和社会动态。

个体的指示性价值？指示性价值明显地标志着个人意识的一个阶段，这个阶段中自我意识反对客体意识，显示出社会进步的节点。它代表了社会意识的逐步变化。个人所发起的这种开创性运动代表了社会意识中的一个新因素。

[34] 进一步分析社会意识：有人提出存在影响个人的精神或主观环境。这是朝着正确方向迈出的一步，但很容易被错误地使用；也就是说，它超越了物理环境，有意识的个人的整个环境都是精神的，任何物理环境对于有意识的人来说都是精神的。我们生活的自然是我们精神生活的有力的决定性因素。

[35] 物质环境对精神的价值显然是由社会决定的。如果我们可以在物理的和精神的之间划出一条固定的界限，那么我们可以说一个人是由个人意志决定的，但事实并非如此。换言之，种植作物者必须对农业高度发展的社会采取不同于前农业社会的态度。

[36] 无法划出固定的界限。不同物品对个人的价值取决于当时的社会生活。以神话的演变为例，为什么所有种族的人都以动植物神话开始，然后包括气象神话，然后越来越多的自然现象？我们会发现，它与人民的经济和社会状况是一致的。当人们以动植物为生时，他们的脑海中充满了那些东西。我们说我们的意识是从那个时候开始发展起来的，但并不认为世界发生了改变。但事实并非如此，世界不一样了。

[37] 将内容置于社会意识中的最简单的方法——这门课程的目的——是去证明整个世界都充满了社会赋予它的价值。充满了当时的意识时的价值，也就是饱和价值决定了社会水平，发生任何改变都与这个社会水平相关。它类似于心理学中的韦伯定律和经济学中的边际效用。

[38] 无论我们采取占有活动还是指示性价值，客体的某些方面表现为刺激或号召行动，而其他阶段则表现为被号召行动的限制因素。只要客体对象具有刺激方面，我们就可以称其为行动的有机体；具有另一方面，我们就可以称其为工具。

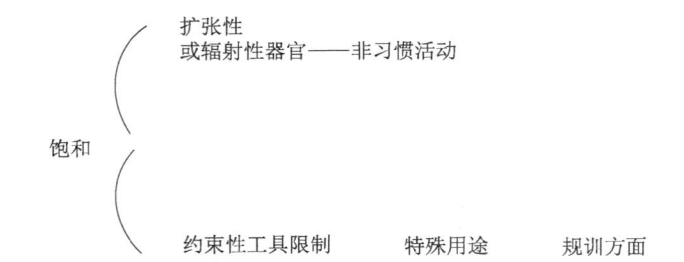

```
         ┌─ 扩张性
         │  或辐射性器官——非习惯活动
    饱和 ┤
         │
         └─ 约束性工具限制    特殊用途    规训方面
```

[39] 两者(扩张和收缩)再次结合起来构成社会静态。一个客体是有机体,只要我们当时可以自由地通过它运作。工具,意味着是我们可以用它来实现某些目的。通过上面的描述构建精神环境中的社会秩序,这意味着它是赋予特殊类型以连贯性或结构形式的东西,只要它们具有这些价值。

[40] 习惯器官代表权利一方,另一方代表义务。但这些除了与对象的价值有关外,没有任何意义。以财产权对对象价值的假设为例①:对象一方面承担单纯的刺激价值,另一方面承担控制价值。明确产权的必要性在于这些关系可以具有确定的形式。如果我们采取指示性方面,并假设对象具有相同的两种价值,(1)在刺激方面,客体所建立的是初始变化,而非新习惯,该客体只是唤起了一些新的活动。从心理上讲,这是冲动而不是习惯。(2)在限制方面,我们有创造或适应,以反思作为心理阶段。该客体提出了新的问题。

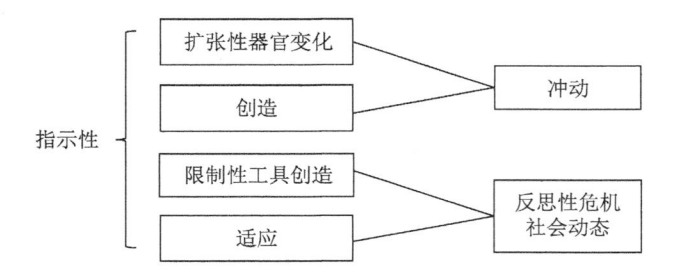

```
              ┌─ 扩张性器官变化 ─┐
              │                  ├─ 冲动
              │    创造         ─┘
      指示性  ┤
              │   限制性工具创造 ─┐
              │                  ├─ 反思性危机
              │    适应         ─┘  社会动态
```

[41] 这个[图表]将给我们呈现综合起来的社会动态[的两个因素]。希腊生活中的冲突反映在苏格拉底和柏拉图身上。后者的思想非常保守,

---

① 财产权在第138—161段得到讨论。

保持事物原状,但使用的方法是反思和批判,这是一个直接的矛盾,所以在(那里)造成了崩溃。

[42] 关于正在适应(adapting)个体和已经适应(adapted)个体这两个阶段,"刺激"和"控制"的概念在不同的意义上使用。我们这些回头看上述过程的人是已经适应了的,将这些过程视为对象;但是我们这些正在适应中的人不是这样做的。我们只有置身于活动之外后,才会意识到什么是刺激,什么是控制。在活动中,个人并没有意识到控制是什么;如果他意识到了,那就会表现出质疑,那就不是控制了。

[43] 只要一个领域是绝对教条的,从它自己的角度来看就不是教条的。教条只适用于旁观者或批评者。只要结构阶段占主导地位,那么主观和客观之间就没有差别,但是一旦个人开始质疑,就会出现差别了。这个过程的心理是寻找刺激他活动的事实和他支配活动的原则。

第五章 个人是社会发展的工具:个人与社会之间不存在根本性的对立

[44] 这对政治活动的影响是:正是在主客观之间造成意识差别的事物,也产生了个人与社会有意识差别的过程。使自己脱离社会的个人正在使自己变得主观。

[45] 整个发展有三个阶段。(1)仅仅意识到(活动的价值)。这个阶段活动增大,活动中产生阻力。(2)个体必须标明自己的界限。苏格拉底阶段:认识你自己——认识(a)行动的刺激,(b)限制行动的规范。这一阶段起源于有必要分析上一阶段分成认识的[这]两部分。(3)所完成的活动是统一的,就像第一阶段一样,不过它现在是有意识的统一体,它本身就具有与前一阶段对比的价值。举例来说:所有俄罗斯农民都未曾意识到自己生活在专制统治之下,他们从来没有质疑过自己与国家的关系,让这些农民思考他们怎么办,他们就会开始批评自己的处境。统一再次达成时,即形成一个民主社团,它将再次成为国家的表达。普通人只是将历史作为他当前状态

的背景，从而从中获得更多价值。当个人发现有必要考虑自己的活动时，意识中就会产生个人和他所进行活动的相对对立，也就是控制的刺激和控制的规范。当这种表面上的对立被认为是绝对对立，而历史性价值被认为是固有价值时，就会出现谬误。

[46] 洛克、休谟和霍布斯是个人主义的，因为他们开始意识到自己是个体，是不同的发起者。他们对刚刚瓦解的封建制度进行了解释。不是阶级，而是个人作为独立的行动者。这并不仅仅意味着解体，个体已经成为一个整体。个人与社会之间的这种对立只是历史视角的说明。当个人或社会正在迅速经历变化时，消极的一面首先出现在意识中，和谐紧随其后。

[47] 到目前为止，我们所看到的是，个人可以被视为是一个聚焦的情境，以及已经适应的个人标志着节奏过程的一个范围。另一种情况是，情境反射性地反应到意识中，作为其进一步的发展的工具。当客体不再是自我满足的东西，而是未来活动的线索时，意识便对旧的联系采取消极的态度。将个人与社会绝对对立的谬见忽略了这样一个事实，即个人对过去的习惯持否定态度，只是社会进步的工具。这使得个人与社会之间有了最为密切的关系。也就是说，社会进步总是不稳定的，除非它从内容中抽象出来，成为个人意识中的一种方法。

[48] 如果我们问为什么文明史始于希腊人，在这里就能得到答案。希腊人使人们意识到社会观念的进步。东方的生活不是意识，而是进步的结果。相应地，我们的伦理分为两个方面，其中之一是社会伦理。一方面，社会理论将讨论在任何社会组织中获得的价值，它将个人简单地视为这些社会习惯的载体，个人沉浸在社会生活中。另一方面，心理伦理会强调这个社会习惯所关注的个人，心理伦理将会讨论社会生活的方法是什么，因为这种方法通过个人发挥作用。

[49] 我们将根据我们的兴趣所在决定以何种方式制造差别。在饱和方面，社会伦理是习惯的理论，是习惯的运用。在教育方面，心理伦理学处理反思和冲动的问题。个人与社会的关系不可能是这两者之间的关系：个人和社会。每个人都反对社会之后，上哪里去反对社会呢？我们有的是，不

同阶段之间的对立，作为一个阶级的成员的个人发现自己同某些其他阶级的个人的对立。一个人永远不会反对另一个人，只要他们是作为整体社会的成员。但就社会分裂为阶级而言，个人的阶级反对另一个阶级。这种阶级内在性个体对立的作用是消除阶级之间的对立。这进一步说明了，个人只要对过去的生活持消极态度，他就是进一步发展的工具。反对是一种刺激，要充分定义刺激，就必须从整体上进行。意识的价值是它赋予个人将障碍转化为刺激的力量已经被人阐述过了——新的地方在于社会的对立面成为意识的事实载体。

第六章　在更广泛联合的发展中，竞争取代冲突

[50] 神经系统的意义在于它使各个部分在同一个目的的基础上进行协调，而没有神经系统的有机体只能依靠更强的物理力量来协调自己。动物拥有神经系统，这意味着主要刺激被简化为主张，而神经系统是决定哪个主张更优越的裁判。神经系统是将过去的事物翻译成未来事物的体系。在外围的神经系统中，我们持续发育的感觉器官，在中间是一种整合，第三方面是连接纤维的生长。缺乏神经系统意味着履行（职责）占据优势地位取决于刺激的数量。因此，对立面从来没有这样的社会价值，但正是通过它给予意识的刺激，它才有价值。

[51] 例如，战争的价值是什么？有时它被神化为进步的工具，与此相反，有些人认为战争只是发展的阻碍。到目前为止，战争仍然纯粹是物理上的，这是一个障碍；但是就摩擦引起的反思（被转化为思想）而言，它可能成为社会进步的工具，也就是说，战争预期会导致预防战争。这纯粹是思维方面的，而非公开行为。即使这是反对的功能，它真的这样做吗？答案与社会的神经系统有多远相关。第一个问题是：社会是有机的吗？第二个问题是：社会被组织起来了吗？最后一个问题是：它在多大程度上获得了一些工具来预测可能的摩擦，以至于它可以在一个目的的基础上协调它们？

[52] 在个体对环境的适应阶段，我们看到了个体参与社会，也反作用

于社会。现在每一次这样的适应都是以隔离为代价的。它标志着特定社会群体的客观孤立和隔离;也就是说,社会群体无法适应整个环境,而是选择一个局部的环境,使自己适应那个环境,而忽略其余部分。它为自己形成了或多或少能够适应被隔离的特殊环境的习惯。例如,海边的一个社会群体成长为航海民族。社会适应的早期形式,由于必须在比较局部的环境基础上进行,从整体的角度来看,将代表片面的价值。在这种适应的基础上,其中一个群体使发展权力超越其当地限制。航海的人会造船出海捕鱼,也就是说,他们完全利用自己的环境而养成的习惯使他们超越了那种环境。主观方面的习惯和主观方面的工具都发展为使社会群体掌握他们的环境,实际上,必须引导他们超越环境。

[53] 个人反映了他所处时代的社会状况——原始时代没有个人权利,群体内在性不会出现社会冲突,因为个体或多或少是寄生在群体上的。通过使用习惯养成来扩展环境,摩擦很容易导致冲突,根据不同的社会环境,我们将不同的社会群体隔离开来,接下来是完全掌握环境,之后是不同的社会群体之间在试图扩大环境的基础上发生冲突。潜藏在冲突背后的运动具有积极的价值。它是环境扩大的征兆,也是不同群体之间接触的征兆。

[54] 只要群体在物理上是完全分离的,就不可能存在物理上的解体。通过之前被隔离的群体的这种接触,社会行动竞争方面显现出来了。如果冲突纯粹是物理上的,它就不可能有刺激的价值。当群体试图为自己定义他们希望做出反应的目的时,冲突就变成了竞争。换句话说,习惯的无意识生活被反思的生活所取代。群体不再无意识地继续生活,而是意识到目的,并根据目的分析当前情境。

[55] 这个竞争阶段代表了社会群体相对有意识地适应最适合的工作。在有机体方面,它代表了对有利变化的保护,从环境开始,它代表了对其力量更好的利用,即作为抵抗力的竞争对主动性和反思的刺激。社会生活的这个竞争阶段的要点是看它的功能,看它的用途。将其视为邪恶是由于对这些的误解,竞争永远是为了逃避竞争而存在的,而生存斗争的意义在于超越这种持续的竞争。

［56］鉴于这个过程是一个进步过程，它就是一个持续超越先前竞争水平的过程。竞争成了情境非常显眼的特征，这不是意味着进步，而是对进步的阻碍，它代表拥塞。一方面是不断增长的个体性化，另一方面是对环境的更充分的利用，这就是我们所拥有的。竞争总是在有利变化发生之前的关键时刻有激烈的一面。那些认为竞争本质上邪恶与合作是绝对的理想状况的人，请回答这个问题：什么是新变化的时刻呢？在一个消除了竞争的政权中，推动进步的动力是什么？

［57］有人说，冲突源于隔离或孤立。之所以出现这种隔离，是因为当地环境是精选的，并且适应持续与环境相关。因此，目的是有限的。与这些有限目的相一致的习惯或多或少是固定的。这样一个有限群体的社会意识，作为一个整体，虽然是连贯的，但也是有限和僵化的。连贯性和一致性是以数量小和性质僵化为代价的。冲突的产生是因为社会形势变得更加统一（两个群体合二为一），习惯越来越多样。僵化是因为我们认同固定的部分。如果我们看整体情境，看上去解体的东西实现了更大的统一。解体总是形成更全面统一体的消极方面。我们如此习惯于站在部分上，以至于我们看不到它是整体的一部分。冲突只是冲突，当我们忽视正在发展的过程并认同正在发展过程中的有机体中的部分时，冲突就仅仅是冲突。

［58］社会群体之间的这种冲突总是反作用于群体。每个旧团体的内在性都在发生分裂，同时这些团体也在打破彼此之间的障碍。发生于不同群体之间竞争的大规模工业个体化创造了一个世界市场；打破了只为这么多人生产（一个隔离的群体）的旧习惯，行业在反思、发明和建立市场的基础上进行。这让个人松了口气，正像个人总是出现在习惯的转折点上一样。我们所拥有的一方面是一个更大的群体的形成，另一方面是社会关系的萎缩，这动摇了旧个体的生态地位并产生变异。任何被隔离群体都是非进步群体，因为这种群体只适应当地环境。因为更广泛的情境，旧的个体必须摆脱旧的环境，并在新的环境中为自我腾出位置。

［59］之前，刺激就是存在的，但它是一种无意识的刺激。现在我们必须从（意识）中获得刺激，并在此基础上指导活动。必要的活动一方面是面

向人类整体，另一方面是面向个人。除非你拥有尽可能广泛的关联，否则你无法使个人完全与众不同；也就是说，除非他作为最大可能的协会的成员，否则不能激发他的所有力量。如果目的狭隘，它将限制被用于活动的力量的数量。这是显然的，存在发展的关键时期，隔离的群体还未被废除，新的群体还没有建立。在这样的关键时刻，我们看不到统一，出现的是混乱和冲突。旧的确定性和连贯性消失了，视野还没有清晰到足以看到已经形成的新统一。个人之间的冲突只是缺乏确定性的关联，是更大群体的建构。他们发生冲突是因为他们没有看到在这个更大的联合生命体中的彼此关系。

第七章　社会是有机体吗？

[60] 如果我们从将任何东西称为有机体的角度来定义"有机体"，社会一定是有机的。为了理解事实，我们必须使用这个范畴，在探究关于有机体的两个主要事实时将会知晓其原因：一个是统一或整体的思想，它赋予其所有部分的活动以意义；另一个是通过持续的重建，这些部分是维持整体活动的经济中心。

[61] 在我们定义什么是有机体之前，讨论社会是否为有机体是没有意义的，也就是说，我们凭什么把某个东西称为有机体。上述两个事实强调了有机体概念所涉及的内容。上述定义的后半部分有两个方面，有机体的概念中包含了一定程度的多样性，包括以下方面：(1)专业化；(2)相互依赖。

[62] 在任何有机生命体中，总是进行着三个阶段的活动：(1)吸收的活动，或营养活动。(2)精细的活动，或消化活动。(3)剔除无用之物、同化有用之物的提纯过程。专业化和相互依赖是相互关联、不能分开的，也就是说，排除废物所需的能量必须通过营养和精细的过程来提供。定义中的第一个元素区分了有机体和机器，机器展示了相互依赖的部分的专业化，但是整体中其组成元素没有起作用。即使在植物中，整体因素也比在人类中少得多。这就是为什么社会是比个人更高级的有机体。社会具有更明确的价值，它与一切有关，因为统一是一种行动，而不是一种存在形式。后者存在

于无机体和有机体中。有机体的统一是功能统一。而且,任何特定事物只有在被视为有机体时,才会被视为一个整体。

[63] 对社会有机体理论的各种反对意见都可以归结为两个一般性的问题。首先,斯宾塞的观点(《社会学原理》)指出,在生物有机体中,各部分都相互屈从,只有神经系统才有最终价值,即有感觉。然而整个社会是没有意识的,各个单位是有感觉的。也就是说,社会没有社会意识。(Vol. I, Part II, pp. 448-80.)其次,反对的学派认为有机体的概念只是生物的,最重要的是物理的,而社会是伦理的和精神的。也就是说,有机体概念像所有自然概念一样追溯到力的概念。社会的统一,包括意志和人格,超越了力的概念。(参见密歇根大学的泰勒[F. M. Taylor]和哈里斯[M. T. Harris]的著作,他们都认为社会是精神的。)

[64] 存在两个难题:(1)社会是完全有机的吗?也就是说,它有没有感觉?(2)有机体的生物结构和意志或者精神是什么关系?也就是说,力和意志之间的对立是什么?意志是有机体附带的东西,还是有机体原理的最完整表达?社会有意识吗?斯宾塞将意识归因于神经系统,因为它是身体任何部位拥有感觉的基础。但真正的问题是:神经系统是如何与物种(部分)联系起来的?但是这样说意识存在于神经系统,就如同说爆炸引起了火柴一样愚蠢,因为只有用上火柴,火药才会爆炸。神经系统与其他组织没有区别,只是区分的方式不同。

第八章 个体器官与整体有机体的关系

[65] 意识总是指向一个特定的器官,如眼睛看、手指摸等等。这是因为意识不在于任何地方。意识越接近底部(lower),它就越与整个有机体而不是特定器官相关。事实上,不是眼睛在看,而是有机体通过眼睛在看;也就是说,器官是特定的或分化的有机体。这些价值与某些特定的器官有关,表明了什么呢?它意味着专业化和相互依赖之间的平衡,或者说它意味着自然的刺激和抑制力量之间的平衡。在完全未分化的有机体中,不可能有

意识。只有一方面是器官的专门化,另一方面是专门化的器官刺激其他器官并被其他器官控制的刺激所控制,意识才会具有更多的内容。

[66] 我们提出意识总是指向一个具体器官。以此种方式提及的意识的内容表达出有机体是一个整体,意识的"内容"(what)总是有机体作为一个整体的表达,意识的"形式"(that)是个人的,我们必须维持个体器官和整体有机体之间的平衡。

[67] 以颜色意识的感性发展为例。一开始,颜色意识在任何意义上都没有得到定义,一个孩子不会意识到颜色与自己的眼睛有关,毋宁说颜色是整个有机体的一种刺激。只要颜色意识是这样弥散的,它就缺乏丰富的内容或意义。在下一个阶段,孩子会将红色作为他习惯玩的球的形容词。新的体验被标记出来,在这样定义的过程中,它具有更多而不是更少的其他经验的价值。

[68] 在下一个发展层面,对科学家而言,红色代表某种金属,太阳光正如光谱分析发现的那样:当前范围非常小。如此定义后,颜色意识就充满了人类所拥有的所有其他科学知识。这说明了以下原则:确定性的增长意味着专业化的增长,并且与上述相关的内容丰富性的增长表明了整体有机体在单个体器官中表达自己的程度。单纯的视觉作为后续活动的刺激与科学审美的视觉的差别在于,最终,视觉刺激了其他器官,这些器官又返回到视觉上,刺激它去控制和修改,因此,人类意识中的任何视觉都需要这样的协调。

[69] 当我们有视觉时,刺激了其他活动,这些活动对我们的视觉产生反应,但却不能控制它,我们就会产生幻觉。正常意识代表了两种极端类型之间的平衡:兽类,它们的意识只是串行的,还没有互动;以及幻觉,有互动,但没有控制。这也解释了不道德的行为,所有的错误都是相同的类型,即无法在直接活动或间接活动之间实现平衡。不同的器官刺激在没有控制作用的情况下再次刺激直接相关的器官。精神性耳聋和失明就是这一原则的很好实例。人类可能会看到颜色和形状,但它们对他来说什么都不是,因为与其他中枢的连接萎缩了,强化作用也消失了。

［70］现在我们将个人和社会的关系看作是与生物有机体中的器官和有机体关系紧密相关的：一般的理论认为个体有被赋予的意识，但事实并非如此，他的意识取决于他如何刺激他人以及他人如何反作用于他。个体活动本身并不能意识到自身。意识是通过社会互动或社会关系对活动的解释。个体不是仅仅因为他的行动而有意识，而是因为他认识到活动在整体中的位置，如果我们考虑媒介内容总是社会性的，意识总是通过它的媒介作用来解释冲动。

［71］意识的增长取决于 A 对 B、C 的作用方式，以及它们反过来对 A 的反应方式。学习走路也是同样的过程。在动物类型的意识中，只存在串列型，而 A 永远不会吸收来自 B 和 C 的反馈刺激成为自己的一部分。社会组织的总问题是一个组织刺激和反作用的问题。

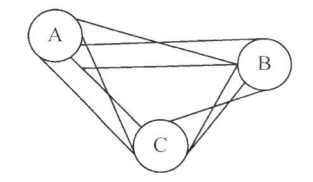

在个人方面，A 就是对个人的刺激的问题。在社会方面，这个问题是刺激的渠道多大程度上被组织起来，以便它们对特殊刺激做出反应，以控制它和重新刺激它，也就是说，给个体活动在整体中一个明确的位置。社会的所有机制不是那么不同的事情，而是解决一个问题的各种模式；也就是说，社会的一切过程和活动从根本上说，都要以它们在构成社会感觉中所起的作用来看待。社会感觉器官是对社会群体中各种个体的刺激和反应的组织。

［72］回到活动的饱和方面以及指示方面：当过程很容易平衡时，也就是说，当往外去的活动没有变得明确以至于不必努力修正它时，我们就有了饱和点。当它具有明确的形式以至于它的修改意味着重建，并且个体被排除公开的行为之外时，我们就有了指示性。社会过程对个体化和联合同样重要。联合的状态代表静态方面，不是固定意义上的静态，而是事物的状态。带来新价值的反思和实验为我们提供了动态方面。社会生活的全部问

题是社会意识在刺激和拘束的基础上的组织问题。

第九章 三门社会学科：经济学、政治学、伦理学

[73] 伦理问题是各种活动被转化为有意识价值的程度和方式的问题，重点不在于这种控制运作的特定机制，也不在于这种机制的中心结构，而在于这些活动在多大程度上以何种方式进入意识，以及它们以何种方式作为有意识的价值存在。

[74] 我们可以说伦理处理涉及这些相互作用的活动的目的或理想，前提是我们不是指客观性目的的观念①，而是反映在意识中的理想。道德价值只有在意识中才存在，因此将任何价值视为价值就是提出伦理问题。

[75] (1)经济方面是个人相互刺激和控制彼此的机制的问题。当我们问及个人如何刺激和控制时，我们就面对一个经济学问题。(2)如果我们问及关于这个有机体的结构，我们的相互关系和反作用在这种结构中运转，以及我们的意识价值在这种结构中进行调节，我们就面对政治学问题。(3)伦理学问题是目的问题。经济学问题是手段问题，政治是两者的调节问题，或者说是技巧问题。伦理学给出了自由的概念，即社会活动的价值总量。

[76] 在经济学方面，这种价值是需求。在政治学方面是个人和机构的假定权利，这种价值是善、权力和要求。在重新调节方面，伦理学赋予我们责任，经济学赋予我们供给，政治学赋予我们义务。社会意识的组织是保持自由与责任、需求与供给、权利与义务之间的平衡。责任只能在自由的行使中，也就是说，离开过去的习惯，你不能继续，所以只能行使需求。美德，即他已经拥有的供应。有效需求指示供应功能。一个人可以行使权利来捍卫他在有机体中的地位。这是该位置所涉及的关系，也是一个人必须履行的义务。每一项权利都意味着一项义务，因此意味着一个人要做的事情。当我们看到它涉及个人自己的意识时，我们称之为权利。当我们接受义务的

---

① 杜威在这里可能是在批评作为外部性或者处于情景之外的客观性的特征。

内容并询问其中涉及的内容时,这是一种义务。

[77] 再次回到伦理方面,随之而来的是任何抽象理想或标准的不可能性。试图发现一条真正的规律是徒劳的。伦理问题是:随着我们的发展,我们认可的价值是什么? 它是一种功能价值,当我们将其抽象并认为其是建立在自身基础上的时候,我们就是伦理谬误的受害者。在伦理过程之外没有伦理。

[78] 我们有伦理学的两个方面:第一个是历史性的伦理学,这种伦理学是对各种价值类型的描述和逐步实现;第二个是心理伦理学,或者说价值重构过程形式的陈述。对过程之外的抽象价值的探索使我们陷入一种既不是心理伦理也不是历史伦理的东西,而是超越过程的形而上学伦理学。意志中的目的和力量的问题只是相对的或功能的差别。力的量度或力的观念只有在参照某种目的时才可理解。经济学在力量方面进行选择,伦理学在目的方面进行选择。

[79] 政治是结构的解剖学。所有经济学都承认结构方面,但是我们不能忽视政治因素,管理经济的人就是政治机构。根据这种观点,同样的事实可能是伦理的、经济的或政治的。

第十章 社会组织的结构

[80](1) 制度是一种社会习惯。主权是这些习惯中的习惯,不是其他什么习惯而是生活习惯,一切特殊习惯都是从这种生活习惯中区分出来的。习惯是一种执行本身,它既不是单纯的机制,也不是单纯的观念,而是机制化的观念或目的。或者说它是对功能有帮助的有机机制。由此得出:用主权来反对特定的制度是不可能的。主权是各种制度组织起来的有效统一体。换句话说,主权不过是社会有机体的另一种名称,它通过器官来实现自身。

[81](2) 不能用力定义主权①。这是一个强权的思想。

---

① 这里的力量指的是"最高力量"或者"强制力量",见第 85 段。

[82](3) 制度或习惯有两个侧面，一个侧面是主权或社会习惯的专门分化，它表明我们能从社会意志的横截面中获得什么。这是制度的积极或法律方面。这是各机构表达主权的程度。另一个侧面是，我们发现单个特定机构只是一个差异化而不是孤立的习惯，因此必须为适应其他习惯而调节自身。如果我们采取明确的一方，那么就有了积极方面。如果我们采取灵活的一方，那么就有了道德方面。

[83] 为了方便起见，我们可以区分有机体中的器官的概念和成员的概念。当眼睛表达出有机体时，眼睛就是一个器官。当我们认为眼睛受制于整体时，它就是有机体中的一个成员。现在把机构当作是积极的一面，把机构当作成员，它代表灵活的一面。

[84](4) 每个制度都是习惯，因此作为整体的主权是在法律中被定义的，也就是说法律是习惯的功能定向。法律一方面在权利中被定义，也就是说与习惯的施行有关的刺激；另一方面在义务中被定义，即习惯运作中的抑制和控制。我们将在罗马正义的意义上使用法律，也就是说，不是作为"纯粹义务"，而是作为权利和义务。

[85] 将主权定义为最高武力行使中产生的权力而非有组织权力的武力，这是非常普遍的，这一定义意味着武力由目的所决定。因此，主权是针对其他权力设立的。参见索尔特（Salter）的《无政府状态还是政府》（*Anarchy or Government*）："国家主权是强制力量。自愿权力具有说服力。"这清楚地表明了对立面。索尔特认为，在理想状态下，主权将被废除，然后人们会尽其所能。现在我们能够区分自愿的意志行为和武力吗？我们能从意愿的决定中消除强制执行的内容吗？如果可以，我们的意志将会是什么样的呢？

[86] 将主权解释为力量本身的谬误由此产生。所有的意志都具有力量性，意志意味着为实现自己的理想而奋斗。随着社会的发展，人们发现规范这种力量是可行的，也就是说，正如定义了目的一样，必须定义这种力量。作为每个自愿联合的内在组成部分的规范力量的过程，被抽象化了。一个器官为了经济考量而被区分出来做控制工作，例如，就像比赛中的裁判一样。

［87］当我们认为所有力量先天属于这一器官的时候，就出现了谬论。索尔特这本书的目的是证明现在需要强大的政府，以便人们实现某一天不再需要政府。当你做出任何这样专断的区分时，要么有一个没有器官的有机体，要么器官不是任何有机体的器官。这又是历史性谬误，也就是说，把过程的结果看作是固定的，然后用结果来解释过程①（参见《政治学季刊》第93/94卷关于奥斯丁主权理论的文章；关于主权的历史论述，参见格林［Green］的《政治权利》、马润［Maine］的《早期历史制度》第12章）。

［88］从霍布斯一直到目前为止，两种普遍对立的思想贯穿于主权观念。一是无限制力量和有限制力量之间的差别。二是主权归谁所有。在霍布斯、斯宾诺莎、卢梭、刘易斯的著作中，你会发现构成主权的力量是没有限制的。在洛克、奥斯丁的著作中，你会发现力量是有限制的。至于主权的归属问题，霍布斯、洛克和奥斯丁认为，主权属于社会中数量有限的部分；卢梭认为，主权在社会中是一种整体。②

第十一章　政治主权：法律、道德、公众、国家③

［89］对法律主权进行划分的尝试都失败了，因为这种划分仅仅是一种分析工具。法律主权可以被说成是至高无上的力量的意义在于，作为最高的有组织力量，它是没有限制的。非常多作家反对没有限制的主权力量，因为当它不再做正确的事情时，就应该有革命的权利。

［90］如果我们站在限制主权问题这一边，考虑一下认为主权是公意的卢梭以及认为主权存在于有限数量的人身上的奥斯丁：在卢梭看来，政府只是主权的仆人。那么问题来了，主权如何运作？卢梭认为，每个人都有社会的和特殊的一面。在第一种身份上，他帮助构成公意；在第二种身份上，他

---

① 更多的历史性谬误，见第109段。
② 接下来的部分内容遗失。
③ 标题要么是杜威自己要么是转录人员定下的，更合适的标题可能是"从主权理论到社会过程中的私人协会"。

是公意的仆人。

［91］所有法律都必须代表社会中每个人的同意，这里的实际困难非常明显。卢梭克服这个困难的方法是，当人们投票时，他们投票的是法律是否与公意一致，而不是它是否必须是法律。如果多数人投赞成票，那么就说明其他人被误导了。这种解决办法当然只是一种逃避手段。

［92］现在考虑洛克。他认为，政府建基于一定数量的公民之上，但是要服务于公共利益，并且当它停止执行这种功能时……①实际上洛克的这种做法将真正的主权置于人民手中。

［93］我们面临三个困难：区分主权和最高力量；区分主权和公意；区分主权和社会的有限部分。霍布斯认为主权是最高力量，并属于少数人。洛克认为主权属于少数人，但必须符合整体的利益。卢梭认为主权是为所有人而存在的。参见1894年5月的《政治科学季刊》。

［94］奥斯丁的判断是，主权限于一定数量的人拥有，因为无限数量的人不能制定法律。这对卢梭来说是一个极端反题，因为卢梭甚至连代议制政府都反对。奥斯丁的理由也不够充分，立刻面临的问题是确定的部分如何从其他部分获得权力，或者说，为什么另外一个确定的部分选择服从。在这样分裂的社会的过程中，上述问题没有答案。这只是一个偶然的问题，他的弱点是这样，并且没有提供任何基础来区分为什么一个是这样，另一个是那样。这样的理论破坏了社会组织的整体观念。奥斯丁隐含地认识到这一点，并认为服从的原因在于效用。除非我们更现实一些，将一部分社会作为统治者，将另一部分社会作为被统治者，否则我们会陷入无政府状态，将有不断的权力斗争。这种说法事实上给出的不是一个社会的概念而是两个社会。

［95］奥斯丁进一步还认为宪法根本不是法律，而是咨询性训令（advisory precepts）。宪法是决定政府的法律，但是，如果政府是主权者，就不得不承认在这个主权者之上有另一个主权者，或者主权者选择遵守宪法但没有法律义务。

---

① 此句结尾没有被转录。

［96］当我们研究宪法的发展时，同样的困难也存在。奥斯丁认为，每一次改变都必须是革命性的。主权的建立必须由政府本身以外的东西来建立，任何变化都具有相同的性质。如果我们考虑法律的其他方面（地方自治的法律），如果它存在于社会的特定部分，那么在这个意义上的法律与主权的关系是什么？根据奥斯丁的说法，这整个方面来自这个特定部分或主权的明确命令。更合理的说法是，政府要让这些普通权利得到执行，而不是由政府制造它们。根据奥斯丁的说法，儿童的每一项权利都归于主权。这是奥斯丁理论的归谬法。

［97］历史告诉我们，法律只是习惯的结晶；让我们回到法律起初的逻辑事实。那种认为主权是由社会部分所决定的理论给社会本身造成了一种无法挽回的二元对立，从而损害了法律的价值和对法律的遵守。与此相反，卢梭的纯粹公意理论是行不通的，因为它没有施行器官。

［98］现在这两种思想是否竭尽了代替方案？普遍与特殊、有机体与其各器官之间的古老问题又出现了。这种两难境地是自我招致的，它不是由事物的性质引起的，而是由将部分与整体对立起来造成的。

［99］从实际角度来讲，主权不能与道德理想、民众意志或者政府等同起来。正如卢梭所说，公意是唯一可能的主权，但它绝不是一般的东西或理想，而是有效运作的目的。这个陈述是规范的，但也可以详细说明，卢梭的公意理论则不是这样的。政府不仅不是主权者，甚至也不是法律上的主权者。政府只是其他机构中的一个机构。

［100］主权存在于互动之中。它在各种制度或习惯中显示出来，各种机构之间自然会产生冲突，大部分冲突都会在习惯的基础上得到解决。在这种时候，政府是最低限度的。就像罗马帝国的情境：普遍依赖习俗。

［101］万一太多的习惯相互不适应，必定产生冲突怎么办？那么我们必须有一个规范的适应原则，也就是说，社会行动的目的在实际上比在心理上更广泛。例如，我们美国近百年来发生了巨大的变化，在这里，我们在全国范围内有一个物质上的统一，但是心理上的目的没有物质上那么全面。在不能依赖习俗的地方，某些特定的机构必须搭起从习俗到有意识承认的桥

梁。那么我们就扩展了政府的功能。政府只是像家庭或者商业公司那样,是主权的一个器官;但它是作为有机体的器官,它的工作是使一个器官在运行中适应另一个器官。因此,其功能的相对重要性取决于要适应的事情。

〔102〕社会主义的谬误在于将社会习惯之间的这种规范意义上的相互适应与它们的有机适应等同了起来。在这种情境下,社会主义把重点放在政府上。无政府主义的谬误源于忽视了这样一个规范机构为意识带来新目的并对其进行明晰化的必要性。在混乱的时候,政府实际上做的是促进和加速人们意识到将团结起来的团结。所以社会主义说它是统一的,其余的都是混乱的;无政府主义认为团结不能融入社会,但必须存在。

〔103〕从社会心理学的角度来看,主权意味着个体的价值并不依赖个体本身,而是依附于个体在社会有机体中的解释。价值是通过个人在社会领域中的位置对个人的解释,对制度来说也是如此。声称主权是绝对的,这意味着上述声明一定是真实的,个人的意义在社会整体中消失了。如果我们以洛克为例,主权就是要保持个人的地位完好无损,谬误在于再次假设存在……

〔104〕……统一体①在有节奏的发展过程中②。这种说法再次区别于不断重建或重新适应的必要性。现在,这必然涉及习惯和观念的分崩离析,只要已经形成的习惯不易改变并且抗拒意识,也就是说,只要它会将自己呈现为与重建目的相违背的力量。每当习惯发生冲突时,社会有机体将自己作为力量呈现给任何个人,在某种程度上,除了力量之外别无他物:某种程度上力量就是活动。但是,每当发生冲突时,这种活动或力量就会呈现为强制意义上的力量。因此力量从来都不是赤裸裸的物理事实,而是一种感觉的张力;习惯和观念之间的意识张力。什么会表现为力量取决于我们的立

---

① 打字稿的第 51 页显然缺失了。但也有可能,如括号中的"un"所示,抄写员在打印的副本编号上犯了错误,这句话与第 103 段的最后一句话是连续的。因此,想象主权有一个统一的"保持个人地位的完整"是错误的,它认为政府的形式需要是使社会习惯互相适应,而不是有机的或实际的适应过程(第 102 段)。
② 有节奏的发展,见第 27 段。(就是在发展中,个体会经历一个环境与自己相抵触的过程。——译者)

场：如果我们认同改革者和进步者，旧制度的坚持就会显现为力量；如果我们认同习惯方面，我们就是保守的，新的尝试将表现为力量①。

［105］当重建的过程继续进行时，一些个体被个体化，并获得了前所未有的行动积极性。表明这一个体是一个机构（institution），它成为实验新元素的中心。由于这样的个体是易变的，它必然会于固定的一面发生冲突。不仅需要积极行动，而且要有指明方向的反思。实验具有多大的价值取决于个人在多大程度上将那些阻碍他的东西转化为他自己的活动工具。

［106］首创性起初是盲目的。反思可以使目的明晰，然后成为进一步行动的基础。只要个人可以利用对立来刺激他的利用，社会力量就会表现为服从他个人的利益，历史也是如此。当霍布斯把主权规定为力量时，洛克紧接着就说它是服务于个人的手段。在历史上，这两者通常相互平衡，它们在根基上有相同的假设，那就是个人和社会的外在性效应，一个固定在一个方面，另一个固定在另一个方面，这就是差别所在。卢梭还有一种看法，在他的描述中，我们逐渐意识到，在多样化的阶级中，我们拥有一个共同的目标。公意是与目的相一致的，所有其他一切东西都是多余的。在这里，卢梭展示了双重立场：一方面是所有现有手段的攻击者，另一方面是手足情谊的倡导者。所以社会主义和无政府主义都在卢梭的影响下兴起。

第十二章　道德和法律是伦理重建的两个方面

［107］我们发现，在社会重建的布局中，当再调节（readjustments）达到顶峰时，它就会分化为习惯和观念。② 这为事实（de facto）的和法理（de jure）的区分提供了基础。冲突中产生的观念构成了法律方面；为达成观念提供手段的是事实方面，整个过程可以说是合乎伦理的。而法律和道德是伦理重建的两个侧面。道德意味着意识的一面，而伦理则意味着整个制度的调节。我们没有意识到这个过程；我们只是有意识地把握结果。当冲突

---

① 杜威在第117段从社会立场的角度讨论了力量和观念。
② 见第105段。

出现时,该方法就会变得有意识。这种对活动的反思,运用技巧,就是法律方面,它是现存活动的一种模式。法律是采取进一步行动的条件,是个人在实现目的时可以依赖的东西,法律使得个人能够自我定位。(行为)合法的积极价值在于将在社会中产生的技巧提供给个人使用。

[108] 在对法律的这种解释中,改变这种存在的功能固定性就是对法律的非法使用。也就是说,法律规定了目的,而不是提供确定的工具以帮助个人找到自己的目的。在正当的意义上,道德是符合条件的目的的实现,也就是说,它将在行动条件中自由发挥作用。在这个意义上,手段和目的之间存在相互作用。社会有明确的目的,然后对手头的东西进行调查以实现这个目的。

[109] 再次讨论法律谬误:这种谬误就在于想象我们有一些标准确定法律而这些标准又与社会的目的无关,这又是历史性的谬误①,我们把过程的结果放到过程中。从心理学的角度来看,法律符合科学立场,也就是说,它决定了行动的条件。法律因此而固化时,道德肯定会脱节。道德并不是对行动的认知,而是称心合意的东西,例如抽象的、遥远的、纯粹客观的理想目标。

[110] 这里我们看到了一个极端激进的人而不是极端保守的人。现实中的道德通常仅仅是某情境中的解决方案,它从不存在于抽象中,道德就像法律一样总是相对的。理想的形成在于将足够的行动带入意识中来处理当下情况,观念不能只是观念,我们尽量摆脱这个特定的时间段,并掌握一般形式的社会过程,之后我们就会获得很多技巧。法律过程从来不是简单地重新确认已经是法律的东西的过程,法官对法律的应用绝不是简单机械的,而是有机的,它总是意味着有效假设的重新塑造。

[111] 因此,道德过程绝不仅仅是对理想本身的确定,而且是利用理想来操纵条件,法律或司法运动是演绎的或综合的,道德运动是归纳的或分析的。立法过程在某种意义上是道德过程。

---

① 见第87段。

[112] 从历史上看,关于法律和道德的看法主要有四种:

(1) 上文提及的理论认为,法律和道德两者之间产生作用的是社会行动。(持有这种观点的如柏拉图、亚里士多德。)

(2) 主张道德与法律完全是二元对立的理论。道德纯粹是主观的良心手段,而法律则是外在的存在。这是完全的二元论。

(3) 由希腊智者学派和霍布斯所代表的类型,即法律完全决定道德,任何国家的命令都是正确的,反之亦然。上述①树立了个人意识,本条是对此的反对意见。这就是霍布斯所做的,并为政府中的个体差异进行了限制。

(4) 康德和托马斯·希尔·格林(T. H. Green)的理论试图将两者分开但又将两者联系了起来。道德在本质上是个人性的,因为道德依赖于个人意图,但是我们也必须考虑到那个意图的实现;因此,法律而非道德必须对伦理理想的实现采取最低限度的阻碍。格林认为,道德与个人的意图和性情有关,法律和政治在某种意义上是在道德领域之外的东西,但由于法律和政治是实现道德善的工具,法律和政治就有道德规范的一面(见《政治义务讲义》第五部分第 39 页)。法律和政治不属于道德领域,法律只能规范外在的行为,它们只是法律义务的根据。格林在两者之间摇摆不定,第 36 和 37 页只将法律视为外在性的,而道德则掌握内在性。外在性和内在性是仅在功能上有意义的术语,而不是固定的。

[113] 第 11、12、13 条。在第 12 条结束时,格林清楚地意识到法律行为。他最后认为,法律与动机(intention)有关,但与意图(motive)无关。

[114] 我们已经看到动机就是意图。② 你无法在道德上区别一个人的意图和他的动机,这种区别本身就变成了对行为的一种从抽象观点到更完整观点的转变。在实践方面,格林说法律不在乎意图而在乎行为的执行。但唯一能保证行为会被执行的是意图。与意图不同,止步与动机的法律与真正的意图无关。

[115] 道德与合法一样,只与行为的实施有关。无论采取哪种方式,行

---

① 大概指的是前两种观念。
② 可能是提及精神伦理学讲座。

为和意图都不能分开。法律和道德之间的实际差别是实践上的,法官和陪审团在心理学知识允许的范围内,尽可能深入地探究罪犯的意图和内心活动。

［116］司法程序的历史表明,审判标准在不断变化,法律与公平的关系史就是一个很好的例证。法律是几个世纪前的心理学。为了使用新的心理学,当前的公平被认为是不合法的。但不久之后,新的公平的东西变成了法律,这不过是法律与道德之间距离的不断缩小。道德是对人的行为的完全洞察,而法律不是,它是前一时期的洞察力的表述。格林的附录1显示了道德和法律之间的这种摇摆。

［117］这又把我们带到了力量和观念的关系上。力量的道德意义是什么？在社会发展中又意味着什么？它是当个体遵循其惯常路线时对其注意力的要求。

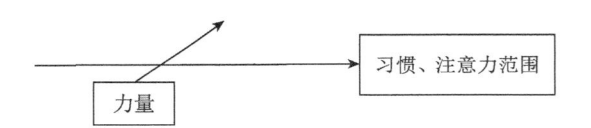

力量的社会标准是它能够提出引起注意的目的的程度。当社会仅仅作为个人的力量时,它是有缺陷的；也就是说,无法组织力量以最经济的方式提出对个人注意的要求。教育比惩罚好,因为它更经济。家庭涉及与国家完全相同的武力使用。格林称家庭是道德的,但是国家是法律的。换言之,仅仅作为力量的力量既不合法也不合乎道德,它仅代表能量的损失。

［118］社会的经济方面是力量的分配和安排。如果这些都是真的,社会的有效调节往往会传递到产业互动,即谋生。使人有条不紊地前进的力量,百分之九十是在工业纪律中发现的。它已经被组织成社会结构本身。政治制度可以被视为社会结构,被视为维持被认为有价值的目的的工具。法律可以被视为已经制定的制度。道德是目的的确定性因素,而法律是为目的而制定的。

［119］在饱和阶段,我们不会感觉到手段和目的之间存在区别或者没有公认的区别。跨越这个境界后,我们可以回过头来分析它的手段和目的。

在精细或指示性的阶段,观念和力量之间出现了差别。① 换句话说,意志,在其发展的某些阶段,只意味着力量的自由表达。

[120] 意志发展的其他阶段一方面表现为努力,另一方面表现为欲望。当它采用后一种形式时,就会出现力量方面和观念方面的区分。这也是格林内外之分的基础,因此,康德和格林错误地认为"外在"的力量是实现冲动和倾向的必要条件,而没有进入它的形成之中。

[121] 意识设定的目的或目标,总是代表某种已达到的价值。它不是内在性对抗外在性,而是实现的某种情境,也就是说,现在的内在性是以前情境的内在性和外在性的结合。这意味着一个阶级在特定时间的意图是习惯的表达。假设这样的意图遇到阻力会发生什么呢? 在面对阻力的情况下,个人尝试重新定义他的目的以便将这些阻力囊括其中。个人停下来思考,一个不加调节的意图将会类似于疯子或被催眠者的状况。无论我们是从意图还是内容的原初状态出发,它总是将条件纳入自身:这些是格林和康德排除的外在性条件。

[122] 观念不是与力量相对立的东西,而是力量的安排。观念是一个如何协调力量的计划,思想是对各种力量进行协调的规划。在饱和阶段,人的主导观念就是习惯的力量。精细的阶段是所有东西的协调,任何其他教条都会导致善意的谬误,在这个转化过程中,紧张局势根据利益而定。也就是说,某一阶级的利益可能主要在于对已经实现的某价值的坚持;因此,已经实现的目的(它是过去情境的结果)将与现有机制发生冲突。这意味着现在没有罪行在以前的某个时期不是美德。犯罪意味着回到以前的社会秩序,不与当前状况相妥协。当罪犯相反的是尽职尽责的保守派,也就是说,有意识地主张社会制定的价值观的人,这些价值观被认为是维持社会秩序所必需的。我们可以看看伯克对法国大革命的态度。这里不是反对社会结构,而是为了社会结构的利益。

[123] 运动的反射抽象产生了三种类型。与犯罪类型不同,我们有道

---

① 精细的阶段是指有机生命的第二个阶段,见第 62 段。

德改革者或道德英雄，他们主张观念运动，从而与现存结构的机制发生冲突；因此现存结构对待他们和对待罪犯是一样的，这是一个方向的努力。与此相反，我们有好人的错误行为，即好观念的死板，并在其中获得情感价值而不将其作为行动指南。与保守派相比，我们有相信或多或少改变的自由主义者。

第十三章　权利和义务的分类

［124］权利和义务体系是这样一个结构，在这个结构中，社会有机体成员相互刺激和控制彼此的行为，并且在这种结构中，想要把观念和机制分开是不可能的。一个人不能直接刺激另一个人，必须有某种交互媒介，事物和客体就是那些媒介，目的代表个人之间的交汇点或调节手段。那么，法律体系的问题，社会被组织起来的正向结构问题就包括了个人和事物或目的之间关系的考虑。个人与事物之间通常没有直接的联系，事物是不同个体之间关系的基础，它被认为是事物，因为它代表张力。

一、人的权利和事物的权利

［125］首先，我们应该将人与事物之间的区别作为对权利和义务进行分类的基础吗？（参见霍兰德［Holland］的《法律体系》[Jurisprudence]。）人的权利意味着法律地位，事物的权利是指活动的范围。法律地位是一个明确的目标系统，社会向个人确保对法律地位进行控制，看看儿童和成人的不同法律地位。事物的权利简单来说就是操作中的地位，也就是说，不是社会让他处理的事实，而是他对这些事物的处理。这里出现的谬误是两者的分离。进一步的问题是：为什么这种分类的基础不再适用？不是地位不再重要，而是因为地位已经从物质的东西变为有机的东西。在古代形式中，地位是由我们现在可以称之为物质的条件预先确定的：出生、血缘等。

二、对事物的权利和对人的权利

［126］现在，地位的属性已经改变。在流动的社会中，个人揣摩自己的

经验，找到了他可以控制的目标，从而通过自身决定自己的地位。差别在于，作为有效的法律基础，几乎没有什么东西是可以预先确定的，所以这个基础趋于消失。现在阶级的基础就是对事物的权利和对人的权利。第一种权利坚持一个事物反对其他所有主张，第二种权利坚持善而反对一些特殊的个人权利，家庭权利是对人的权利；第一种权利是一般的，第二种权利是具体的；第一种权利只能用消极的方式来表述，第二种权利只能用积极的方式来表述。就这些阶级的哲学意义而言，物权代表了已形成的习惯，也就是说，我们可以在多数时候依赖它们而无须担心偏袒。对人的权利是与未来有关的权利，而不是过去所确定的权利，它涉及某种目的的发展，也就是说，它正在将物权置于首位。由于两者之间的相关性，存在不断的相互作用。社会组织的真正问题是在两者中保持这些①（两者之间的相关性？）。

三、先行权和补救权

[127] 权利分类的第三种观点是将其分为先行权和补救权。从技术上讲，先行权本身就是权利，而补救权就是强制执行该权利的权利。一条法律公理是"没有明确其执行方式的权利不是权利"。鉴于这种差别，在每一个进步的社会中，权利的冲突都必然出现，理论上讲稳定社会不需要冲突，但在进步的社会中，权利的行使改变了情境。然后在这两种情境之间存在一个个人可能发生冲突的领域，这是成长中的紧张阶段。立法职能是试图为最小冲突确定行使权利的条件，但在进步的社会中，立法必然始终要么落后，要么领先于实际状况。于是司法功能就出现了，它对权利的日复一日进行重新定义。

[128] 立法和司法职能代表了两个阶段：第一个阶段是通过预期来避免冲突，第二个阶段是重建冲突发生的地方，对冲突的裁决定义了权利，冲突的产生正是因为权利的不确定性。补救权不仅符合个人的利益，而且同样符合整个社会的利益，原因有二：(1)因为个人是社会的器官，任何对他的伤害都会对社会造成伤害；(2)正是社会利益要求定义个人权利。对整个社

---

① 杜威认为成功的社会机构将会使得过去的习惯性因素与对未来的构想和谐相处。

会来说，定义权利可能比对任何个人更重要。基于模糊权利的社会行动具有不确定性。

[129] 犯罪与侵权的差别。法律上的差别在于，犯罪具有惩罚形式的补救措施：给予损害赔偿，损失得到补偿。从心理方面讲，任何被视为犯罪的东西都被视为代表了反社会的意图；我们认为犯罪具有普遍的特点，它反对社会中的所有他者。因此，惩罚是社会要求的，社会受到了威胁。个人不能帮助犯罪行为进行赔偿，否则就是犯罪。在侵权的情境下，有迹象表明这威胁的不是整个社会的意图，而是针对特定个人的意图，在这里，重担落在了受害的个人身上。也就是说，如果受害者本人对补救侵权行为不够关心，那么我们可以忍受它。这样做的实践心理学是，它推动了进一步的发展或者个人的责任心。这又是一般行为条件和具体行为之间的差别。

四、人身权利与政治或公共权利

[130] 第四种基本的分类是人身权利（私人权利）、政治权利（公民权利）。人身权利是像生命、自由、追求幸福这样的权利。政治或公共权利是选举权，即以某种公开方式参与制定法律的权利。它们之间的区别只是功能上的区别，而且并不像通常所认为的那样固定，所有权利都应该既是公共的又是私人的。差别只是个人与社会关系的老问题，私人权利的行使应该被纳入社会意识中考虑。17、18 世纪的政治哲学建立在个人是存在于社会之外的这一理论之上。在今天，自然权利本身没有任何意义，几乎每部州宪法都有一些基于 18 世纪理论的自然权利条款。

[131] 政治权利（16 世纪）是在主权确立之后得到理论上的阐述。法国大革命的整个理论是：有这样那样的自然权利，因此政治权利应该是那样的。所谓私人权利代表着聚焦，而政治权利则是在私人权利之上发展起来的最终状态。人要享有私人权利，就必须控制行动的条件，因此必须参与政治权利。

[132] 总结一下，考虑这些区别时有两种观点。第一种观点是，个人权利和公共权利是两个方面：个人权利方面是个人在行动的内容中回归自我，

而公权则代表他在决定社会中的价值。个人在决定社会时遵循他自己的行动范围。从另一个角度看,它们代表了行动发展中的两个阶段而非两个方面:个人权利的发展在这种情境下代表了这个组织中已形成的权利,而政治权利或法律则代表了行动范围,个人必须在其中建立关系以确保他的私人权利。这四项原则是历史上考虑权利的依据。

五、名义权利和实际权利

[133] 还有一个区别就是名义权利和实际权利之间的区别。名义权利是指个人在理论上可以自由行动的权利。只要没有可以运用它的有效保证,它就是消极的。实际权利不是消极的,如果这个人必须生活在恶劣的条件下,那么他的生命就只是名义上的。

[134] 不能按等级序列对权利进行分类。每一项权利都意味着所有其他权利,一种权利可以在没有其他权利的情境下实现这种想法是错误的。一项特定的权利是主权在特定时间集中的地方。

[135] 是否有必要重新调节权利?并且怎样最好地进行呢?这是任何变革问题中都会出现的两个问题,例如政府对铁路的控制。名义权利是社会有机体中阶级之间冲突程度的一种表达,表达了任何一种权利对所有其他权利的依赖。阶级冲突会出现,因为一些其他人拥有这个人仅作为名义权利的实际权利。

第十四章 具体权利

[136] 如果我们试图对权利进行具体分类,我们就会发现权利是社会意志得以维持和表达的器官。在每一个重建阶段(stage),权利都会一方面表现为观念,另一方面表现为力量。我们有以下几种具体的权利:

1. 生命权,即对身体的控制权;
2. 财产权;
3. 自由行动的权利;

4. 签订合同的权利;

5. 身份权利;

6. 永久结社的权利;

7. 求职的权利;

8. 表达权;

9. 政治权利。

这种分类建立在从行为的特定方面到赋予行为有效性和价值的普遍条件的基础上。

一、生命权

[137] 首先考虑基本权利。然而,在某种意义上,只有当一个人拥有其他权利时,生命权利才会得到保障。赋予个人生命权,你就创造了财产权、自由行动权等需求①。每项权利都被视为进一步达到目的的手段,生命权是可资利用的基本手段。

二、财产权

[138] 财产权同样是生命权的延伸,财产权代表了意志的基本客观化,财产的本质是自我向自然的投射。财产权的标准总是回到个人需要控制多少财产才能自我实现的问题。只有这样,才有财产权的限制。财产权的私有面是主动性(initiative)和占有性的一面,公共面是使用和运用的一面。因此,雇主在罢工中说这只是他自己的事情是错误的。

[139] 考虑与共产主义有关的所有权问题。如果不能保证个人获得确定属于他自己的数额,社会将如何抓牢这个人呢?财产是社会接触个人并引起他对某事的注意的方式。如果像共产主义那样消除它,社会就没有办法在某些方向上刺激个人的思想。所有共产主义计划总是假定其以财产为基础的特征,然后解散个人。(放松个人与财产之间的关系)只有通过自然

---

① 关于这些不同权利之间的关系,见第 160 段和第 162 段。

的力量，观念才会变得有效，这样人们才能得到它们的价值而不是个人感受。这是社会机制的重要组成部分。任何刺激个人更多地利用自然力量的东西都是最重要的。

［140］继续讨论个人财产，它表现为受观念影响的自然力量的日益协调，根据物质和观念要素综合所达到的阶段，个人财产可能另有分类：

（一）土地

［141］最具物质性和最直接的类型与土地有关。因为这是说有机体和环境之间最直接的接触，它是纯粹理想要素的更高级中介的工具，是进一步协调的条件。因此，财产问题是最尖锐的。产权演变的整个问题与个人控制部分的目标问题紧密相连。这个问题应该直接达到还是间接达到呢？土地问题能一劳永逸地自行解决吗？难道它只能通过财富进一步演化到这个世界的反作用而间接地实现吗？在经济学中，这是一个产品、分配和消费之间的关系问题。它们有这么多独立的过程或发展阶段吗？我们会发现，历史上土地的调节是通过工业对土地的反作用而产生的，出现了新的价值。在理解价值的时候，不能单独探究土地问题。

（二）制造和分销

［142］此协调过程中的第二种类型是中介（mediating）环节：制造和分销机构将上述产品的财富进一步置于它们的协调中，即将其扩展到更大的区域，此时的资本演变意义重大。资本代表时间的消去，正如机制代表空间的消去。资本是提前折现时间并使其覆盖一定时间和空间的能力，除此之外，没有时间协调。

［143］机制是构成更大环境的环境方面的统一。这种类型可以被称为调解类型，因为它代表了观念和物质的平衡。在农业中的第一个阶段，物质超过了理想，这时，面积相对较小，农业共同体（community）必然有限。只有通过在这些相互隔离的共同体之间建立商业关系，才能扩大环境……坠挂在①习惯上。面积扩大，经济斗争成为创造市场的一种方式，而不是现有

---

① 很显然，这里有一行缺失。

市场的习惯性附属品。它必然与科学发展并行。并没有先天的理由能解释与公元前1800年相比,公元1800年的人为什么想要控制更多,我们必须用科学发展来解释它,通过科学的推广,力量受到阻碍。

(三) 观念从行动中区分出来

[144] 在第三种类型中,我们可以说观念占据了优势而非达成了平衡:在象征意义上而不是实施意义上,观念出现本身与行动无关。今天的情况尤其如此。观念几乎不具有商业价值,也就是说,思想家应该得到津贴的支持而不是商业需求的支持。不过这也表明,理论与实践存在区别,否则,对真理的商业需求将使真理工厂继续运转,就像对犁的普遍需求将使犁工厂继续运转一样。分析更多涉及事物的现状。

[145] 第一种类型的过于物质的一面被第三种类型的观念的一面所抵消,因此中间阶层从双方得益,它既利用了农民阶层又利用了思想家阶层;这种利用情境表明,两者之间的平衡在这里得到了最大的成功。这是银行、铁路和制造业类型,发财的不是科学家,甚至不是发明家。

[146] 商业的过度物质化只是观念的过度抽象的平衡。科学公式显然是抽象的,因为它是普遍的。接受这个想法并应用它的阶级正在做更具体的思考。因为思想家得到了津贴,所以他不会接触到事实。如果确实如此,思想家就会成为道德改革者,他不必冒商人试验的风险。观念的具化意味着个人在以社会的术语而不是以物质的术语思考。发明是一回事,推广这项发明则是另一回事。具有财产问题的事物的现状不是绝对的,而是最终取决于科学发展的相对事实。物理科学的发展要比社会科学快,也就是说,地球在物理上已经成为一个整体,但在智识上还没有。

[147] 芝加哥的小麦价格因中国的情况而异。换句话说,地球已经成为一个世界市场。人的智识的组织滞后于物理环境的范围,所以两者之间存在张力,具体社会科学意味着社会的实际组织。我们现在只具备社会科学的方法,很显然,在这样一个时期,存在很大的风险因素。现在这个时期,环境已经延伸到整个地球,所以张力因素是存在的,而直到整个地球被组织起来,功能性因素才能存在,以便个人知道他在系统中的位置,也就是说,你

必须知道时间条件和空间条件,他必须知道他现在在哪里,这是报纸的工作。

[148] 机车和电报使世界在物理上合而为一,并且是可以通过邮寄等方式在智力上合而为一的,但目前还很不成熟,就报纸试图影响舆论而不是简单地提供新闻而言,它不是真正的商业领地,报纸唯一的商品应该是真理。

[149] 斯宾塞在《社会学原理》第 6、7、8、9 章中指出:(1)维持系统;(2)分配系统;(3)调节系统。第一个系统的发展原则是适应。第二个是有机体内的血液循环系统,如高速公路、汽船等,然后银行系统与血管系统类似。维持系统相当于动物有机体的外在性,而社会有机体的内在性则有两种类型。这就像政治经济学中的类似细分一样,显示为阶段而不是单独的过程。维持系统本身没有最终价值,它具有价值是因为系统整体可以更好地分配,也就是说,一个系统代表另一个系统的另一方面。由于这些阶段指向一个共同的目的,即获得更高的生命价值,因此维持和分配系统可以发挥它们的作用,但仅在有社会感觉器的情境下,斯宾塞否认这一点。

[150] 如果存在分工,就必然有一些分工原则,也就是说,共同体中每个人的活动都必须受到整个共同体的要求和其他人的要求的控制。这意味着必然存在社会感觉器官(social sensorium),斯宾塞说调节过程是竞争性的,单个器官占有一定数量的公共物品,对于动物有机体来说确实如此。现在很明显,除非保持某种平衡,否则不可能有自然秩序;哪个方面没有有余,这个方面就不会相对不足。

[151] 重点是要如何维持供需关系,斯宾塞认为竞争能做到这一点。心脏、肺等器官没有为自己吸收所有(营养)的原因是有神经系统充当裁判,这就是为什么能建立起有效平衡,为什么一个人不会为共同体制造太多或太少的犁,因为个人通过感受社会的需求来控制自己的生产。当你进行第一次物理意义上的扩展时,它会超过感官的发展,竞争或多或少变得病态。所谓曼彻斯特学派的个人和社会利益的统一性,除非建立在社会感觉的基础上,否则是不真实的:只有通过社会利益,个人才能知道自己的利益。

[152] 同样地,要让社会主义计划有效,就必须以社会意识为基础。获得这种社会智慧(intelligence)的方法是什么?会不会是所谓的社会主义政府这个特殊器官呢?还是存在于部分的相互作用中?后者是正确的。社会主义的逻辑谬误是目的与手段相混淆。目的必须是社会性的,因此他们将手段也解释为社会性的。在某个发展阶段,社会智慧可能具有一致性,提前知晓这一点并据此采取行动的个人可能会变得富有,例如罗斯柴尔德家族(Rothchilds)。重点是,工业系统分配的控制力总是现存社会的社会感觉器官。

[153] 关于政府职能的定向,很明显政府职能在这样的时期内倾向扩张,它的功能是限制这种社会动摇。但是,在这个时期,政府的职能不是最广泛地向公开的方向引导吗?即向公众公开信息,例如人口普查报告。也就是说,斯宾塞的第三系统(调节系统)①只能是社会知觉器官。

[154] 总结一下财产权的问题:名义财产权与实际或有效财产权之间的区别非常重要。实际财产权是整个社会组织的一种功能,它简要地定义了个人和环境所达到的调节作用于个人以赋予其新价值的方式。试图把财产问题本身抽象出来,就像获得了那么多资料,然后分配给一定数量的人,这是不可能的。它是物质性的,因为它孤立了作为实体的某种社会价值。初级社会主义必须是智慧的社会主义,也就是说,它必须由整体的个别知识支配。极端个人主义和极端社会主义的逻辑是一回事;只有一方称赞它,另一方谴责它。

[155] 劳动问题:从客观的角度来看,劳动是一种物理能量形式,如蒸汽等。能量通过自然体表现出来的事实并没有改变它的形式。能量应该是自由的和适当协调的,这与蒸汽等能量同样重要。

[156] 分工只是这种能量的释放和协调。另一点是,直到社会分工完全个人化之时,将社会分工视为经济的才是完整的。也就是说,直到能量从运动转化为分子,我们才能获得最大的能量,这意味着个体的行为遇到最小

---

① 见第149段。

的阻力。当它这样做时,能量从肌肉系统传递到神经系统。在肌肉系统中,能量仍然是粗糙的形式,只要分工在肌肉系统的层面上,即简单地做别人不做的事情,思考和创新的能力就被忽略了。分工原则一旦确立,就必然意味着个人可能性的最彻底的解放。

[157] 当一个人处于外在性控制之下,他就不能发挥出最好的一面。因此,虽然劳动确实代表了一种物理能量的形式,但事实上,这种特殊形式的能量是它在神经系统的具化,它在效率上占据了最大的优势,尽管它在原则上与其他形式的能量是一样的,这是其他形式的效率所依赖的。

[158] 个人必须越来越自由,以尽量减少摩擦和能量浪费。首先,合适发展的观念是个人应该有足够的工具以及用媒体来最直接地表达自己,其中一个工具是控制自己的大脑和肌肉;其次,个人应该得到反馈,他正在做的事情的社会价值是什么。如果任何一个人都可以因此全力以赴地工作,并获得社会对其价值的认可,那么财富的问题就失去意义了。如果他拥有了他想要的,他就不会在乎不想要的东西有多少。

[159] 这是进步的持续性。上述内容对价值问题的影响是一个重要的问题。价值无处不在:意识的觉悟。政治经济学似乎是理解这一价值的手段。直接价值都处于同一水平。随着社会意识的发展,它变得不那么直接。也就是说,它有更大的选择范围,整个交换价值的统治是终极价值的展开和延伸;或者说它代表、控制确定未来价值的能力,并通过发现其与过去和未来的关系从现在中获得更大的意义。衡量的行为对价值本身产生反应并扩大了价值。

[160] 如果人不必为了谋生而工作,只要食欲得到满足就足够了,那么所有的需要都在一个层次上,任何人都不会去思考哪些需求是最重要的。当我们必须劳动才能满足它们时,最后一个问题出现了。根本的经济谬误是假设价值感已经存在,并且经济过程只满足这些价值。相反它(经济过程)创造和发展了价值感本身,因此,经济过程归根结底是一个心理和伦理过程。

[161] 财产权分为:(1)持有权,这是一个不完整的权利,一个有权持有

的租客;(2)使用权;(3)让渡权,这完全决定我与他人的关系,是最重要的财产权。除此之外,其他意志会对财产权造成限制,正如财产权是自由活动权所必需的一样,没有行动权和契约权,就不能拥有完整的财产权——这将在后面讨论。

[162] 财产财富学说的心理学价值是什么?是增加财产和保障财产手段之间的紧张关系吗?必须将资本抵押给劳动是什么意思呢?资本是劳动的前提吗?

三、行动权

[163] 首先自由行动权、契约权是前面提到的两种权利的副产品和必需品,在根本上这就是对意志权利的明确表述。因此,我对这种权利的主要兴趣在于其历史发展,以及这种权利在不同时期表现出来的不同形式,这是环境、社会有机体的历史,从它们直接接触的当地环境到世界范围的环境。当然还有一个问题:自由行动的方式有哪些?在这一历史发展中,自由行动的权利意味着选择环境的能力,这意味着必然有个人的巨大发展。一切伟大的思想和政治爆发都是以自由行动的方式得到了极大的扩展。不同想法和习惯之间的冲突意味着两者的巨大动摇,例如文艺复兴。宗教的、伦理的、道德的等等真理相互修正。

[164] 自由行动是财产权的外在性生命,契约权就是权利参照另一个意志来控制某些自然对象。单纯的占有永远不会构成财产权,它还必须得到认可。财产权,更具体地说,表现为让渡权。每一次买卖都隐含着契约关系。

四、契约权

[165] 契约权利的意义在于,它使财产权中隐含的一切权利得到公开承认。财产是一个人的目的在自然力量中的投射。契约是两个或多个个体控制的调节,它是在特定条件下的服务交换。由社会关系所决定的契约权利只有在个人成为一个专门的控制中心时才会成为关注的焦点。16、17世

纪国家契约论形成的时候，就存在这个确切的条件，个人正在逐渐恢复其客观状态，因此，从霍布斯时代到1800年，大约200多年，契约学说就是全部学说。个人是控制中心，头脑一定会想象彼此之间的某种关系，契约学说正是基于此，聚焦于在个人之间的工作关系中，但这种契约产生于本能联系，并承认本能联系方面具有价值。

［166］契约论的谬误在于，它认为社会是从社会中发展出来的，而契约则假定这种联系是本能的。社会习惯和个人目的越来越自觉地趋于一致，商业交易所的发展与契约理论的发展是一致的，也是必然的。

［167］在扩展个人特殊领域的同时，契约的本质就是稳定时间关系。社会主义国家必须用某种代替契约来保持时间关系的稳定，并使一个人能够参照未来的东西来指导他今天的活动。整个趋势忽视了其中的心理因素，即把它当作单纯的机制。必须考虑到对注意力的持续刺激，以保持机制继续运转。个人最大的注意力是活动本身，而不是产品。因此，制造商不是为了获得最大数量的产品而努力，而是将产品作为一种刺激来保持活动。

第十五章　竞争和教育是社会职业（还是社会感召）选择和演变的因素

［168］适当的教育可以解决社会主义中出现的许多困难。例如一个人如何知道他最适合什么。社会中必须有某种机制，个人可以通过这种机制来评判自己的工作。首先是过去最强的机制，社会习惯的连续性。扩大你的环境，个人有更多的选择权。他有各种各样的追求作为可能性摆在他面前。

［169］其次主要依赖教育，它倾向于取代上面的情境，那么整个教育的含义发生了变化。旧的教育理论是使得个人能够成功实现某个预定的目的。当教育成为创新目的的手段时，它就变成了：我们如何有条不紊地让个人接触自由社会特有的活动，以便他找到自己的兴趣和能力？这是社会感觉中枢的另一个重要方面。如此系统化的教育组织，不断规范个人与活动

的接触，竞争的范围将大大降低。个人将带着非常多的知识开始他有目的的活动；之后生活的实验过程就最少了，但是问题是，教育是否完全解决了问题。也就是说，对于新职业的刺激因素是什么？或者换句话说，给社会带来了新的需求吗？过去，竞争一直是确保变化的主要方式。

[170] 到目前为止，竞争和教育是仅有的两种使个人意识到社会需要以选择职业的方式。教育使孩子接触所有职业，当这被系统化时，它将在很大程度上减少竞争。但是，在职业的演变过程中完全消除竞争是不可能的。教育将决定个人对职业的适应程度，但是新职业的变化和发展需要进一步的刺激，教育是静态的方面，或者说是决定条件的一面。在教育阶段，社会将其力量交给个人支配。个人不必有生产力，也就是说，社会当时并不期望从其花费中获得回报。然而这是有机的而非慈善。事实上，这是个人掌握自己力量的时期，使该过程明显是一个保守的过程。这并没有损害这样一个事实，即教育是这一过程中最进步的元素之一。就社会而言，教育可能是一种巨大的进步工具，但它不是通过刺激个人从事新的活动，而是通过将他过去的经验转化为观念。

[171] 当谈到产品本身的问题或社会倾向的问题或变化或多重来源时，存在另一种刺激。原则上，一个阶段与另一个阶段的区别在于以下事实：一方面，在教育时期，社会表现为正常水平的环境并将儿童置于环境之中；另一方面，个人成为独立的反思中心，并开始创造新的环境。这是竞争的要素，竞争是共同奋斗，而不是像人们普遍认为的那样互不相干。新的职业就像新机器一样是一项工业发明，它涵盖了动物世界的物种变化的时期①。目前，教育和竞争之间缺少这种平衡，更成熟的行业应该越来越少地倾向于竞争形式，但是在工业中，当最好的生产方式被很好地制定出来时，竞争将只是混乱的根源。不过以仍然在进行发明的行业为例，当什么是最好的生产方法仍然是一个未得到解决的问题时，竞争是唯一可以刺激发展的东西。

---

① 可能杜威的意思是"就像是动物世界的物种变化"，而非"涵盖了动物世界的物种变化"。

[172] 零售系统是习惯中的幸存者。乡村商店的店员可以在六个线轴内判断要买多少，几年前，全国各地都是这样。现在不是了，我们保留了零售行业的形式，但是内容已经不一样了。

第十六章　永久联合

[173] 组织的下一阶段是永久联合，它给予契约关系以平衡。最后一个优点是它明确地说明了时间和数量，以便可以为未来创造当前条件，但由于其确定性，它只能涵盖特殊行为。

[174] 三种特殊形式是：家庭、工业、教会。只要社会是自由的，家庭就会以契约的形式出现。但在内容上，家庭这种联合关系过于亲密，很难说是契约。目前正统的家庭和国家理论是所谓的父权制，即家是最小规模的国家，其次是氏族，然后是城市，最后是国家，按此顺序排列。亨利·梅因爵士（Sir Henry Maine）是当今这种学说的著名代表。

[175] 据此，家庭是一种政治结构类型。在其他人看来，父权制并不代表原始，而是相当高级的发展阶段。这包含一个关于游牧部落的理论：他们性关系混乱，父亲与母亲、与孩子之间没有永久的关系，而只有母亲和孩子之间的关系是永久的。

[176] 后来的探究并没有走向这两种理论的极端。父权制作为原始理论已经被推翻，它是相当大的社会整合的结果。部落理论在任何方面都不是普遍的，如果性关系表现这一点，那只是堕落，家庭从一开始就存在。然而，母系社会代替了父权制，由于父子关系不确定，血统通过母亲延续，母亲被认为是一家之主，统治着国家。

[177] 将家庭视为国家之源的谬误是由于将家庭视为一个固定的单位，并在家庭的联合状态中产生了国家。这仅在横截面上是正确的，不考虑决定家庭团结的社会的整体发展。家庭已经有了历史，不仅是决定社会的历史，也是作为社会决定的器官的历史。

书 评

评哈贝马斯的《在事实与规范之间》*

奥特弗里德·赫费** 著

钱一栋*** 译

在《交往行为理论》(1981)这一里程碑著作出版十一年后,哈贝马斯发表了他的又一部杰作。他的法和宪制国家哲学遵循了其社会理论和商谈伦理(1983),但除开所有这些连续性,其中也表现出明显的转变:对老式的批判理论("法兰克福学派")来说是一个深刻的决裂,对哈贝马斯而言则是一个侧重点的转移。法和宪制国家被发现为或者说被再次肯定为社会现代性(social modernity)的本质因素。这方面的研究其实已经出现在哈贝马斯的早期研究中了,《合法化危机》(*Legitimnationsprobleme im Spatkapitalismu*,1973;英文版,1975)中体现得比较少,但在《公共领域的结构转型》(*Strukturwandel der Offentlichke*, 1962)里显然存在着此类研究,在《交往行为理论》(*Theoriesd es Kom-munikativen Handels*, 1981)中则可以明确看出来。现在,这一方面的研究成了哈贝马斯的中心问题。借助他的商谈理论,哈贝马斯重构了民主宪制国家之自由主义制度的规范内容。

---

* Otfried Höffe, "Reviewed Work: *Between Facts and Norms* by Jürgen Habermas", *Mind*, Vol. 109, No. 435 (Jul., 2000), pp. 608-614.

** 奥特弗里德·赫费(Otfried Höffe),德国当代哲学家,图宾根大学教授,德国《哲学研究》杂志主编。在政治哲学、法哲学领域有突出成就,代表作有《政治的正义性》等。感谢赫费教授对本文翻译及发表的授权。

*** 钱一栋,复旦大学法学院法理学硕士研究生。

哈贝马斯解释了他先前为何对法兰克福学派失去兴趣，这并非因为他不喜欢法兰克福学派的风格（idiosyncrasies），原因出在现代理论的总体演变之中。在社会理论中，从亚当·弗格森和约翰·米勒的苏格兰道德哲学，到亚当·斯密和大卫·李嘉图的政治经济学，最后到马克思的政治经济学批判，法律在不断丧失它的重要性。这一过程的终点是"社会学对于法律的祛魅"，这一早期的中心范畴（指的是"法律"）已经成为导源于并非以个人为基础的社会结构（impersonal underlying social configurations）的附属现象。

这样一种发展过程确实存在；但是，对它的原因还需要做更为细致的分析，因为在某种程度上（例如就亚当·斯密而言），这仅仅是一个分化（differentiation）和专业化的进程。尤其是，法律在哲学层面之重要性的贬低作为前述进程的一个结果，这一点并非毫无疑义。此外，在批判理论中，之所以缺乏有关法与宪制国家的理论，还有其他原因。我们可称为"传统的"批判理论的早期主导性形式，对民主统治（democratic government）缺乏尊重，而民主统治可能已经产生出一种关于民主的社会理论，这样一种理论是纳托普和柯亨等新康德主义者，以及社会学家涂尔干在世纪转折点上已经在探索的。这样一种理论需要两种传统的批判理论拒绝接受的元素。它需要统治（"Harrschft"）和社会批判的概念，并且要对这两个概念做并非全然负面的理解。

哈贝马斯的新作之所以令人印象深刻，是因为它满足了这两个要求。但这意味着法兰克福学派的原初意图即使不是被放弃了，至少也是被大大弱化了。对自由民主在规范层面的新的重构取代了原先的负面批判，这一重构呼吁对自由民主做种种改进，而本质上依旧对其持肯定态度，这取代了原先那种负面批判。在展开他自己的（理论）立场之前，哈贝马斯首先讨论了第二种趋势，即"返回理性法"，罗尔斯的正义论和一些国际讨论即受此影响。哈贝马斯将之理解为"对于社会学对理性法之规范主义破坏的反动"。这样一种解释颇使人想起黑格尔的辩证法。哈贝马斯建构起了他自己的理论，将之作为扬弃了两种理论传统之弱点、结合其优点的综合。在哈贝马斯发展的其中一条线索中，他既利用社会学的视角，又不贬低法律的概念。在另一条线索中,他拾起对道德立场——或更准确地说,对正义——的尊重,但努力避免它在社会学上的弱点。这两种立场的联合塑造了一个恰切的视角,这一视角也反映在该书的书名中。追溯马克斯·韦伯和塔尔科特·帕森斯,哈贝马斯发展出一种可能性,即"在这一视角下,法律系统既能内在地重构其规范内容——有效性,也能外在地作为社会实在的一个成分——事实性"(第62页,在第二章和第三章中有更为细致的处理)。书的标题"在事实与规范之间"(*Faktizität und Geltun*,1992),同样表现了内在于法律的三重张力:事实性与正当性①之间的张力,私人自主与公共自主之间的张力,要求服从的权力与被授权的统治之间的张力。

尽管人们也许完全同意对这三重张力的判断,但他对(从中得出这一判断的)理论史的重构引发了一些保留意见。然而政治经济学和社会学的主导理论旨趣与法和统治的理论事实上是兼容的。罗尔斯之所以具有超凡的影响,法的规范性理论或法的道德理论的缺失并不是重要原因,真正重要的原因是其他三个因素:(1)以康德式伦理学取代功利主义;(2)运用决策与游戏理论和社会基本善品的原理;(3)占主导地位的放任自由主义遭到反对和为福利国家进行辩护的事实(参见差异原则)。

通过重申黑格尔著名的"应然的软弱"作为对理性法的批判,针对哈贝马斯对历史背景之重构的怀疑论做了自我辩护。作为理性法的典范,康德在他的《法权学说》(*Rechtslehr*,1797)中细致地分析了应然的力量;他分析了实施强制的授权问题,将其归入法律的概念之下,也分析了公共治安(security)或称统治治安的问题,因为若不做此分析,法律的实效就只会是暂时性的。

---

① 本文将 legality 与 legitimacy 分别译为"合法性"与"正当性"。童世骏老师在《在事实与规范之间》一书中将 legality 与 legitimacy 译为"合法律性"和"合法性"(童老师的考虑可参见哈贝马斯:《在事实与规范之间》,生活·读书·新知三联书店2011年版,第38页,译注8),类似的还有对《合法化危机》一书书名的翻译。但译者认为汉语中的"法律"与"法"并不存在 legality 与 legitimacy 式的区别,法律与法的这种区分完全是为了翻译这两个词根相同的西语概念而生造出来的。因此,合法性与正当性比合法律性与合法性更能表达出 legality 与 legitimacy 的实质区别。此外,合法性与正当性这两个概念的用法在汉语学界已形成一定的传统,因此更符合汉语学界的阅读习惯。——译者

任何法理论的基本任务都是界定其（研究）对象，将之从相关现象中区分出来，尤其是将之区别于道德。哈贝马斯并没有将界定对象作为核心问题。在第二章中，他直接处理了"社会整合"和"过分负担"（overburding）两个概念，借助这两个概念，现代法律的成就变得可以理解了。第一个概念解释了为何需要社会规制；第二个概念解释了为何前法律的和外在于法律的规制——例如风俗和传统——是不够的。哈贝马斯认为，现代法律出现于社会秩序无力再完成其整合任务之时。理性道德据说对此负有特殊责任；职是之故，对传统制度的修正一直不甚理想，而道德主体又无法带来可靠的整合——这样的情况一直存在。但对这一"重构"，我们可以做四个方面的批判。

第一，哈贝马斯忽略了一个事实，即涉及法律的社会现象已经持续了很长时间，这种现象至少从古代东方出现法律时就开始了（参看《汉谟拉比法典》关于欺诈、伤害、做伪证、谋杀、盗窃等的规定）。虽然在现代，对由法律进行的整合的需求上升了，同时有一些全新的任务出现了，尤其是在社会法和经济法领域（包括劳动法），但在民法和刑法中，法律在许多方面都存在着延续性。

第二，根据"过分负担"这一概念，法律出现在原先稳定的社会秩序动摇之时。但是，拥有稳定的婚姻和家庭关系的安定社会却拥有婚姻法和家庭法、合同法和商业法等等。并且，恰恰是在制度出现故障时，人们才不诉诸（法律提供的）对生命和财产的保护。

第三，哈贝马斯明确区别了仅仅在深层上受法律决定的行动领域和那些通过法律而建制化的行动领域。但他没能说明白的是，一般来说，社会整合是靠社会合作者自己达成的：他们建立婚姻关系，组建家庭，达成交易。并不只在家庭的情况中如此，一般来说，相关民事法律只规定建立关系的形式，因此只有次要而非首要的重要性。它们并不做出整合行为，而只是引导它，即在它出现时，将之引导上使预期稳定、行为规范的轨道。此外，他没有强调这样一个事实，即在刑法的语境中——例如在生命和财产的保护中——法律仅仅是移除阻碍社会整合的障碍。无论是谁以再精确、细致的态度对犯罪行为进行再迅捷的阻遏,(这一行为)都还完全没有涉及(foregoes)社会整合本身。

谈及社会互动,道德立场包含了两类义务。法律仅仅负责人们对他人拥有何种权利,仅仅负责正义之事,而不负责本分之外的领域,也即慈善之事(benevolence)。在《在事实与规范之间》中,我们发现了两类"道德资源":社会团结,也即社会福利,以及法律正义。但我们并不完全清楚这两类资源的相互关系。根据前言,"积极推进对资本主义的社会和生态驯服的任务"是属于社会团结的。这一任务在国内和国际政策中应得到优先考虑,这一点现在已经是清清楚楚的了。但由于它是由国家机关实行的,这一任务到底是不是属于政治正义而非"福利"就成了问题。反过来问也一样:如果它与正义之外的某事关联更为紧密,那么国家为何要为这样一种福利负责呢?

法律的现代化包含这样一种因素,这一因素给凯尔森这样的守法主义(legalistic)理论家和诸如卢曼等社会学家带来了困难,但并没有给普遍主义规范带来麻烦。布迪厄的格言在此是很合适的:没什么东西比认识细微的差异更令人激动了,或者说,最终更富成效的了。存在着根本(fundamental)权利(这一论断)不经检讨就被纳入普遍主义规范之内。哪些权利被认为是根本的?它们有多根本呢?只有当触及这些问题时,这些细微的差异才能展现出来。哈贝马斯对第一个问题的回答相当无力。哈贝马斯提到了自由和参与权之类的无可置疑的权利以及通过法律程序恢复此类权利的能力,但在更具争议的领域,例如福利权利、文化权利和尤为重要的适当的环境权利,哈贝马斯仅是稍做评论。对于第二个问题,哈贝马斯的回答中规中矩。虽然他也探讨了人权,但他仅为那些并不宣称其为根本的"基本"(basic)权利进行辩护。由于将权利理解为"如果公民想利用现行法来规范他们之间的共存处境,公民所必须赋予他人的"(第151页),基本权利只在这样一个共同体中有效,在其中——谈及人权的正当化方式——人权在法律上是有效的,并且这种有效性具有基本性。这就是社会在法律结构的基础之上组织自身的理由之一。不同于此,哈贝马斯认为无论认识论地还是规范地为法律结构奠基,都是不可能的。但最终哈贝马斯也承认了此类人权(参看

《论人权的正当性》,载《后民族架构》①,美因河畔法兰克福,1998年)。

但是,哈贝马斯在《在事实与规范之间》中没有以人权为起点并不仅仅是个偶然。原因在于,我们想要的正是他所努力避免的,也即(他不认为能找到)一些不会引起争议的人类学的假定。人们确实倾向于对人类学的可能性表示怀疑。但熟悉的论辩——例如难以将人的"本质"和"文化"层面清晰地区分开来——并没有使任何人放弃人权的理念。人类学上的怀疑主义容易过分看重自己论证的力量。一方面,它们几乎完全没有消除保护生命、肢体、良心、意见自由和财产权等人的普遍利益的需要。另一方面,那类能满足一种人权理论的人类学依然向着历史和文化的演变开放。因此,是时候宣告一种哲学人类学的可能性了,这种哲学人类学从无可争议的关乎人权的法律立场而来。进而言之,我认为甚至当我们仅仅考虑基本权利时,某些人类学假设仍是必要的。保护生命和肢体完整的权利并不仅仅从伦理性的自我反思交往对话程序中来,而更需要一个附加的设定,即进行对话的并不是纯粹的理性的人("天使般的人"),而是活生生的人。

哈贝马斯诉诸他的"商谈理论"立场。从他那篇刊载于《沃尔特·舒茨纪念文集》(1971)的论文开始,他将商谈作为独立于行动约束的论辩程序,用来检验关于真理和可接受性的断言。尽管商谈理论作为一种关于真理的普遍理论依旧相当缺乏说服力,作为一种政治正当化(political legitimation)理论,它却显得颇令人信服,这自然基于哈贝马斯并没有做出的两个设定。首先,我们不应将商谈仅仅理解为(自我指涉的)深思熟虑,还应引入一个(自我)承诺的时刻。其次,我们必须承认相当于人权的"商谈的偏见",也就是法律成员(legal member)之间的相互承认,只要法律成员认可了这种对话条件,这种承认就将把我们带入真正的商谈。

哈贝马斯经常使用诸如"根本上民主的""根本性民主""自由平等者的

---

① 亦可参见中译本,即《论人权的合法性》,载尤尔根·哈贝马斯:《后民族结构》,上海人民出版社2002年版,曹卫东译,第133—150页。经李康老师指点,本文将书名 Die Postnationale Konstellatio 译为"后民族架构"(我国台湾地区翻译出版的书名为"后民族格局",庶几近之,但似乎"架构"更为恰切),特此向李康老师表示感谢。——译者

联合"这样的表述。这类表述听上去比它们实际所意味的更直截了当。"现代统治在根本上是民主的"在字面上意味着从根基处就是民主的,这借助于一个长久以来都被认为是正当的原则,即一切统治权力都来自人民。同样无可置疑的是,所有公民都应能以平等的权利自由地参与政治生活。"政治系统"需要中介性行动者,例如政党、利益集团和尤为重要的议员等,这一点也没有引起特别的争议。唯一的争议是,是不是还应加进些别的:直接民主的元素,公民的主动性,草根民主,也许甚至还要承诺对选民中大多数人的意愿进行某种约束。直接民主的优点很明显:能直接产生影响和更大的身份认同。但其缺点也是众所周知的:消极的大多数和民粹主义的危险,并且相比于大的政党,在小群体内的草根民主中更容易表现出隐形贵族(hidden aristocracy)的危险。优缺点之间的平衡依赖于特定的情形。这一事实将我们引向一个决定性的问题:我们究竟能否在此做一个准先验的判断?哈贝马斯十分明智,没有做此类判断,但结果他的"根本性民主"的概念也失去了具体面目(loses profile)。

哈贝马斯关于人权和人民主权是同样根本的论点引发了另一个难题。根据它们的规定和最先的宣言,人权是(对主权者的)约束,一个民主的主权者侵犯人权要付出丧失正当性的代价。为了维持它们是同等根本的论点,(就像后记中提到的)为了能将正当化问题完全放入民主进程中,必须引入一个恰切的民主概念,并且同时指向两个方面:根据一般理解,作为一个政治概念,每种其所有公权力都得之于人民的统治形式都可被称为民主。在与"政治民主"的相互关系中,人权具有规范层面的优先性;民主只能对人权做出保证,而无法赋予人权。与此不同(的民主观点认为),最初赋予(人权)的行为源于法律成员自身。虽然他们的共同体也可以称自己为民主的,但这是一种前宪制的"自然民主"。从人权的视角来看,这两种民主制可以进行这种合作,即在自然民主中,法律成员相互赋予权利,这些权利由政治民主帮助其公正地实现。

我们需要对其得失做出判定:哈贝马斯的新作令人印象深刻,这至少有两个原因。一方面,批判理论向法和国家哲学迈出了决定性的一步。在传统批判理论中占主导的那些支配关系下产生的说起来好听但未经批判的自由理念,现在决定性地被政治性的但却是传统的正义统治的理念所取代了。另一方面,就像霍克海默在不久前的20世纪70年代所说的,某人若追随批判理论,则不能先验地设定一个正义社会,而只能追问"当下的社会存在什么问题"。哈贝马斯在很大程度上叛离了这类门规,他认可民主宪制国家是正义社会的基础。在此,他赞成将传统批判理论的批判作为一种解放性批判的补充,并寻求一种能正面评价解放进程中每一步进展的理论,这是一种肯定性的理论。因为在民主宪制国家的根本制度方面,《在事实与规范之间》本质上采取了肯定性的立场。

论强制的交互性、排他性、服从性的法权基础
——评《良好的自由秩序:康德的法哲学与国家哲学》

庞 超*

2020年是不凡的一年,当时新冠病毒肆虐全球,由此在各国之间引发的社会价值与自由秩序问题引人深思。就在那时,我恰好有幸读到汤沛丰先生翻译的德国哲学大家沃尔夫冈·凯尔斯汀(Wolfgang Kersting)教授的《良好的自由秩序:康德的法哲学与国家哲学》(以下简称《良好的自由秩序》)一书,深感其为我们在当下讨论那些"能够保障行动的相互协调"的良好社会秩序重新带来康德式视角。正如凯尔斯汀所言,在正当与善的问题上,程序正义所充当的角色莫过于为"综合性的、话语多元的道德商谈"(第59页①)提供了可能的公共空间。这一点正好契合了凯尔斯汀教授在2007年版的导言中对全球法权和平、自由主义社会国理论的康德式探究,以补充其在1984年首次发表时未完全展开谈论的一些话题。

《良好的自由秩序》一书诞生于20世纪末,其目的是更进一步地推进康德法哲学和政治哲学思想的研究,因为"康德的理论动机和论述,规定了当下的政治哲学复兴潮流中,法权和道德的普遍主义的发展方向"(第20页),

---

* 庞超,南京大学博士研究生,主要研究方向为德国古典哲学、实践哲学。
① 本文中括注的页码,均指《良好的自由秩序:康德的法哲学与国家哲学》中译本(汤沛丰译,商务印书馆2020年版)中的页码。本文对于康德引文,将继续沿用此书中的科学院版边码注释。

也只有重新检视以及重构康德的法哲学与政治哲学理论,才能避免平等主义在这场哲学复兴中丢失理论源泉,才能让法权和伦理之间的重要划分不再被当代的政治哲学轻视。最后这一目标是凯尔斯汀根据当时的政治哲学现状提出的,他不仅意在为康德的法哲学正名,由此通向政治哲学;他也在为道德哲学划界,以便更好地扩展政治哲学的战场——对于这一点,2007年版的导言便是很好的证明。

为此,凯尔斯汀跟随康德《法权学说》的结构划分,分别从法权的奠基、私法与国家法三个部分展开论述。正如他对自己著作的定位那般,"它并不是围绕着一些引人注目的解释性命题加以讨论,而是从体系和历史这两个维度提供了一种对康德法权学说的整体叙述……康德法哲学构想的建筑术以及其各个部分之间平衡的相互联系得以清晰呈现"(第90页),我们可以发现上述三个部分的核心都在围绕着"合法的强制行动具有什么前提"展开,并且不同于传统立场,凯尔斯汀试图通过逻辑概念的方式确立法权法则中交互强制的合法性,以及它与道德法则之间的关系;由此展开来,他也为原初共同占有的排他性进行了法权论证的重构;最后,他还探究理性法能否通过共同体意志(原初契约)而实证化,确立国家服从条例的先验根据。并且自该书首次出版以来,这一定位便在不断的讨论与影响中得到证实。为了更好地理解该书的体系性结构,我将其表述为法权强制的交互性、排他性和服从性证明,分别对应于"强制的法权基础""私法的排他性"以及"国家统治下服从义务的合法性来源"三个问题,以此来一窥究竟。

一、法权交互性(他律)的强制基础

首先在第一部分中,凯尔斯汀围绕着康德法权概念及各原则之间的关系进行论述,但是无论落脚于哪一个方面,康德的法哲学都无法绕开"强制"。当凯尔斯汀按照法权概念推导出法权的三个特征即普遍性、交互性、平等性时,便已经引入了法权强制性的争论;因为后两者正是"通过强制的威胁、强制的施加以及强制的避免"(第112页)来展现严格的法权概念,而一般的法权概念也必须通过强制的加入，使得"实践法则可以克服客观必然性与主观偶然性之间的鸿沟"（第110页）。凯尔斯汀在这一节巧妙区分了"实践必然性"和"实践强迫性"两个概念，从而解决了法权法则和绝对命令之间的关系难题①，认为后者是法权法则所不必要的特征，以此来规避绝对命令所要求的自律的道德性，为法权他律的合法性留出了空间；并且凯尔斯汀还通过力学类比推演出了现代意义上的交互性自由空间——"权利"概念，尽管康德并未这样明确指出。这些论述恰恰是当下法哲学界的焦点，即交互主体间"为他人颁布责任"的权利以及"强迫他人遵守"的合法性的基础是什么，因此随之而来的问题便是：法权法则与道德法则之间的关系是怎样的？以及，法权与先验自由的关系又是怎样的？

该问题之所以重要，不仅因为它的答案会奠定法权概念的地位，还因为该问题的答案将给康德的政治哲学奠定基础。为此凯尔斯汀耗费了70多页的书写，对两种传统的回答——"独立性前瞻"和"依附性回溯"——都给予了否定。因为前者（以耶宾豪斯［Ebbinghaus］为例）试图通过将法权奠基于消极的经验自由来证明其独立性，但却忽略了"取消先验自由的同时就会把一切实践自由也根除了"（第148页脚注），使得法权从实践上变得不可能；而后者采用一种类似于沃尔夫目的论的方式来保证法权具有强制性——将法权论述为先验自由得以实现的外在保障，但是这种论证只会加重法权的道德性负担，使得法权中"他律"的特征难以展现②。因此，凯尔斯汀在此所持的观点是一种中和：法权有其独特，但在效力上依赖于道德学说（第146页）。为此他重构了理性法权立法，在认可了纯粹实践理性所奠基的理性事实之后，试图为法权立法寻找一种被许可的诱因。他把强制行动的道德可能性看作是强制与义务之间的一致性，即"应当使外在自由行动服

---

① 对于这个问题，国内学者认为"尽管不能从绝对命令直接推导出法权的普遍原则，但是法权的普遍原则却预设了绝对命令，也就是说，绝对命令是法权的普遍原则的必要条件而不是充分条件"。参见吴彦：《法、自由与强制力——康德法学说的基本语境与框架》，吉林大学2012年博士学位论文，第93页。这一点与凯尔斯汀重构理性法权立法中的观点相一致。

② 上述两种命题，凯尔斯汀更反对前一个，因为独立性会导致政治"只会完全沦为实用的处世智慧"（8：372），这会给第三章对国家强制的"服从性"论证造成困扰。

从于法则自由所需的条件"(第138页),由此便指出了当一个强制行动针对的是一个义务时所具有的合法性基础。因为法权义务原则"可以不仅仅是纯粹理性对意志实施规定的结果,而必然也有可能是有力的外在规定的结果"(第139页),只要法权原则能够证明这样一种道德可能性,那么道德法则就可以不是"必然的行动的执行原则的唯一选项"(第142页),换言之,道德法则不再将"义务理念"作为被规定的执行根据,一种可替代的"服从动机"在此也有了理性立法的可能①。凯尔斯汀细致地区分了义务的"认识根据"和"执行根据",由此剥离出了两种不同的立法可能性,也正好契合道德学说对于不同立法方式的说明。他在这一节的后面还对一些早期康德派的法权奠基进行了分析与驳斥,意在反对将明智(Klugheit)奠基为法权的效力根据,其仅仅是执行的原则,因为其效力在于道德学说而非任何自利(Selbstliebe)的标准。

至此,凯尔斯汀完成了法权概念和法权法则的重构,其后的章节则是为了更进一步地阐明法权与道德的区分,其中,交互性成了主要的区分标志。因为法权中的强制(非自律特征)涉及外在行动与外在自由,那么这种法权强制必然要回到交互性的体现上去。有两点值得注意,其一是正义与善的优先性问题,其二是人权的平等性与交互性。正是法权的独特性让每个人成为外在立法的主体,有权利对他人赋予义务;但是与此同时,因为他人也是立法的主体,自己也会受到他人赋予的义务,因而毋宁说法权义务是"在主体间的关系中自我施加义务"(第203页),这便是交互强制的内涵。由此也可以推出"法权强制就是道德强制的因果性—力学对应物"(第203页),它是一种对内在自我强制的模仿,因而它比内在强制更能充当"本分义务"的根据,它的目的不是增加善的总量,而是防止恶的发生,因此任何试图通过善来弥补不法的恶的行为都不被接受,而这就是正义优先于善的主要原

---

① 凯尔斯汀还在此特意强调,这种强制并没有"替代"义务理念作为法则的组成部分,否则强制就获得了实践理性的必然性的地位,任何权利的放弃都是不道德的。参见沃尔夫冈·凯尔斯汀:《良好的自由秩序:康德的法哲学与国家哲学》,汤沛丰译,商务印书馆2020年版,第141页。

因①。至于主观权利和人权,它独立于经验性的人类学,因为它基于理性本性,而非物种特征;所以它作为一种自由权与实践的主体性,当康德"把自由人权的领域固定在(受法权规定的)外在自由上"(第229页)之时,便将"严格的交互性"当作其唯一的内容,因而对生而具有的人权的保障就是交互强制得以可能的条件之一,这也符合法权法则的基础与道德法则之间相对独立而又有关联的特征。

二、所有权排他性的强制基础

在第二部分,凯尔斯汀继续围绕着康德《法权学说》之私法展开,这是接续"人权"概念之后对法权体系所做的进一步划分,但是其中最重要的莫过于私法所有权的法权奠基。按照关系范畴的三分法,法权被分为三种:所有权、对人权、物权性的对人权。② 其中所有权的篇幅占据了这一部分的三分之二,且以所有权的法权基础的论证为核心,从占有的法权可能性以及外物获得的合法方式两方面进行论述,将康德在此之上的独特性展现出来,即一种不同于洛克"劳动先占理论"的先验演绎。

凯尔斯汀指出,康德首先面临的问题是"理知占有"何以可能。既然康德拒绝了人与物品的经验性关系,转向一种"人际关系",即"法权上对物的统治只能被奠立在与所有参与者相兼容的基础上"(第250页),那就意味着任何对物的经验性占有在他看来都不足以在法权上成立,因为一旦失去了对某物的经验性占有,则会让某物重新成为无主之物,侵犯行为就失去了法

---

① 这是凯尔斯汀在序言中反复强调的,反对将法权做伦理化的处理。
② 参见沃尔夫冈·凯尔斯汀:《良好的自由秩序:康德的法哲学与国家哲学》,汤沛丰译,商务印书馆2020年版,第256页脚注,第289页。同样参见王夏昊:《论康德的作为先天观念的私法——兼论民法典的体系》,《世界哲学》2020年第1期:"从外在的我的或你的东西的取得的质料来看,物权取得的有形物是实体性,合同权取得的另一个人的选择行为的履行是因果性,婚姻家庭权取得的身份是协同性。这三者是诸现象在时间中的存有的规定的诸原理,所依据的是时间的三种样态:作为一种量而对时间的本身的关系(存有的量、持续性)、作为一个系列在时间中的关系(即前后相继)与作为一切存有的总和在时间中的关系(即同时)。"

权上的辨识度。为了解决这一困难,康德将占有分为"感性占有"和"理知占有"两种,后者对于所有人而言在形式上有相同的效力,它脱离了时间和空间的限制,纯然是一种主客之间的概念关系,因而只要"我有使用能力"的"可使用对象",都可以成为"我的"意向性的、潜在的、可能的占有对象(第254—255页)。这样一来就不存在所谓的"无主之物",也就证明了任何"未被许可的占有"都是对"我的"或"你的"法权的侵犯。因此,只要一种外在的"我的"与内在的"我的"之间不存在冲突[①],则必须假定"把我的任意的每一个对象都当作客观上可能的'我的'或'你的'来看待和对待"(6:246)。凯尔斯汀在此也认为该公设具体是针对相互影响的个体,以至于"他的"也成为可能:每一个任意的对象,仅仅因为他是任意的对象并从而是可使用的,就成为任何一个人的可能的"他的"(第269页)。

然而,这样的理知占有以及公设都只为所有权的可能性获得提供了基础,各个主体之间要以何种方式"合法地"获得某个外在物品,才是亟待解决的问题。凯尔斯汀认为在此之前需要先对上述理知占有的法权命题进行先验演绎,因而他在这一章第四节便从康德的《草稿》中重新论述了该命题的图型论证明,他指出,"物理性的占有就是理性占有的图型,持有充当强力支配的图型"(第285页)。虽然"理知占有"与"获得方式"是两回事,但是前者是后者的前提,后者是前者的经验应用模型,因而康德在论述时便省去了两者之间的图型论关联。凯尔斯汀在该书中的重构,切实地理清了一些对此的误解,更好地推进对所有权理论的解读。在接下来的论述中,凯尔斯汀紧密围绕着康德"获得某种外在的东西的方式"进行论述,但他最终想要回答的依旧是"先占"行为在康德法哲学中的地位问题。他在此重述了两个论题:首先是原初获得的两个前提,然后是获得方式(先占)的合法性。我们仔细考察便会发现,这些论题实际上都与"排他性"相关。在第一个论题中,"排他性"的要求奠基于一种"先天统一起来的任意结构",即当单方面的任

[①] 关于这一点,凯尔斯汀专门在这一章第二节进行论述,他按照康德二律背反的模式重构了一组背反命题并解题,指出外在"我的"之可能性,从而为所有权中的法权公设奠基(第256—266页)。

意和普遍可能的统一任意相一致时,原初获得就不会因此而非法限制他人自由。此外,排他性也有其限度(条件),由于人的有限性,人们并不能在土地的占有上要求一种无限排他性,即个人不能宣称"所到之处皆为我有",因此设想一种"共同占有"便是必要的,因为它使得对土地的占有不会与"统一的任意"相冲突。凯尔斯汀在此实际上和康德一样,他并未指明上述的先验演绎关系,只说"共同占有的理念充当对原初无主土地的否定"(第299页),因此将这一断言视为对"理知占有"的继承与扩展并不矛盾①。基于上述两个条件,先占所要求的排他强制便有了相应的法权基础,它作为连接占有理念和持有的行为,为"取得"划定了界限;凯尔斯汀也通过指出康德先占理论的双重性,说明了"先占者与原初共同占有者之间的通过'分配原则'而被规范化的关系"(第300页),即先占作为一种标记对于所有权及其排他性而言都不可或缺。

实际上,凯尔斯汀在此便想直接从所有权跨入公法的领域中②,因为每个人要避免经验占有的不确定性,人们都有义务"共同建立一个法权状态,让先天统一的任意的理念过渡为一个现实地立法的、拥有权力的意志共同体"(第305页)。然而在此之前,私法的论述还要继续。在"对人权"中有一种类似于"统一任意"的契约基础——"共同意志",它按照先验哲学复式论(第336页)的诠释,将契约双方的宣布声明—响应声明视为重合的,仅仅是被表象为两个行为而已;因而在转让过程中的占有是按照持续性法则进行的(6:274),"共同意志"的法权形式以契约的方式正好弥补了经验中的时间差,保证了转让的法权基础。而"物权性的对人权"的重点则在于以"人格

---

① 凯尔斯汀在此明确指出,"共同占有"的理念解决的是对物权方案(法权是人际关系)与获得形式(人对物的获得)之间的矛盾,这一问题在这一章开头便被提出。参见沃尔夫冈·凯尔斯汀:《良好的自由秩序:康德的法哲学与国家哲学》,汤沛丰译,商务印书馆2020年版,第250、268、299页。
② 国内外不少学者也是从这里出发进入政治哲学领域的。参见吴彦:《法、自由与强制力——康德法权学说的基本语境与框架》,吉林大学2012年博士学位论文,第133页:"这种以'空间'为意象的'我的和你的'观念是康德整个政治哲学的基础。它确立了一种正当的政治秩序所应遵循且不得加以破坏的基本秩序。"另见徐向东:《自由主义、社会契约与政治辩护》,北京大学出版社2005年版。

重获"以及"共同占有"的方式重获人格性(第351—352页),以此奠基这一特殊的法权。就像凯尔斯汀迫不及待地展开国家法权的重构,笔者在此不再赘述凯尔斯汀在这一部分的论述,而是接着去探究国家强制的服从禁令的合法性基础。

三、国家服从义务的强制基础

凯尔斯汀早在第一部分就已经为第三部分的内容埋下了伏笔,"康德指的普遍法权法则是一项理性规则,在这项规则的帮助下,合法的与不法的行动先天就可以得到区分,而不是指国家法以及实证法的各种合法性条件"(第105页),后者在第三部分特指人民对于国家而言的"服从义务"在法权上何以可能。在谈论后一种合法性之前,凯尔斯汀需要先对康德的公法的必要性进行重构,抑或是证明国家或法权状态的必要性。

凯尔斯汀明确指出,康德拒绝了任何基于人类实用学基础的论证[①]——该论证以自然条件和前国家状态为基础,转而从纯然的法权概念对规范性的自然状态所提出的要求入手,宣称"逃离自然状态是唯一的积极而外在的自然义务"(19:R 7075),因为"出于理性的根据应当存在的法权,在自然状态中不能实现"(第370页)。这一点正好契合了康德在所有权中反复强调的分配正义的问题,康德意在通过外在的实证法使得占有的先天可能性在社会中落成现实,且按照所有权要求的"统一任意",国家的构成也需要这样一种意志的统一以保障法权的持久性。虽然凯尔斯汀也认为,康德的国家建成并不需要多余的契约论证,但是考虑到并非所有人都"能够自发达成和谐一致",因此总是需要"伴随着(国家)强制"来实现这一点,而在

---

① 国内学者吴彦试图从"人类学"角度回答康德法哲学的三个问题:(1)为什么法是必然的?(2)为什么财产制度是必然的?(3)为什么国家制度是必然的?但是,凯尔斯汀似乎是拒绝从人类学基础来论证康德法哲学的内容,例如他在此就拒绝了赫费的观点:康德是为了找到一个确定无疑的人类学基础才偏离了霍布斯。参见沃尔夫冈·凯尔斯汀:《良好的自由秩序:康德的法哲学与国家哲学》,汤沛丰译,商务印书馆2020年版,第368—368页。

所有的手段中，契约是"按照理性概念来观察"的唯一途径（第390—391页）。凯尔斯汀在此反复强调，不可将现当代的自由权利概念与康德的权利论述混淆①，因为那会造成对康德的契约论的误会，将其等同于那种可以随意放弃或签订的契约。实际上，康德所设想的是一种"原初契约"，即"只有按照这个（国家的）理念才能设想国家的合法性"（第391页）；它不是人们通过权力让渡构成的，而是作为检验实证法的原则（第393页），亦是对人民立法意志的启发性原则（第397页），也是指导主权者负有责任的宪制原则（第404页）。

现在的问题是，这种原初契约何以保证服从国家义务而不会侵犯人民的权利，因为在康德的政治哲学中，主权者有着最高的"不可指摘性"②，因而一种对国家和主权者的完全的服从义务的合法性基础就必须得到论证。凯尔斯汀在这一部分的第四章和第五章都在谈论一种权利的划分，意在说明康德试图通过区分不同的统治形式找到一种最大限度保障法权合理性的国家形式——一种消除了统治与臣服之关系的绝对的法权状态（6：341）；然而按照上述论述，这只能是一种本体共和国的国家理念。凯尔斯汀指出，康德并不会将现行的共和主义的执政方式看作共和国的雏形，他反而在此特别提醒我们，要避免将那种分权的有效性与国家合法性的法权效力混淆，以至于将"法制国原则和有理性所证成的法治国原则"（第472页）混淆，因为前者看重的那种相互限制（最高法院对立法者的限制）与康德的国家理念是不一致的。按照这一思路，凯尔斯汀在第六章分别从两个方面论述了康德对于服从命令的证明：一方面是从消极和积极的"抵抗权"切入，认可道德领域的不服从，并反对现实的不服从，因为不存在任何"进步的暴力"，也就

---

① 凯尔斯汀还在这一部分的第三章"公民状态的三大原则"中，具体阐述了康德的自由概念，以及说明了康德政治自由的目的只是为立法提供准则，完全不同于限定或反对国家法规的权利基础。参见沃尔夫冈·凯尔斯汀：《良好的自由秩序：康德的法哲学与国家哲学》，汤沛丰译，商务印书馆2020年版，第406、410、413页。
② 关于这一点，凯尔斯汀也在三权分立的部分说明，因为康德将立法权和执法权分开，立法的主权由于是公意的结果，必然是不可错的，但是执法却会因为经验性的条件而犯错，因此不能归为同一人格，以避免后者侵犯了前者。

不存在反抗的合法性①（第 527—530 页）；而另一方面，对于服从要求与理性法的关系而言，康德不仅认为该要求不与理性法相冲突，反而证明服从义务是理性法的延展——自由权得以实现的可能前提（第 556 页）。由此可见，康德对于国家的服从义务秉持一种毫不退让的态度，也就是对强制力的服从性持积极的态度，这才能让法权得以区分于伦理获得一方自留地。

其实不少学者都试图从康德的法权学说中找到一些现代"反抗权"的影子②，也有不少学者试图指出康德反抗禁令的不足。显然凯尔斯汀都不会赞同，因为他认为，康德的契约论完全能够克服传统契约论的两难困境，即在为"约束力提供基础"之后，又能"指出服从义务的边界"（第 503 页），只不过这种划界往往显得"无力"，但并不能因此证成任何破坏"法权状态"的行为的合法性。

四、反思与结论

不得不承认，凯尔斯汀对康德的系统性重构对于当代法哲学研究而言具有重要的意义，它为规范性的法律体系提供了新的理论视角。凯尔斯汀反复强调法权的范围不可与伦理相混淆，以此避免任何以"正当性"为借口而破坏"合法性"的行为，例如他对社会福利国家的论证和人权干涉的反思，都是站在康德法权学说的立场上捍卫着法权的相对独立性。此外，凯尔斯

---

① 这里还指出了康德坚持反抗禁令的原因在于，区分私人领域和公共领域，不可因为任何的"正当性"基础而侵犯"合法性"基础，否则那会是最大的"恶"。参考沃尔夫冈·凯尔斯汀：《良好的自由秩序：康德的法哲学与国家哲学》，汤沛丰译，商务印书馆 2020 年版，第 531 页；武威利：《康德的国家合法性论证理路》，《广西社会科学》2018 年第 8 期："一个政府的合法性并不在于它是否促进人民的福利，而在于保护和促进人民的道德权利，尤其是对自由的自然权利。"

② 参考该书对紧急防卫权与抵抗的区分，沃尔夫冈·凯尔斯汀：《良好的自由秩序：康德的法哲学与国家哲学》，汤沛丰译，商务印书馆 2020 年版，第 537 页；也可以参考李金鑫：《先验哲学视域下的现代政治设计——康德法权思想研究述评》，《井冈山大学学报》（社会科学版）2013 年第 6 期："墨菲敏锐地发现的'康德并未区分革命（revolution）和抵抗（resistance）。政治的守法义务具有相互性。如果政府抛弃了为自己所设定的法律限制，那么人民可以正当地加以反抗'。"并且"马尔霍兰得出结论，从康德关于自由固有的法权足以为反抗国家的强制权力提供证明"。

汀具有强大的思辨能力,通过层层划分将认知规范和执行规范区分开来,在法权奠基部分、私法和公法部分都发挥了巨大的作用,既能保证法权效力的道德性基础,又能凸显法权强制的合法性,以至于全书三个部分都在这样的方法论指导下,完成了对强制的交互性、排他性和服从性的论证。

然而,也正是因为凯尔斯汀一直强调法权不同于伦理的特性,他会拒绝任何目的方法论在法哲学和政治哲学中的论证,但是这也对康德义务体系的自圆其说设置了障碍。首先,在第一部分的法权划分中,他就特别强调"人权"是一种独立于人类学的实践哲学的概念,它可以等同于强制的独立性以及自我规定目的的权利;如果将人权也视为客观的法权原则,那么任何人都可以充当外在的立法者,因而在其中并不存在"包含更多道德尊严的法权善"(第226页)。但是人权毕竟关涉着人性[①],关涉着人的目的,而这些概念都带有质料的特征,很难将其完全形式化。尽管凯尔斯汀指出了人权也可以充当内在法权义务的基础,但是当他只注重法权的外在性特征时,恰恰忽视了它所带有的目的论色彩,以至于即便凯尔斯汀在划分中用人性目的来代替人权在伦理地位的空缺(第239页),试图将人权完全法权化,依旧无法解释基于"人权"之上的"自杀禁令"如何能够是一种道德性义务。其次,凯尔斯汀也拒绝在私法领域的目的论(生育自然法[②])的解读,他(与康德的批评者一样)将性行为视为纯然的法权行为,其中不具有任何道德目的,而是尝试从"人格转让"和"人格重获"的辩证法中——双方对性属性的共同占有,这种关系为共同意志提供了保证(第353页)——确定这种特殊的法权。然而,"物权性的对人权"的特殊性恰恰就在于它包含了人格性概

[①] 凯尔斯汀反对李特尔将人性的质料特征视为康德法权的奠基之一,参考沃尔夫冈·凯尔斯汀:《良好的自由秩序:康德的法哲学与国家哲学》,汤沛丰译,商务印书馆2020年版,第223页脚注。还有一点不同于国内的观点是,凯尔斯汀将人性、尊严、人格性等同起来,但是往往与后两者相关的是"人格中的人性"概念。因此如果凯尔斯汀将人性视为质料性的,那么这样的解读会给人造成误解。
[②] 凯尔斯汀宣称远离这种目的论,反而是对性生活的解放。参考沃尔夫冈·凯尔斯汀:《良好的自由秩序:康德的法哲学与国家哲学》,汤沛丰译,商务印书馆2020年版,第349页:"以往的学说把婚姻法理解为一种社会管理,针对的是(经由性生活的)物种保存这一自然目的,康德式的婚姻法则把性生活从这种社会管理中解放出来。"

念,基于此概念所蕴含的"目的公式",该法权才具有了特殊对待的强制要求;如果不考虑目的论对该法权的影响,性行为的意义就需要重新考虑,法权基础对于人格性的重新获得而言是否成立也是有待考量的。此外,凯尔斯汀意在由所有权跨入公法的领域中,进一步研究"康德财产学说的国家法维度"(第 305 页),即便他充分地论证了人们具有这样的"逃离自然状态"的义务,但是如果不从历史目的论的视角考虑人们联合在一起的必然性,那也只能依靠"自愿"来达成共同体的要求,因为在自然状态中并不存在任何强制可以迫使人们遵守这样的义务。但是,正如格哈特所作之序,凯尔斯汀"使得他的法哲学和国家哲学反思能够在政治上有所担当,并且在许多方面也在政治上有所影响"(第 5 页),我们也要仔细考量这样的反思对于这种形式化重构是否合理。

综上,无论是基于对当代政治哲学的继续思考以及对国际政治的反思,抑或是为了对法学进行理论研究和奠基,《良好的自由秩序》都是值得一读的佳作。笔者在此想要回到本文开头的情景中追问:康德法哲学和政治哲学所要求的强制与服从,对于当代的行政禁令的合法性是否有所助益?这便是"仁者见仁,智者见智"了。当然,在此要非常感谢汤沛丰先生的翻译工作,时间之长、内容之细致,以及语句之通顺①,都展现了他丰富的学识与能力;最重要的是将如此优秀的作品以中文的形式传播,让更多的人参与到法哲学与政治哲学的思考之中,是值得我们敬佩的。

---

① 不得不说,如此长篇巨作的翻译完全不出错是很难的,所以我们应该多多体谅译者的辛劳并给出合适的意见。首先是对 Autokratie 的翻译问题,汤先生在第 458 页将前者译为"专制政体"以区别于贵族制和民主制,而在第 464 页又将其译为"独裁制",隶属于共和主义执政方式的一种并存的体制;但是在第 458 页中,despositisch 也被译为"独裁制",意在与共和主义完全对立,在此便会造成不必要的误解。应将这两者译法固定下来,前者代表一种国家形式,而后者为一种执政方式。同样的问题也出现在第 486 页。其次,人名 Scholz 的翻译存在两个版本,第 110 页脚注为"朔尔兹",而在第 130 页脚注为"索尔兹";而 Sulzer 则在第 207 页,前后被译为苏尔策和舒尔策;同样地,人名 Erhard 在第 247 页脚注被译为"埃哈德",却在索引中被译为"艾哈德"。

别开生面的经典之作
——评《良好的自由秩序：康德的法哲学与国家哲学》
邢长江

近年来，康德政治哲学和法哲学越发成为国内学者热衷讨论的一个话题。在此研究热潮逐渐形成之际，《良好的自由秩序：康德的法哲学与国家哲学》(以下简称为《良好的自由秩序》)的翻译与出版无疑是一桩最值得关注的大事。在笔者看来，译介当代著名政治哲学家沃尔夫冈·凯尔斯汀(Wolfgang Kersting)的这本著作之所以有如此显著的重要性，很大程度上是因为此书具有如下两个方面的独特之处：

第一，《良好的自由秩序》虽然相当明确地把全书的主题规定为康德的法哲学和政治哲学这个专门的学术门类，但把研究的原点放到了人类政治学说之整体命运这一宏大基础之上。它却没有囿于现今著述的一般习惯，一开始就径直地罗列起康德文本中相关的思想和观念。相反地，本书开头呈现于读者的是近百页的长长的序言，冷峻地点出了当代政治哲学整体显露出的衰败之态："今天的政治哲学已然不复存在，除了当作被埋葬的对象，即用作历史研究之外，无非就是作为徒劳而无信服力的抗议。"[①]而《良好的自由秩序》的立意不凡之处即在于，它把康德的法哲学和政治哲学放到了对整个政治哲学之历史和命运的思索当中：康德法哲学到底要为这种现状负

---

① 沃尔夫冈·凯尔斯汀:《良好的自由秩序：康德的法哲学与国家哲学》，汤沛丰译，商务印书馆2020年版，第7页。

何种责任,抑或它在何种意义上能够回应如此的系统性困局？在凯尔斯汀看来,单纯不厌其烦地争辩康德在《道德形而上学》中如何把道德概念过渡到法权概念固然有学理上的意义,但是这本身无助于我们理解康德政治哲学的原始动机。因为如果我们把康德政治哲学研究引向一种纯粹的书斋式的思辨乐趣,那么也就一并剥离了康德政治哲学的现实感,消解了它本身所关涉的政治和实践的内涵。它已经不再是人们所期待的"政治哲学"——这种研究倾向让人天真地认为,人们所热切探讨的政治哲学居然还健康地活着,甚至还能为现实政治提供某种直截的教益。针对于此,凯尔斯汀在《良好的自由秩序》中力图避免对康德政治哲学做通行的某种纯粹学院式的考证,而是把对它的研究嵌入到求解当代政治哲学之现实困难的语境当中。通过此书,他希望探求得知:当代政治哲学在打着康德名义做任意的扩张的同时,误失了康德本人给出的哪些现代人本该听取的重要教导,以至于政治哲学"不可或缺的源泉枯竭了",成为关于各种"主义"的"无定型结构"？①

当然,在一个寻常的意义上说,立足当代政治哲学之现实关切来进行康德政治哲学研究也并不是什么新鲜事;相反,一整部当代政治哲学发展史其实到处都被打上了康德政治哲学的印记。比如,自由主义和社群主义可以把康德政治哲学中的某些资源引入各自的论争,罗尔斯可以把康德政治哲学当作样板,来推广他"作为公平的正义"的正义理论。但是凯尔斯汀并不认为这些研究真的达到其预想的目的,因为它们没有认识到,康德政治哲学面临着两方面的威胁。一方面,法实证主义倾向对康德式理性法的冲击和瓦解。政治和统治越来越单纯地被理解为可以直截取证的程序、案例和技艺,所以它看似不再迂腐地需要诉诸理性形而上学基础来保有自在的庄严。另一方面,康德哲学的对手所倡导的作为形而上学的哲学对实践哲学理念的摒弃。比如,在《法哲学原理》的序言中,黑格尔就曾极为明确地否定了康德实践哲学所彰显的应然的规范性意义,而这代表了后康德哲学发展的一

---

① 沃尔夫冈·凯尔斯汀:《良好的自由秩序:康德的法哲学与国家哲学》,汤沛丰译,商务印书馆 2020 年版,第 22 页。

个重要倾向(凯尔斯汀称之为思辨诠释学[spekulative Hermeneutik],即哲学被完全限缩为概念体系内部的解释和澄清,从而在根本上否定了政治哲学的合法性)。在当代,要想把康德政治哲学引入现实政治思考,就必须要抵御和回应这两方面的威胁。而为直面这双重威胁,在历数康德政治哲学影响下不断更迭的各种政治哲学思潮的利弊得失之后,凯尔斯汀选择走两路并进、毕其功于一役的困难道路。他不仅要忠实于康德哲学的原貌,诠释先验的理性哲学基础对现实政治的真实意义,还要捍卫康德法哲学在康德整体哲学中所占据的突出地位,说明相较于纯粹的思辨兴趣而言,康德哲学的实践倾向具有何种不可取代的思想意涵。所以,一方面,他要追问的是:国家和法所意味的强制甚至暴力如何在道德上看是合宜的?这种合宜性基于何种哲学的理由?所有权关系意味了人与物之间的存在论格局事实上基于何种人际关系的视角,它决定了先验哲学必须呈现为何种样态?另一方面,他要引出,这些问题如何直接或间接地对现实政治和立法产生干预。随着凯尔斯汀如此次第展开问题的多个层面,政治与哲学这两个看似难以统合的维度完成了自然的融合,"双重使命"也由此得以完成,从而最终显现出一般学术研究著作难以具备的、恢宏而又深沉的哲学家视角,以此完整地接过了康德政治哲学的原初问题意识。正是因为《良好的自由秩序》有如此显著的优点,所以在一上手处,凯尔斯汀其实就已然如福尔克尔·格哈特(Volker Gerhardt)所说,"对康德政治哲学的新阐释设立了'新的标准'"①。

第二,《良好的自由秩序》并未从一个特定的立场和格局出发来谋篇布局,而是给读者展现出一个由看似互相矛盾的观点组合而成的斑驳场景。比如在国家法部分中,凯尔斯汀强调了康德《法权学说》的国家政治轮廓如何具有霍布斯主义的意味,即如何强烈地体现了法权的源始动机在于消弭暴力达成和平状态。但是与此同时,他又指出,康德之所以如此厌恶暴力和失序的无政府状态以至于要动用国家和法的强制,并非像传统契约论者所说的那样,是由于和平的秩序需要现实且外在地限制个人的妄作。因为他

---

① 沃尔夫冈·凯尔斯汀:《良好的自由秩序:康德的法哲学与国家哲学》,汤沛丰译,商务印书馆 2020 年版,第 3 页。

正确地指出,康德确实忧心暴力和斗争所呈现出来的失序状态,但是这种状态却并非人类学的经验性后果,而是"理性法的先天规定缺少规制能力的结果"①。理性法对于绝对统一性的规范性诉求是康德国家法理论的真正基础,它虽然是形而上学的,但是和平和安宁的最终来源。而霍布斯和洛克对自然状态和奠定契约这个过程所做的经验性描绘与假设最终会动摇康德式理性的理想主义的地位,也无法衍生出真正稳定的法权状态。"与两位英格兰人的政治设计相比,康德法哲学的独特之处在于:对所有权和国家的效力界定没有沾染上实用或功利的论证的色彩。"②从这一点上说,凯尔斯汀指出,康德明显地从卢梭社会契约论对国家法的理想和普遍意志的学说中汲取了养料。不过,他又进一步赞扬了康德国家学说中理性法的改良主义精神在保持法哲学对政治现实的批判的同时,兼顾了两者之间的平衡关系,所以远比卢梭对毫不妥协的浪漫设想更加富有深度。我们甚至还能够发现,凯尔斯汀甚至最终对康德本人的观点也不乏怀疑。比如,他一方面极为正确地指出,康德国家学说的出发点很大程度上来自理论哲学,来自《纯粹理性批判》序言中他对形而上学之无政府主义状态的忧心,来自对建立哲学领域的"持久宪制"的期待。这在某种意义上直接决定了,用纯粹的理性法宪制主义精神来约束自身的权力运行机制是康德法哲学的一种自然的选择。但是同时,凯尔斯汀却指出,这恰恰是康德法哲学中值得引起我们警惕的地方,以至于他最终在理性法和实证法的长久争辩中,采取了一个协调折中的态度:"宪法即便作为实证化的理性法,也要努力保存为该理性法固有的以及不可取消的超验性。"同样不可忽视的是,"然而它必须是实证化的理性法,以便人们即便是面对立法机关的时候,也能够主张其正义的法权,也能够要求民主立法机关实施正义的、与自由和平等原则相一致的统治"③。凯

---

① 沃尔夫冈·凯尔斯汀:《良好的自由秩序:康德的法哲学与国家哲学》,汤沛丰译,商务印书馆2020年版,第370页。
② 沃尔夫冈·凯尔斯汀:《良好的自由秩序:康德的法哲学与国家哲学》,汤沛丰译,商务印书馆2020年版,第381页。
③ 沃尔夫冈·凯尔斯汀:《良好的自由秩序:康德的法哲学与国家哲学》,汤沛丰译,商务印书馆2020年版,第502页。

尔斯汀不肯遽下结论的作风由此可见一斑。

从更大的视角来看，我们发现，凯尔斯汀在《良好的自由秩序》这本不断回应历史上不同思想观点的、野心极大的皇皇巨著中，很少全然赞叹或否定某一种哲学倾向和思维。他甚至在全书的最后仍不屑于做一个交差性质的结论，而是不厌其烦地沉浸于借助康德法哲学的思辨探险之中。由此不禁让人想到，此书写作的风格像极了凯尔斯汀同样精通的柏拉图对话的路数：缘起而聚，兴尽即收。但这绝不意味着作者在书中放弃了他对事情的基本判断。正如柏拉图鲜会参与到他笔下的苏格拉底的论争中去，但却在不经意间让整场对话都染上了他自己观念的底色一样，凯尔斯汀也通过这本关于康德法哲学的学术著作向读者传达了某种政治智慧：在如此急剧变化的历史时代中，任何一种负责任的政治哲学都不应该急于指点江山，而是必须在复杂而又矛盾的观念论争中培养起自身的实践道德性，而这是当代政治哲学能够给现实政治提供的最重要的教训。当然，这种政治智慧也是指引当代法哲学尚能成为哲学的根本原因之一。

总而言之，《良好的自由秩序》显然是一部别开生面的经典之作。它不仅展现出作者极为深厚的哲学功力，还大大地拓展了当代政治哲学研究的整体思路。它对于当今康德哲学研究也具有极为重要的指导意义：康德的洞见和哲思确实仍旧始终伴随着我们的时代，但是它作为一份宝贵的遗产，迫切地需要研究者以更为超然旷达的态度来对其进行挖掘和检视。

良好的自由秩序何以可能？
——评《良好的自由秩序：康德的法哲学与国家哲学》

柳　康*

沃尔夫冈·凯尔斯汀所著的《良好的自由秩序：康德的法哲学与国家哲学》一书近来由暨南大学法学院汤沛丰翻译，于2020年在商务印书馆出版。该书德文本几经修订再版①，足见作者本人对该书的重视。中文本的问世，既为中国学界讨论法哲学和国家哲学在康德体系中的位置提供了方便，也为系统反思德国古典法哲学提供了契机。

众所周知，康德法政思想的复兴与罗尔斯和哈贝马斯两位哲人的推举密不可分，后两位的法政思想自20世纪50年代以来得到了广泛的讨论和辩驳。不论在传统的承继上，还是在改造当时流行的法哲学的分析哲学路径上，他们均可被视为20世纪后半叶最重要的思想家。在国内，学者们对

---

*　柳康，中共中央党校(国家行政学院)文史教研部讲师。
①　该书总共出了三版，中译本为译者参考最新版翻译而成。具体参看：(1) *Wohlgeordnete Freiheit. Immanuel Kants Rechts- und Staatsphilosophie*, Quellen und Studien zur Philosophie, hrsg. v. G. Patzig/E. Scheibe/W. Wieland, Band 20, Berlin: Walter de Gruyter 1984, XVI, 380 S; (2) *Wohlgeordnete Freiheit. Immanuel Kants Rechts- und Staatsphilosophie*, 2., um einen umfangreichen Einleitungsessay „Kant und die politische Philosophie der Gegenwart", erweiterte Auflage, Frankfurt/M.: Suhrkamp (suhrkamp taschenbücher wissenschaft 1097) 1993, 529 S; (3) *Wohlgeordnete Freiheit. Immanuel Kants Rechts- und Staatsphilosophie*, 3., erweiterte und durchgesehene Auflage, Paderborn: Mentis 2007, 408 S.

这两位思想家的接受和讨论也相对深入、透彻。

然而,就他们思想的承继和效应而言,二者却有些差别。罗尔斯的弟子遍布英美,而"哈贝马斯派"则稍显弱一些。公开以其为师的人并不太多。不过,凯尔斯汀就是其中的一位。这位学者著述颇丰,尤为擅长"把博学的历史研究与广泛的体系性思考相结合,并且通过他精确的写作方法论意识来对两者进行验证,他在此证明了这种能力"(第 4 页)①。本书不断再版这一事实也表明,该书在康德政治哲学研究方面具有重要的意义。

诚如格哈特(Volker Gerhardt)所言,本书作者分别在"历史"和"体系"两方面用力。就历史层面而言,他不仅联系人们较为熟悉的"永久和平论"和《道德形而上学》,而且也联系康德前后期一些尚未形成完整性论述的笔记和草稿来展开自己的论述。在 2007 年再版的导论中,他进一步将康德的思想置于当代哲学的语境中思考,由此凸显康德哲学在解决某些问题上的优势。他的分析不但使我们能够理顺康德自身法权思想发展的脉络,也为我们更好地理解康德与其所在传统及其之后法权思想的发展之间的关联提供了平台。具体而言,该书展示了康德法权思想与传统自然法、与社会契约论之间的关联。就体系方面而言,凯尔斯汀一方面注重法权哲学内部的关联,亦即私法和公法之间的结构性关系,另一方面着力阐明伦理和法权之间在效力上的奠基性关系。

为了服务于上述努力,作者将全书分为三大部分:法权的奠基、私法、国家法。从三分的结构来看,凯尔斯汀显然跟随了康德《法权论》的结构来架设全书。但这种架构会使人产生两点疑惑:一是,在《法权论》中,"私法"(私人法权)和"国家法"并不是对应关系。与前者对应的反而是"公法"(公共法权),国家法只是公法中的一个部分。那么,为什么凯尔斯汀没有处理与国际法权相关的问题?二是,该结构大致可以看作是"总—分"结构,这样一来,该著作似乎缺少应有的总结部分,不免使人觉得这种架构方式有些松

---

① 沃尔夫冈·凯尔斯汀:《良好的自由秩序:康德的法哲学与国家哲学》,汤沛丰译,商务印书馆 2020 年版。以下括号中的页码编号与此中译本中的页码相对应。除此之外,文中出现的(卷码、页码)这种形式,依据的是科学院版《康德全集》的卷码和页码。

散。在接下来的各部分中，笔者依据著作本身的层次依次进行评述，但不会面面俱到，仅仅会去关注一些有趣的点，再提出一些关于康德思想的疑惑，进而试着分析凯尔斯汀的分析和论述为什么会导致这些疑惑。

一

在第一部分中，作者梳理了法权概念，并着重聚焦在法权原则与道德原则、法权与伦理、法权义务与道德义务之间的关系上。换言之，作者试图在法权与伦理的关系中探讨法权的奠基问题。在探讨它们之间的系统性关联时，作者认为我们必须同时考虑两点："一是法权独特的方面，二是法权在效力上对道德学说的依赖性。"(第109页)然而，事情随着对"康德法权论是否是批判的质疑"而变得更为复杂。因为我们不能仅仅停留于"道德—法权"的两层关系，而是需要在"先验哲学—道德—法权"三层关系中来回穿梭。凯尔斯汀认为，不论康德的道德哲学还是其法哲学，都属于批判哲学之列。他认为，持非批判性论点的学者(如艾宾浩斯[Julius Ebbinghaus])并没有注意到"动机"这一崭新的根据(第153—154页)。然而，凯尔斯汀自始至终似乎没有详细论证"动机"如何作为一条"崭新"的论据，以及这一论据为什么能够回应"非批判性"的指责。与此相应的问题是，作者虽然强调自己的阐释既不同于独立论(伦理与法权相互分离，这就是著名的"分离论题")，也不同于道德目的论(法权以伦理为鹄)，但是似乎也没有阐明他处理该问题的具体方法。或许，我们在最浅层的意义上可以说，他所应用的是"历史—逻辑"方法，即通过探明康德思想发展的历史来展示义理上的关联。

依笔者之见，贯穿在凯尔斯汀论述中虽不明显但富有启发的一点是他对"行动"和"人格"的区分。它们因谓述它们的谓词的不同而有区分。现在的关键是，能否从关于"行动"的谓述成功跨越到对"人格"的谓述。例如，"合法的"作为行动的谓词是否能够跨越到"拥有权利的—被授权的"这样的人格谓词(第174—175页)？换句话说，作为赋予义务的道德法则究竟是否能够以及在什么意义上授予人们以相应的法权？一方面，凯尔斯汀通过区分不同的谓词来揭示这一困难；另一方面，他也促使我们重新考虑究竟在什么意义上"道德—法权"具有"源始的统一性"。只有理解了这种源始的统一性，伦理和法权的划分才能得到更为深入的理解。

在这一部分中，凯尔斯汀的论述有两方面的瑕疵：第一，为了应和整章的思路，第四章"人权"章的标题或可改为"人性目的和人性法权（人权）"，从而能够回应"善"与"正当"关系问题；当然，凯尔斯汀在论述乌尔比安的"正直生活"原则时，论及了人性法权和人性目的之间的关联（第238—239页）。或许，这个问题值得在第三章集中处理。第二，凯尔斯汀的论证仅仅停留在人们熟识的"义务论"，并没有深入考虑《道德形而上学》中的"道德论"与"法权论"之间的关联。更明确地讲，康德的伦理学在《道德形而上学》中是否经历了某种形态上的转变？这一形态是否能够作为康德伦理学的"最后形式"（final form）？因为在"义务论"与"道德论"之间可能的、微妙的差别很可能对理解"法权的奠基"问题产生影响。这点质疑对凯尔斯汀来说可能有点吹毛求疵，但它可以促使我们自己进一步去思考。

二

作者在第二部分的第一章中着重重构了所有权论证，并在此基础上证明了"对人权"和"物权性的对人权"。就此三种权利的关系而言，康德认为，后两种建基于第一种权利之上。凯尔斯汀联系《草稿》，集中讨论了所有权理论中的"图型论"（Schematismus）。他认为，即使在公开出版的法权论中缺乏图型论，也不能由此认为康德在具体的论证中没有使用这种方法（第288页）。众所周知，图型论在《纯粹理性批判》中属于"先验判断力"的部分。唯有通过图型，异质的纯粹知性概念和直观才能得到沟通。在这种意义上，图型是一个典型的"第三者"。在法权论中出现的图型论，作者认为我们同样可以将其理解为"所有权判断理论"（Theorie des Eigentumsurteils）。"但是，法权作为理性概念无法被直观，除非借助占有——占有可以是经验性占有——的图型论，而不是借助法权的图型论。"（23,277）因此，自然性占有是理智占有的图型、体现和显象(第286页)。虽然就法权的认识而言,自然占有是最先开始的,但它并不是法权占有的先天效力来源。也就是说,"法权占有的认识前提和显现前提不可与它的先天效力相混淆"(第287页)。因此,图型论应当展示的应用(《纯粹理性批判》中可以说是遵循了"概念—图型—直观"这样一种次序)学说,在法权论中却以相反的方向得到呈现。

同样有意思的是,凯尔斯汀发现了所谓的法权"二律背反"在《草稿》和《道德形而上学》中受到了不同对待。康德在前者中花费了十几页思考的问题,却在后者中花了两三个段落就给打发了(6,254—255)。在凯尔斯汀看来,所有权的"二律背反"的产生根源是占有唯实论和占有观念论之间的冲突。与《纯粹理性批判》一样,康德通过区分"经验性的占有"(作为现象的占有)和"理智的占有"(作为本体的占有)解决了二律背反。而他对"占有实在论"的最终反驳是,该理论违背了自由(第265页)。

此外,康德将契约法权称为"人格法权",这备受历代哲学家和学者们的质疑。因为康德认为,人格法权就是对他人之任意(Willkür)的占有。由于他人的任意总是"内在的",所以它无法成为占有的对象。毋宁说,我们所占有的仅仅是未来某一时刻他人任意的成果。在莱因哈特·布兰特(Reinhard Brandt)看来,可以通过区分对"任意"的自然性占有和法权性占有来为康德辩护。也就是说,在契约达成但尚未履行的这段时间中,承诺方A理智地占有接收方B的任意,而B对自己的任意则处于一种自然的占有中。显然,这一辩护是将任意类比于物的结果。不过,在统一意志形成之前,上述区分是不可能的。因为"统一意志的理念充当法权连续律的贯彻组织,化解契约对象的无主性的危险,并且在契约带有风险的时间段之中保证占有在连续性"(第338页)。在此之后,契约对象(以及任意)不再仅仅停留在可被他人随时侵犯的自然性占有中。此为其一。其二是,"在法权上具有重要意义的,并不是对其他人格之任意的占有,而是对B(……)之行为的法权性的要求"①。因此,并不是对他人任意的占有,而是确立了一种法权性

---

① 莱因哈特·布兰特:《康德——还剩下什么?》,张柯译,商务印书馆2019年版,第174—188页。

要求,这种解释给康德的体系性工作带来了困扰。因为康德试图把对他人之决意的占有还原为某种形式的所有权,而它使得康德的努力变得更加困难。

三

在第三部分中,凯尔斯汀并没有按照《法权论》原有的顺序论述,而是借助一些在《永久和平论》和"公共法权"中的成对概念来进行梳理和重构。他将讨论聚焦在国家主题上的好处是,国家作为单个的道德人格,最能体现康德在共同体学说方面的创见以及法权论的体系性。如康德经常被诟病的"自然"和"自由"、"纯粹共和国和历史性的政治秩序"之间的二元论与对立,在康德对国家法的先验证成的过程中,这些二元与对立统统"消弭在自由法则秩序这一目的的实现过程中"(第 476 页)。

那么,究竟在什么意义上,国家法的先验论证具有如此令人振奋的功能呢?在凯尔斯汀看来,自由法治的原则不断地促进着经验性国家的共和化。在此过程中,国家制度不断受到法权思想的重塑,历史上蛮横的统治失去了强力的品格,进而获得合法性(第 477 页)。在此过程中,康德的国家法思想展示了自身的开放性:它可以容纳各种不同类型的统治形式。也是出于此种缘由,康德不认同任何意义上的抵制,而主张改良。

除此之外,在格哈特的书评中,他不满意凯尔斯汀的如下做法,亦即,与对自由、平等的先天阐释方式不同,凯尔斯汀对独立性(自足)做出了更加经验式的阐明。我猜想,凯尔斯汀的这种做法可能出于如下缘由:一方面是因为他太过倚重《论俗语》中康德对"独立性"的说明(8,294—296),另一方面是因为他不够重视《道德形而上学》中康德对"法权自足性"的说明(6,238,314)。诚然,在前一文本中,如凯尔斯汀观察到的那样,"康德在国家法三原则的论述里,将原本在分析的意义上与人权概念相结合的法权自足变成了一种经济上的地位,这种地位自身便决定了政治立法权的分配"(第 426 页)。根据这种转换,凯尔斯汀认为康德混淆了"描述性"的概念和"规范性"

的概念，由此进一步导致康德把"消极公民"和"积极公民"区分了开来。因此，格哈特对凯尔斯汀的批评似乎有欠公正，因为凯尔斯汀并非完全将"独立性"解释为经济独立性，而仅仅表明了康德本人论证的思路。

在这一部分中，凯尔斯汀回避了两个关键问题：其一与"源始契约的理念"的有效性界限有关。它的规范性并没有停留于国家层面。比起传统中对契约论的界定，它进一步突进到了国际层面。这一层面的回避或者忽视，使得作者无法探讨国际法和世界公民法权与"源始契约的理念"之间的关系问题。因为"源始契约的理念"不仅仅涉及国家建立的合法性依据，更说明了具有规范性的"普遍联合的意志"在国际层面上为什么失效。这也就能够恰当地解释为什么康德在"国际国"和"国际联盟"之间摇摆。其二关涉"战争与和平的关系"问题。在《法权论》中，永久和平的确是范导性的理念，是需要逐步得到实现的目标。同他的前辈格劳秀斯一样，康德讨论了战争问题。甚至从表面上看，康德并不反对战争，而更多着眼于发动战争的权利等问题。因此，战争究竟在通向和平的道路上处于什么位置或发挥着什么样的作用，康德本人也没有明确地予以交代。于是，我们不禁推测，和平的获得只能是"理性的狡计"，甚至也需要战争的协助。这似乎违背了康德的初衷。

因此，若想证成"良好的自由秩序"，康德必须回答如下两个问题：第一，如何解决国家间的自然状态？这种自然状态能否仅仅通过规定战争的权利就可以得到改变？第二，在类似于灭绝人性（Menschenheit）的法西斯政府面前，禁止公民抵制的权利究竟有无法权上的依据？这难道也与他对待法国大革命的态度一样，一切都是天意（providence）？因此，我们明显看得出，良好自由秩序的建立是有其界限的，而若想实现永久和平，前提在于提出解决这些边缘事例（国际法、战争等等）的应对之策。

四

就凯尔斯汀整部著作而言，除了结构上可能由篇幅所限造成的瑕疵之外，该书总体而言论证细腻，材料翔实，不但涉及康德前后期对法权哲学的相关思考，而且几乎囊括了整个20世纪重要的二手文献。借助作者细腻的论证，笔者更加深入地理解了康德法权论的重要意义，摆脱了之前的一些偏见，如认为康德法哲学的体系化程度不够、缺乏历史性、不够深刻等等。对于凯尔斯汀著作中未能细究的问题，这无疑是一种缺憾。然而，稍微熟悉凯尔斯汀的读者不难发现，他此后的一系列著作都或多或少与康德哲学本身所蕴含的难题相关。以目前的理解程度，与其说《良好的自由秩序》是在回答"良好的自由秩序何以可能？"的问题，不如说是凯尔斯汀带着极大的辩护意味对《法权论》进行的"评注"（Kommentar）。

最后，值得一提的是，译者的翻译化解了凯尔斯汀数不清的长难句。这为清晰理解凯尔斯汀的主张和思考提供了方便的抓手。译本的巧妙可靠使得原作精深丰富的思想得到了更精彩的体现。对于读者而言，这无疑是一件幸事！

稿约和体例

宗旨

《法哲学与政治哲学评论》(以下简称《评论》)以纯粹的学术为根本。旨在译介西方经验、反思自我处境、重提价值问题。以开放和包容,促进汉语学界有关法哲学和政治哲学的讨论和研究。

投稿方式

一、《评论》采双向匿名审查制度,全部来稿均经初审及复审程序,审查结果将适时通知作者。

二、本刊辟"主题""研讨评论""经典文存""书评"等栏目。"主题"部分欢迎以专题形式投稿,有意应征者准备计划书(一页)以电子邮件寄交《评论》编辑部,计划书包含如下内容:

(一)专题名称(以中外法哲学和政治哲学论题为主题,此主题应具有开放出问题且引发思考之可能性)。

(二)专题构想(简短说明专题所包含的具体研究方向,说明本专题的学术意义或价值)。

(三)预备撰写论文人选与题目。提出4—5篇专题论文撰写者与论文(或译文)题目清单,另附加1—2篇专题书评之清单。

(四)预备投稿时间(本专题计划书经审查通过后,应能于半年内完成)。

三、凡在《评论》刊发之文章,其版权均属《评论》编辑委员会,基于任何形式与媒介的转载、翻译、结集出版均须事先取得《评论》编辑委员会的专门许可。

四、稿件一经刊登,即致薄酬。

五、来稿请提供电子档,电子邮件请寄交至下述地址:shenyanw@163.com。

体例

一、正文体例

(一)文稿请按题目、作者、正文、参考书目之次序撰写。节次或内容编号请按"一""二"……之顺序排列。

(二)正文每段第一行空两格。独立引文左缩进两格,以不同字体标志,上下各空一行,不必另加引号。

(三)请避免使用特殊字体、编辑方式或个人格式。

二、注释体例

(一)文章采用脚注,每页重新编号;编号序号依次为:①,②,③……

(二)统一基本规格(包括标点符号)

主要责任者(两人以上用顿号隔开;以下译者、校订者同)(编或主编):《文献名称》,译者,校订者,出版社与出版年,第×页。

(三)注释例

1. 著作类

邓正来:《规则·秩序·无知:关于哈耶克自由主义的研究》,生活·读书·新知三联书店2004年版,第371页。

康德:《实践理性批判》,邓晓芒译,杨祖陶校,人民出版社2003年版,第89—90页。

2. 论文类

邓晓芒:《康德论道德与法的关系》,《江苏社会科学》2009年第7期。

3. 报纸类

沈宗灵:《评"法律全球化"理论》,载《人民日报》,1999年12月11日第6版。

4. 文集和选集类

康德:《论通常的说法:这在理论上可能是正确的,但在实际上是行不通的》,载康德:《历史理性批判文集》,何兆武译,商务印书馆 1990 年版,第 202—203 页。

5. 英文类

(1) 英文著作

John Rawls, *A Theory of Justice*, Cambridge, M. A.: Harvard University Press, 1971, pp. 13-15.

(2) 文集中的论文

Niklas Luhmann, "Quod Omnes Tangit: Remarks on Jürgen Habermas's Legal Theory", trans. Mike Robert Horenstein, in *Habermas on Law and Democracy: Critical Exchanges*, Michael Rosenfeld and Andrew Arato (eds.), California: University of California Press, 1998, pp. 157-172.

(四) 其他文种

从该文种注释体例或习惯。

(五) 其他说明

1. 非引用原文,注释前加"参见"(英文为"See");如同时参见其他著述,则再加"又参见"。

2. 引用资料非原始出处,注明"转引自"。

3. 翻译作品注释规范保留原文体例。

著作权使用声明

本刊已许可中国知网等网络知识服务平台以数字化方式复制、汇编、发行、信息网络传播本刊全文。所有署名作者向本刊提交文章发表之行为视为同意上述声明。如有异议,请在投稿时说明,本刊将按作者说明处理。

图书在版编目（CIP）数据

康德法哲学 / 吴彦主编 . —北京：商务印书馆，2023
（法哲学与政治哲学评论 . 第 8 辑）
ISBN 978-7-100-23058-2

Ⅰ . ①康…　Ⅱ . ①吴…　Ⅲ . ①康德 (Kant, Immanuel 1724—1804) —法哲学—研究　Ⅳ . ① B516.31

中国国家版本馆 CIP 数据核字（2023）第 181557 号

本书为教育部人文社会科学青年基金项目
"康德永久和平论"（项目批准号：17YJC720029）的
阶段性研究成果。

权利保留，侵权必究。

法哲学与政治哲学评论（第 8 辑）
康德法哲学
吴彦　主编

商 务 印 书 馆 出 版
（北京王府井大街 36 号　邮政编码 100710）
商 务 印 书 馆 发 行
江苏凤凰数码印务有限公司印刷
ISBN 978-7-100-23058-2

2023 年 11 月第 1 版	开本 710×1000　1/16	
2023 年 11 月第 1 次印刷	印张 23¾	

定价：148.00 元